JN123959

川と流域の地理学

Geography of Rivers and River Basins

林 上
Noboru Hayashi

風媒社

矢作川から取水する明治用水の現在の頭首工：1880年に完成した明治用水の最初の取水地点は，現在より2km上流にあった。その後，現地点の400m付近に移されたが，そこも老朽化したため1957年に国営事業として現在の頭首工が建造された。灌漑地域は西三河地方の8市に及ぶ。

長野県須坂市の古い町並み：百々川の水車を利用した製糸業の中心地として栄え，生糸の海外輸出で外貨獲得に大いに貢献した。1970年代以降，ニット生産，電気・電子機器工業へと転換したが，昔ながらの町並みはそのまま残されている。

東横山発電所につながる4条の水圧鉄管：1921年に運用が開始された揖斐川電気（現イビデン）株式会社の水路式発電所は揖斐川から取水し，有効落差95.7mで発電を行った。大垣方面へ送られた電力は繊維，化学などの工業発展を支えた。

（上）富山市の富岩運河を走る観光クルーズ船：1935年に竣工した富岩運河は富山湾に面する東岩瀬港と富山駅北の間5kmを結んでおり，現在は観光船が行き交う。運河の開削土砂は，神通川の流路変更で生まれた廃川地を埋め立てるために用いられた。

（左）庄川の電源開発を担った小牧ダム：庄川本流に初めて建設された小牧ダムは優美なアーチ型を呈しており，1930年の完成当時は「東洋一大きなダム」として話題になった。ダムが上流からの筏流しを阻害するとして「流木権」をめぐり裁判も起こされた。

市原市の高滝湖畔に復元された藤原式揚水水車の実物大模型：藤原治郎吉が発明した動力水車と環連車を巧みに組み合せた揚水水車の模型である。1879年に市原郡池和田村に設置された実際の水車は，121個の桶を使い養老川の水を27.2mの高さまで汲み上げた。

黒部川扇状地の扇頂付近から下流部方面を見た眺め：黒部川の源流一帯は年平均降雨量が4,000mmと多く，激しい地形侵食で土砂流出量も多い。海岸までの距離が短いため，川は扇状地を形成したあと平野をつくることなく富山湾に流れ込む。

日光市今市地区の杉並木街道沿いの用水路に残された水車：江戸末期，越後の人・安達繁七が今市地区で杉の葉を原料に杉線香をつくりはじめた。杉の葉を細かく砕いて粉状にするための動力として用いられたのが，大谷川から引いた用水路の水車である。

水都・松江を象徴する松江城の内堀：1611年，宍道湖北の亀田山に松江城が築かれたのをきっかけとして城下町づくりが始められた。内堀，外堀の役目を果たす京橋川が城下町全体を取り囲むように流れる。

春日井市北部付近の愛知用水と交差する愛知県上水道：長野県の木曽川支流・王滝川の牧尾ダムに蓄えた水は，岐阜県の兼山取水口を経て知多半島先の離島にまで届けられる。尾張東部の丘陵地域の上水道も愛知用水に依存する。

高蔵寺ニュータウンの中を流れる愛知用水：1961年に通水した愛知用水の水路を挟むかたちで，1964年から高蔵寺ニュータウンの造成が始まった。用水がニュータウン建設の候補地選びに与えた影響は明らかで，入居後は住民の暮らしの中に深く溶け込んでいる。

（上）ライン川とモーゼル川が合流するドイツ中西部のコブレンツ：紀元前9年頃，古代ローマ帝国の軍営地として築かれた当時は「合流点の軍営地」を意味するカステルム・アド・コンフルエンテスと呼ばれた。合流地の岬は，現在はドイチェスエック（ドイツの角）と呼ばれる観光スポットである。
(Images by analogicus from Pixabay)

（右）チェコのブルタバ川上流にある古都・チェスキークルムロフ：1562年にブルタバ川で最初に筏を組むための木材集積地に選ばれたチェスキークルムロフは，13世紀に建てられた城を中心としてユネスコの世界遺産に登録された歴史観光都市である。(Images by Markéta Machová from Pixabay)

ブダペストの町中を流れるドナウ川の西岸から東岸を見た眺め：ドナウ川の西岸（旧ブダ・オーブダ地区）と東岸（旧ペスト地区）が1873年に一緒になってブダペストが誕生した。写真右側の国会議事堂は中央にドームをもつルネサンス様式の代表的建築物である。
（Images by Jo Stolp from Pixabay）

ドナウ川の河畔都市ブラチスラバを上流側から見る：スロバキアの首都ブラチスラバは，スロバキア，オーストリア，ハンガリーの三国の国境が一点で交わる三国国境の都市であり，古今東西諸勢力の対立・融合の焦点としての歴史をもつ。
（Images by myshoun from Pixabay）

オーストラリア・クイーンズランド州のブリスベン川に架かる橋：橋が多いことで有名なブリスベンでは，Bridge to Brisbaneというマラソン大会が毎年開催されている。写真のストーリー・ブリッジは，観光体験として橋の頂上まで登ることができる。
（Images by myshoun from Pixabay）

オタワ川南岸の丘の上に建つカナダの国会議事堂側から対岸のハルを眺める：19世紀初頭，ナポレオンの大陸封鎖令でスカンディナヴィアからの木材輸入に窮したイギリスからの要請を受け，オタワ川を下ってケベックシティまで木材を送る筏流しが始められた。
（Images by Edna Rabago from Pixabay）

テネシー川支流に建設されたアパラチア・ダム：テネシー川の流域面積は本流であるミシシッピ川流域全体の3％にすぎないが，排出流量では20％をも占める。流域の年平均降水量が1,300㎜で，ミシシッピ川西側の500㎜に比べ3倍近くも多いからである。（Images by David Mark from Pixabay）

フロリダ州タンパ湾に注ぎ込むヒルズボラ川の河口付近：ヒルズボラ川の河口付近から都市発展が始まったタンパでは，1970年代中頃から6人の歴代市長の手によって河岸整備事業が進められた結果，長大なウォーターフロントが完成した。
（Images by Michelle Raponi from Pixabay）

イギリス国内最長のセヴァーン川に架けられたアイアンブリッジ：1779年，産業革命発祥地のブラックカントリーで，製鉄業者のエイブラハム・ダービー3世が世界で最初の鋼鉄製の橋を架けた。ダービー家は三代にわたり，この橋の近くを拠点に製鉄業で産業革命の基礎を築いた。（Images by simon-alun-hark0 from Pixabay）

ネルビオン川に架かる世界遺産ビスカヤ橋：スペイン・ビルバオのネルビオン川河口部は製鉄業や造船業が盛んで船の通行も多かった。このため1893年に一度に300人を運べるゴンドラ式の運搬橋が建設された。世界遺産に登録されたのは，世界の運搬橋の中で建設時期が最も早かったからである。（Images by simmering_prop from Pixabay）

序文

　地表上に暮らす人々にとって川ほど身近な存在はないのではないだろうか。大きな平野なら近くに山や丘は見当たらないが，川は流れている。山奥に近ければ平地は少ないが川は足元を流れている。つまり，流れ方や大きさ，長さに違いはあるが，川はどこにでも存在するありふれた地形である。むろん地球上には極度に乾燥した地域もあれば，たとえ温帯地域でも渇水期になって表流水が消えてしまったりすることはある。しかし乾燥地域にある涸れ川のワジは，そこが川とまったく無縁の地ではないことを示す。地表に流れはなくても地下水は流れており，豊水期になれば川の流れは舞い戻る。実際には流れていなくても，川は人々の意識から消えることはない。時代や地域を超えて存在する川を抜きにしては，人間の歴史を語ることはできないといっても過言ではない。

　雨水や融雪水が傾斜した地表面を重力の法則にしたがって流れる現象そのものは，古今東西，変わらない。しかし，川の流れと人々との関わり方は千差万別であり，時代によりまた地域によりさまざまな現れ方をする。過去には川の全容がわからず，目の前を流れている川の水をただ飲料や植物栽培のために利用するだけという時代もあった。舟を浮かべることができる川なら人や荷物が運べるため，交易のために利用することもできた。農業が盛んになり交易範囲が広がれば，社会組織も多様化する。やがて国が生まれ領土という概念も意識されるようになる。川は領内を取りまとめる手立てとなる一方，他の領土と領内を空間的に区別する境界としての意味ももつようになった。

　増えていく人口を養うためには，より多くの農産物を必要とする。農地を広げるのに未開地の開墾と川の水の確保は絶対的である。乏水性の荒れ地を農地にするには，灌漑用の水の確保が課題である。また湿地帯を農地に変えるには，いかに水を排除するかが課題である。川の近くに人々が集まって生まれた集落や都市が広がっていった地域では，川の流れに近づきすぎて洪水被害を受けることもあった。こうした課題を解決したり被害をなくしたりす

るために，さまざまな方策が考え出された。乏水地域の用水事業はそのうちのひとつである。また洪水の危険性の大きな地域では，堤や輪中を築いて水害に備えた。さらに，氾濫しやすい川の流れを別の川に付け替えたり，流路を新設して流れを遠ざけたりすることもあった。用水や治水は地域や時代ごとの技術力や財政力に左右されやすいが，人間が川をコントロールするレベルは高まっていった。

　飲料用水や農業用水は川全体の水利用のほんの一部にすぎない。身体の中に水を取り込む以外に，人間は古くから川の流れを動力として利用してきた。舟運は動力を運搬力として利用したものであるが，舟ではなく川を使って木材を流すことが世界各地で行なわれてきた。木材以外では考えられない資源それ自体を川に流すという一見単純そうな筏流しにも工夫のしどころはあった。川の水の流れや落下のさいの力を回転力に変える水車としての利用はかなり一般的である。回転力をそのまま使うか，あるいは上下運動に変えて使うかによって利用の仕方は異なる。回転軸に糸を結びつければ糸引きや糸撚りができるため，絹，綿，羊毛など素材を問わず糸をつくるために水車が使われた。回転体の端に器を取り付ければ，回転によって水を汲み上げることもできた。灌漑用の揚水水車としての利用である。

　水車の回転力を上下運動に変えて使う用途は広い。基本は杵でモノを搗いたり砕いたりすることであり，田や畑で収穫された玄米，小麦，蕎麦，菜種，綿実などが水車小屋に運び込まれた。小屋から出た精米，粉，油などは，それぞれ次の工程に引き渡された。日本では酒造り用の米も水車で搗かれた。田畑ではないが，杉林でとれた杉の葉を磨り潰した粉を原料とする杉線香も水車がなければ生まれなかった。さらに陶磁器の分野では，陶土原料を整えるときに水車の力を借りて陶石や長石などの鉱物を砕いたり，原料と水の入ったドラムを回転させて泥状にしたりした。動力源が水力から電力に変わっても基本的に変化はなく，その意味では近代工業化の準備段階の一部を水車が担ったといえる。

　蒸気機関が主役であった産業革命も川と深い関係がある。産業革命の発祥地といわれるイギリスのミッドランドは鉄鉱石や石炭に恵まれていたが，それだけならば他の地域とさして違いはない。ポイントは，たとえ同じような

条件であっても，蒸気機関の製造に欠かせない高質な鉄鋼部品がなぜこの地域で発明されたかである。けっして一人でできることではなく，セヴァーン川流域にいた企業家たちの技術力の積み重ねがそれを可能にした。海を渡った産業革命の種はドイツやアメリカの地で芽吹いた。ルール渓谷の製鉄業やメリマック川沿いの繊維産業が，それぞれドイツやアメリカにおける産業革命の初期段階の役割を担った。製鉄から鋼鉄，蒸気機関，鉄道へと移行していく時代にあって，ここでも川は重要な役割を果たした。

水車の動力エネルギーを電気エネルギーに変えたのが，第二次産業革命の始まりであった。電気や電力の登場によって近代から現代へと続く世界の姿が一変したといってもよい。水利用のうち少なくとも水車に頼ってきた分野では，川の水は必要なくなった。すでに水上交通では蒸気機関の登場により流れる力は不要になったが，川そのものが不要になったわけではない。むしろ新たに脚光を浴びるようになったのは水力発電であり，産業や生活のあらゆる分野で活用できる場が広がっていった。むろん，石炭，石油，それに原子力というライバル・エネルギーもあるが，自然由来の再生可能エネルギー源として高い評価を得て今日に至っている。しかも貯水機能をもつ電源開発には治山治水の役割も期待されており，総合評価はさらに高い。

ただし，以前は大きな批判もなく受け入れられたダムによる水力発電も，水没にともなう人間社会や生態系への影響が懸念されるようになった。川や水辺に対する意識変化は過去にもあった。近世城下町では当然視された堀は近代になると意義を失った。近代産業を支えた運河もいつの間にか顧みられなくなった。農業や生活のために利用された川の水も，灌漑用水や水道水によって代替されるようになった。しかし，歴史的役割は終えたように見えても，都市の水環境や水辺景観の立場に立てば，見方は異なる。むしろ，産業構造や生活様式の変化にともない，都市では川の流れが人々をその場所に引き寄せる役割を果たすようになった。リバーサイド空間を都市サービス化に生かす事業が，国内外で試みられている。

以上で述べたように，本書は川の流れに注目し，古代文明の誕生から現代都市の水辺景観に至るまで，川が人間とどのような関わりをもってきたかを地理学の視点から考える。対象となる時間と空間の範囲が広くなるのは，川

がいつの時代にも，またどの地域にも変わりなく存在しているからである。人間との関わり方も実に多様であり，すべてを網羅することは不可能である。水が地表を流れて川となり，その川の水のどの特性に着目して利用するかがすべてである。自然現象であり，手を加えれば流域全体に広がる人文現象にもなる川という不思議な存在を取り扱うのに地理学は適した学問といえる。読者諸氏の大方のご批判をいただければ幸いである。

2021 年 9 月 1 日

林　　上

愛岐丘陵を見渡す石尾台にて

川と流域の地理学

目次

第1章

川と流域に対する地理学からの
読み解き

第1節　川と人間活動の相互関係と流域の成り立ち

1．大地と河川と人間の共同作用の結果としての流域

　序文でも述べたように，地球上のたいていの地域には川の流れがある。たとえ乾燥気候が支配的な砂漠地域においても，遠くの山岳地帯に降った雪が暖かくなると融雪水として流れ出し，砂漠の中を流れていく。重力の法則にしたがって流れ下る川は，途中で出会う地形や地質の影響を受け，その流れ方を変える。変わるのは方向だけでなく，川幅や川の深さなども地形や地質の状態に応じて変化する。むろん川の上流部でどれくらいの降雨や降雪があったかという条件が前提としてある。途中で合流する支流からの水量も集め，その規模に応じて小河川であったり，大河川になったりする。大きな河川になると支流の数も多くなり，全体として網の目状の河川網（水系）が形成される（高山，2013）。川の水は基本的にはその周囲に降った雨や雪に由来する。周辺の土地と河川は一体的な関係にあり，全体として流域を構成する。それはまるで1枚の葉と葉脈の関係に似ている。

　ある河川網あるいは流域の空間的な広がりは自然に定まる。自然にという意味は，重力の法則にしたがって流れ下る川の流れは一方向であり，最終的に海洋に流入するまでに関わることのない別の川は，同じ河川網には属さないからである。このことを逆にいえば，海側から内陸に向けて川伝いに行くことのできる地域的広がりがその水系に属する流域であるといえる。ここで強調したいのは，流域は単に大小の川の集まりではなく，川沿いやそれにつながる場所すなわち河川以外の空間をも含んでいるという点である。自然地理学の視点からとらえる水系と，河川とその周囲を合せた地域全体を対象に考える人文地理学的な流域とでは，自ずとニュアンスが異なる。

　本書は，川あるいは河川と流域を主に地理学的な視点から考える。集落，都市，産業などの立地・形成・発展の基盤や背景として川とそれに連なる流域に注目する。これは日本という国に限られたことではないが，河川の力によって生み出された地形が都市の立地や形成のあり方を左右してきたという事例は多い。とくに温帯モンスーン気候に属し，島嶼で山がちな地形が支配

的な日本では，山地から海岸部に向けて多数の河川が流れ出し，途中でそれらが集まりながらひとつの流域を形成している（春山, 1994）。無人の流域は，人々がこの国に住み始めるようになる以前からあった。列島上で人々が生活するようになって以降，流域内の各地に集落が形成され，それらの中から都市として大きく発展していくものが現れるようになった。集落や都市の立地・形成が河川と深い関係にあるのは，生活・産業のための用排水や交通にとって河川が不可欠な存在だったからである。飲料や農業の源であるのは当然として，河川は近代初期の頃まで舟運としての便を供してきた。舟運から鉄道に転換したさいには，河川の作用によって生み出された平坦地が線路用地として好都合であった。

　扇状地，河岸段丘，自然堤防，三角州など地理学では馴染みの深い地形は，いずれも河川による侵食や堆積の力によって生み出された（図1-1）。より正確にいえば，前提として自然由来の大地があり，その上を河川が流れることで大地の侵食や土砂の堆積が進み，周辺一帯に固有の地形が形成された。大地と河川のいわば共同作業の結果，人々の生活や産業に適した平坦地が生ま

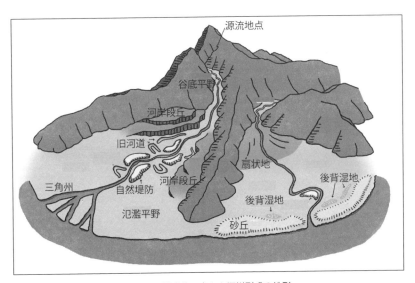

図1-1　模式的に表した河川形成の地形
出典：国土交通省のウェブ掲載資料（https://www.gsi.go.jp/CHIRIKYOUIKU/kawa_1-1.html）をもとに作成。

第1章　川と流域に対する地理学からの読み解き

れた。平坦地は人間活動にとって都合がよく，そのような地形の特性を生かして集落が築かれた。むろんより安全性や利便性を高めるために，元の地形に手を加えることもあった。人々は治山治水にも取り組み，流域全体の安全性が高まるようにさまざまな工夫をこらした。われわれが普段，見ている流域の姿，とりわけ都市を中心とする地域の景観は，大地と河川と人間による共同作業の結果である。

　ひとくちに流域といっても，その規模や広がりは千差万別である。広大な流域は，上流，中流，下流で川の流れ方はもとより，周辺地形の特徴にも違いがある。都市が成り立つには，まず都市で暮らす人々の食料を供給する背後圏がなければならない。そのために当初は農業が主な生産活動であり，背後圏からの農産物供給が不十分な場合は遠方から運び入れて需要を満たした。河川が輸送に利用できる地域であれば，舟運が農産物をはじめ生活に必要な物資の運搬に活用できた。つまり河川は，生活や農業生産のための用排水以外の目的でも役に立った。農業社会から工業社会へと時代は移り，流域を越えて生産用の原料や工業製品が輸送される時代を迎える。大河川を除けば，河川は主要な交通手段としての役割を失い，代わって鉄道や自動車が背後圏を広げる役割を果たすようになった。異なる流域を互いに結ぶ交通が一般化するのにともない，以前のように都市と河川・流域が強く結ばれる傾向は薄らいでいった。

　こうして人やモノの移動は特定の流域にとらわれず，それを越えた広い範囲で行なわれるようになった。しかしそれでも，流域の内部で歴史的に形成されてきた社会的，文化的な蓄積は容易にはなくならない。とくに河川上流部の山地や丘陵地の多い地域では，こうした傾向が強い。河川の両側では傾斜角度の大きな谷斜面が壁のような役割を果たしており，人やモノがこうした傾斜を越えるのは簡単ではない。壁に囲まれたような地域の中で暮らす人々の社会的なつながりは強固である。谷間一帯で育まれた文化的伝統は維持されやすい。これとは対照的に，下流部では都市の拡大にともない，河川の両側で居住や生産のための空間が広がり，流域に関係なく外部から人や企業などが進出してくる。その結果，かつてその流域を特徴づけていた社会的，文化的特徴は変質していく。日本では複数の河川が海に流入する臨海部に大

都市が形成されるのが一般的である。複数の流域の河口部がつながっている地域では，河川そのものを除けば，移動を妨げる地形的障害は少ない。その結果，人やモノの交流が盛んに行なわれるようになり，特定の流域の特性が目立たなくなる。

2．河川への働きかけと河川からの恵み

　日本のように山がちな島国で年間降水量が世界的水準に比べて多い国では，河川による大地の侵食と土砂の堆積が進みやすい。現在の地形は，過去から続いてきた河川による侵食・堆積作用の結果である。むろん人間による自然地形の改変はあるが，その規模は限られている。自然地形の改変は歴史的に繰り返し行なわれてきた。たとえば関東地方では，江戸（東京）湾に流れ込んでいた利根川の流路を東側に付け替えた利根川東遷が有名である。これで江戸の町を洪水の危険性から救うことができ，あわせて奥州方面からの物資を利根川経由で江戸へ運び入れることができた（澤口，2000）。また甲州地方では，信玄堤として知られる不連続な霞堤によって川の水勢を分散させて抑える土木工事が行なわれた。これと類似の河川洪水対策は各地にあり，人々の暮らしを自然の脅威から守ってきた。上流域での開発が進むとその影響は下流域で顕著に現れる。下流部の平野で農地や集落・都市を守るための治水事業は，濃尾平野における木曽三川分流や輪中構築，あるいは大坂（大阪）平野における大和川の流路付け替えをはじめ，各地で行なわれてきた。集落や都市の立地・形成に好都合な平地を提供する河川は，そのような集落・都市に対して水災をもたらす可能性がある。

　近年，環境破壊や豪雨・台風被害など，人々が生活する身の回りで発生する問題への関心が高まっている。むろんこれらのすべてが河川に関わるとは限らない。地震や津波など河川とは直接関係のない自然現象に由来する災害もある。地球温暖化というより普遍的な現象もあるが，これは気温や降水量の変化を通して河川にも影響を及ぼす。災害が起こる頻度や可能性の高さといった点から考えれば，河川を主な原因とする災害はやはり多い。そのことが近年，多くの自治体において洪水など河川災害を中心とするハザードマップの作成・公開が進んでいる背景としてある（図1-2）。むろん地域によって

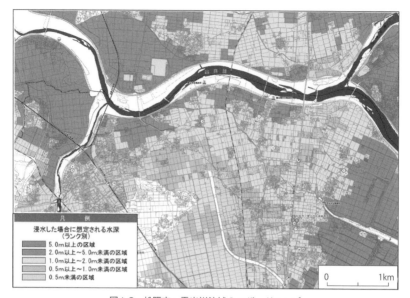

図1-2　松阪市・雲出川流域のハザードマップ

出典：松阪市のウェブ掲載資料（https://www.city.matsusaka.mie.jp/bousai/hazardmap3/10/index.html）
をもとに作成。

凡　例

浸水した場合に想定される水深
（ランク別）
　5.0m以上の区域
　2.0m以上～5.0m未満の区域
　1.0m以上～2.0m未満の区域
　0.5m以上～1.0m未満の区域
　0.5m未満の区域

0　　　　　1km

は地震・津波，斜面崩壊・土砂崩れなどが起こる危険性をあわせて示したマップもある。しかしやはり河川は人々の暮らしにとって身近な存在であり，その存在を無視した生活はありえない。河川が原因の災害が恐れられるのは，それだけ多くの人々が河川の近くで生活しているからである。無人の山奥であれば，たとえ大量に水が流れ出し，山崩れが起こっても，少なくとも人命が直接脅かされることはない。人々が河川流路に近い流域で暮らしているがゆえに，結果的にリスクが生まれているのである。

　平坦地という人々が生活しやすく経済活動が行いやすい地形を提供する一方，水害などのリスクの源にもなる河川。こうしたある種矛盾した存在の河川は，人間の歴史とともにその姿を変化させてきた。人間は生きるために社会をつくり，組織をつくって活動を受け継いできた。その拠点は当初は小規模な集落において農業など第一次産業で収入を得て生活するための場所であった。具体的には物々交換に近い市場で，余剰農産物を売買したり，農業に関する各種の情報を取り交わしたりした。農民以外に農産物を取り扱う商

人，社会を維持・管理するための為政者，それに連なる貴族・特権階級や軍事集団，宗教関係者，輸送・金融・宿泊などの日常的サービスに携わる人々も集落にいた。歴史が進み，経済活動が第一次産業中心から第二次産業へと移行するのにともない，集落の規模は大きくなり内部構造も複雑になっていく。都市をどのように定義するかによって異なるが，規模の大きな集落は一般に都市と呼ばれるようになり，その歴史的延長線上に現在の都市がある。

　小集落の段階から現在のような規模の大きな都市の段階に至るまで，河川とその周辺の流域それ自体は位置を大きく変えることなく存在してきた。ただし，流域内部における人口分布や土地利用，産業構造，社会構造などは徐々にその姿を変えてきた。位置を変えずに存在し続けてきた流域は，人間活動が継続的に行なわれる広がりをいわば舞台として用意してきた。川上から川下へと絶えず流れ下る河川は人々の生活・産業・交通など多くの側面でこれらの活動が続けられるように支える役割を果たしてきた。河川なくしては，われわれは命をつないでいくことができない。生存に不可欠な水を恒常的に供給している資源としての河川は，あまりにも身近な存在であるため，そこを流れているのが当然のこととして意識されることは少ない。石油や石炭などとは異なり，川の水は基本的には尽きることのない自然エネルギーである。再生可能で持続性のあるエネルギー・資源としての河川の水の重要性は，もっと強調されてよい（保屋野，2003）。

　資源としての河川は，水そのものを利用する農業や水を生産過程で活用する工業，位置エネルギーとして利用する水車や水力発電など多岐にわたる。農業分野での河川利用は普遍的であるが，地表上でどこでも河川が利用できるわけではない。そのために灌漑事業が各地で実施され，より生産性の高い農業をめざして努力が積み重ねられてきた。産業革命の初期段階にあっては，水力を動力として利用するために河川の近くに工場が設けられ人口も増えて都市が生まれた。水を大量に使用する製紙業や繊維業は河川の近くが好都合なため，やはり河川沿いで産業や都市が発達する条件となった。舟運は河川の位置エネルギーを利用する代表例である。貨物の積み降ろしや人の乗り換えが行なわれる河畔は，輸送・卸売・宿泊などの拠点となり，このような場所にも都市が生まれた。河川に絡む集落や都市の立地・発展は，歴史的にか

なり古い時代からあったといえる。

3. 都市・産業空間の拡大に及ぼす河川の影響

　どの都市もほとんど例外なく，いずれかの流域の中に存在している。流域内に形成されている現在の都市は，過去から現在まで続く歴史的発展の結果である。ただし，日本の大都市や大都市圏のように，複数の流域がつながって地域をつくっている場合は，歴史的発展のある時点で流域どうしが連続化したと考えられる。とくに河川の下流部では隣り合う流域を隔てる境目が不明瞭であり，流域相互間の横方向の移動も難しくない。しかしそのような流域にあっても，中流部から上流部へ遡っていけば，昔からの集落拠点を中心にまとまった都市地域が形成されていることが多い。このように，ひとくちに都市や都市地域といっても，臨海部に近い大都市，大都市圏と中流域，上流域の中，小都市では空間的広がりや内部の構造が異なっている。中，小都市であれば，その内部構造は比較的単純である。逆に大都市，大都市圏は，数多くの内部構成体の集合によって成り立っている。それゆえ，中，小都市のように一言で全体を表すことができない。たとえてみれば，郵便番号に対応する地区の数が限られている中都市や小都市に対し，大都市はその数が非常に多い。地区がそれぞれ固有の特徴をもっており，有機的に結びついている大都市や大都市圏の構造を簡単に把握するのは容易ではない。

　このように規模に大きな格差はあるが，歴史的に遡れば，大都市といえども今日的基準でいえば中ないしは小都市程度の大きさでしかなかった時代があった。都市規模が抑えられていた大きな理由は，当時の輸送手段には限界があり，都市で暮らす人々が必要とする食料を簡単に運び込むことができなかったからである。徒歩中心の移動では日常的に遠くまで出かけることができず，自ずと狭い範囲の中で活動するほかなかった。逆にいえば，近代以降における交通発展の都市の空間的拡大に対する影響はきわめて大きかったといえる。狭い範囲で活動することによるメリットすなわち集積の経済は，昔も今も変わらず作用している。現代は，交通手段を高速化することで，たとえ空間的には広くても，時間的には以前と同じように狭い範囲で活動してメリットを享受することができる。これが大都市や大都市圏が現在もなお空間

的に広がろうとする要因である。

　都市が拡大していくさい，河川の流れに沿う方向に広がっていくことは珍しくない。これは河川沿いに古くからの集落や都市が並ぶように立地しており，これらを結ぶように鉄道や道路が整備されていくことが背景にある。整備された鉄道や道路を利用して中心都市へ通勤・通学や買い物に出かけていく人が増える。つまり大都市の周辺に向かって市街地が均等に広がっていくのではなく，河川軸に沿って放射状に拡大していく。東京の荒川右岸沿いの東武東上線，同じく左岸沿いの高崎線，大阪の淀川右岸沿いの阪急京都線・JR 京都線，同じく左岸沿いの京阪本線などをそのような事例として挙げることができる。名古屋では庄内川右岸に沿って中央本線が走っている部分があり，同様に矢田川の右岸に沿って名鉄瀬戸線が走っている。もっとも関東，大阪，濃尾の各平野では平坦面が広いため，河川の方向にとらわれず鉄道や道路を建設することができた。しかし大都市の郊外を越えて上流域に向かっていくと，河川の方向が交通路の走る向きに影響を与えることが少なくない。上流域の地形条件が自由度を制約するため，河川の影響を受けた地形の上に交通路を通すことが多くなるからである。

　都市の面的な拡大は河川の上流方向だけではない。河川からの土砂排出量の多いところでは，近世の頃から干拓事業が盛んに行なわれてきた。尾張藩による伊勢湾最奥部での干拓や安芸・広島藩による干拓に代表例を見るが，庄内川・日光川や太田川とその派流から排出される土砂が干拓地を広げていった（図1-3）。こうした干拓地では近代以降，土地利用が農地から工業・物流用地や住宅用地へと転用されていくことになる。さらに干拓とは別に臨海部で埋立事業が行なわれ，港湾や工業の活動用地が生まれた。干拓とは異なり埋め立ては，河川との関係があまりない。むしろ埋め立て用の土砂として海底からの浚渫土砂を使うことが多いため，河川よりも海洋との関係が深い。しかし一般に，土砂排出の盛んな河川の河口部は水深の浅い遠浅の海底地形である。このため，そのような河川では干拓と同様，埋め立てもしやすい。河川は河口付近で海洋と関わりをもつさい，固有の特徴を示す。

　河川と海洋との関係でいえば，近世までの港湾と近代以降の港湾では異なる特性がみとめられる。近世日本の米社会では，各地の藩で収穫された藩米

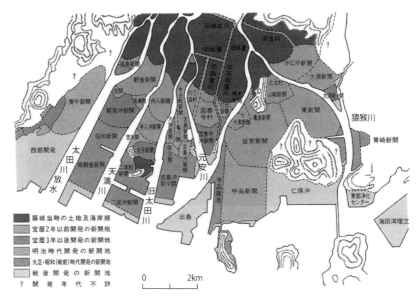

図1-3　広島・太田川とその派流における干拓事業の歴史的展開
出典：国土交通省のウェブ掲載資料（https://www.mlit.go.jp/river/toukei_chousa/kasen_jiten/nihon_
kawa/0710_ootagawa/0710_ootagawa_01.html）をもとに作成。

や天領からの幕米を大坂や江戸に向けて積み出し，米市場で換金するのが基
本であった。そのために河川を利用する舟運と海洋を行く廻船が使われたが，
河口の港で積み替える必要があった。信濃川の新潟，最上川の酒田，北上川
の石巻がその代表例であるが，これらの港では河川からの土砂堆積が多く廻
船の入港に支障をきたすことがあった。近代になって本格的な西洋船が使わ
れるようになると，これら河口起源の港では十分対応できなくなった。横浜
港や神戸港がいちはやく近代港湾として築かれたのは，河川からの土砂流入
の恐れがない深水条件をもっていたからである。海辺が遠浅の大阪や名古屋
では，海底浚渫による航路の確保と埋め立てによる埠頭造成をともないなが
ら，近代港湾が建設されていった。

川と流域の地理学

第2節 川と流域に関する地理学研究の移り変わり

1. 川と人との関係をめぐる地域性と地理学研究

　都市に対して関心を抱く地理学は，その空間的側面である都市の立地や発展の過程，あるいは内部構造に関心を寄せる。立地は場所を定めるという行為であり，都市の場合は人々が生活するための住居や経済活動を行なうための事業所や施設を特定の場所に設けることである。農村であれば農業生産のための田畑を切り開き，近くに住居を構える。都市もその初期の頃は農村の一角に芽生え，人々の集住で集落としてある規模をもっていた。やがて周囲の農村とは異なる景観を示すようになり，機能的にも農業生産とは違う活動がそこで果たされるようになっていく。市場機能や手工業機能が農民とは異なる人々の手によって果たされる。

　こうして都市らしくなった集落がどこでどのように生まれたか，地理学はまずそのプロセスに関心を示す。手掛かりは自然環境や自然生態であり，農村部の一般的な小さな集落にはないある種の有利性に着目する。川の流れや地形の起伏は人やモノの移動と関わり，人間活動のしやすさを左右する。川の流れが緩やかだったり，複数の河川が合流していたりする場所，あるいは中洲があって川が渡りやすい場所，さらに河川に沿って平坦地が広がっている場所などである。無論，川の流量が増えても水害に遭いにくい場所であることは欠かせない条件である。

　自然環境や自然生態に対する関心は19世紀から20世紀初めにかけて，多くの地理学者の間で一般的であった。今日のように地形条件を大きく変える土木技術はなく，エアコンで室内の気温を一定に保つこともできなかった。生産方法や交通技術も今日の比ではなく，自然環境に大きく逆らうことはできなかった。むしろ自然の環境状況や生態を生かし，そこから人間にとって好都合なものを選び取るスタイルが選択された。河川や流域に引きつけて考えれば，自然の状態に近い河川や流域を大きく変えることはできず，それらに適応しながら命をつないでいくしか方法がなかった。「自然との共生」や「環境との共存」というキャッチフレーズが今日，多くのところでいわれる。し

第1章　川と流域に対する地理学からの読み解き

かし当時はそのような言葉を持ち出すまでもなく，河川と人間の共生は当然であった。当然でなくなったのは，河川工事の近代化や河川水の高度利用など，その後に行なわれた人間による河川への過度の働きかけにより，河川が本来の姿から遠く離れた存在になってしまったからである。

　現代地理学に通ずる近代の地理学は，欧米とりわけフランスとドイツをはじめとするヨーロッパを中心として研究された。日本はそれまで中国から文物を取り入れる習慣があったが，鎖国の時代が続く間は独自に地理的知識の蓄積に励んだ。地図作成の分野で伊能忠敬がほとんど独力で精確な日本地図を完成させたことはよく知られている。明治期になり欧米から近代地理学の思想が流入し始め，フランスやドイツの研究成果に日本の地理学者が接するようになった。人間が自然に働きかけて生まれる世界を研究対象とする地理学では，その研究者が属する国や地域のあり方が研究内容にも反映される。今日のように国際移動が簡単ではなかった時代，地理学者の研究関心は主に国内地域に向けられた。むろん列強による植民地支配もあり，海外の情報を収集する目的で地理学者が行動することもあった。実際，近代地理学の学問的出発点の一部に植民地の物産地理的研究が含まれていた。

　フランスとドイツはケッペンの気候区分でいう西岸海洋性気候に属している。ただしフランス南部の一部は地中海性気候，東部の一部とドイツ南東部のアルプスは冷帯気候である。西岸海洋性の気候区では年間降水量は 700 〜 800mm で月別変化は少なく，高緯度の割には温暖である。温帯モンスーンの日本と比べると降水量は半分程度であり，夏季の多雨と冬季の降雪による四季の区別が明瞭な日本とは気候が異なる。加えてヨーロッパ大陸という比較的平坦な大地の上をアルプス山脈からの河川が季節を問わず流れている。河川の最大流量を最小流量で除した河況係数は圧倒的に日本の方が大きく，河川の流れ方はまったく対照的といってよい。気候と河川の特徴が大きく異なるフランス，ドイツと日本の間で地理学研究に違いがあったとしてもおかしくはない。たとえ地理学思想や地理学方法論は共有されても，研究対象に違いがあれば，自ずと地域性がそこには滲み出てくる。

　島嶼国家と大陸国家という基本条件の違いと上述した気候，河川の状況の違いは，河川と人との関わり方の違いにもつながる。フランス，ドイツで

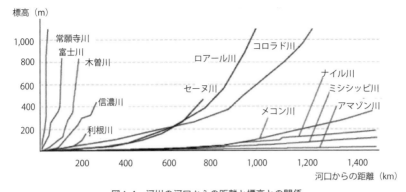

標高（m）

1,000
800
600
400
200

常願寺川
富士川
木曽川
信濃川
利根川

ロアール川
セーヌ川
メコン川

コロラド川
ナイル川
ミシシッピ川
アマゾン川

200　400　600　800　1,000　1,200　1,400

河口からの距離（km）

図1-4　河川の河口からの距離と標高との関係
出典：全国疏水名鑑のウェブ掲載資料（http://www.inakajin.or.jp/sosui/what/tabid/301/Default.aspx）を
もとに作成。

は距離の長い大河が恒常的に流れており，内陸奥地にまで航行が可能であ
る。対する日本では距離の短い河川が多く，一部を除いて舟運は一般的では
なかった。緩やかな平坦地をゆっくりと流れていく距離の長い河川と，急斜
面を落ちるように流れる距離の短い河川では，その印象は大きく違っている
（図1-4）。細長い脊梁列島の山奥に源がある日本の河川では，上流部のゴツ
ゴツした岩の合間を水が波しぶきを上げながら流れ下る風景に独特の美しさ
がある。一方のフランス，ドイツでは源流に近いアルプス山地に氷河地形の
U字谷があり，谷底を清流がゆっくりと流れる（小野，1997）。日本の河川は
U字谷ではなくV字谷であり，傾斜面を勢いよく流れることで生まれる鋭
利な刃先のようなV字型が強い印象を与える。有名な愛知県犬山市付近の
日本ラインは，ドイツのライン川の景観に因んでその名が付けられた（大室，
2003）。木曽川の浸食作用によって生まれた先行谷地形は，たしかに本場ド
イツのライン川から受ける印象を彷彿とさせる。しかし，多くの観光客が乗
船した大型船がゆっくりと進むライン川に対し，木曽川では乗船人数が限ら
れた小舟が岩を避けながら流れ下る点に特徴がある。その日本版ライン下り
も，安全性を優先するあまり廃止に追い込まれてしまった。

2．自然環境，自然生態から経済重視の流れへ

　自然環境や自然生態の地域性に関心をもち，その違いを明らかにしようと

いう研究は，近代地理学の萌芽期にあっては，ごく一般的な傾向であったといえる。ただしフランスでは環境可能論，ドイツでは環境決定論と呼ばれるように，考え方に違いがあった。これは環境と人間の関係を，人間の主体性に重きをおいてとらえるか，あるいは環境からの影響をより強く受け止めるかの違いである。ラテン系のフランスでは人間の意思や意欲を肯定し，自然に対して前向きに関わろうとする態度が明確である（野沢，1988）。対するゲルマン系のドイツでは自然が有する法則性や原理に注目し，その作用から人間は逃れられないとみる。両者の違いを民族性や国民性だけで説明することは困難であるが，大西洋や地中海に面するフランスと北海・バルト海に面するドイツの地勢的条件は，考え方の違いを理解するうえで手掛かりを与えているように思われる。

　時代は20世紀に入り，地理学の分野でもこれまでとは異なる研究が現れるようになった。特筆されるのは，この時期，ドイツにおいて経済活動の立地を理論的に解き明かそうという流れが生まれてきたことである。ただしこうした動きは必ずしも地理学の主流を占めたわけではない。にもかかわらず注目されるのは，20世紀中頃以降に欧米を中心に世界的なトレンドとなる研究のさきがけともいえる試みがドイツで生まれたからである。1909年に著されたアルフレッド・ウエーバーの工業立地論はその嚆矢ともいうべき研究成果であった（Weber, 1909）。彼は，原料を採掘して工業製品を生産する工場の適地をいかに見出すかという課題に取り組んだ。その要点は，原料や製品の特性と輸送費の性質に応じて工場は原料産地，消費地，もしくはそれらの中間に立地するというものである。図1-5は，原料産地から工場までの輸送費と工場から市場までの輸送費の合計が等しい地点を結んだものである。合計費用が最小の地点が工場の最適立地点となる。ウエーバーのこうした理論的研究は従来からの地理学とはかなり性格を異にしており，地理学研究というよりはむしろ経済学の空間的アプローチといえるものであった。

　実はドイツでは，いまだプロイセンと呼ばれていた19世紀中頃に，農業分野で理論的研究を行なっていた研究者がいた。ヨハン・ハインリヒ・フォン・チューネンがその人であり，自ら経営する農場での経験をもとに，彼は市場からの距離に応じて栽培に適した農作物の種類が異なる理由を輸送費と地代

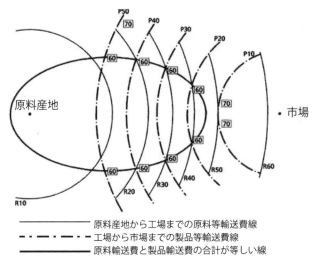

原料産地から工場までの原料等輸送費線
工場から市場までの製品等輸送費線
原料輸送費と製品輸送費の合計が等しい線

図1-5　原料産地と市場の間に立地する工場に関わる輸送費用
Slideplayerのウェブ掲載資料（https://slideplayer.com/slide/12739561/）を
もとに作成。

を変数として明らかにした（von Thünen, 1826）。ウエーバーと同様，距離や輸送費が生産地を定める決め手になっており，たとえ気候条件や土壌条件が同じでも，経済的メカニズムが働いて農作物に地域差を生じさせるとした。これは気候や土壌など自然条件の違いが農作物の分布に影響するという常識に反する考え方である。先行するフォン・チューネンの研究も，その後に現れたウエーバーの論考も，ドイツ人の論理指向的性格を表している。自然と人間との関係という複雑で総合的にしか取り組めない対象ではなく，農業や工業という特定の経済活動に注目し，現象が起こるメカニズムを論理的に突き止めようとする学問姿勢である。

　農業，工業とくれば残りは商業・サービス業であるが，商業・サービス業が集積立地する理由を幾何学的に説明したのが，やはりドイツのワルター・クリスタラーである。ドイツの都市が偶然ではなく必然的な法則にしたがって分布していると考えたクリスタラーは，都市に立地する商業・サービス業の経営が成り立つための最小限の市場範囲を手掛かりとして研究を進めた（Christaller, 1933）。そして彼は，経営が継続でき，どの消費者も欲しい物が手に入る社会的に満足のいく解は，大小さまざまな六角形格子状の市場網が階層的に配置するパターンであることを突き止めた。クリスタラーは自らの研究を地理学の一部と考えていた。しかし考え方があまりにも経済学的，幾

何学的であるとして学術的に正当に評価されることはなかった。チューネン，ウエーバー，クリスタラーとつづく一連の研究の流れは，自然と人間の関係を記述的方法で表現する研究とは明らかに異なるものであった。

経済活動の空間的現象を論理的に解き明かそうとする研究は，第二次世界大戦後の欧米の地理学で主流を占めるようになった。その萌芽はすでに述べたように戦前のドイツにあったが，この流れを引き継いだ研究がアメリカやイギリスなどで積極的に進められた。その背景には，戦後の経済復興の勢いにのって都市や地域の開発を進め，豊かな社会を実現しようという時代の雰囲気があった。開発を進める道具として科学技術の進化やその象徴としてコンピュータ技術の発展があった。膨大な情報量を処理して解を導くコンピュータの威力のもとで，伝統的な記述中心の地理学は時代遅れの産物とみなされた。その流れで，理論やモデルを重視する理系的発想が人文地理学の分野にも及んでくるようになり，「計量革命」や「概念革命」という言葉が盛んに言われるようになった（石水，1976）。研究対象も，都市や地域の発展を促すための各種インフラの整備に向けられ，科学技術を応用しながら豊かな社会の実現に寄与する地理学が求められた。

この頃の地理学とくに人文地理学では，工業を中心に経済活動の立地や分布に対する関心が高かった。経済活動への関心が高まったのは，人間活動の中心には経済があり，経済の力によって世界がつくられていくという認識があったからである。経済活動の集積地は都市であり，経済立地の研究は都市立地の研究につながると考えられた。利益の最大化や生産費・輸送費の最小化を実現することが，経済活動の適地の発見に結びつく。それは都市立地の最適化を実現することであり，効率性を第一に考える研究アプローチでもある。一般に立地論研究と呼ばれる当時の研究スタイルは，新古典派経済学の影響を強く受けていた（西岡，1993）。方法論的には理論やモデルの構築が重視され，実証研究では多数の統計データを数量的に処理して有意な結論を導くというスタイルが一般的であった。

客観的データにもとづいて推論をたて，それをもとに結論を導いていくという考え方は，論理実証主義的な考え方である。事実やデータに語らせるといったニュアンスがあり，研究者の主観性は極力排除する。自然科学ではご

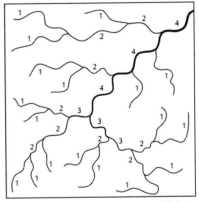

a. 川の流れのレベル（ストラーの考え方）

説明：支流のはじまりをレベル1とし，合流する
とき相手が同等以上ならレベルをひとつ上げる。

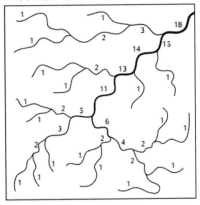

b. 川の流れの大きさ（シュリーブの考え方）

説明：支流のはじまりをレベル1とし，合流する
とき相手のレベル数を加えて新しいレベルとする。

図1-6　川の流れ方を幾何学的にとらえる考え方
出典：Huggett,2007,p.230 をもとに作成。

く普通の考え方であるが，社会科学，人文科学ではこれまでそこまで厳密に
は考えてこなかった。ここにも地理学とりわけ人文地理学を他の科学と同列
のレベルに引き上げようとする当時の時代的雰囲気が現れている。むろん，
事実やデータを否定することはできない。しかし大きな前提として，研究対
象のどのようなデータをいかなる目的で集めるのか，その取捨選択の根拠は
何なのかが問題とされねばならない。対象をどのような視点からとらえるか
により，その後の展開は大きく異なると思われるからである。

　以上で述べたように，自然環境や自然生態と人間活動の相互関係を地域総
合的にとらえようとする初期の地理学は，近代経済学からの影響を強く受け
理論的，論理実証的な方向へと傾いていった。川や流域に引きつけて考えた
場合，河川は貨物輸送の手段として経済的視点からとらえることはできる。
流域も市場圏を支える広がりとみなすこともできる。しかしそこでは河川も
流域も経済空間の一要素にすぎず，個々の河川や流域の特性に対してとくに
関心が払われているとはいえない。むしろ河川網の空間的パターンに注目
し，これを幾何学的方法で分析する自然地理学の研究と通ずる面さえある（図
1-6）。むろん事実やデータの客観性を重視する姿勢は否定されるものではな

第1章　川と流域に対する地理学からの読み解き

い。それは認めたうえで，現時点で考えると，理論重視の科学的アプローチに走るあまり，川や流域の豊かな多様性を見落としていたのではないかと思われる。

いずれにしても，長期的視点から見れば，学問の流れる方向は，まるで川の流れのように移り変わっていくものと実感する。もっともそれは本流についていえることであり，いつの時代にあっても傍流や地下水などメインストリームとは違う流れのあることにも注意する必要がある。第二次産業革命を支えた鉄鋼，電気，石油，化学などの産業の背後には自然科学の発展があった。自然科学の数学や物理学は社会科学の経済学，心理学，社会学などにも影響を与え，にわかに社会現象，人文現象を科学的に研究する気風が強まった。そのような気風は後日，モダニズムの時代風潮と呼ばれるようになる。しかし，産業革命以前の社会と区別されるモダニズム社会も，やがて次の社会への準備段階にすぎなかった。

3．低成長経済から始まるポストモダンへの流路

第二次世界大戦後の経済復興とともに始められた都市や地域の開発をめざす方向での地理学研究は，安価な資源が大量に利用できることで成り立つ社会を前提としていた。大量生産された工業製品は，モータリゼーションが支えた都市の郊外に広がる住宅地に届けられた。住宅開発も大規模化し，スケールメリットを生かして建てられた安価な住宅が郊外空間を埋め尽くしていった。道路，鉄道，電気・ガス，水道など郊外化を後押しするインフラの整備も進み，これまでコンパクトであった都市はスプロール的に広がるパターンへと変わっていった。欧米先進国では，すでに戦前に第二次産業革命と呼ばれる科学技術をもとにした工業化が進められていた。戦後は一段とその動きが強まり，工業生産は飛躍的に拡大した。敗戦国の日本や旧西ドイツがその先頭に立ったのは皮肉であるが，軍需産業から平和産業への転換が急速な工業化を後押しした。

第一次世界大戦が終わり，世界経済の中心はヨーロッパからアメリカへ移行する動きを示した。第二次世界大戦はそうした動きを決定的なものにし，アメリカが世界経済を牽引する時代が確実なものになった。戦時中に国力を

軍需分野に投入したアメリカは，戦後，これまで軍需に向けてきた投資を民需に向ける必要性に迫られた。その受け皿になったのが，都市や地域の開発をはじめとする国内向けの経済投資である。日本や旧西ドイツとは異なり，戦勝国のアメリカは都市の戦争被害はなかった。戦後復興といってもそれは都市郊外の開発であり，大規模ダムや高速道路の建設などであった。アメリカ式の都市や地域の開発をモデルとして，日本やヨーロッパでも開発が進められた。当時は東西冷戦の時代でもあり，社会主義に対して資本主義がいかに優れているか，対外的に誇示するような大規模開発に表立って反対する雰囲気はなかった。

　ところが1970年代に起こった二度の石油ショックが，大量生産・大量消費的な社会構造を大きく揺さぶった。石油だけでなく資源全体が高騰し，経済活動は生産費の上昇でこれまでのようには行なえなくなった。企業業績の悪化で世界経済は不況に陥り，失業や所得減のため人々の暮らしぶりも悪化した。それまでの未来志向的，楽観的な雰囲気は社会から一掃され，省エネルギー，小規模生産，節約生活の方向へと社会は転換した。そのような時代の中から，経済や都市のあり方を資本主義の根底にまで遡って問い直す地理学研究が現れた。従来の経済が新古典派の考え方をふまえたものであったのに対し，新たに登場したのはマルクス主義経済学を根底においていた。マル

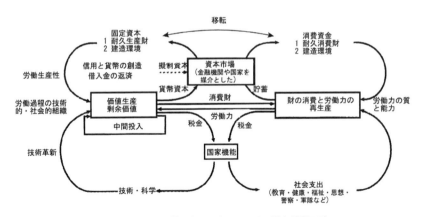

図1-7　マルクス理論にもとづくハーベイの資本循環モデル
出典：Harvey,1978, p.109, Fig.3をもに作成。

第1章　川と流域に対する地理学からの読み解き

クス主義経済学は19世紀に生まれていたが，その基本的な考えを都市の建造環境に当てはめて解き明かす点に特徴があった。要は都市的建造物を不動産的商品とみなし，利益を求めて流動するマネーフローの視点から都市を解明しようというものである（図1-7）。

　都市の中に建つビルや住宅はまぎれもなく不動産である。図書館や学校などの公共施設も，建設資金の出どころは税金であるが，ビルや住宅と同様に不動産である。多様な不動産の集まりである都市は経済的好況，不況の影響を受ける。建物の建設や解体を決める主体は企業，住民，行政など多様であり，それぞれの意思決定が都市の建造環境のあり方に関わる。マルクス流のマネーフローの考えによれば，利益を求めて世界的規模で流動する資金の流れの一部として不動産投資が行なわれる。意思決定には純粋に経済的な動機のほかに社会的，政治的動機も関わる。建物建設のための投資行動は，経済的視点だけでなく，社会経済的あるいは政治経済的な視点からもとらえなければならない（Harvey, 1985）。企業人といえども，社会や共同体の意思や感覚を無視して行動することはできない。政治的合意にもとづく規制が建物建設を左右することは日常的にみとめられる。都市を数理経済的対象として単純にとらえる時代ではなくなり，社会や政治と絡んだ経済的投資の対象として研究する動きが広まった。

　石油ショックをきっかけに不況色が広まり低成長経済が一般化した世界では，多品種少量生産によって消費需要にきめ細かく対応することが求められるようになった。画一化，無個性化から多様化，個性化への転換であり，いかに差異化された製品を効率的に市場へ提供できるかが問われる。対象は工業製品ばかりでなく，サービスやメディアや情報などの分野にまで及んだ。これにはモノからサービスへという消費対象の変化や高度情報化の動きが背景にある。モダンからポストモダンへの転換という言い方も広まり，欧米では戦前から続いてきた近代文化の行き詰まりが転換期を迎えたとされた（Harvey, 1989）。日本では戦後の高度経済成長から低成長，さらにバブル経済の形成と崩壊というように，時代は目まぐるしく動いた。いずれにしても，産業では重厚長大から軽薄短小へ，社会，文化では画一性から多様性へ転換しなければ，時代についていけなくなった。こうした時代的推移の中で，都

市を研究対象とする地理学では，先に述べた社会経済的，政治経済的アプローチのほかに，文化，民族，ジェンダー，人間性などを切り口とする研究が登場してきた。差異化や個性を追求していくと，「経済人」としての人間ではなく，これまで等閑視されてきた多様な属性をもつ「文化人」としての人間が顕になる。

　こうしてモダニズムの経済指向的アプローチから，ポストモダニズムの社会政治，文化的アプローチへと再び研究の流れは変わっていく。経済，社会，政治，文化はいつの時代でもどこの国や地域にも存在する。それらをどのようなものとして理解するかで，学問研究の中身が決まる。理解や解釈の手掛かりとなるキー概念をいかに見つけ出すかが決定的である。川や流域に引きつけて考えた場合，川の何に注目して現象を理解するかで得られる結果は異なる。水資源，灌漑，土地の侵食・堆積，治山治水，河川観光など，どれをいかなる文脈で拾い上げるかで研究内容は定まる。経済に偏っていたモダニズムから抜け出し，社会，政治，文化などの色合いの濃いポストモダニズムがメインストリームの時代へと移行していった。

第3節　川と流域とともに形成された人間社会の読み解き

1．風土，文化など制度に注目するアプローチ

　地理学はさまざまな側面から地域を取り上げて研究するが，農業，工業，商業などの経済活動はその中でも大きなウエートを占めている。人が生きていくためには働いて収入を得る必要があり，そのための就業機会を現代では企業や事業所が提供する。企業や事業所は市場で求められる商品やサービスを就業者につくらせ，その対価として給与を支給する。商品やサービスを最終的に生み出すためには，その前段階として原料・素材あるいは半製品などを必要とする。こうしたモノやサービスは何段階にもわたって行なわれる取引を繰り返すことで，最終的に市場に提供される。繰り返される取引はすべて経済的取引である。しかし，取引のスタイルは千差万別であり，企業や事業所の考え方がそこには現れる。どのような商品やサービスを提供するか，

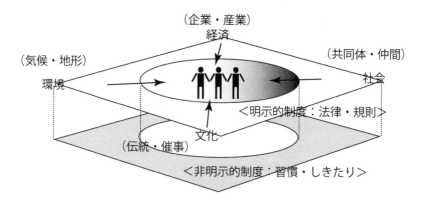

図1-8 文化, 社会, 経済, 環境の制度的要素をふまえたアプローチ

あるいは逆に求めるか, それぞれ独自の価値観にもとづいて行動する。経済行為ではあるが, 価値観に影響を与えるのは金銭的なものばかりでなく, 環境, 社会, 文化など一見すると経済とは異なる要素もある。

　経済活動を単なる経済活動と考えるのではなく, 環境, 社会, 文化など制度的要素も加わった活動とみなすのが制度論的思考である (図1-8)。日本語では制度というが, 英語の institution には狭い意味での法律や決まりなどの制度だけでなく, 習慣, 風習, 様式, しきたり, ルールなど多くの意味が含まれている。日本語なら文化という言葉で表現したほうがわかりやすいかと思われるが, 企業, 学校, 役所などでは活動の仕方に関して固有のスタイルや様式が組織の中で共有されている。社風や校風という言葉があるように, その企業や学校に特徴的なやり方で企業活動や教育活動が行なわれている。これを地域レベルに広げて考えれば, 地勢, 風土, イメージといったものがあり, その地域らしさが外部に表出する。緯度, 標高, 気候, 地形などの違いが固有の風土形成に関わる。

　現代は, 企業や事業所, それらが集まって生まれる地域のパフォーマンスが注目されている。地域が持続的に発展するには, 企業や人を呼び込んで活力の源としなければならないからである。そのような地域の特性を知るのに, 風土性や文化性に注目する制度論的アプローチが有効である (Hayter and Patchell, 2011)。制度というと計画や条例など法的規制がイメージされやすい。

しかしここでいう制度はもっと幅広い概念であり，明文化された法律や規則だけでなく，組織や共同体の中で明文化されずに共通認識されている習慣や決まりなども含まれる。伝統や歴史的経緯を経て継承されてきた固有の文化的風習といったものである。こうした習慣，決まり，風習は時代の推移とともに変化していく。時代状況に合わなくなれば支持されず忘れ去られていく。

　地域をめぐる多くの事柄は，明示的あるいは非明示的な制度や暗黙的な習慣をもとに行なわれている。こうした制度や習慣を空間的視点から考えると，流域がひとつの広がりとして浮かび上がってくる。「流域共同体」という言葉があるが，川の上流域から下流域まで同じ川の水を利用する者どうしが一体となって川を守っていこうという意味合いで使われる（高橋, 2012）。実際，下流域の人々は上流域の人々が使用して排出した水を用水として利用する。上流域で開発が進めば，洪水時に下流域が被る被害は大きくなる。こうした利害関係で互いに結ばれた流域内の人々の河川とのつながりは，流域全体の視点から考えなければならない。上流域の人々が勝手な河川利用をすれば，その影響はたちどころに下流域に及ぶ。流域内にあるそれぞれの地域で生活する人々は，こうした暗黙的意識を共有しながら行動する。行動を規制しているのは河川利用に関する諸制度である。

　資本主義経済が国際的に広まっている現在，経済的取引や社会的交流は，決められた法律を遵守する範囲内であれば，自由に行なうことができる。しかしそのような自由のもとにあっても，何か拠り所となる基準がなければ，どのように行動したらよいか判断できない。移動費用の最小化や効用の最大化を行動基準とするのが，近代経済学の基本的な考え方であった。しかしそれは考えられる基準のひとつにすぎない。実際の行動はもっと多くの要素が絡み合った基準にしたがって行なわれている。基準となる選択肢を客観的に認知しているか，あるいは何らかのバイアスを受けて誤って認知しているかを心理学は問題とする。それもたしかに重要であるが，それ以前の問題として取引や交流を行なう主体が，いかなる社会的，政治的，文化的状況にいるかを問わなければならない。

　河川や流域の話に戻れば，取引や交流を規制する状況は歴史的に大きく変化してきたといえる。古代文明はいずれも大河の近くで生まれたというのが

通説である。食料を確保しなければ生きていけない世界では，農産物の生育に不可欠な水源の近くで生活するのは当然のことである。自然の川は水を得る一番手っ取り早い手段であり，その水をいかに土地に配るかについて，社会的，文化的，技術的な取り決めが自ずと生まれた。古代文明の発祥地は乾燥地帯であり，もともと降水は期待できないところである。しかし晴れの日は多く，炭酸同化作用は活発なため，水さえあれば農産物の収量は多い。たとえ地表は乾燥していても，地下にトンネルを掘って水を流せば，遠くまで効率的に配水できる。これは一例にすぎないが，気候，地形，地質など地域で異なる環境の中にあって，人々は種々のしきたりや習慣を生み出し，川の水を利用する仕組みを編み出した。地域すなわち流域の環境状況を慎重に判断して解決方法を見出していった人々の適応ぶりは興味深い。

　雨水や融雪水が自然に集まって流れる川の水を農業や生活に利用する行為は，長い歴史の中で変わらず続けられてきた。同じように，ときとして生活空間に侵入し生命や財産を脅かす恐れのある川を手懐けようと闘ってきた歴

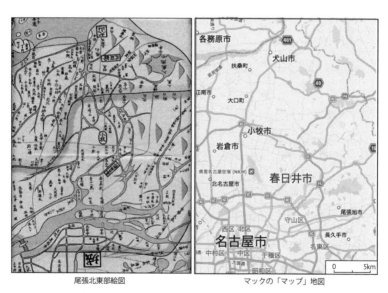

尾張北東部絵図　　　　　　　マックの「マップ」地図

図1-9　名古屋市北部郊外，庄内川，木曽川周辺の江戸期と現代の比較
出典：草部神明のウェブ掲載資料（http://kusakabeshinmei.blog9.fc2.com/page-4.html）をもとに作成。

川と流域の地理学

史もある。長い時間の流れを古代，中世，近世，近代，現代と区切るのは，川との付き合い方を通時的にとらえるのには好都合である。しかし忘れてならないのは，同じ時代でも国や地域が違えば付き合い方が大きく異なるということである。川に近づいたり川から遠ざかったりする方法は千差万別で，地域すなわち流域の時代環境に左右される。その時間，空間に居合わせた人々がそれぞれ固有のやり方で川と付き合う。ほとんど昔と変わらず流れている川と，時代とともに変わっていった付き合い方の多様性との間のコントラストは明瞭である。図1-9は，名古屋市北部郊外の庄内川と，その北方にある木曽川に挟まれた地域の江戸時代と現代の地図を比較したものである。江戸時代の地図は正確とはいえず絵図の域を出ないが，それでも大小の川（用水を含む）の流れが生き生きと描かれている。当時は川との付き合い方が現代より密接で，川なくしては生きていけなかった時代の雰囲気が伝わってくる。

2．川の水を利用した居住・農業空間の拡大と産業の勃興

　近代地理学で大きな論争になった「環境決定論」と「環境可能論」は，自然環境と人間の関係において環境からの影響を強調するか，あるいは人間の環境に対する働きかけを主体的，肯定的に考えるかの違いであった（Semple, 1911）。いずれが的を射ているかは，すぐには判断できない。ひとくちに自然環境といっても，気候，地形，地質，土壌，植生など，人間を取り巻く環境要素は多様である。その組み合わせは地球上の場所ごとに違っており，一様ではない。一般に温暖で適度な降水のある地域は生活がしやすく，酷暑や極寒，あるいは極度な乾燥，豪雨地域は生存には適さない。自然環境が人間の生存を大きく左右する条件下なら，人間はそれにしたがわざるを得ない。つまりそのような場合は環境決定論に分があり，そのような地域での活動や生活は最初から行なわれない。地形条件についても同様なことがいえ，標高の高い山岳地帯や急傾斜地は生活や活動に適しておらず，生存の適地ではない。

　こうした極端な自然環境が人間にとって好ましくないことは，そのような地域に人が継続して住まなかったという歴史的事実から明らかである（今井, 2003）。一般に人間が生活できる地域はエクメネ（ドイツ語でÖkumene），そ

うでない地域はアネクメネ（Anökumene）と称される。人間の歴史はエクメネの居住条件を良くし，アネクメネの一部をエクメネに変える歴史であった。それゆえ現在はエクメネでも，以前はアネクメネであったところもある。環境決定論と環境可能論の論争に立ち戻れば，論争が対象としている環境が地球上のどの地域であるかに加えて，どの時代の環境を念頭においているかを明確にしなければならない。周知のように，産業革命以降，発明された種々の科学技術をもとに多くの有用なものが人間世界に登場した。そのおかげで，以前なら住めなかった環境下でも，衣食住の条件を向上させることにより居住できるようになった。自然環境に手を加えて生まれた人工環境の出現がエクメネ拡大の可能性を高めた。かつて優勢であった環境決定論が後退し，環境可能論のウエートが大きくなったことは，近代から現代にかけて人間活動の領域が広がったことからも明らかである。

　自然環境に適応する技術が生まれ，以前なら人間が住めなかったところでも人が住み集落が形成されるようになった。しかしいくら居住可能な条件が満たされたとしても，そこに住む必要がなければ誰も住もうとはしない。必要になるのは，たとえば人口が増加して新たに住空間が求められるような場合である。近代になって工業化が著しく進み，都市に労働人口が集中するようになった。当初は生産現場の近くに住む人が多かったが，やがて住宅地不足が目立つようになり都市の周辺部でも人が住むようになった。自動車の登場と普及のおかげで勤務地から遠い場所からでも通勤できるようになったことが，都市圏の拡大につながった。丘陵地や山間地に近く以前は人が住んでいなかった地域が開発され，郊外住宅地域に変貌したという事例は少なくない。

　歴史を遡って考えた場合，人間が居住する空間は確実に広がっていった。古代文明の発祥地で栄えた文明はやがて周辺地域に広がり，新たな文化圏が生まれた。そのような文化圏においても川の水は不可欠で，それぞれのやり方で利用された。水が重力の法則にしたがって流れること生かし，トンネルや高架橋を設けて遠くまで流す水路も設けられた。水車で水を汲み上げる仕組みも，水の性質を利用したものである（末尾，1999）。これらは川の水を遠くまで届け耕作地を広げるために行なわれた。編み出された灌漑技術や水車

技術は，それぞれの地域で生まれた知識体系である。気候，地形，地質などからなる自然環境の中で生まれた流域の知恵こそが，風土や文化を構成する制度にほかならない。生きられる空間を広げたいというどの民族や集団にも共通の動機にもとづき，川の水に依存する空間は拡大していった。

　ただし川の水は，生きられる空間を広げるためだけに利用されたのではない。むしろそれとは逆に，川の水を遠ざけることで空間が広がるという場合もある。その典型は堤防を築いて川の水が溢れないようにすることである（伊藤，2010）。あるいは干拓地で排水路を設け，水に浸からないように農地を広げていくことである（山野，2006）。こうした土木事業を行なうためには，その地域に適した土木技術を考案しなければならない。これもまた地域固有の知恵が生かされる場面であり，制度的蓄積がものをいう。築堤や干拓は，特定地域の特定の時代状況の中で行なわれる。たとえば近世日本の幕藩体制下と近代以降の国民国家の下では，おのずと状況が異なる。工事の企画者，実施者，受益者など多様な主体間を取り結ぶ関係図式は一様ではない。

　農地や耕地の拡大は，増え続ける人口圧を和らげるのに役立つ。しかし人間社会は農業を盛んにするだけでは豊かにはなれない。農業以外の産業を興し，食の分野以外でも満足度を高めたいと考える。衣食住の食を除けば，残るのは衣と住である。衣の世界も奥が深く，古今東西，さまざまな衣服や着物が生み出されてきた。その素材となる天然由来の絹，綿，羊毛の糸を整え

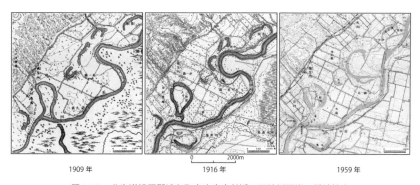

1909年　　　　　1916年　　　　　1959年

図1-10　北海道樺戸郡浦臼町字晩生内付近の石狩川両岸の耕地拡大
出典：「地図と鉄道のブログ」のウェブ掲載資料（https://homipage.cocolog-nifty.com/map/2016/06/post-e962.html）をもとに作成。

第1章　川と流域に対する地理学からの読み解き

るために，水車動力が古くから活用されてきた（市川，1982）。これもまた川の水の利用がその根底にある。水車は紡績以外に，醸造，搾油，窯業などの分野でも利用され，新しい産業を生むのに貢献した。さらに，水車を利用した発電が発明されると，勃興する産業の幅は一気に広がった。水エネルギーの活用で人間社会は大きく拡大した。

　図1-10は，札幌の北東60kmにある樺戸郡浦臼町字晩生内付近の石狩川両岸の土地利用変化を示したものである。明治期に開拓が始まり，沼地や荒れ地は耕作地に変わっていった。北海道の総耕地面積は1880年の1.9万haが40年後の1920年には83.1万haになり，さらに40年後の1960年には93.9万haにまで拡大した。北海道は都道府県別農業生産額（2018年）が第1位で全国の13.8％を占めており，人口割合の4.2％を大きく上回っている。近世には蝦夷地と呼ばれた北海道で，人々が農地を広げられるようになったのは，時代や体制が大きく変わったからである。栽培技術や生活様式の近代化もあいまって，エクメネは北の大地で着実に拡大していった。

3．川の水の利用と抑制を古今東西で比較する

　工業化や都市化はかつて地理学で盛んに研究が試みられたテーマである。とくに高度経済成長の頃は現象が現在進行形であったこともあり，これからどうなるか，現象の行方を見届けたいという思いもあった。研究スタイルは工業化や都市化に関する資料を収集し，それを整理・分析して記述するというのが主流を占めた。その一方で，記述中心の伝統的な地理学に反発し，コンピュータを利用して統計分析を行なう計量的な研究スタイルも登場した。いずれにしても集めた資料やデータを整理・分析し，その研究内容を成果として発表するのが一般的であった。資料やデータは人間活動の結果であり，研究テーマが工業化なら工業生産額，就業者数，工場数，工場の分布や就業者の通勤範囲，あるいは原料の調達先や製品の出荷先などのリストや地図などである。それらの時系列変化や空間的パターンに注目しながら，なぜこのように変化したか，あるいはどうしてこのようなパターンになったのかを説明する。

　一般に論理実証的研究と呼ばれるこの種の研究では，事実を突き止めそれ

を積み上げることが何よりも求められる。積み上げられた事実から本質的な要点を客観的に取り出す。事実を通して本質を語らしめるという実証的姿勢こそが、この研究スタイルの特徴である。論理実証的な研究アプローチは、現在の地理学においても維持されている。情報処理技術の発達により、以前に比べてより多くのデータを短時間で集計・整理することもできるようになった。しかしこうした流れが続く一方で、論理実証的な研究アプローチに満足せず、別の研究スタイルをめざす研究者もいる（Hayter and Patchell, 2011）。すでにわれわれが住んでいる世界は、かつてのように工業化や都市化に勢いがあった時代ではない。脱工業化やサービス経済化はもとより、脱都市化さえ唱えられる時代である。このような時代の本質を読み解くには、旧来の研究アプローチでは十分とはいえない。時代の変化とともに、よりふさわしい研究アプローチが望まれる。

　本書で取り上げる川や流域に関する事実やデータの多くは、かつて地表上のどこかで起こった事柄に関するものである。一次的な資料はさまざまな調査や研究によって明らかになっており、それらを再構成することで事実関係を示す。私的な感想が加わることもあるが、それは事実を読み解く過程で感じられた思いである。できるだけ客観的立場に立ちたいと考えるが、書き表し方で印象が変わるのはやむを得ない。論理実証主義の立場を尊重しながら、各時代、各地域の置かれた状況の中で川の水がどのように利用されたか、あるいは川の水が遠ざけられたかを考える。注目したいのは、その川が流れていた時代と地域において、人々がいかなる政治的、社会的、文化的制度にしたがって行動したかである。農業や輸送などの経済目的や治山治水目的が前提としてあるが、目的の達成に関わった制度的背景に注目する。

　農業用水の歴史や水車利用の変遷などに関する地理学研究は過去にも行なわれている。本書のねらいは、特定の国や地域における水利用の歴史を記述することではない。時間や空間の枠を取り払い、地表上を変わらず流れ続けてきた川に対して人々がどのように向き合ってきたか、まさにこの点に焦点を当てる。個別詳細な歴史的事実にまで触れることはできないが、時間や空間を超えて現れてくる川と人の関わりについて述べる。川の水というごくありふれた存在が人間社会と関わることで千変万化の振る舞いを示す。その振

る舞い方の歴史的事例を国内外に広く求め，共通する側面あるいは固有な側面に注目する。川の水の利用や抑制を古今東西，広げて比べることで新たに見えてくるものがある。

川と流域の地理学

古代文明の誕生に関わった
河川と流域の広がり

第1節　古代文明の地理的環境と都市

1．古代文明の誕生地とその地理的要因

　都市と流域の関係を考えるとき，すぐに思い浮かぶのは世界の四大文明がいずれも大きな河川の近くで誕生したという通説である。大きな河川の近くは土地もよく肥えており，大きな集落すなわち都市が早くから形成されやすかったという説明である。この通説は確かに受け入れられやすい。しかしナイル川（エジプト文明），チグリス・ユーフラテス川（メソポタミア文明），インダス川（インダス文明），黄河（黄河文明）は，世界全体から見れば必ずしも大きな河川ではない。北アメリカのミシシッピ川，南アメリカのアマゾン川，ラプラタ川，ロシアのオビ川，エニセイ川などは，インダス川やチグリス・ユーフラテス川よりも長い。つまり大河川がそのまま文明誕生に結びつくとはいえず，両者の間にはズレがある（安田，2019）。四大文明という言い方それ自体，世界的に共通というわけではなく，インカ文明やアステカ文明など古代文明はほかにもあり，それらは大河川とは直接関係していない。

　大きな川の流れは農業生産と結びつきやすいので，一見すると降水量の多い地域であるかのように思われる。しかしながら，湿地帯を流れるチグリス・ユーフラテス川沿いのメソポタミア文明を除き，ほかの文明は降水に恵まれない乾燥地域で生まれた。重要なことは，これらの文明が乾燥地域ではあるが河川に近い場所で生まれたということである。降水量の多い地域だと曇や雨の日が多く，年間の日照量は少なく炭酸同化作用は進まない。晴天の多い気候で近くに川が流れていれば，灌漑を施して農作物を大量に栽培することができる。しかも大河川なら農作物の生育に必要な養分が上流から多く運ばれてくるため，農業も盛んに行なわれる。多くの日照量と河川と肥えた土壌が結びつくことにより，豊かな農業生産が可能になるのである。ただしこうした条件にすべて恵まれているからといって，必ずしも文明が誕生するとは限らない。灌漑事業，栽培方法，労働力の調達など，農業生産を高めるには社会的な組織や仕組みが必要である。自然条件と社会条件がうまく結びついてはじめて文明発生のカギがそろう。

四大文明と河川の関係でいまひとつ重要なポイントは，黄河文明を除き，これらの文明が比較的河口に近い地域で生まれたという点である。このことは，河口付近に三角州など大きな平地が広がっていることと，海洋に面しているため船を使って対外的交流ができたことを意味する。平らな三角州は耕作に適しており，豊かな水量は農作物の大量栽培や多くの人々の生活用水として好都合である。収穫した農作物は水上交通を利用して近在はもとより，遠隔地まで輸送することができた。道路交通が未発達であった当時，水上交通は大量輸送が可能な唯一の運搬手段であった。河口付近はまた，河川交通と海洋交通を結びつける場所として恵まれた条件をもっていた。こうした場所に集落が築かれ，さまざまな社会階層や職業の人々が生活するようになった。陸上交通とは比較にならないほど便利な水上交通が利用できる河川や海岸の近くに人々が住み着くのは，いわば自然の成り行きだったといえる。また居住については，社会階層や職業に応じて，ある種の棲み分け的なパターンをもっていたと思われる（図2-1）。

　黄河文明が黄河という河川の中流域から下流域とその支流域にかけて生まれたという点では，他の3つの文明と共通している。しかし，現在の陝西省から山西省にかけて広がる黄土地帯を黄河が南下するとき，多くの支流から大量の土砂が流れ込む。土砂は下流域まで運ばれ堆積したため，その間の流

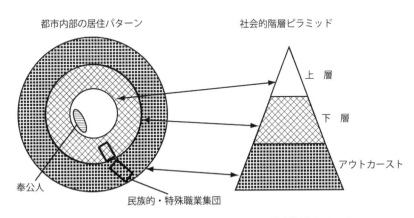

図2-1　前産業社会の都市における居住パターンと社会階層ピラミッド
出典：Short,1984, p.9, Fig.2-1 をもとに作成。

第2章　古代文明の誕生に関わった河川と流域の広がり

路はきわめて不安定で2年に一度の割合で氾濫を繰り返すほどであった。こうしたことから、中国の古代文明は大河川の下流域ではなく中流域で生まれたといえる（栗原，1953）。しかも、人々が生活したのは黄河本流のほとりではなく、支流を臨む小高い丘陵地の上であった。黄河文明が黄土の堆積する沖積平原で発達したことは事実であるが、定期的氾濫によってもたらされた肥沃な土壌をもとに灌漑農業が発達したという文明誕生の図式は中国ではあてはまらない。

　では、世界の四大文明に代表される古代文明はどのような順序で生まれていったのであろうか。この点については定説があり、紀元前3500年頃、最古の文明がメソポタミア低地に生まれ、ほぼ同じ頃、ナイル川下流地域に新石器時代の集落が多数築かれた。さらに紀元前2500年頃にはインダス河谷にハラッパとモヘンジョダロという2つの都市が現れ、これらはひとつの国を形成した。一方、中国ではすでに紀元前5000年頃から紀元前2500年頃にかけて黄河文明のひとつである仰韶文化が栄えていたとされる（王，2003）。仰韶文化は新石器時代晩期に黄河中流域に栄えた農耕文化で、完全な定住生活が営まれていた。ただし近年の研究成果によれば、仰韶文化より古い紀元前7000年頃、現在の河南省新鄭県付近に裴李崗文化が、また紀元前6000年頃に河北省武安県付近に磁山文化が存在したことが明らかになっている。これらは黄河支流を臨む台地上にあり、規模は小さかった。

　上述した四大文明の後を追うように、中央アメリカでは紀元前1200年頃にオルメカ文明がメキシコ湾岸で成立した。オルメカ文明は、現在のメキシコと中央アメリカにあたるメソアメリカで栄えたアメリカ大陸で最も初期に生まれた文明である。その後のメソアメリカ文明の母体となったため、「母なる文明」とも呼ばれる。オルメカはアステカ語で「ゴムの人」という意味であり、現在のベラクルス州の中でも熱帯モンスーンに含まれる地域にサン・ロレンソ、ラ・ベンタ、ラグーナ・デ・ロス・セロスなどの都市があった（図2-2）。最も栄えたサン・ロレンソは、コアツァコアルコス川に近いが洪水に遭いにくい場所を選んで立地していた。

　一方、メキシコ南東部のユカタン半島では紀元前1000年頃から紀元後900年頃にかけてマヤ文明が展開し、高度に発達したマヤ文字をもっていた。

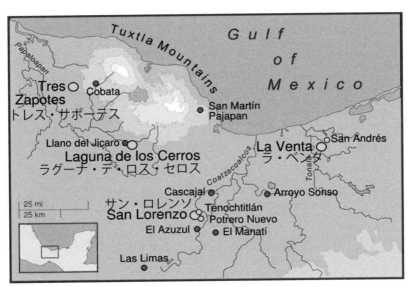

図2-2 古代メキシコ湾岸で栄えたオルメカ文明の都市
出典：Slideplayer のウェブ掲載資料（https://slideplayer.es/slide/1106665/）をもとに作成。

さらに南アメリカのアンデス高地では紀元前 1000 年頃に北部にチャビン文明が成立し，それ以降，ナスカ文明やティアワナコ文明などさまざまな文明や王国が現れた（関，2010）。なお，チャビンとはペルーのアンデス山中にあるアマゾン川源流の小村の名であり，チャビン・デ・ワンタル遺跡の発見により南米大陸最古の文明であることが明らかになった。チャビンは，ペルー中西部の人口 6.5 万人の都市ワラスの東 40kmに位置する。標高 3,028m のワラスを上回る標高 3,140m の高地の遺跡であり，これまで述べてきた文明の自然環境とはまったく異なる。

2．四大文明が生まれた流域の環境

　都市発生の歴史が古いメソポタミアでは，チグリス川とユーフラテス川のほとりで文明が栄えた。これら 2 つの河川はともに源流はアルメニアに近いトルコ東部の山岳地帯であり，現在のイラク国内を北西から南東に向けて流れている。イラン側に近いチグリス川とサウジアラビア側に近いユーフラテス川は中流部付近で接近しており，ここにバグダッドがある。下流部で間隔

は再び広がるが，ペルシャ湾岸から100kmのバスラ付近で合流し，最後はシャトル・アラブ川となって湾内に流れ込む。かつて両河川は別々の河口をもっていた。しかし下流部で土砂堆積が進んだ結果，現在のような流路をとるようになった。メソポタミアは「川の間の地域」という意味であり，2つの川に挟まれた地域だけが砂漠地帯の中で緑野であることは，航空写真から確認することができる。8世紀にアッバース朝の都として建設された円形都市・バグダッドがイスラム文明の中心地として登場するはるか以前には，その南方でバビロン，ウル，ウルクなどの都市が栄えていた（図2-3）。

　バグダッドは，メソポタミア平原の上流側（アッシリア地方）と下流側（バビロニア地方）の境目に位置する。アッシリア地方が緩やかな起伏のある卓状地であるのに対し，バビロニア地方はチグリス川とユーフラテス川の堆積作用で形成されたデルタ地帯である（松本，1990）。デルタ地帯では各所に湿地や沼沢地ができ，アシが生えていた。木，石，鉱物などは産せず，豊かな太陽熱と灌漑による農牧畜業が盛んであった。交易や通商を得意とするアッシリア人に対しバビロニア人は農耕的，定住的であり，ここにバビロニアの

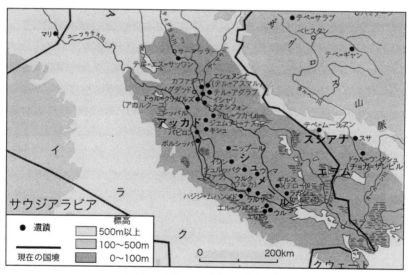

図2-3　古代メソポタミアの遺跡分布
出典：ジョルジュ・デュビー監修，1991，p.4をもとに作成。

川と流域の地理学

首都バビロンが建設された。バビロ
ニアという地名はバビロン誕生に因
んだものであり，もともとこの地域
の北はアッカド，南はシュメールと
呼ばれていた。紀元前1792年にバ
ビロンを拠点とするバビロン王朝の
王となったハムラビにより，メソポ
タミア全土は統一された。

　メソポタミア文明とナイル川河畔
で生まれた文明との相互関係につい
ては，長い間論争があった。農業技
術や都市建設の伝播状況から判断す
ると，メソポタミアからナイルへ文
明が伝わったと考えられる。初期エ
ジプトの都市がメソポタミアのそれ
に比べて小規模だったのは，時代と
ともに中心都市が移動したことがそ
の一因である。また別の要因として，
砂漠が自然の防御帯としての役割を
果たしたため，巨大な軍事国家をつ
くる必要がなかったことが挙げられ
る。現在のエジプトの首都カイロは，
ナイル川が地中海に向けて三角州を
形成し始める扇の要のような位置に

図2-4　古代エジプトの遺跡分布
出典：ジョルジュ・デュビー監修，1991，
p.5をもとに作成。

ある（図2-4）。このカイロから下流部に向けて河口付近までを下ナイル，上
流部のアスワンあたりまでを上ナイルと呼ぶ。紀元前5000年頃から灌漑農
業が行なわれるようになり，ノモスと呼ばれる小国家が下ナイルに20，上
ナイルに22生まれた。ギリシャ語で州を意味するノモスは紀元前3000年頃
に統一され，最初の古王国が誕生した（Bagnall, 1996）。

　ナイル川流域の環境は上ナイルと下ナイルではかなり異なる。現在の気候

第2章　古代文明の誕生に関わった河川と流域の広がり

ではあるが，上ナイルは高温の乾燥気候で真冬の最高気温は 25℃ 前後，真夏は 40℃ を超える。降水はほとんど期待できない。一方，下ナイルは地中海性気候に属しており，冬季の最高気温は 20℃，夏季は 35℃ くらいである。11 月から 4 月にかけて若干降水があるが，30mm 程度でしかない。下ナイルのデルタには現在，ダミエッタとロゼッタという 2 つの支流が流れているが，紀元前 1400 年頃は 7 つもの支流があった。それより前には地中海の海水準が現在よりも低い時代があり，その後の海進によって川床が高くなったため洪水も増えた。これによって流路がしばしば変わり，湿地帯の多いデルタが形成されていった。初期の集落はデルタ東部に堆積した地層の斜面と頂部に築かれた。しかし集落の場所は点々として定まらなかった。支流の流れ方や水位が変化するたびに，集落の放棄と新設が繰り返されたからである。

エジプト文明がメソポタミア文明の影響を受けたことは明らかである。下ナイルのデルタ河口部は海洋に面しており，対外的交流に適していた。これとは対照的に，インダス文明はメソポタミア文明とは関係なく独自に生まれた。ただし，両者の間に交易関係は存在していた。インダス文明を生み出したインダス川はヒマラヤ山脈を水源とし，主にパキスタン領を北東から南西にかけて貫流する大河である。最上流域はカシミール地方，中流域はパンジャブ地方，下流域はシンド地方と呼ばれる。インダス文明の代表的な遺跡であるモヘンジョダロ遺跡はシンド地方に，またハラッパ遺跡はパンジャブ地方にある。パンジャブは 5 つの川という意味であり，ジェーラム川，チュナーブ川，ラーヴィー川，ベアース川，サトレジ川といういずれもインダス川の支流が肥沃な農業地帯を生み出した。インダス文明はハラッパを中心として栄えた。ハラッパ王国は東の城塞区と西の市街地からなり，ともに格子状の街区で 1mi^2 の広さに 2 万人程度の人々が暮らしていた。発掘調査の結果，東西 200m，南北 400m におよぶ城塞の中に穀倉や埋葬場などの多くの煉瓦造りの建造物のあったことがわかっている。

これまで述べてきた 3 つの古代文明の誕生地から遠く離れた中国の黄河流域で，黄河文明が生まれた。この流域に中国の古代文明が生まれたことは，ドイツの地理学者であるフェルディナント・フォン・リヒトホーフェンの研究（Richthofen, 1877）がその発端である。彼は中央アジアから中国に

至る交易ルートをシルクロードと名付けたことで有名であるが，シルクロードの中国側の始まりは黄河流域にあると考えた。中国大陸を南北に分ける秦嶺山脈の北に広がる黄河流域で小麦の栽培が盛んに行なわれてきたことに注目した。現在では秦嶺山脈とその東の淮河を東西に結ぶライン（年間降水量が1,000mm）が南の稲作地帯と北の小麦地帯の境界といわれる。1921年にスウェーデンの地質学者ヨハン・グンナー・アンダーソンが河南省北部の仰韶遺跡を発見し，これが中国における新石器時代の指標的遺跡となった。仰韶文化は，赤褐色の地に紅，黒，白色の顔料を用いて幾何学模様を描いた彩文土器によって代表される。仰韶は，南流する黄河が東に大きく向きを変える地点から東側に120kmほどの丘陵地の上に位置する。黄河本流には面しておらず，人々はその支流の水を利用しながら農業で暮らしてきた。竪穴式住居跡からは石斧，石包丁なども発見された。

　長年，中国の古代文明の始まりは黄河文明とされてきた。しかし，1970年代に長江流域に仰韶遺跡とほぼ同じ時代かあるいはもっと古い時代の河姆渡遺跡が発見されたため，従来からの見方が変わってきた。河姆渡遺跡は，長江下流域の杭州湾南岸の沖積低地で行なわれてきた稲作を基盤とする新石器中期（紀元前5000〜3000年）の遺跡である。ここからは，稲籾，稲殻，籾殻などが厚く堆積した地層が見つかっている。層高は高い部分で1mもあり，この発掘が稲作の起源を長江下流域に求める説を強めた。さらにその後，河姆渡遺跡よりも時代の古い紀元前7000〜6000年頃の稲作跡が長江中流で発見されるにおよび，この考え方は確かなものになった。こうしたことのため，現在では黄河流域と長江流域を含め，中国で最初の古代文明はこれらの2つの地域で誕生したという説が一般的である。

第2節　四大文明発祥地における川と都市の関係

1．メソポタミアにおける都市の興亡

　世界の四大文明はいずれも大河の流域で誕生した。文明という抽象的な概念は，実際にその流域でいかなる集落や都市が築かれたか，その具体的な姿

図2-5　古代メソポタミア文明の都市ウルクの構造
出典：Pinterest のウェブ掲載資料（http://www.ezida.com/plan/plan_du_
site.jpg）をもとに作成。

を通して可視化される。しかしなにぶんにも古い時代のことゆえ，考古学的発掘によって発見された遺物によって推し量るしかない。過去に行なわれた考古学的研究から，都市化についてさまざまな仮説が提示され議論が行なわれてきた。その中にあって，メソポタミアを含む古代西アジアの都市化に関してヴィア・ゴードン・チャイルドが行なった研究（Childe, 1950）は，その後につづく多くの研究の出発点となった。チャイルドは「都市革命（Urban Revolution）」という概念をもちい，生業的な経済が発展するのにともなって食料余剰から社会余剰が生まれ，その結果，都市が生まれたと説いた。彼は，以下に掲げる10項目が都市の生まれる条件と考えた。①大規模集落と人口集住，②第一次産業以外の職能者（専業の工人・運送人・商人・役人・神官など），③生産余剰の物納，④社会余剰の集中する神殿などのモニュメント，⑤知的労働に専従する支配階級，⑥文字記録システム，⑦暦や算術・幾何学・天文学，⑧芸術的表現，⑨奢侈品や原材料の長距離交易への依存，⑩支配階級に扶養された専業工人，の10項目である。チャイルドが提示した条件をすべてそなえた遺跡をメソポタミアで探すと，シュメール地方のウルク遺跡（イラク）くらいしか見当たらな

い（図2-5）。その後に発見された同時代の都市遺跡であるハブーバ・カビーラ南（シリア）は，ウルクの都市を模倣したものである。

ウルクのような都市が形成されるには，①〜⑩の条件が絡み合いながら集落が全体として複雑化の道を歩まなければならない。社会の複雑化こそが，都市とはまだいえない集落から都市へと変貌していく過程である。都市へ向かう過程で進む複雑化は当然，人口の増加をともなう。この点で興味深いのは，ユーフラテス川の流路が西に向かって移行していった地形環境状況の変化である。流路が西へ移行したため東側の支流の水量が乏しくなり，限られた流域に人口が集中するようになった。

こうした現象は，ジェムデット・ナスル期（紀元前3100〜2900年）から初期王朝時代（紀元前2900〜2335年）にかけてのわずか数百年の間に起こった。その結果，ウルク，ニップール，キシュなどの都市が生まれた。これらの都市が形成されたあと，戦争や交易などを通して社会の複雑化が進み，二次的都市としてウンマ，バビロン，エシュヌンナなどが生まれた（小泉，2013）。ユーフラテス川左岸のウルクが有力都市であったことは，ここを中心に半径10kmほどのところに規則的に村落があったことから推測できる。その証拠は，行政的機能を示唆する土製コーンがこれらの村落遺跡から出土したことであり，ウルクが上位都市としてこれらの村落を管理していたと考えられる。

ウルクが最も栄えたのは紀元前2900年頃で，人口は8万人にも達したと推定されている。これほどの人口を養うには多くの食料が必要であるが，ユーフラテス川の水を利用した灌漑設備のおかげで大量の農産物を収穫することができた。考古学的調査によれば，ウルクの都市遺跡は多くの層が重なるようにして存在する。このうち第6層から第4層にかけて文字史料と記念碑的な公共建築が発掘されたエアンナ地区では複数の神殿が建設されていた。ウルクの中心部はこのエアンナ地区と隣接するアヌ地区からなり，これらはもともとあった2つの集落が合体して生まれたと考えられている。市内には運河網が広がり，当時のユーフラテス川と結びついて交易に利用されたり，周辺農業地帯への移動手段として使われたりした。ウルクの遺跡が現在のユーフラテス川の北東にあって川から離れているのは，その後に流路が変わったからである。当時，ウルクはユーフラテス川の南西にあり，川の移動が都市

衰退の一因と考えられる。

　アッカドは世界で最初の帝国といわれるアッカド帝国の都である。サルゴン王に率いられてシュメール地方の都市国家を征服し、メソポタミアの統一を成し遂げた。シュメール語に代わってアッカド語がこの地域の主要言語となり、バビロニア帝国やアッシリア帝国へと引き継がれていった。アッカドの考古学的遺跡は見つかっていないが、メソポタミア南部のチグリス川の東側にあったと考えられている。チグリス川を北上して現在のイラク北部に至ると川の西岸にアッシュールがある。ここがアッシリア帝国の最初の都となった。考古学的調査によれば、アッシュールの起源は紀元前3000年の中頃まで遡ることができる。紀元前2500年から2100年にかけてアッシリアが勢力下においた。最古の遺跡は寺院と宮殿であり、その後、ペルシア帝国の支配を受けるようになる。

　バビロンはバビロニア帝国の首都があったところである。帝国の最盛期、バビロンの人口は20万人で当時としては世界最大であった。バビロンはメソポタミア中央部でユーフラテス川をまたぐようなかたちで栄えていた。バグダッドの南90kmにその遺跡があり、当時の都市構造をうかがい知ることができる。両岸の広さはほぼ同じで、ユーフラテス川からの洪水被害を防ぐために、岸辺に高い堤防が築かれていた。町の起源は紀元前2300年頃のアッカド帝国の時代まで遡ることができる。紀元前19世紀にバビロン第1王朝が興ると、小さな町は都市国家の一部に組み込まれた。紀元前18世紀にアムル人の王ハンムラビが帝国を築いて間もなく、王によって一大都市へとつくり変えられた。

　ニムルドはチグリス川が支流と合流する戦略的に重要な位置にあった。現在のモースルから南東に30kmのところであり、アッシリア帝国の時代にはカルフと呼ばれ一時は帝国の首都であった。後のアラブ人はアッシリア地方の強力な王の名前のニムロドに因んでニムルドと呼んだ。紀元前13世紀にアッシリア王のシャルマネセル1世が首都アッシュールから北に離れたカルフに第二王宮を築き、以後1,000年にわたってカルフは栄えた。カルフの繁栄と名声が絶頂にあったのは紀元前9世紀にアッシュールナツィルパ2世が都としていた時代であり、初期の都市の廃墟の上に巨大な宮殿や神殿が築か

れた。

2. 古代エジプトにおける政治・宗教拠点の変遷

　古代エジプトにおける政治・宗教拠点の変遷は，川と港と都市の関係変化をよく物語っている。紀元前3世紀にギリシャ語で「エジプト史」を著したマネト（本名はガイウス・カシウス・ロンギヌス）によれば，初期王朝時代の王ファラオによりメンフィスが築かれた。メンフィスは現在のカイロ大都市圏に含まれるギザの南20kmに位置する。紀元前2686～2181年の古代エジプト王国において首都であったメンフィスは，ナイルデルタの南端部という戦略的観点から見てきわめて重要な位置にあった（図2-6）。ここから北に向

けて広大なデルタ（約2.5万km²）が広がっており，その背後には上ナイルへと向かう谷が続いている。つまりデルタと河谷を結びつけるのに最適な場所であった。輸送手段としてナイル川が利用できるため，メンフィスの港には工房，工場，倉庫などが建ち並び，王国全土を対象として食料や貨物が取り扱われた。メンフィスは商業・物流以外に宗教中心地と

図2-6　地理学者ジェイムズ・レンネルが描いたメンフィス（1799年）
出典：Wikipedia のウエブ掲載資料（https://en.wikipedia.org/wiki/Memphis,_Egypt）をもとに作成。

第2章　古代文明の誕生に関わった河川と流域の広がり

しても重要であった。職人の守護神を祀る寺院（フウト・カ・プタハ）が街の中心にあり，そのギリシャ語名であるアイギュプトスがエジプトという現在の国名の起源になった。

メンフィスについで大きな都市はテーベである。テーベという名前はギリシャ語による呼び名であり，古代エジプトではワセトと呼ばれた。ナイル川を遡ること800kmの位置にあり，上エジプト第4州（ノモス）の主要都市であった。テーベは新王国時代（紀元前1570〜1070年）にあってはエジプトの首都でもあった。テーベはまた貴重な鉱物資源と交易ルートで結ばれていたヌビアにも近い。このため，ヌビアから運ばれてくる金，鉄，銅などの鉱物や商品の取引で栄え，全盛期にはエジプトで最も富裕な都市であった。さらにこの都市は政治や宗教の中心地としても重要な役割を果たし，多くの寺院が設けられた。現在はルクソール県となった古都テーベにはルクソール寺院やカルナック寺院が残されており，世界中から多くの観光客を集めている。これらの寺院はナイル川東岸側の日が昇る地区にあり，死を意味する西岸側には王家の谷や王妃の谷がある。

古代エジプトでは紀元前332年から紀元後641年まで，地中海に面するアレクサンドリアが首都として機能した。その契機はマケドニア王国のアレキサンドロス大王がエジプトを征服したことである。アレキサンドロス大王の死後，エジプトは彼の部下であるプトレマイオス1世の統治下に置かれ，プトレマイオス朝が開かれた。プトレマイオス朝はアレクサンドリアを首都としたが，都市の周辺には平坦な土地が広がっており，沿岸航行や入港のさいに陸標となるものが何もなかった。そのためプトレマイオス1世は陸標となる灯台の建造を決定した。ファロス島の大灯台（現在はカイート・ベイの要塞）に象徴されるように，東地中海と紅海の結び目に位置するアレクサンドリアは，交易や文化交流の面で大きな役割を果たした。とくに古代ギリシャ・ローマ世界とイスラム世界をつなぎ，古今東西の多分野にわたる学問的中心地として重要な機能を担った。ムセイオンと呼ばれた，当時，世界で最大の規模を誇った図書館はその象徴である。

紀元前323年にアレキサンドロス大王はバビロンで死去した。彼の後継者であるプトレマイオス1世は大王の遺体を回収し，メンフィスまで運ばせた。

大王自身がエジプトでの埋葬を希望したと主張し，前任者を埋葬することで自らの正当性を認めさせた。その後，アレキサンドロス大王の石棺はプトレマイオス2世の手によってアレクサンドリアへ移された。こうしたことから示唆されるように，プトレマイオス朝の時代になるとメンフィスの都市としての拠点性は弱まっていく。メンフィスの衰退は，ローマ人がエジプトへ到来したことにより決定的となる。アレクサンドリアは古代ローマ帝国内の交通の要衝としてメンフィスよりも有利な位置にあったからである。さらに衰退理由として，ローマ人のメンタリティーに適合した習合神セラピス信仰が隆盛したこと，それにキリスト教が出現しエジプトに深く根付くようになったことを挙げることもできる。メンフィスでこれまで信仰されてきた古くからの宗教が，もはや受け入れられない時代になったのである。

　テーベもまたメンフィスと同じように，アレクサンドリアの発展と引き換えに衰退の道を歩む。その契機は，エジプトのファラオがアレキサンドロス大王の征服によって現地人からギリシャ人に代わったことである。大王はテーベを訪れたさいに歓迎されたが，テーベには大王に抵抗する勢力があった。紀元前3世紀の終わり頃，上エジプトでプトレマイオス朝に対する反乱が起こった。この反乱はテーベの神官団によって支えられていた。紀元前185年に反乱を鎮圧したあと，プトレマイオス5世は反乱に加担した神官達を許した。プトレマイオス5世はテーベの神官達の支持を必要としたからである。しかしその半年後に再び反乱が起こったが失敗に終わった。反乱は紀元前91年にも起こった。やはり鎮圧され，これによりテーベは瓦礫の山となった。

　古代エジプトの政治的，宗教的拠点のうちメンフィス，テーベはともにナイル河畔にあった。しかしプトレマイオス朝になり，拠点は地中海に面するアレクサンドリアに移った。この遷都は，ナイル川を命の川として興ってきたエジプト文明が，外来のギリシャ勢力さらにローマの軍勢によって支配されたことによる。その後はイスラム勢力が東部から侵入し，フスタート（オールド・カイロ）が拠点になった。再びナイル河畔に拠点は戻され，以後はフスタートに接してその北側に位置するカイロを中心に都市が形成されていった。ナイル川は農業生産の源であり，国内交通の幹線でもある。アレクサン

ドリアの港は対外交易の拠点ではあるが，ナイル川からやや離れた位置にある。大河川河口部の都市が国内と海外の結び目となるケースが世界では少なくない中で，エジプトはそのようにはならなかった。

3．インダス河谷における都市の分布と優れた都市構造

インダス川は，現在のパキスタンの北東から南西にかけて流れている。中流部はパンジャブ地方，下流部はシンド地方と呼ばれる。紀元前3000年後半から約1,000年間，中流部ではハラッパ，下流部ではモヘンジョダロを中心とする文明が栄えた（図2-7）。このうちハラッパでは，全部で5つの文化層のあったことがわかっている。最も古いラーヴィー期の集落は遺跡の北側の下層から発見され，多彩文土器をともなうという特徴がある。次に古い文化層の集落は遺跡の南東部にまで広がっており，集落を取り囲むように壁が築かれている。さらに次の文化層になると，城塞と城門によって隔てられた2つの市街地が明確に区分される。城塞の北側には穀物倉庫と推察される建物があった。

城塞は南北約400m，東西約

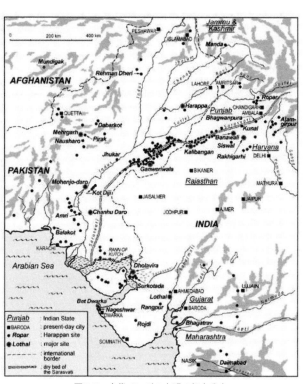

図2-7　古代インダス文明の都市分布
出典：Pinterest のウェブ掲載資料（https://www.pinterest.jp/pin/272890058641710996/）をもとに作成。

200mの南北方向に長い平行四辺形の台地である。この台地は城壁によって囲まれており，市街地を見下ろすような位置にある。この台地状の城塞を中核として，周囲約5kmの市街地が東西南北方向の道路を軸に整然とした都市計画にしたがってつくられていた。こうした都市のレイアウトは，インダス川下流部のモヘンジョダロでもほぼ同じである。それゆえ，後世クシャン朝のペシャワール（パキスタン北西部）とマトゥラ（インド北部）の例のように，同一国家内における2つの首都すなわち複都制の都市ではなかったかと推察される。度量衡の統一や焼煉瓦の統一規格など，かなり計画性の高い都市づくりが行なわれていたと考えられる。

　モヘンジョダロの台地状の城塞の内部には，大浴場，小浴場，穀物倉庫がある（図2-8）。大浴場の後側には僧院か高僧の住居と思われるものがある。さらに台地の南側にはアケメネス朝ペルシャのペルセポリスを思い起こさせる列柱の並ぶ集会所と推定される建物がある。これらの中で重要な位置を占めているのが大浴場である。長さ12m，幅9m，深さ2.4mの大きさで，南側と北側に中へ降りていく階段が付けられている。浴槽の壁の煉瓦の隙間には湿気を防ぐために石灰が塗られている。壁面の背後には天然のアスファルトを敷き詰めるという念の入れようである。大浴場の北側には3m×1.8mの大きさの小浴場が二列方向に全部で8つ設けられている。大浴場は一般住民用，小浴場は僧侶用として使われた（西川，1968）。

　モヘンジョダロの市街地の大通りは幅がおよそ10mで，東西-南北に交差している。大通りで区切られた碁盤目状の区画は250m×400mの大きさで，各区画は幅2〜3mの小路によってさらに小さく分けられる。市街地全体を囲む城壁については調査が行なわれていないため，詳しいことは明らかになっていない。市街地の中の住居規模に違いがあるのは，社会的格差があった証拠である。このうち中流階級と思われる家屋のプランを見ると，路地に面して幅1.5mの戸口をもつ玄関が設けられている。玄関の横には門番の小部屋と思われる空間がある。住宅には中庭があり，建物は全体的に焼煉瓦で，一部が日干し煉瓦でつくられていた。壁には窓はなく，光線や空気は主として戸口から取り込んでいた（西川，1968）。

　インダス文明のすぐれた特徴として，整備された排水と下水の施設を挙げ

第2章　古代文明の誕生に関わった河川と流域の広がり

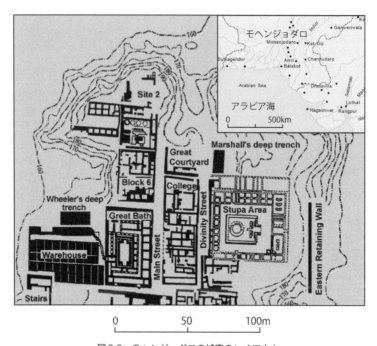

図2-8　モヘンジョダロの城塞のレイアウト
出典：Indusn Valley Civilisation のウェブ掲載資料http://bowtoindia.blogspot.com/2016/07/indus-valley-civilisation.htmlnu.edu.au/handle/1885/162820）をもとに作成。

るEOができる。調理の多くは中庭で行なわれ，捨水は床の中に沈められた
陶器の壺の中に流された。汚物はこの中で沈殿し，汚水のみが壺の底の小さ
な孔を通って街路に設けられた下水溝に流れていった。住居内の浴室と便所
は排水しやすいように，街路に面した建物の壁側に設けられた。浴室と便所
は建物の１階に置くのが普通であったが，２階の場合は汚水や排泄物は壁体
の中に設けられた煉瓦の溝を通って流された。各住居から排出された水は街
路の両側に設けられた幅30cmの排水溝へ流された。排水溝は煉瓦でつくら
れ，石灰によって固められていた（西川，1968）。

　モヘンジョダロの遺跡は，インダス川が大きく蛇行する箇所に直に接する
ようにしてある。度重なる洪水で市街地は破壊されたが，そのたびに復興さ
れた（小茄子川，2016）。復興プランは以前と大きく変わることなく，統一的
な基準にしたがって再建された。こうした事実は，インダス文明がしっかり

した行政機構をもち，住民は都市計画の意図をよく理解してしたがっていた
ことを物語る。メソポタミアやエジプトのように，王の権威や神の栄光を讃
えるための記念碑的構造物や巨大な墳墓はない。その代わり，計画的な都市
生活を支える排水設備などが充実しており，人類史上初の都市計画的都市で
あったとする評価はあながち間違ってはいない。

　インダス文明を代表する都市といえばハラッパとモヘンジョダロである
が，これら以外にロータルやドーラビーラのような都市もある。ロータルは
インダス文明圏の最南端に位置するインドのグジャラート地方にあり，イン
ド洋につながるカンバート湾に面している。港には長さ 219m，幅 37m もあ
る大きな船溜（ふなたまり）のあったことが発掘調査で明らかになっている。居住人口に見
合う以上の量を収納しうる穀物倉を備えていたこともわかっている。これは，
国庫か地方銀行のような役割を果たしていたと思われる。都市の周辺では，
小麦，大麦などを中心とする農耕と，牛，水牛，羊などの牧畜が行なわれて
いた。人々は土器づくりに長けており，銅，青銅の利器も使っていた。ロー
タルは国内の物資流通のみならず，クウェート沖のバーレーン島などを中継
基地として遠くメソポタミアとの間で交易を行なっていた。

　ドーラビーラは 1967 年に発見され，1989 年から始められた発掘調査が現
在も続けられている。遺跡は，インダス川河口から東へ 300km ほど離れた
カッチ湿原と呼ばれるところにある。カッチ湖に浮かぶカディール島の上に
築かれた都市遺跡であり，雨季になると南北の川に水が流れ周囲は水で囲ま
れる。ドーラビーラで居住が始まったのは紀元前 2900 年頃からで，紀元前
2100 年頃には衰退に向かった。その後は短期間の放棄と再居住が繰り返さ
れたが，紀元前 1450 年頃，最終的に放棄された。ドーラビーラもロータル
と同様，港湾都市であったが，歴史はロータルよりも古い。居住地の範囲は
100ha 以上と広く，ハラッパやモヘンジョダロに並ぶくらいの城塞と市街地
をもっていた。外壁で囲まれた範囲は東西方向が 770 〜 780m，南北方向が
620 〜 630m である。外壁の外側にも街を支える人々の居住地が広がってい
た。複雑で精緻な都市計画と建造物は，この都市がインダス文明の中で生ま
れたことを物語っている。

4．古代中国における黄河流域の都市の形成と運河

　古代中国の集落や都市を理解するカギは邑という人々の集まりである。邑とは，黄土高原に出現した居住区すなわち小集落のことで，小高い丘の上に住居が集まり濠と小河川によって囲まれていた。当初は簡単な防御施設で守られていたが，やがて黄土製の日干し煉瓦で築かれた城壁が防御施設となった。城壁は，新石器時代末の頃から黄土を木枠の内側で棒によって層状に硬く突き固める版築工法によって築かれていった。城壁は正方形につくられることが多く，こうした方形プランは中国における都市の基本形となった（杉本，1986）。日本の古代都市が中国の都市を手本に築かれたことを考えると，日本の都市のルーツは黄土高原の邑に見出すことができる。

　当初は規模の小さな邑が各地に生まれたが，やがてその中から有力な邑が現れて大邑となり，近隣の小邑群を従えるようになった。こうして生まれた大邑の中からさらに有力なものが現れ，自ら王や天子と称して他の大邑を配下に置くようになった。これが殷や周などの古代王朝である。殷王や周王の権威に従った大邑の君主が諸侯であり，大邑は國と呼ばれた。國はまた都とも呼ばれ，それに従う小邑は鄙と称された。周は封建制度によって統治を行なったが，封建とは邑による氏族共同体相互の支配‐被支配関係にほかならない。鎌倉時代から続いた日本の封建制度も，領有統治権をもつ諸侯を君主が支配して献納や軍事義務を負わせた点で，中国の封建制と同じである。

　先に述べたように，邑は基本的に集住地であり，版築などでつくられた方形状の城壁で守られていた。壁の外に氏族所有の農耕地が広がり，内側には家屋や祖先を祀る宗廟，土地神を祀る社があった。宗廟，社と支配層の居住区それに官衙は方形プランの南西隅に置くのが一般的であった。これらの一角は内城によってさらに防御された。つまり邑の中でも特別な神聖区域であり，有事のさいには最後の砦になるべく防衛拠点の役割を果たした。一度築かれた城壁は邑内部の人口増にともない，活動を妨げる存在になる。このため，外城のさらに外側に城壁を築いたり，既存の城壁に接するように居住区を設けそれを城壁で防御したりする改変が行なわれた。また邑は，その規模が小さかった頃は水利や木材などの天然資源の得やすさから丘陵地に立地することが多かった。しかし人口増加や社会変化にともない，黄河下流の華北

平原など平野部に築かれることが多くなった。

　周は紀元前770年に鎬京（現在の陝西省西安）から洛邑（現在の河南省洛陽）に遷都した。これが東周の始まりで515年間続いた。東周前半のおよそ200年間，諸侯が覇権を争う春秋時代を経て，後半の200年間は周の権威が次第に失われていく戦国時代であった。紀元前255年，西周は秦によって滅ぼされ，その7年後，東周もまた秦に攻められ滅亡した。秦に滅ぼされた西周も東周も，その都は黄河が北から南へ流れ，さらに東へと流路を変える渭水地域にあった。渭水は現在，渭河と呼ばれる黄河の支流であり，この地域一帯は関中と称される。ここでいう関とは，東に広がる広大な黄河流域の農業地域と，その西に続く遊牧地域との間にある4つの自然の要害のことである。異なる2つの世界の結節点にあって双方に睨みを利かすきわめて重要な政治的，軍事的空間であった。

　周を滅ぼして最初の統一王朝を築いた秦も，渭水地域の咸陽に拠点を置いた。咸陽は現在の咸陽市の東側にあり，かつてあった咸陽城の推定地は渭河のほとりとされる。咸陽市は秦が滅亡するときに咸陽城も消失したため，その西側に新たに生まれた。秦のあと王朝を引き継いだ漢は，咸陽の南側に長安を築いて都とした（図2-9）。咸陽と長安の距離はわずか20kmにすぎない。長安はその後も歴代王朝の都として中国政治の拠点機能を果たした。長安が文字通り首都であったのに対し，洛陽は副都として位置づけられた。東周が洛邑と呼ばれていた頃の洛陽に遷都したことがあったように，洛陽もまた黄河流域にあって重要な位置を占めていた。洛陽は長安の東350kmの位置にあり，黄河の支流である洛河に面している。黄河の支流でありながら洛河自体はいくつの支流を洛陽で集めている。洛河とその支流は谷間を流れながら平地のある洛陽で合流しているため，洛陽は防衛的意味で地形条件に恵まれていた。

　副都と位置づけられた洛陽は，後漢の時代に都として格上げされた。このことは，歴代王朝の政治の中心が渭水地帯から黄河中流域に移ったことを意味する。後漢の後も三国時代の魏が洛陽を都として定め，華北一帯を支配した。魏の後を継いだ普もまた洛陽を拠点とし，江南の呉を滅ぼして中国を統一した。581年から始まる隋の時代になると，首都の長安は西都，洛陽は東

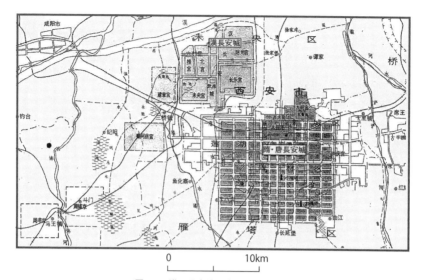

図2-9　漢の長安城と隋・唐の長安城
出典：世界の戦争・歴史ブログのウェブ掲載資料（http://kh16549.blog.fc2.com/blog-entry-201.html）を
もとに作成。

京^{けい}と呼ばれるようになった。隋の煬帝^{ようだい}は運河建設によって全国を互いに結ぶ
事業に取り組んだ。洛陽を基点に永済渠^{えいさいきょ}を608年に建設して現在の北京や高
句麗への進出の拠点としたのはその一部である。

　煬帝は永済渠の建設よりまえに黄河と淮河を結ぶ通済渠を605年に建設し
ている。これにより，基点となった汴州^{べんしゅう}（開封）と江都（揚州）の間が運河
で結ばれた。汴州は洛陽の東150kmにあり黄河の右岸に位置する。煬帝はさ
らに610年に揚州と浙江省の杭州を結ぶ江南河を建設したため，すでに開か
れていた山陽瀆^{さんようとく}（淮河と長江を結ぶ水路）を経由して長安と杭州の間が結ば
れることになった。これらの運河は洛陽を中心点とする横Y字形をしてお
り，長安，杭州，北京を結ぶ大動脈として中国の経済的統一に大きな役割
を果たすようになった。異なる流域を運河で結ぶことにより，これまで黄河
中流域を中心とする物資や人の移動はより広域的な移動へと変わっていった
（星，1971）。

川と流域の地理学

第3節　四大文明発祥地における灌漑水利の展開

1．メソポタミアにおける灌漑水利と土地区画

　メソポタミア南部で暮らしていたシュメール人は，城壁のある都市や寺院のほかに世界で最初といわれる土木構造物として運河をつくった（前田，1996）。また記録として残っている歴史の中で，最初に水利権をめぐって争いをしたのはシュメール人ともいわれる。メソポタミアとはギリシャ語で「川に挟まれた土地」を意味する。まさにこのような土地に暮らす人々にとって，灌漑水利は生きていくのにきわめて重要であった。メソポタミアはエジプトと比べると洪水による影響がより深刻であった。なぜなら，チグリス川とユーフラテス川の水に含まれる粘土の量がナイル川より多く，度重なる洪水によって堆積された粘土量がおびただしかったからである。このため，メソポタミアでは河床の上昇速度が早く，川の流路変化も大きかった。

　メソポタミアにおける灌漑遺跡のうち最も古いのは紀元前6000年頃のもので，バグダッドの北東約110kmのチョガマミにある。この頃は青銅器時代でサマラ文化（紀元前6200〜5700年）が栄えていた。チョガマミの南側には痩せた土地が広がっており，最初にこのあたりに移り住んだ人々が灌漑に取り組んだ。暮らしていけるのはチグリス川とユーフラテス川の近くだけで，ここから遠ざかると水はないため灌漑をしなければ生きていくことができなかった。地面を掘って水路を設け，そこに水が流れるようにして植物が育つ環境を整える。水路の途中に口を設けて分流させたのは，土地に満遍なく水が届くようにする目的のほかに，洪水時に水を分散させるという意味もあった。水路の水位が高い時期なら，舟を使ってモノや人を運ぶこともできた。たとえ灌漑を必要としない土地であっても，農作物の収量を増やすために灌漑設備が施されることもあった。灌漑設備の維持・管理は地域社会にとってきわめて重要な意味をもっていた。

　メソポタミアの水路は，チグリス川あるいはユーフラテス川からまず水を取り，その水を主要な水路を使って流し，さらにそれを中程度の水路に分流し，最後に小さな水路へ導くというかたちをとっていた。そのさい，地形状

第2章　古代文明の誕生に関わった河川と流域の広がり

況に応じて高架式水路を設ける必要のある箇所もあった。排水がうまくできない盆地状の土地では，水の流れや水位を調整しなければならなかった。土砂の堆積が進んで河床が高くなっているところなら，堤防の一部を壊せば，そこから低い土地に向けて自然に水を流すことができた。水を低地から汲み上げる撥ね釣瓶や水車が用いられるようになったのは，紀元前1世紀頃のことである。地下水に恵まれた地域なら，川から水路を引く以外に井戸を掘って水を汲み上げることもできた。

　メソポタミアにおける水路管理の様子については，現在のシリアにかつてあったマリの都市遺跡から発掘された石盤に書かれていた内容をもとに推察することができる。マリは，ユーフラテス川中流の西岸にあった古代シュメール人とアムル人の都市国家で，都市として繁栄したのは紀元前2900年頃から紀元前1759年にかけてであった。出土した石盤には，大きな水路から順に小さな水路へと水を流していく手順，途中でバルブを使って水位を調節する仕事，さらに貯水池へテラコッタ製のパイプで送水する仕事などが詳細に記載されていた。こうした一連の仕事を統括していたのはテルカという地区の支配者であり，総勢2,000人を動員して仕事を行なわせていた。

　階層的な水路網が張り巡らされた耕地はどのように区画されていたのであろうか。この点については，ウル第三王朝と呼ばれる紀元前22〜21世紀頃の石盤遺物から土地区画に関する手掛かりが得られている。この石盤は，土地からの収穫量をあらかじめ推測する目的でつくられたと考えられる。時代が進むとこうした石盤に書かれた内容はより詳しくなる。土地売買のために必要な情報を記録するために石盤は利用された。土地区画の長さや隣接する土地の持ち主，それに土地から得られる収量に関する情報が記載されている。土地区画は，測量がしやすいように四角形や三角形のかたちで整えられており，測量は認定された専門家が行なった。

　こうした遺物から明らかなことは，灌漑がよく行なわれたメソポタミアの下流部では，農地はできるだけ水路に面するように区画されていたということである。その結果，長方形をした短冊状の農地が水路に面して並んでいた。これより北すなわち上流側へ行くと，一辺の幅が広いつまり四角形に近い農地が一般的になる。このあたりでは水路網がよく整備されているため，農地

川と流域の地理学

の生産性を上げるために耕作しやすい正方形に近い区画になったのではないかと考えられる。こうしたことから，メソポタミア南部では，水路システムが村落構造を規定する大きな要因であったと推測される（図2-10）。中心となる水路に沿って集落が並び，土手の上に油性植物や果樹が植えられていた。水路から遠ざかるにつれて土地利用の仕方は移り変わっ

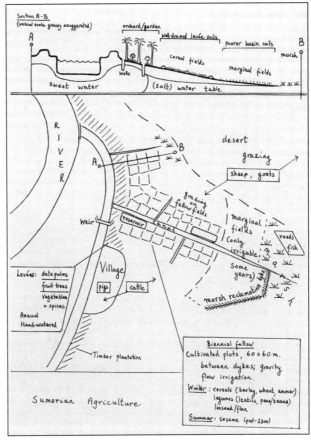

図2-10　メソポタミア南部における農業の仮説的スケッチ
出典：HONDAブログのウェブ掲載資料（https://jcmswordp.wordpress.com/2019/10/02/メソポタミアの灌漑農業%E3%80%80irrigated-agriculture-in-mesopotamia/）をもとに作成。　原典：Nicholas Postgate. (1994). Early Mesopotamia: Society and Economy at the Dawn of History. Routledge.

ていく。一番手前は常に植物を栽培するために水路が引かれていた。その奥へ行くと不定期に利用する土地のため水路密度は低くなり，さらにその奥には家畜の放牧に使う乾燥した土地が広がっていた。

　メソポタミアの北部へ行くと，これまでとは様子がかなり異なる。ここでは地形に高低差があるため，水路網が整備されているのは川に近い低地帯である。ここから遠ざかると土地利用は放牧に変わる。メソポタミアのもっと

第2章　古代文明の誕生に関わった河川と流域の広がり

北側へ行くと，防衛を重視した町を中心に同心円的に土地を区画した農村が現れてくる。ここでは中心となる町の近くはよく耕されているが，その周辺は粗放的な土地利用が支配的となり放牧利用が多い。こうした地域では降水が不安定なため，灌漑された地区とそうでない地区のコントラストが大きい。

　紀元前2世紀になるとメソポタミアはアッシリアによって支配されるようになる。アッシリア人も広い範囲にわたって水路を建設した。紀元前714年にアルメニアに侵略したサルゴン2世は，侵略した土地にアラビア語でカナート，ペルシャ語でカレーズと呼ばれる地下トンネルのあることを知った（岡崎，2000）。この地下トンネルは，高いところにある水源から麓の土地まで水を送るシステムである。サルゴン2世はアルメニアの地下水路は破壊したが，そのアイデアはアッシリアへ持ち帰った。彼が持ち帰った地下水路のアイデアは中東からアフリカ東部へと広がり，現在も使われている。サルゴン2世の息子のセナケリブは，川の水を堰き止め，汲み上げることなく水路を使ってニネベ（現在のイラクのニネベ県の主要都市）まで送った。春先で川の水位が高いときは沼地に水を導き，鹿や猪が生息できる草地環境を整えた。

2．長い時間をかけて完成したナイル川利用の灌漑事業

　古代エジプトでは，用水路を設けることはファラオやその家臣たちにとってきわめて重要な仕事であった。ナイル川の水位が高い時期，広い土地に水を行き渡らせるために，用水路をつくったり修理したりすることは，地方を治める支配者に課せられた義務であった。土地はチェス盤のように格子状に区切られていた。しかしナイル川の水位変化はよくわからなかったので，洪水になると村ごと土地は流され多くの犠牲者を出した。逆に水が来なければ，土地は枯れたままで，作物が育つことはなかった。土地の標高が高くて水が得られないところでは，用水を設けて水を引くか，あるいはナイル川から撥ね釣瓶を使って直接，水を汲み上げた。撥ね釣瓶はテコの原理を利用し，一方の端に錘をつけ，別の一方の端につけた綱の先に水を汲み上げる容器をつけたものである。低い位置の水を容器に満たして綱を持ち上げ，高い位置の土地に汲み上げる。

　エジプトで行なわれた灌漑農業はベイズン灌漑による農業であった。ベイ

ズンとは先に述べたチェス盤のような格子のことで，ナイル川が洪水を起こすとその水をベイズンに引き入れ，2か月間ほど1.5mくらいの深さを保ったまま放置する。やがて洪水がおさまるとベイズンから水を取り除き，そこに小麦などの種を蒔く。ベイズン灌漑のポイントは，土壌に堆積された塩類の除去と新たな沃土の流入という2つの点にある。年々，積もる塩類は乾燥地農業の弱点であり，洪水がそれを一気に押し流してくれる。洪水は，ナイル川の上流部でエチオピアの土壌を侵食し，それを下流部に運んでくる。この肥えた土壌の移転がエジプトのベイズン灌漑に利益をもたらした。

　問題はナイル川の洪水がいつ，どの程度の大きさで起こるか予測できないことであった。洪水が予測できれば，いち早くその情報を下流部に伝え，効率的に水を配給することができる。まさにその成否が国家の経済をも左右した。このため古代エジプトでは，洪水の発生期を年初とするシリウス暦が作成された。またナイル川沿いにナイロメーターと呼ばれる水位観測施設が設置された（森，2005）。ナイロメーターのいくつかは現存している。たとえばカイロの市街地を貫いて流れるナイル川の中洲ローダ島のナイロメーターはそのうちのひとつであり，古代エジプト文字が刻まれた美しい遺跡である。ナイロメーターは，ナイル川の増水が始まった時期と増水が止まり水位が下がり始める時期を人々に教えた。各地のナイロメーターから読み取った結果を分析することで，その年の作況を占うこともできた。

　ナイル川は毎年7月中旬頃になると増水を始める。アケトと呼ばれる増水期は，夜明けの空に恒星のシリウスが光り始める時期であり，エジプトではこれが暦上の正月である。増水が止まり水位が下がり始めるペレトと呼ばれる時期になると，水が引いた農地に種を蒔く。作物が収穫されるシェウムという時期が年の最後で，1年は3〜4か月の3つの季節からなる。すべてがナイル川の水位のサイクルにしたがっており，「エジプトはナイルの賜物」と古代ギリシャの歴史家ヘロドトスが書き記したことは事実であった。ナイル川という長大な河川が存在し，それに大きく依存する国家が形成された。ただひとつの河川の動向が国家のほぼすべてに関わるという現代では考えにくい状況があった。自然河川が一国の盛衰を左右するということが歴史的に存在した事例である。

「エジプトはナイルの賜物」を具体的に表す好例として，ファイユーム盆地を挙げることができる（熊倉，2019）。この盆地はナイル川河口のデルタと並んでエジプトの穀倉地帯と呼ばれている（図2-11）。この盆地に水が導かれたのはエジプトで中王国時代と呼ばれている頃で，紀元前1897年から1878年にかけて在位したセンウレント2世の発案による。先王のセンウレント1世がナイルデルタの開発を手掛けたのに対し，センウレント2世はナイル川の水をユーセフ運河によってファイユーム盆地まで導こうとした。ナイル川からの水の取り入れ地点は，ファイユーム盆地からおよそ200km上流のダイルートであった。完成したのはアメンエムハト3世のときで，この運河によりファイユーム盆地はもとより，そこに至るまでの乾燥した土地が水で潤された。ファイユーム盆地の開発に取り組んだセンウレント2世のピラミッドは，盆地の入口にあたるラフン村に近い砂漠に建っている。ユーセフ

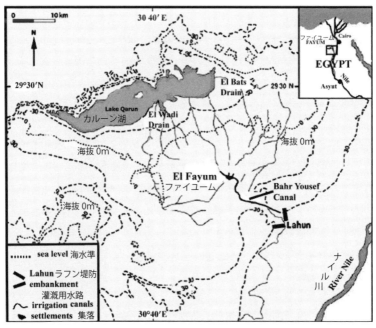

図2-11　ナイル川左岸側のファイユーム盆地の灌漑
出典：Researchgate のウェブ掲載資料（https://www.researchgate.net/figure/Map-of-the-Fayum-Depression-showing-the-surface-hydrology-including-Bahr-Yusef_fig2_225945591）をもとに作成。

川と流域の地理学

運河を完成させたアメンエムハト3世は，都をファイユーム盆地に移そうとし，湖の見えるハワラにピラミッドを建てたほどである。

　ファイユーム盆地の灌漑農業にはさらに続く歴史がある。それは，ユーセフ運河が完成して1,500年余が経過した時代のことである。アレキサンドロス大王が大軍を率いてエジプトに到着した紀元前4世紀頃に相当する。大王の死後，エジプトではギリシャ人の血を引くプトレマイオス朝（紀元前305〜30年）が誕生した。プトレマイオス朝の中心地は地中海沿いのアレクサンドリアにあったが，ここから200kmも離れたファイユーム盆地の一部を干拓する構想が持ち上がった。方法はファイユーム盆地の最も低い位置にあるカルーン湖の水位を下げ，地表に現れた部分を農地にするというものであった。この湖には出口がなく，運河から流入する水を止めれば湖水の水分が蒸発して自然に水位は下がる。きわめて単純な方法であるが，ナイル川の水位が上昇すればユーセフ運河を通って水は流れ込んでしまう。このため湖に水が流入しないように堰堤が築かれた。この堰堤はプトレマイオス2世の手によって完成した。

　こうした事業が実施された結果，1,400km²の農地が新たに誕生した。ファイユーム盆地の大半は標高が20m以下であり，現在の湖水の水位は海面より低いマイナス45mである。現在のユーセフ運河は盆地の入口付近で8本の運河に分岐している。分岐した運河は湖岸を取り巻くように広がり，農地に水を供給している。運河を分岐するさいには低い位置から高い位置へ水を移動させる必要がある。そのために揚水式の水車が使用された。現在も回り続けているこの水車は，世界で最も早い時期に使われ始めたといわれる。この水車で分水された水はカルーン湖の南側に広がる農地まで送られ，農作物生育のために利用される。不要な水は排水となって湖に流れ込むが，カルーン湖には出口がないため塩分量は残ったままである。湖への排水量が多くなると塩分を含んだ水が農地へ浸透する。せっかくナイル川から運河で引いた水が十分に利用できないというジレンマがある。最終的にこの問題は，1973年にファイユーム盆地の南西側の涸れ谷へ排水が流れるようにしたことで解決された。つまり，ファイユーム盆地の灌漑事業は4,000年近い時間をかけて完成したといえる。

第2章　古代文明の誕生に関わった河川と流域の広がり

3．インダス河谷の農作物と水を得る工夫

　インダス河谷で行なわれた初期の活動は，家畜を飼い，穀物を栽培し，魚を獲ることであった。それらの中で中心となったのが農業である。しかしながら，植物を長い間そのままの状態で保存することは困難なため考古学的遺物は少なく，詳しいことはわかっていない。それでも，穀物が栽培されていたことは，炭化した穀物の種や壺や煉瓦に付着している茎や種などを手掛かりに推定できる。植物の根や塊茎，果実，野菜などの種類までとなると，考古学的史料には限界がある。植物の種類を特定するのが困難なように，動物の骨の特定も簡単ではない。このように動植物の同定には困難さをともなうが，考古学調査によりある程度結論に至った事実や発見はある。

　毎年11月から12月にかけて種が蒔かれ，翌年の4月か5月に収穫する穀物はラビ作物と呼ばれる。このうち小麦はパンの原料になる3種類の小麦のほかに，赤小麦，一粒小麦も栽培された。なかでもハラッパ文明が成熟期にあった紀元前2600〜1900年において最も重要であったのはショット小麦（shot wheat）であった。これは現在のパキスタン中央部のバロチスタン州のカチ平原で主に栽培された。大麦の栽培地域は小麦よりも広く，現在のアフガニスタン北東部に位置するショートガイでよく栽培された。ここは，バロチスタン州内を流れるアムダリア川やミリカット川に面した地域である。しかし，インド西部のクジャラード州のロジなどいくつかの地域では，ある時代以降，大麦が栽培されなくなったこともわかっている。バロチスタン州のメヘルガルでは紀元前4世紀頃，カラスムギ種を中心とするオート麦が栽培された。

　稲は南アジアから東南アジアにかけて盛んに栽培された。むろんこの中にインダス河谷も含まれる。稲の栽培にはいくつか中心になる地域があった。遺伝子的証拠によれば，稲は以下のような2つの地域においてそれぞれ栽培された。ひとつは単粒子を特徴とするジャポニカ種が栽培された東アジアである。これは多年生の野生の稲である。いまひとつは長粒米が特徴のインディカ種であり，南アジアで栽培された単年生の野生稲がもとになっている。東南アジアから中国に広まった稲はインディカ種である。網目模様のついた土

器や石斧の出土により，東南アジアの文化圏とインド東部，バングラデシュの文化圏との間で交流があったことがわかる。

　インド西部のグジャラート州では，焦げた米の殻やハラッパ式の土器に付着した籾殻や葉が見つかっている。しかしこの籾殻はその地域で栽培されたのではなく，野生として育ったものであることがわかっている。家畜が餌として食べたあと糞が排泄されて燃料として使われたか，もしくは土器を焼くときに燃料として使われたか，いずれかであろう。ハラッパ文明では，籾殻は土器や煉瓦の中でも見つかっている。現在のパキスタンのカイバー・パクトゥンクワ，当時はスワットと呼ばれた場所で発見された紀元前2000年頃の土器の破片に籾殻が付着していた。しかしそれが栽培された稲か，あるいは野生の稲かはわかっていない。

　インダス河谷には常に流れのある川が存在する。源流はヒマラヤの山岳地帯にあり，水には不自由しないという印象が抱かれやすい。実際，ほかの文明に比べると灌漑システムの必要性は小さかった（近藤，1998）。とはいえ冬場はほとんど雨の降らない乾燥地域もあるため，常に水が利用できるようにするには工夫が必要であった。現在のパキスタンのバロチスタン州で暮らしていた人々は，地下トンネルのカナートやカレーズを地下の帯水層とつなぎ，地表で水が得られるようにした。地下トンネルは非常に巧みな仕組みであり，自然状態の水を無駄なく利用できるようにつくられている（図2-12）。ポイントは地下水面の上に緩やかな傾斜をもったトンネルを設けることである。地下水面とは地下水の圧力と気圧がつりあう水平面のことであり，地下水面より高い位置では水は得られない。しかし地下水面が高い山地や丘陵地の地下に水源が確保できれば，そこからなだらかに傾斜した地下トンネルを通して，自然の力で水を流すことができる。水源の確保やトンネルの修理のためには，横方向の地下トンネルに届くように垂直方向に縦穴を設ける必要がある。

　地下トンネルを下って流れてきた水は貯水池に流入する。貯水池に貯えられた水は，ここから水が必要とされる地域へ水路を使って送られる。貯水池を設けるためにはダムを築く必要がある。ダムの目的は水を貯めることだけではない。ときにはダムに貯まった粘土と水を一緒に洪水のように流すこと

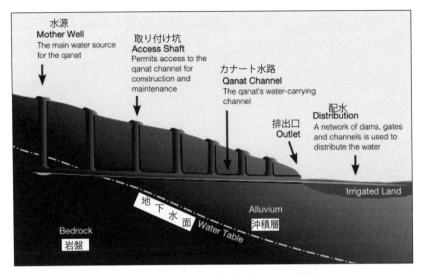

図2-12　インダス河谷の地下水路カナートの断面
出典：Magnificent History, Art And Culture Of India　のウェブ掲載資料（https://bhavyabharatam.
blogspot.com/2019/09/indus-valley-civilization-agriculture-irrigation-water-supply.html）をもとに作成。

もある。こうすることにより，農地に必要な粘土を供給することができる。
粘土は水分を含んでいるため作物の生育に役立った。パキスタン西部のカチ
平野では冬場の降水量が限られており，またモンスーンの降水も当てにでき
なかったため，小規模なダムと水路が設けられた。こうしたダムはカチ平野
の末端部に設けられ，山地から流れ下る川の水を貯留した。アフガニスタン
北東部のショートガイにあった水路はコクチャ川から引いてきたもので，こ
の土木技術は現在のトルクメニスタンの昔のトルクメニアの南部から伝えら
れたと考えられる。

　インダス川下流の河谷地域では川や池や地下水などから水が得やすいの
で，ことさらダムや水路を設ける必要はない。川の水が溢れて洪水になれば，
ハリフ作物の生育にとって好都合である。ちなみにハリフ作物は6月に種が
蒔かれ10月には収穫される作物のことで，夏場に多くの水を必要とする。
これとは逆に，冬に種を蒔いて春に収穫するラビ作物を育てる場合は，バロ
チスタンの山地から流れてくる水を水路や池に導いて農地に流した。以前に
川が流れていた三日月湖は，恒常的な植物栽培に適している。こうした地域

では洪水が起こりやすく，そのたびに肥沃な粘土が堆積したため農地の生産性向上に役立った。現在のパキスタン南部のシンド州一帯は生産性の高い地域であったが，いつ洪水が起こるかわからなかったので，水を貯える施設を必要とした。

4．古代中国における灌漑の種類と分布

　農業が国を支えた古代中国では，灌漑を行なうために多くの人材や物資，資金が投じられた。しかし国が力を入れたのは主要な農業生産地域であり，国内のすべてにあまねく資源が投下されたわけではない。とくに国の周辺部では地方独自の力で農地に水を送る手立てを講じなければならなかった。紀元前771年に周王朝が現在の河南省の洛陽に都を定めて以降，中国は春秋戦国時代（紀元前770～221年）に突入した。王朝の力は次第に衰え，国は四分五裂の状態となった。社会構造は変化し，経済的生産性も低下したため，これまで続いてきた井田制が崩壊していった。井田制とは紀元前9世紀頃から始まった土地再分配法のことで，正方形を井桁のように9分割し，中心に地主が住み，その回りの8区画に農民が住むという制度である（佐竹，2006）。農民は自分の土地は自分で耕し，地主の土地は農民が共同で耕す。井田制の崩壊にともない，この制度を踏まえた灌漑方法も消滅した。

　新たに考案されたのは，丘の上にいくつかの池を設け，それらを水路で互いにつないで全体として水を調整するというシステムである。池には斜面を流れる水が自然に入って貯えられた。中国語で「一根藤上的瓜」とは同じ境遇で苦労をともにする仲を意味するが，この灌漑システムを表すときにこの言葉が用いられる。英語で書けば melon-on-the-vine であり，melon を池，vine を水路に見立てている。現在の安徽省の商にあった芍陂の灌漑システムが最初の事例で，このシステムは2,500年後の現在も使われている。つくられたのは紀元前598～591年で，貯水池が全部で7つあり，31m のダムは数世紀の間世界で最も高かった。

　紀元前403年から221年までの戦国時代には，諸国の武力勢力が覇権を争った。彼らは自らの領土を豊かにして経済力を高め武力を強めるために，灌漑事業に熱心に取り組んだ。その結果，新しい機能をもった大規模な灌漑事業

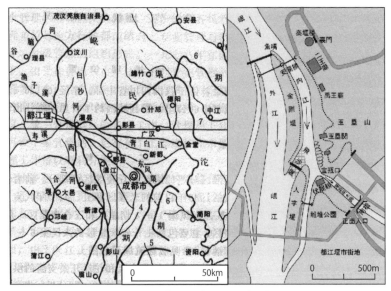

図2-13　秦が手掛けた中国・四川省の都江堰

出典：goo ブログのウェブ掲載資料（https://blog.goo.ne.jp/miyazakis-tokouen/e/969576b75d4c28b41
764a1bf29180e4a)、ミツカン水の文化センターのウェブ掲載資料（http://www.mizu.gr.jp/images/main/
bunkajuku/houkoku/006/pict13.jpg?yclid=YJAD.1597649833.ISR3p3ydcq2tEadlewojYZaFUJCQbt56tl.
iKMA_YDfF8qDfZqMm86J.59_ZMw--）をもとに作成。

が行なわれるようになった。なかでも次に述べる３つの事例が特筆できる。
ひとつは、黄河の中流域にあって黄河最大の支流の涇河から水を引く鄭国運
河の建設事業であり、秦が手掛けたものである（大川，2015）。２番目も秦に
よるもので、揚子江支流の岷江から水を引く都江堰の建設である（図2-13）。
最後は海河の支流にあたる鄭河で魏が行なった事業であり、ここでは全部で
12の水路が鄭河から引かれた。秦の都は黄河流域の西安にあり、秦は鄭国
運河を活用して経済力を強めることができた。これによって秦は周辺の領土
を併合することができたため、黄河流域は初めて中国における経済中心にな
ることができた。秦はさらに都江堰を使って国力を高め、中国南部の５つの
辺境地域を取り込むことに成功する。ここに至り、成都平野は溢れんばかり
の豊かな土地といわれるようになるが、それは数々の水路をコントロールす
ることにより、洪水を抑え、渇水からも国を守ることができたからである。
　秦朝とその次の漢朝の時代（紀元前221〜紀元後220年）、都は長安（現在

の西安）にあった。この間，黄河流域では灌漑事業がさらに進められた。白公山運河，白渠運河，竜首運河などであり，これらは西漢の時代に建設された。これにともない，陝西平野の中央部は国内の富の60％が集中するくらい豊かな地域になった。一方，淡水河が流れる陝西平野の中央部と，淮河盆地の南洋地域と汝南地域では，貯水池で水を確保する灌漑システムが非常に発展した。さらに，寧夏回族自治区と内モンゴル自治区の河套でも灌漑が行なわれるようになった。これは，未開拓地で農業が始められたり，北西の辺境地域の防衛が行なわれるようになったりしたためである。

東漢の都が洛陽に移ると，淮河盆地において貯水式の灌漑設備が盛んにつくられた。唐河，百合川など南洋地域を流れる川や，汝南地域の留水川に沿ってつくられた貯水式灌漑がそうした事例である。なかでも天河沿いの六門陂や汝河沿いの鴻隙陂が有名である（大川，2016）。こうしたタイプの灌漑は河南省の南東部や安徽省の西部にまで広がっていった。一方，中国北部ではヒエやアワが主な穀物であったが，次第に小麦が重要な穀物になっていく。南方から伝わった稲は北部の乾いた土地でも栽培されるようになった。種類の多い大豆は重要な穀物の中に含まれるようになり，農業の生産性が徐々に高まっていった。農地への肥料投入や土地改良も行なわれるようになる。焼き畑農業が行なわれていた地域では，直線に沿って植物を育てる農法へと変化が見られるようになった。適切な季節になったら農地を鋤で耕して種を蒔くことが重視されるようになった。とくに中国北部の土壌が細かいレスの地域では，こうした変化は重要であった。作物が育つ間，雑草を取り除くことも重要となった。

農民の間で土壌が痩せないように輪作することが重要だという考えが広まり，輪作に大豆を作付けするのが一般的となった。春秋時代の末期になると，人口増加のために灌漑を増やして農地を拡大しなければならなくなる。そのために行なわれたのが，湿地帯を排水して農地に変えたり，アルカリ性の土壌を肥えた土地に改良したりする事業である。これにより中国南部や四川盆地では水田地帯が広がっていった。こうした改善事業は比較的小規模に行なわれた。

東漢末期から隋への移行期，時代でいえば220〜581年であるが，これま

でまとまっていた国が分裂状態になり，社会体制も変化していった。長く続いた王朝で100年，短い場合は10〜20年であった。国内で争いが増えたので，人々は国の中央部から南へ移動し，そのとき農業技術も移っていった。揚子江の南側は山がちであるが，貯水池をつくるのには適している。このため，この地域一帯に貯水式の灌漑が広まっていった。揚州の陳公堂池、江蘇省丹陽の市轄湖、紹興の建湖、浙江省の南湖などがそうした事例である。

第3章

ライン川, ドナウ川流域の
都市の起源

第1節　古代ライン川流域の河川環境と都市起源

1．ライン川流域における都市形成の背景

　現在の都市が過去のある時代から続いてきた歴史的発展の結果であること
は明らかである。歴史的発展の長さはそれぞれ異なっており，古代から続く
ものもあれば，現代の都市計画で生まれたばかりというものもある。ドイツ
やフランスなどヨーロッパの主要国の中には，古代ローマ帝国の勢力拡大の
さいに築かれた植民市などコロニアがその後の都市発展につながったものが
少なくない。ただし無人地域に都市が生まれたのではなく，すでにあった農
村集落をベースとしてローマ人の移住が加わり都市的集落になった。ゲルマ
ン勢力に対する防衛目的で置かれた軍営地がもとになって都市へと発展して
いったものもある。都市存続のためには交易が不可欠であり，ライン川の舟
運や道路交通を使った商業活動も行なわれた。現代のライン川流域の都市を
歴史的に理解するには，そのルーツに目を向ける必要がある。そのさい，集
落や都市の立地・形成と深く関わったライン川とその支流の自然条件は，理
解を深めるのに欠かせない。それと合せて，古代ローマ帝国の政治的，軍事
的状況や，勢力下にあった流域の民族的，社会的，文化的側面も無視できな
い。自然条件と人文条件をともに組み込んだ総合的な地理学的アプローチは，
ここでも有効である。

　ライン川が古代において大きな河川であったことは疑いを入れない。長さ
ではナイル川，ドナウ川，ユーフラテス川などには及ばないが，それでも
1,000kmを超え 1,230kmと長い。現在の流域面積も上記の河川の順で広く，ラ
イン川は18.5万㎢である。しかし水量はナイル川とほぼ同じ毎秒 2,650㌧で，
ユーフラテス川の5倍と多い。古代ローマ帝国の支配下にあった当時，ライ
ン川は帝国の北の境界線の役目を果たしたが，交通手段としても重要な役割
を担った。流域はまた社会的，文化的側面において固有の特徴をもっていた。
ローマがガリア人と呼んだケルト人は，もとはインド＝ヨーロッパ語族の一
派で，その一部は紀元前4世紀はじめに北イタリアに進出したこともあった。
古代ローマ帝国に支配されてからはラテン化が進み，さらにゲルマン人によ

る征服後はゲルマン化も進んだ。民族間の交わりは，その後の都市形成にも影響を与えた。

　ライン川に限られたものではないが，流域に暮らす人々の生活に対してライン川の環境変化が与える影響は大きい。河川環境の変化の中で重要なのは，気温と降水量の動きである。気温の低下と降水量の増加は河川の水量を増やす方向に作用し，その逆もいえる。気温が高く河川の水量が少ないと，川底までの深さは浅くなり蛇行が多くなる。反対に気温が低いと水嵩は増し，流路が集まって流れるようになるため航行するのが難しくなる。ライン川流域では紀元後300年以降，気温の低下と降水量の増加が続き，洪水がしばしば起こった。洪水のためライン川が輸送手段として利用できなかったことは，歴史家アンミアヌス・マルケリヌスが354年に著した書『歴史』（Res Gestae）の中に，コンスタンティヌス帝の時代「ライン川の洪水のため，アキタニア（ボルドーとピレネー山脈の間のフランス南西部）からドイツへ小麦が運ばれてこなかった」という記述があることからもわかる（山沢，2017）。この頃，ライン川やマス川は冬季に凍結することがあったという記述もある。気温や降水量の変化によるライン川の環境変化は，舟運に大きな影響を与えた。

　ライン川の源流はアルプス氷河地域にあり，そこから流れ出るフォルダーライン川とヒンタールハイン川がスイスのライヒェナウで合流する。ライヒェナウはクールの上流15kmにあり，ここから上流部がアルペンラインである。クールは，紀元前3900年から3500年頃のフィン文化の時代まで遡ることができ，スイスの中でもかなり古い時代から人が住んでいた場所である。戦略的にとても重要な位置にあり，アルプス山脈を越えて来るいくつかの重要なルートがここに集まり，またここからライン川に沿ってスイスやドイツへと道が分かれていく。ライン川はクールからさらに86km下ると，オーストリアのブレゲンツに近いボーデン湖に至り，さらにウンター湖へと流下する。ウンター湖の出口はシュタイン・アム・ラインで，ここから西はホッホライン（高ライン）と呼ばれる（図3-1）。このあたりの流れは急で，比高差23mのヨーロッパで最も大きな滝を通過する。ここを下り終えるとスイスのコブレンツに至る。水上交通が可能なのはこれより下流部である。

　ライン川はコブレンツでスイス方面から下ってきたアーレ川と合流する。

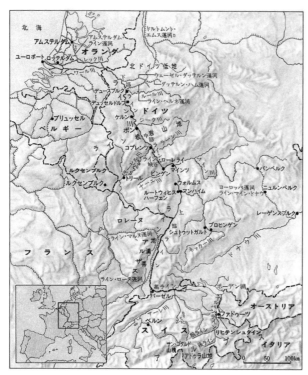

図3-1　ライン川が流れる国および地域
出典：ジャパンナレッジのウェブ掲載資料（https://japanknowledge.com/introduction/keyword.html?i=1267）をもとに作成。

アーレ川はスイスアルプスの北側とスイス高原一帯から多くの水量を集めて流れ，ライン川に大量の水を供給する。アーレ川はバーゼル南方の山脈を東西方向に刻むように流れているため，ホッホラインとスイスアルプスを結ぶ回廊のような働きをしている。こうした回廊性の流れは，同じくスイスアルプスのレマン湖から流れ出るローヌ川がフランス南東部と連絡しているのと似ている。アーレ川の流量が多いのはアルプスの融雪水が流れ込むためで，アウグストに近いラインフェルデンで毎秒1,113㌧の流量を記録する。水嵩は5月頃から増え始め，9月頃まで続いて冬季は最少となる。冬季に流量が少ないと凍結して川が利用できなくなることは，冒頭で述べた歴史家アンミアヌスの著書にも書かれている。

2．ライン川中・下流域の河川状況

　河川の遷急点は川の流れ方が大きく変化する地点であり，その上流側と下流側では景観が異なるだけでなく河川交通においても違いがある（紅山，2004）。下流側で航行可能な比較的大きな船は上流側へ遡っていくことがで

きず，小型の船に積み替えて運ぶか，場合によっては遡るのを諦めるしかない。荷物の積み替えや昔なら人の乗り換えが遷急点で行なわれるため，そのための施設が生まれ人も集まって都市が形成されやすい。ライン川の場合，ドイツとスイスの国境付近を流れるホッホラインと，ドイツとフランスの国境線上を流れるオーバーラインの境目に大きな遷急点がある。スイスのバーゼルはまさしくこのような遷急点上の都市である。ちなみにバーゼルの標高は 245m である。60km 下流のマルコルスハイム（170m）と，ほぼ同じ距離上流のシャフハウゼン（403m）と比べると，その差は下流側が 75m，上流側が 158m で，傾きに違いがあることがわかる。バーゼルは河口から遡ってきた大型船舶の最終遡行地点である。スイス唯一の貿易港都市であり，ドイツ，フランスとも国境を接する国際交流都市として発展してきた。

　上述のように，バーゼルを過ぎたあたりからライン川はオーバーラインと呼ばれるようになり，ここからはライン地溝帯の中を流れる。この地溝帯は上部

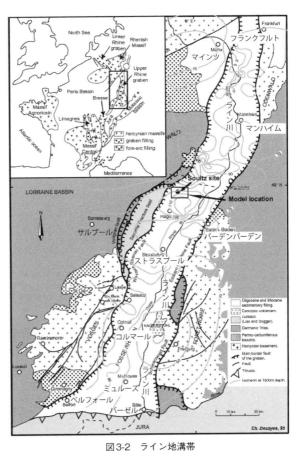

図3-2　ライン地溝帯
出典：ResearchGate のウェブ掲載資料（https://www.researchgate.net/figure/Simplified-geological-map-of-the-Rhine-graben-with-the-location-of-the-EGS-Soultz-site_fig1_287202554）をもとに作成。

第 3 章　ライン川，ドナウ川流域の都市の起源

ライン渓谷とも呼ばれており，南北300km，東西40kmほどの広さである（図3-2）。西側のプフェルツァーヴァルトとヴォージュ山脈，東側のオーデンヴァルトとシュヴァルツヴァルトに挟まれるように，沖積平地が広がっている。地形が平らなためライン川の流れは緩慢になり，蛇行して流れる。ところどころに三日月湖や水路が生まれ，洪水時にはこうした窪地状の地形が出水を抑える役割を果たす。紀元後20年から145年にかけてこの地域一帯がたびたび洪水の被害を受けてきたことは記録として残されており，かつてあった集落は放棄された。20世紀初頭に至るまでの間，バーゼルとストラスブールの間は非常に危険な洪水常襲地域であった。19世紀から20世紀にかけて河川整備が行なわれた結果，ライン川の洪水被害は減少し，また水上交通は便利になった。低平な地形は一見すると集落形成には有利に思われるが，治水能力が十分でなかった時代においては水害を被る危険性が大きかった。

　ストラスブールに入ると，西のフランスからアルザス地方の水を集めたイル川が合流してくる。水量は毎秒54㌧で多くない。さらにマンハイムでネッカー川が合流し，ドイツのシュヴァルツヴァルトとシュウェ―ビッシェ・アルプの一部から排出された水を供給する。ネッカー川からライン川への排出量は毎秒145㌧で，これは支流の中では4番目に多い水量である。さらにここから135km下ったマインツに至ると，排水量がネッカー川とほぼ同規模のマイン川が合流する。ライン川本流の流量はマインツ付近では毎秒1,736㌧である。上流部でアルプスからの雪解け水による影響が大きかったのとは異なり，春から秋にかけてドイツのシュヴァルツヴァルトやフランスのヴォージュから流入する水量の影響を受ける。河川の水量は流域内部の各河川の背後の状況で異なる。上流部に氷雪地域をもつライン川は，降水だけで流量が決まる河川とは違った特徴をもつ。

　マインツを過ぎるとミッテルラインと呼ばれるようになり，ライン山地の丘陵地帯を抜けていく（浅井，1999）。ライン山地とは，ベルギーとフランスのアルデンヌ，ドイツのアイフェル，ライン川東側のザウアーラントとジーガーラントからなる山地塊のことである。この間，30km先のビンゲンまで山地を刻んだ細長い流路が続く。ビンゲンで南方からナーエ川が流入し，ここから「ロマンチックライン」が始まる（図3-3）。峡谷を見下ろす中世の頃の

城は，ビンゲンとコブレンツの間を航行する船に通行税を課すために設けられた。コブレンツの手前5kmのラーンシュタインで東側からラーン川が流入する。コブレンツでは西側からモーゼル川が流入する。モーゼル川は長さが544kmもあり，サウラ川やザール川からの出水も集めながらボージュ地方の斜面を下ってライン川に合流する。排出量は毎秒315㌧である。

ライン川も旧西ドイツ時代の首都であったボンを通過し始めると，ニーダーラインすなわち下流域へと入っていく。この一帯はルール地溝帯と呼ばれており，ライン地溝帯の一部にあたる。流路は北西に向けて再び蛇行状態に入る。ノイスで西からエルフト川が合流し，ケルンで東からウッパー川が流れ込む。さらに，デュースブルクでルール川，クサンテンでリッペ川が

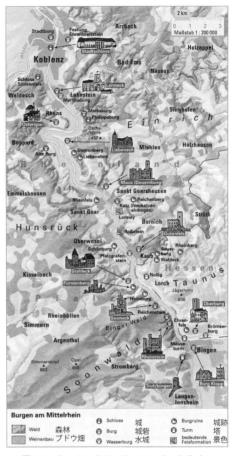

図3-3　ミッテルラインのロマンチックライン
出典：pinterest のウェブ掲載資料（https://www.pinterest.ch/pin/437482551307176243/）をもとに作成。

合流する。流入の季節変化はマインツの場合と似ており，夏から秋にかけて水量が増える。ケルンでの計測水量は毎秒2,287㌧である。ドイツの北部では秋と冬に降水量が多いため，他地域に比べて年後半の水量が多い。

古代ローマ帝国時代，ライン川流域では森林の伐採と堤防の侵食が進んだため，川の流れは蛇行パターンから分岐パターンへと変わった。これは流れに沿って砂州ができたためである。川底の浅い手のひらを広げたような川と

なったため，船は利用しづらくなった。3世紀にクサンテンの町がライン川から切り離されたのはこのためである。しかしその後，古代ローマ帝国の末期になると集落の分布密度は小さくなり，降水量が増えて堆積が少なくなったため，ライン川は蛇行パターンを取り戻した。流れが元に戻るさいに，クサンテン近くのローマ軍の砦は川の流れで壊されてしまった。クサンテンを出るとライン川は再び西へ向きを変え，ケルンの164km下流のエマーリッヒでドイツ領を離れる（吾孫子，2017）。国境付近の水量は毎秒2,453㌧であり，これはライン川の最終的な水量の93％に相当する。

　ドイツ領を出たライン川はデルタ地帯に入り，ここからは3つの河川に分かれて北海へと流れていく。流量はワール川が65％，レック川が23％，イゼール川が12％である。こうした割合になっているのは，ライン川にダムを設けたり，堤防を築いたり，あるいは水路を設けて流れを遮断したりしているためである。古代ローマ帝国時代の状況とは異なる。その当時のライン川はラインヴァールデンで流れが分裂していた。ネーデルライン川は北へ流れてクロンメ・レインとアウデ・レインを経て現在のカトウェイクで北海に注いでいた。もうひとつの派流であるフェヒトは北へ流れてユトレヒトに向かって北流し，ゾイデル海に流れ込んだ。旧イゼール川は，紀元前12年頃に軍事目的で建設された運河であったが，現在はライン川とはつながっていない。少し南側では，ワール川が旧マース川を通って現在のロッテルダムから北海に流入していた。ライン川は潮の満ち引きの影響を受ける。川の水位が低いときは，海水は100km上流のナイメーヘン付近まで遡上する。川の水位が高くなると，海との境目は海側へ押し戻される。デルタでは土砂堆積の状態変化にともない流路や景観が大きく変化する。

3．古代ライン川流域における河川と都市の関係

　ライン川は古代ローマ帝国時代以前からも重要な交通路として利用されてきた。カエサル（シーザー）のガリア征服（紀元前58～50年）以降，ライン川の西岸までが古代ローマ帝国の支配地域になったため，河岸沿いに軍営地が設けられた。これが都市が生まれ発展していく契機となり，植民市や自由市などコロニアの成立と河川交通に支えられながらライン川流域は経済的

に繁栄していく。その後，4世紀頃から始まるゲルマン民族の大移動により
ライン川流域の繁栄は中断するが，11世紀以降に遠隔地交易が復活したた
め，古代ローマ帝国時代に礎が築かれた都市は中世都市として蘇る。輸送に
便利なライン川の舟運は通行税徴収の対象になりやすく，中世後期になると
最大60か所にもわたって税関が設けられた。加えて，戦時は傭兵であるが
平時には強盗をはたらく盗賊騎士から積荷を守らねばならず，舟運はリスク
をともなった。神聖ローマ皇帝位が実質的に空位になった13世紀半ば以
降，ライン諸都市が都市同盟を結成したのはこうした難題に立ち向かうため
であった。その後はライン川を国際管理のもとで自由に舟航させる方向が模
索されていくが，自由舟航が最終的に実現したのは1831年のマインツ協定
締結以後のことである。

　以上は古代ローマ帝国時代から近代までのライン川流域の舟運と都市の素
描であるが，都市らしきものが存在しなかったこの地域にどのような経緯で
都市が生まれたか，まずはそのあたりを押さえる必要がある。経済史家のカー
ル・ユリウス・ベロッホによれば，古代ローマ帝国のカエサルの時代，現在
の北イタリア，フランスを含む西ヨーロッパ一帯のガリア地方には，およそ
125万人の人々が暮らしていた（Beloch, 1899）。そこへローマ人が侵入し，
共和政期から帝政期を通してコロニアを建設していった。コロニア建設の目
的は，ローマの威光の誇示，増加する人口の移住，退役軍人の職の確保・移
住などであった。コロニアは自治市（自由市），同盟市，植民市に区分けされ，
植民市が最も価値のある市とされた。これらの市は，いずれかの属州（プロ
バンス）に属していた。古代ローマ帝国は多くの属州の集まりで成り立って
おり，ライン川流域はゲルマニア・スペリオル（現在のスイス西部，フランス
のジュラ山脈・アルザス地域，ドイツ南西部），ゲルマニア・インフェリオル（オ
ランダ南西部，ドイツ西部，ベルギー，ルクセンブルグ，フランス北東部）の2
つの属州によってカバーされた。属州には州都が置かれ，ゲルマニア・スペ
リオルはモグンティアクム（現在のマインツ），ゲルマニア・インフェリオル
はコロニア・アグリッピネンシス（現在のケルン）であった。

　スペリオルは上位，インフェリオルは下位を意味する言葉であり，名前か
らライン川の上流（南側）と下流（北側）の属州であることがわかる。マイ

ンツは東から流れ込むマイン川とライン川の合流地点であり，拠点性で優れている。属州全域の視点に立つとやや北側に寄っているが，広い平坦地のオーバーラインを上流側に控え，峡谷部のミッテルラインの入口に位置する地理的条件を重視した位置取りである。属州南側ではストラスブール（古代ローマ時代はアルゲントラトゥム）に要塞が築かれ，守りを固めてバランスをとっていた。属州内にはマイン川のほかにネッカー川がライン川の支流として流れており，これらの河川沿いに城が多数築かれた。一方，ライン川下流側の属州の州都・ケルンは紀元前38年に軍営地となり，紀元後50年にはコロニアとなった。ケルンは，峡谷部のミッテルラインを抜けて平坦地の多いニーダーラインが始まるあたりに位置する。属州内の位置としてはやや東にあるが，ライン川東のゲルマン人のいるザールラント山地に向き合う位置取りである。ケルンのあるライン川左岸側には背後圏として平坦地が広がっている。なおケルンという地名の語源は，建設された植民市の名前コロニア・アグリッピネンシスのコロンが転化したものである。

　マインツと同様，ケルンもまた支流のウッパー川がライン川に合流する位置にある。ライン川と支流の合流地点に立地する都市は，このほかにも多い。主なものを上流側から挙げると，スイスのコブレンツ（アーレ川），ストラスブール（イル川），マンハイム（ネッカー川），ビンゲン・アム・ライン（ナーエ川），ラーンシュタイン（ラーン川），ドイツのコブレンツ（モーゼル川），デュースブルク（ルール川），ヴェセル（リッペ川）などである。このうちコブレンツは紀元前9年頃，古代ローマ帝国の軍営地として築かれたが，当時の地名はカステルム・アド・コンフルエンテスであった。これは「合流点の軍営地」を意味しており，コブレンツという現在の名前もコンフルエンテスに由来する。ライン川とモーゼル川の合流地の岬はドイチェスエック（ドイツの角）と呼ばれており，現在では観光スポットになっている。

　古代ローマ帝国はライン川流域に対ゲルマン目的の軍営地を設けたが，それをもとにコロニアが築かれていった事例は多い。コロニアはすでに存在したキウィタスにローマ人が流入するかたちで形成されていった。キウィタスはラテン語で都市や都市国家を意味しており，古代ローマ帝国は数多くのキウィタスの連合体によってできていた。キウィタスは自由な市民の共同体で

あり，ガリアやドイツでは部族民の領地を意味していた。たとえばカエサルが皇帝の時代，ライン川左岸で居住が許されたトリボシ族はキウィタス・チボコロムで暮らした。そのキウィタスの中心地は現在，フランスのバ＝ラン県にあるブリュマトである。ブリュマトは400年にわたって平和な時代を過ごしローマ勢力の撤退とともに衰退したが，13世

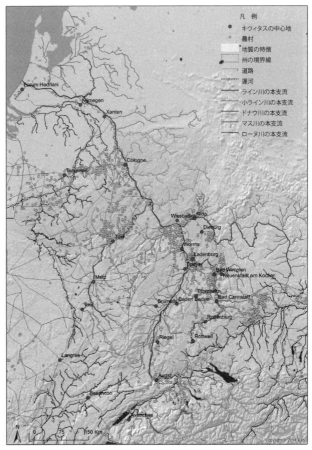

図3-4　紀元前30〜紀元後406年頃のライン川周辺の都市と農村
出典：Franconi, 2014, p.325, Fig.4.3をもとに作成。

紀に低アルザスの辺境伯領となって復活する。

　キウィタスの中心地は，そのほとんどがライン川の本流と支流に面して分布しており，舟運による交通ネットワークが当時の中心地を規定していたことがわかる（図3-4）。ライン川本流沿いのキウィタス中心地を上流から順に挙げれば，アヴァンシュ，アウグスト，シュパイヤー，ヴォルムス，ケルン，クサンテン，ナイメーヘンである。支流のネッカー川沿いには，ロットヴァイル，バート・カンシュタット，バート・ヴィンプフェン，シュパイアーが，

マインツ川沿いにはニダ，ヴィースバーデンが，さらにモーゼル川沿いにメッツ，トリーアがあった。キウィタスの中心地は行政中心地でもあり，流域全体にわたってかなり均等に配置されていた。これとは対照的に，実際に人々が生活している集落の分布には空間的にかなりの偏りがあった。偏りには2つの特徴がある。地域的に偏っていることと，集落が塊のように集中していることである。上流部ではアヴァンシュ，アウグストを中心とする地域，ネッカー川沿い，シュパイヤー，ヴィースバーデンを中心とする地区，モーゼル川のトーリア付近，ケルン付近，トンゲレン近くのデメル川周辺である。

第2節　ドナウ川の防衛線，国境線としての歴史

1．国際河川ドナウ川の国境線としての役割

　ドナウ川といえば，ヨハン・シュトラウス2世が作曲した「美しく青きドナウ」のワルツでよく知られている。この優雅なワルツ曲には歌詞が付いているが，その歌詞の中にドナウという言葉は見当たらず，内容がプロイセン王国との戦争に敗れて意気消沈しているウィーン子に戦争のことを忘れようと呼びかける内容であることは，あまり知られていない。しかも曲名は，オーストリアのウィーンを流れるドナウ川ではなく，ハンガリー平原を流れるドナウ川に因んでいることを知る人は少ないであろう。当時のウィーンは皇帝フランツ・ヨーゼフ1世の治世下で，治水工事が行なわれた結果，ウィーンからは濁った茶色かせいぜい深緑色のドナウ川しか眺められなかったともいわれている。曲名の「美しく青きドナウ」はハンガリーの詩人カール・イシドール・ベックの詩の中のフレーズ An der schönen, blauen Donau を借用して付けられた。文字通り「美しく青きドナウ」であり，ドナウ川もウィーンから下ってハンガリーまでくると曲名にふさわしい流れだった。しかしこのドイツ語の曲名は，本来なら「美しく青きドナウのほとりに」と日本語に訳すべきであった。An der は英語の by であるからである。もっとも英語圏でも，この曲は「The Blue Danube（青きドナウ）」とされているため，日本語だけを責めるわけにはいかない。

ヨハン・シュトラウス2世は「美しく青きドナウ」のほかに「ウィーンの森の物語」「皇帝円舞曲」など多数のワルツ曲を作曲したが，これら3つが代表的といわれる。2番目の「ウィーンの森の物語」でいうウィーンの森とは，ウィーン郊外やニーダーエスターライヒ州東部に広がる丘陵地のことである。ニーダーエスターライヒ州はオーストリアの北東部にあり，アルプス山脈の東の端に位置する。ドナウ川はこの州の中を流れており，ウィーンもその中に含まれる。首都ウィーンから80kmほど下るとスロバキアの首都ブラチスラバがあり，この距離は首都どうしを結ぶ距離としては世界で最も短いといわれている。2つの国はドナウ川支流のモラバ川を国境線としており，この川の一部は上流側でオーストリアとチェコの国境線にもなっている。ドナウ川はブラチスラバを過ぎると，すぐにハンガリー領内に入り，ここからはスロバキアとハンガリーとの国境線としての役割を果たすようになる。さらに下ると首都ブダペストに至り，ここから流路は南北方向に変わる。さらに南下すると，今度はハンガリー領を離れ，セルビアとクロアチアの国境線上を流れる。セルビア国内を下ったあとは，流れを東西方向に転じ，ルーマニアとブルガリアの境を流れ，最後はルーマニアとウクライナの間を抜けて黒海へと流入する。

　このようにドナウ川はその流域が全部で17の国にも及ぶ堂々たる国際河川である（図3-5）。こうした国際性は相対的であり，歴史的に時代が違えば国や領土に組み換えがあり変化もある。しかし全長2,600kmにも及ぶドナウ川が政治的境界線として変わらず重視され用いられてきた事実は大きく変わらなかった。古代ローマ帝国にとって，ドナウ川はライン川と同様，ローマ人が蛮族とみなした人々から帝国を守るべく防衛線としての役割を果たす存在であった。すでに古代ローマ帝国以前のギリシャ時代においても，ドナウ川の河口部付近から現在のセルビア・ルーマニア国境付近の峡谷までは，その存在が知られていた。ギリシャ人は，当時この川をイストロス川と呼んでいた。この峡谷はドナウ川がカルパティア山脈を130km余にわたって横断するまさにその箇所であり，地形的堅牢さゆえに鉄門と呼ばれた。

　カルパティア山脈はアルプス・ヒマラヤ造山運動の一環をなしており，ルーマニアからウクライナ南西部，ポーランド南東部を経てスロバキア西部に至

図3-5　ドナウ川が流れる国および地域
出典：Britannica のウェブ掲載資料（https://www.britannica.com/place/Danube-River）をもとに作成。

る全長 1,500kmの湾曲した山脈である。山脈の半分近くはルーマニアが占め
ており，ルーマニアでは東カルパティア山脈（南北方向），南カルパティア
山脈（東西方向），西カルパティア山脈（南北方向）に分かれる。このうちト
ランスシルバニア・アルプスとも呼ばれる南カルパティア山脈は，先に述べ
た鉄門の峡谷部を境にしてその南側のバルカン山脈と対峙する。つまりこの
付近で，ドナウ川は2つの山脈を断ち切っている。ドナウ川が山脈を断ち切
るのはここだけではない。先にも述べたオーストリア，スロバキア，ハンガ
リーの国境線が交差する中流部でも，こうした地形がある。その名もハンガ
リー門といい，下流に近い鉄門と同じように，峡谷性の自然地形が一種のゲー
トウェイとしての役割を果たした。

　山脈と河川によってかたちづくられた地形はドナウ川流域における歴史的
興亡の舞台であった。大きな前提としてアルプス・ヒマラヤ造山運動による
山脈形成があり，その山脈に取り囲まれるように盆地状の大平原が生まれた。
これがカルパティア盆地である。盆地の中でとくに大きな割合を占めるのが
ハンガリー大平原である（高橋，2009）。カルパティア盆地を北西から南東に
向けて流れるドナウ川は，盆地の入口と出口を穿つように流れる。上流側は
スロバキア・オーストリア国境付近の峡谷（ハンガリー門），下流側はルーマ

川と流域の地理学

ニア・セルビア国境付近の峡谷（鉄門）である。このためドナウ川流域は，これら2つの峡谷が境となり，西方の上流域，峡谷に挟まれた盆地状の中流域，そして東方の下流域の3つに分けられる。各流域においてドナウ川は国境線の役割を果たしている部分が多い。国や勢力の組み合わせは異なるが，境界線としての役割は古代ローマ帝国の時代から続く歴史において繰り返し担われてきたのである。

2．広大な流域を束ねて流れるドナウ川

　流域の総面積が81.7万k㎡と広大なドナウ川にはおよそ300の支流があり，そのうちの30ほどが航行可能な河川である。最上流部に近いドイツのパッサウで一緒になるイン川との合流地点までで流域面積は4.7万k㎡である。ハンガリー・クロアチア国境で合流するドラヴァ川との合流地点で21万k㎡，さらに排出量の多いティサ川，サバ川と合流すると59万k㎡になる。サバ川はセルビアの首都ベオグラードで合流する支流であり，ティサ川がドナウ川に合流する地点はベオグラートの北30kmにある。ここまでで全流域面積の72.2％を占めており，ドナウ川は中流域以上の割当が大きい河川であることがわかる。加えて，ドナウ川の総排出量の3分の2は右岸側が占めており，アルプス山脈とそれに続く山脈からの流出量が多い。上流部の長さは965kmで，流速は毎時3〜8km，水深は1〜8mほどである。支流の中ではイン川からの流出量が多く，本流のそれを上回る。

　ハンガリー門から鉄門までの中流部では平坦な盆地状地形の上を流れるため，流れは緩やかになり川幅は広くなる（図3-6）。ここからはハンガリーの大平原が広がるが，この広い平原は上流側の小アルフォード平原と下流側の大アルフォード平原に分けてとらえることができる。小アルフォード平原はハンガリー門を通り抜けた一帯に広がっており，ドナウ川を挟んで左岸側（北側）のスロバキアと右岸側（南側）のハンガリーの両方にまたがる。ここではドナウ川の流れは緩やかであり，本流に沿って氾濫原や旧河道が広く分布している。上流から運ばれてきた土砂が堆積して形成された平原は1,900k㎡の広さがあり，この上に100を超える集落が分布する。右岸側からラーバ川が蛇行しながら流入しているのは，やはり地形が平坦なためである。

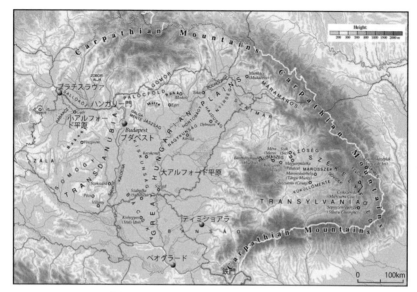

図3-6　ハンガリー盆地とカルパチア山脈の地形
出典：Hungary Heritage のウェブ掲載資料(http://folklife.hu/roots-to-revival/hungary-and-hungarians/
environment-and-natural-resources/）をもとに作成。

　小アルフォード平原と大アルフォード平原の間にはスロバキア側のカルパ
ティア山脈とハンガリー・トランスドナウ山脈が横たわる。ハンガリー・ト
ランスドナウ山脈は，アルプス山脈の東方への延長部分である。ここをドナ
ウ川は横切るが，右岸側には15世紀頃に築かれた要塞や城が見える。この
峡谷を抜けるとドナウ川は流れを南に変えブダペストに至る。南下するドナ
ウ川は，ハンガリーの大平原を東西に二分するように流れ，やがてクロアチ
ア，セルビア，ルーマニアの領地に入っていく。大アルフォード平原とも称
されるこの平地では，堆積した土砂によって多くの島状の地形が形成されて
いる。このあたりではドラヴァ川，ティサ川，サバ川など支流も多いため，
ドナウ川の流量も毎秒2,400㌧（ブダペスト付近）とかなり多い。平原地形が
終わる鉄門付近では毎秒5,600㌧にも達する。
　鉄門を過ぎるとドナウ川の流れは再び緩やかになり，川幅は広く，水深も
浅くなる。右岸側にブルガリアのドナウ平原が広がり，左岸側にはルーマニ
ア平原が広がる。2つの平原の間には多くの湖沼が点在するが，支流は多く

川と流域の地理学

ない。オルト川，シレット川，プルット川が主な支流である。堆積した島状
の地形に阻まれ，ドナウ川はチェルナヴォダで北へ流路を変える。ガラツで
東へ向きを変え，モルドバへと至る。ルーマニアの黒海から80kmほど上流
のトゥルチャがデルタへの流入地点である。ここからドナウ川は3つに分か
れる。主流はチリア川で，総流量の63％を占める。つぎに多いのがスリナ
川で16％，残りがセントジョージ川である。航行できるのはスリナ川だけで，
航路確保のため63kmにわたって浚渫・直線化の事業が実施された。水路の
間にはグリンドリ（grinduri）と呼ばれる長方形の耕地が設けられ，一面に
広がる葦原からは製紙や繊維の原料が採取される。4,300km²の広さをもつデ
ルタは，6,500年ほど前は黒海の湾であった。ここに土砂が流れ込んで陸地
化が進んだが，ドナウ川は現在も年間24〜30mの割合でデルタを広げてい
る。

3. ウィーン盆地を横切るドナウ川が防衛線

　ドナウ川は上流部のオーストリア国内では，ほぼ東西方向に流れている。
その支流のイン川，ザルツァッハ川，エンス川なども上流付近ではやはり流
れの方向は東西である。こうした方向性は褶曲運動で形成されたアルプス山
脈の地形特性にしたがうもので，並行する河川の流れの向きが谷の方向そし
て農地や集落の並びの方向を規定している。これらの支流は，最後は東西に
連なる北アルプス山脈を横断してドナウ川に流れ込む。北アルプス山脈の南
には中央アルプス，南アルプスがあり，これらの山脈の方向も東西である。
南北方向の日本のアルプスとは違い本家のアルプスは東西方向に連なってお
り，この方向性がオーストリアという国の形状を結果的に規定している。

　北アルプス山脈の麓を東西に流れるドナウ川も，そうした方向性にした
がっている。この麓は専門的にはアルプス前地（Alpine Foreland）という細
長い地形であり，ドイツのババリア地方からオーストリアを経てチェコ方面
にまで延びている。ただしこの前地はウィーンの北あたりではカルパート前
地と呼ばれており，東に続くカルパチア山脈との連続性がうかがわれる。こ
の細長い前地形の北の端をドナウ川が流れており，川を境にしてその向こう
側には花崗岩・片麻岩を基盤とする高原が広がっている。要するに，ドナウ

川は地質学的に異なる２つの地形の狭間に沿うように流れているのである。

　大半がアルプス山脈によって占められるオーストリアでは，まとまった広い平地は少ない。川沿いは少ない平地が見いだせる希少な空間であり，河川交通は集落立地に必須の条件である。オーストリア中央北側に位置するリンツやザルツブルグはドナウ川の本流あるいは支流においてそのような条件を満たした都市である。中央アルプスの南を東西に流れ，最終的にはドナウ川につながるムール川に沿うグラーツも同様な条件下にある。グラーツは国内第２位，リンツは第３位の都市である。これらの上に首都ウィーンが位置するのは，この都市がドナウ川に面しているという地理的条件だけだからではない。山がちな地域の中にあって希少な平地すなわちウィーン盆地があり，この盆地を横断するようにドナウ川が流れていることが大きい（図

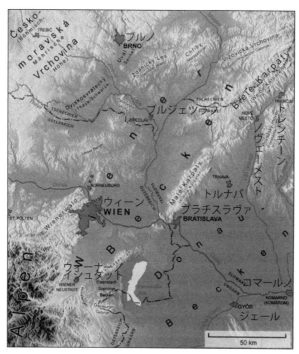

図3-7　ウィーン盆地を流れるドナウ川
出典：Wikimedia Commons のウェブ掲載資料（https://commons.wikimedia.org/wiki/File:Vienna_Basin_physical.pnge_regulations_in_the_19th_century.jpg）をもとに作成。

3-7）。ウィーン盆地は東はスロバキアとの国境付近まで，北は国境を越えてスロバキア方面にまで広がる。オーストリアという国の北東端にあって盆地とドナウ川が接するところ，まさしくこここそがウィーンが誕生した場所なのである。

　ウィーン盆地は，先に述べたアルプス前地あるいはカルパート前地とはつながってい

ない。両者の間には丘陵地（ウィーンの森と呼ばれる）があり，これはアルプス山脈の東の端にあたる。ウィーン盆地はこの丘陵地と，ハンガリーとの国境付近に広がる東部前地に挟まれるように存在する。北と南を丘陵で守られ，東はドナウ川で遮断される，まさしく天然の要害のような場所に，古代ローマ帝国は川の東側に住む異民族に対抗するための砦を築いたのである。紀元前27年から紀元後14年にかけて皇帝の座にあったアウグストゥス帝は，古代ローマ帝国の版図の北の防衛線をドナウ川とエルベ川を結ぶ線とした。このためドナウ川沿いにいくつかの要塞を築き，それらの中から今日まで続く都市が生まれた。ウィーンもそれらのうちのひとつである（山之内, 2019）。当初，古代ローマ帝国がライン川ではなくその東側のエルベ川を防衛線に想定したのは，エルベ川の方が防衛線の距離が短く配置する兵の数を少なくできると考えたからである。エルベ川とライン川の間のゲルマニアを属州とすれば，北方の守りは安定するという思いがあった。しかしこうした目論見は，紀元後9年のトイトブルク森の戦いでゲルマン人の反撃を受けることで崩れた。その結果，エルベ川より西側のライン川が防衛線として定まることになった。

　防衛線としてのドナウ川の役割は変わらず，ウィーン盆地に築かれた砦は当初，ウィンドボナと呼ばれた。ウィンドボナはケルト語で「白い丘」を意味しており，これが転じてのちにウィーンと呼ばれるようになる。砦を中心とする集落は徐々に大きくなり，ウィーン盆地やカルパート前地を背後に控えた商業取引の中核として発展した。人口は1.5万人を数えるまでになったが，5世紀にゲルマン人が侵入したためローマ人は引き揚げてしまった。あとに残されたウィンドボナの町は，その後は中世都市としての道を歩んでいく。ドナウ川の東側からウィーンに進出したゲルマン人はキリスト教を信ずるようになり，町の名も881年にウェニア，1030年にはウィニス と呼ばれるようになった。

　1156年からはフランク王国のハプスブルグ家が治めるようになり，この体制は1246年まで続いた。この間，聖地奪回をめざす十字軍がウィーンで遠征に必要な用具や武器を調達することもあった。13世紀になると都市を囲むように城壁が築かれたため，1700年代までウィーンは狭い市街地の中

図3-8　ウィーン市街地（1860年）
出典：GRIDS blog のウェブ掲載資料（http://www.grids-blog.com/wordpress/otto-wagner-designing-the-city/）をもとに作成。

に多くの人々が暮らす都市へと変貌した（図3-8）。かつて古代ローマ帝国と敵対したドナウ川東のチェコ，スロバキア，あるいは南東側のハンガリーとはドナウ川とその支流によって関係を結ぶ。南へ下ればスロベニアのトリエステ，イタリアのジェノヴァとも街道によって結ばれる。アルプス山脈とカルパチア山脈の間を横切るドナウ川沿いの盆地に軍事拠点を置くことは，後世の都市の社会経済的発展にとっても理にかなった場所選びであったといえる（田中，1988）。

第3節　ブラチスラバ，ブダペスト，ベオグラード

1. 古今東西の諸勢力の対立・融合の焦点としてのブラチスラバ

ウィーンはオーストリアという東西に長い国の中にあって，東の端といってもよいほどの地点に位置する。いかにも偏った位置取りのように思われるが，これよりさらに偏っているのが東の隣国スロバキアである。首都ブラチスラバは，スロバキアの最西端といってよいドナウ河畔に位置する。西はオーストリアとの国境，南はハンガリーとの国境に接する，いわゆる三国国境の事例である。一般に三国国境とは，3つの国の国境が一点に集まる地点のことで，英語では tripoint という。こうした例は世界にはそれほど多くないが，そのような中にあって，三国国境が首都にあるというのはブラチスラバをおいてほかには見当たらない。つまりブラチスラバは非常に稀有な事例であり，国内的には極端なまでの地理的偏りという犠牲を払いながら，あたかも隣国に立ち向かっていくかのような位置にある。むろんこうした位置性に関する議論は歴史的経緯をふまえて行なわれる必要があるが，明らかなことは，河川と山脈の絶妙な組み合わせが用意されていたという事実である。

　河川とはいうまでもなくドナウ川であり，山脈は小カルパティア山脈のことである。ドナウ川が北側と西側からの攻撃を阻止し，小カルパティア山脈が北東方面からの脅威を抑制する効果がある。こうした自然の要害を補強しているのが硬い岩場の多い地形である。城壁を築くのに最適な条件が揃っており，東側に細長く延びる国土は西端の城郭都市によって守られてきた。河川や山脈の走行は防衛の向きであると同時に文化が流入する方角でもある。ブラチスラバに人々が住むようになった頃から，南はドナウ川を経由して先進的な地中海文化が流入した。東では山脈の裾を伝いながらアジア方面からの文化が入ってきた。この中にはシルクロードを経て伝えられた中国からの文化も含まれる。そして西からはヨーロッパ大陸から文化が流入した。こうした東西の軸に加えて，バルト海と地中海を南北に結ぶ琥珀の道があった（de Navarro, 1925）。それぞれの道を行く商人たちは，ドナウ川の渡河地点を見つけて交流した。ブラチスラバはそのような交流地点のひとつであった。

　ブラチスラバほど歴史的に都市の名前が変遷した事例も珍しい。変遷そのものが，この都市が経てきた複雑な歴史的過程を反映している。この都市は基本的に，自国のスロバキアを含めて，オーストリア，ハンガリー，チェコの4つの国と境を接している。こうした状況が現在この都市に住んでいる

人々の民族的性格に反映されている。中世，ドイツ人が流入して居住するようになり，そのあとトルコに敗れたハンガリーからも人々が移り住むようになった。こうして複合的な居住が進み，どの集落の人々もスロバキア語，ドイツ語，ハンガリー語を話すようになった。これに加わったのがユダヤ人とイタリア人，さらにバルカン地方の諸民族の人々の流入である。これほど多種類の民族が集まれば，宗教的，文化的に寛容にならないわけにはいかない。同じ道路に沿ってキリスト教の聖マーチン教会とユダヤ教のシナゴーグが建っていた。その近くにはイスラム教の商人がモスクを建てた。どの民族，どの宗教にも縛られることなく互いを認め合うきわめて稀な都市空間があった。

15世紀後半から16世紀前半にかけて活躍したバイエルンの歴史家ヨハネスア・ヴェンティヌスは，805年にブラチスラバの城が修理されたとき，この都市は Wratisslaburgium と呼ばれたと記している。一方，907年にブラチスラバで戦いがあったとき，この戦いは Braslavespurch と呼ばれたという記録が，オーストリアのザルツブルグに残されている。Braslavespurch とは，ブラチスラバ城の戦いを意味する。ハンガリー王の支配下で鋳造された貨幣は Preslavva civitas と呼ばれた。civitas（キウィタス）はラテン語で都市を意味する。このほかラテン語で Posonium，ドイツ語で Pressburg，ハンガリー語で Pozsony，スロバキア語で Prešporok とこの都市を呼んだ。最終的にブラチスラバという呼び名が一般的になったのは，19世紀にパヴェル・ヨゼフ・シャファーリクとリュドヴィート・シュトゥールがこの都市の名前を考えて以降のことである。そのさい，シャファーリクは創建時の王の名前を誤って Bretislav とした。これをシュトゥールがスロバキア風に直して Bratislava すなわちブラチスラバとした。Bratislava はこの都市の古名である Braslavespurch に近い。しかし現在のスロバキア人はこの長い都市名の発音はできない。

最初にブラチスラバを居住地としたのはケルト人で，ラテン語で城塞都市を意味するオッピドゥムを築いた。その後，ローマ人が1世紀中頃にやってきて数世紀の間，居住した。ゲルラタと呼ばれる軍事基地をドナウ川の左岸側に構築したが，ここは現在，ブラチスラバの郊外にあたる場所である。5

世紀中頃，スラブ人がやってきた。現在のブラチスラバの市街地のうち7世紀頃に建てられた地区は，初期スラブのサモ帝国の一部だったところである。城壁や宮殿は現在も残されている。隣接する埋葬地は，ブラチスラバがハンガリー帝国の一部として組み込まれたあとも継続して使われた。

9世紀半ばにキリスト教の教会が建てられて以降，数多くの教会が町中に建てられていった。13世紀末に都市住民に特権が与えられ，市長や市議会を自由に選ぶことができるようになった。15世紀半ばにはアカデミアイストロポリタナ（ドナウ都市のアカデミーという意味）という名前の大学が設けられ，イタリアのボローニャ大学をモデルに芸術，神学，法学，医学の学問分野の教育が行なわれるようになった。人文主義的伝統は，ヴェントゥルスカ通りにある現代芸術アカデミーに引き継がれている。16世紀から17世紀にかけて，ブラチスラバは東から押し寄せてくるトルコ軍の勢力のもとで2度にわたって脅威にさらされた。町は破壊されたが占領されることはなかっ

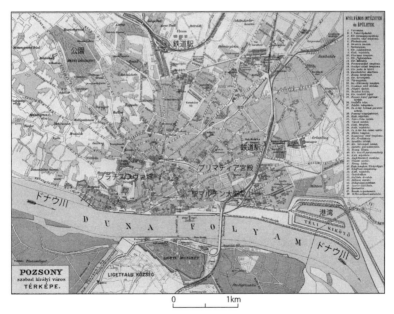

図3-9　ブラチスラバ市街地（19世紀中頃）
出典：MAGYARORSZÁG VÁRMEGYÉI ÉS VÁROSAI　のウェブ掲載資料（https://mek.oszk.hu/09500/09536/html/kepek/big_varmpic_Pozsony-063.jpg）をもとに作成。

た。トルコがハンガリーのブダを占拠したため，ハンガリー王国は首都をブラチスラバに移した。ここで歴代の国王の戴冠式が行なわれるようになり，ドナウ川に面するブラチスラバはさながら戴冠式の都市になった（図3-9）。

トルコとの長い戦いが終わり，ブラチスラバの都市としての名声はますます高まった。1741年に聖マルチン教会で戴冠式を挙げたマリアテレジア皇后の時代を通して，ブラチスラバは貴族的な都市へと変貌していった。彼女の愛娘がブラチスラバの知事のもとに嫁いだため頻繁にブラチスラバを訪れ，城が再建され宮殿が建設された。ハプスブルク家によるオーストリア＝ハンガリー帝国は，音楽の分野でブラチスラバを一大拠点に発展させた。モーツァルト，ベートーベン，ハイドンなど有名な音楽家がこの都市と関わりをもちながら名だたる作品を残した。18世紀，ハンガリーで最大の都市にまでなったブラチスラバは，産業面でも大きな貢献を果たす。1841年に蒸気機関車が走り出したが，ドナウ川ではその70年もまえに蒸気船が就航していた。路面電車はウィーンやブダペストより早く走り出し，ブラチスラバとウィーンの間を結ぶ鉄道はいかに2つの都市の関係が深かったかを物語る（宮田，2001）。いまは小国のスロバキアにあって首都ブラチスラバは，古今東西の諸勢力の対立・融合の焦点として歴史を刻んできた。

2．ドナウ川の渡河地点に築かれた要塞が起源のブダペスト

上流域をおおむね西から東へ向けて流れてきたドナウ川は，やがて南東へと流れの向きを変える。向きの変更は一度ではなく，何回かにわけて行なわれる。最初の変更はウィーンであり，ここで南東へ向きを変えてすぐに再び東向きになる。2回目の変更はブラチスラバであり，ドナウ川は再度，南東への流れとなる。しばらくすると流れは東向きに戻る。つまりドナウ川は，まるで西から東に向けて階段を降りるようにして流れている。3回目は南東方向ではなく真南へ落ちるような変更であり，南下の途中で流れは二手に分かれる。このため中洲（センテンドレ島）が生まれ，中洲を過ぎて流れが合流する地点にブダペストがある。つまりブダペストは，ドナウ川が南下を始める開始地点に位置する。ここは，ハンガリー大平原のうちの大アルフォード平原と呼ばれる盆地形の北の出入口である。

現在でこそブダ
ペストと呼ばれる
が，1873年まで
はドナウ川西岸に
ブダとオーブダが
あり，東岸にはペ
ストという都市が
あった（図3-10）。
この年に3つが合
併してブダペスト
という大きな都市
が誕生した。ブダ
という地名はフン
族の王ブレダに由
来しており，オー
ブダは古いブダと
いう意味である。
オーブダの起源を
探ると，この町は
ウィーンと同じよ
うに，古代ローマ
帝国の拠点として
築かれたことがわ

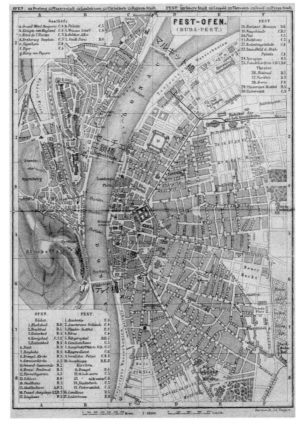

図3-10　ブダペスト市街地（1873年頃）
注：ドナウ川の右岸（西側）がブダ，左岸（東側）がペスト
出典：PaidSocialMediaJobs.com のウエブ掲載資料（http://old-time-budapest.
blogspot.com/2011/08/budapest-1873-map.html）をもとに作成。

かる。当時はアクインクムと呼ばれ，パンノニアという属州の北東に位置す
る州都であった。パンノニアは北と東をドナウ川に接し，西はノリクムと上
イタリア，南はダルマティアと上モエシアに接していた。
　現在のハンガリーの西半分はかつてのパンノニアの一部であり，ここはト
ランスドナウとも呼ばれる。北と東はドナウ川，南はドラヴァ川，つまり三
方向の境界はいずれも川であるため，その広がりはイメージしやすい。しか
し西側はというと，そこはオーストリア方面からアルプス山脈東側の東部前

第3章　ライン川，ドナウ川流域の都市の起源

地が広がっており，山がちで境界が判然としない。歴史的に見ると，ハンガリーと西の隣国オーストリアは，ハプスブルグ家のオーストリア皇帝がハンガリー国王の君主も兼ねる，いわゆる同君連合の二重帝国の時代を経験している（小島，2007）。こうしたことの背景には，これら2つの国がアルプス山脈の前地を間に挟みながら地形的につながっているという事実があるように思われる。

両国の国境は，第一次世界大戦後，強大な力をもっていたオーストリア＝ハンガリー帝国を解体し，いくつかの国に分けるという国際的な政治の場において取り決められた。その結果，アルプス前地の複雑な地形の上に境界線が引かれた。一方，ハンガリーの東半分にあたるドナウ川の東側では，プスタ平原と呼ばれる盆地性の平地が広がっている。プスタ平原は現在でこそ広大な穀倉地帯であるが，オスマン・トルコ帝国の支配下にあった頃は森林が伐採されたため，一帯は湿地帯となり洪水も頻発していた。19世紀後半になって大平原の土地改良が本格化する。それまでは度重なる洪水被害のため耕作ができず，もっぱら牛や馬が草をはむ程度の農業であった。国が精力的に内陸排水の事業を推し進めた結果，洪水被害はなくなり大半が耕作地に生まれ変わった。

先にブダペストはドナウ川西岸のブダとオーブダ，東岸のペストが合併して生まれたと述べた。ブダは丘の上にあり，ペストはそこからドナウ川越しに見下ろされる位置にある。古代ローマ帝国は，西岸のオーブダにアクインクムを築いたが，これとは別に対岸にもコントラ・アクインクムという要塞を設けた。これが都市ペストの起源である。ローマ人が去った後マジャール人が居住するようになったが，それ以後もモンゴル人の侵入やオスマン・トルコの支配が続いた。オーストリア・ハプスブルグ家による支配が始まるのは，その後のことである（加藤，2006）。その間，ペストは商業活動の中心地として発展した。とくに大きく発展して人口が増えたのは，オーストリア＝ハンガリー帝国の時代である。1849年，川幅が350mほどのドナウ川に常設の橋「鎖橋」が架けられた。これによって両岸の連絡はいっそう便利になり，28年後のブダペスト誕生につながった。これにより，ブダペストはウィーンについで帝国内で2番目に大きな都市となった。

ウィーンもブダペストも，その起源は古代ローマ帝国の対ゲルマンの要塞建設である。ドナウ川は防衛線として有効であった。しかしその後はドナウ川の東からさまざまな勢力が到来し，それまでいた勢力を追い出すようにして新しい国をつくっていった。ローマすなわち地中海側からの勢力と東ヨーロッパ，アジア側からの勢力がぶつかるようにして歴史が築かれていった。それがハンガリーという国の成り立ちであり，その真中をドナウ川が流れて悠久の時間を刻んできた。

　オーストリアは民族，言語ともにドイツ系であるが，ハンガリーはマジャール系である。そもそもハンガリー（Hungary）という名称は英語名にすぎず，ハンガリーの人々は自分たちをマジャール人と呼んでいる。正式の国名はマジャールオルザーク（Magyarorszag，ハンガリー語でマジャール人の国を意味する）である。ハンガリーという地名の由来は，フン人の Hun に人を意味する gari がついて Hungary になったという説と，9世紀の移動のさいにトルコ系のオヌグール（Onugur）人と密接な関係になったので，オヌグールが転じてハンガリーになったという説がある。従来は前者の説が有力であったが，近年は後者が有力視されている。ドナウ川は，あるときは川の両側を隔て，またあるときは結びつけるようにして変わらず流れてきた。

3．東西文明の十字路・ベオグラードの河川交通路

　ハンガリーの首都ブダペストからドナウ川を 380km 南へ下るとセルビアの首都ベオグラードに至る。ベオグラードは 2003 年にユーゴースラビアが解体するまでこの国の首都でもあった。旧ユーゴースラビアはその複雑な国際的特性ゆえに「7つの国境，6つの共和国，5つの民族，4つの言語，3つの宗教，2つの文字からなる1つの国」と形容された。当時は，セルビア人，クロアチア人，スロベニア人，マケドニア人，モンテネグロ人の多民族が住む社会主義国家で，この複雑な連邦国家を束ねるためにチトー大統領が大きな指導力を発揮したことで知られる。

　国の中心を担っていたのは主にセルビア人で，チトー大統領が亡くなって10年後の 1990 年に社会主義体制は崩壊し，連邦からスロベニア，クロアチアなどが共和国として離脱していった。体制崩壊後の過程でユーゴースラ

ビアからの独立や国のあり方をめぐって民族間で対立が起こり，ボスニア・ヘルツェゴビナ紛争が1992年から1995年まで続いた。またこれとは別に，1998年から翌年にかけて，ユーゴスラビア軍とセルビア人勢力，アルバニア人の武装組織コソボ解放軍との間で紛争が生じた。最終的に2003年にセルビア・モンテネグロが生まれた時点でユーゴスラビアという国名は消滅し，かつて存在した6つの構成共和国はすべて独立した。ただしコソボは依然としてセルビアの自治州とみなされている。

　かつて社会主義イデオロギーのもとで構成されていた連邦国家は，民族主義の台頭という世界的潮流の中で分離独立を果たしていった（柴，2005）。そのような状況下にあって，ベオグラードは一貫してこの地域全体に対して影響力を及ぼす存在であった。ベオグラードは，「東西の十字路」に位置する都市といわれてきた。これは，西側のヨーロッパと東側のアジアの政治的諸勢力がこの都市を舞台にしてぶつかり合う一方，それぞれの文化がベオグラードを核として交流し合ったことを意味する。もっとも十字路という言葉を比喩として使うなら，東西だけでなく，南北の関係にも注目すべきではないかとも思われる。十字路は単なる言葉のあやか，あるいは実際に東西南北すべての方向を意味しているのか，地理学の視点から考えると気になるところではある。

　おそらく国際関係という大局的視点から考えれば，一方にイタリア，ドイツ，オーストリアなど西側の勢力があり，他の一方にオスマン・トルコ，モンゴルなどの勢力が対峙したということであろう。2つの勢力は，それぞれの思惑を秘めながら，バルカン半島北部のこの地域の歴史に深く関わった。しかし，ことベオグラードという都市の地理的特徴に注目して考えれば，その立地条件とりわけ位置の条件として地形と河川のあり方が重要であったように思われる。以下に述べるように，ベオグラードを中心として河川による東西および南北の交通軸が存在していると考えられるからである。十字路は，国際スケールと国内スケールの両方の点で意味があった。

　ベオグラートの都市としての基礎は，ケルト人による小集落のあと，2世紀に古代ローマ帝国の第4軍団フラウィア・フェリクスが駐屯地カストルムの砦を建設したことで与えられた。カストルムは軍事防衛拠点や野営地のこ

とで，ベオグラード
の場合は，ドナウ川
と支流のサバ川が合
流するカレメグダン
と呼ばれる高台に
築かれた（図3-11）。
目的はウィーンやブ
ダペストと同様，ド
ナウ川東部からの異
民族侵入に備えるた
めである。水上交通
が重要な役割を果た
した当時，ドナウ川
はベオグラードより
上流側では南北の移
動にとって好都合で
あった。下流側では
途中に南カルパチア
山脈を横切る深い峡
谷があるが，鉄門と
呼ばれたこの峡谷を
抜けると，あとは黒

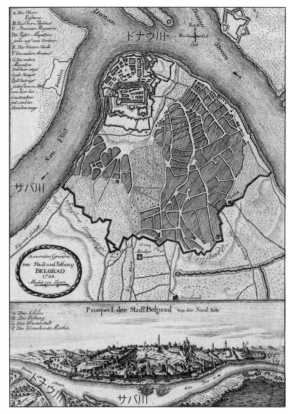

図3-11　ドナウ川とサバ川の合流地点に位置するベオグラード（1788年）
出典：Wikipedia のウェブ掲載資料（https://de.wikipedia.org/wiki/
Datei:Plan_Belagerung_Belgrad_1788.jpg）をもとに作成。

海のデルタに至るまで900kmほど東に向かって平坦な地形が続く。むろんベ
オグラードへは東側のルーマニア方面から平原や山地を越えて来る陸上交通
路もあるため，河川交通だけが移動手段だったわけではない。

　旧ユーゴースラビアが成立する以前，ユーゴスラビア国王のアレクサンド
ラ1世は，それまであった33の地方行政区（オブラスト）を9つの州（バノヴィ
ナ）に再編した。目的は，歴史的経緯にこだわることなく河川流域によって
画定される単位からなる国民統合をめざすためであった。州名は河川の名前
とし，北から順にドラヴァ州，サバ州，ブルバス州，ドュリナ州，モラバ州

第3章　ライン川，ドナウ川流域の都市の起源

の５つはドナウ川の支流域に属する。これにドナウ州自身を加えた６つの州がドナウ川の水系によってつながっている。残りの３州のうちツェティニェを首都とするゼータ州はゼータ川流域にあり、スコピエが首都のヴァルダル州もヴァルダル川を流域とする。これらはアドリア海、エーゲ海にそれぞれ注ぎ込む。最後のスプリットが首都のリトーラル州には河川はなく、アドリア海に直に面している。北のハンガリーと南のギリシャに挟まれたバルカン半島北西部は地形も複雑で河川の流路もとらえにくいが、ドナウ川を経て最後は黒海につながるものと、アドリア海、エーゲ海に至るものからなる。

　ここであらためてベオグラードを形容する「東西の十字路」に立ち返れば、ユーゴスラビア王国時代に画定された９つの州のうち５つがドナウ川と水系で結ばれていることから、ベオグラードのゲートウェイとしての地位はきわめて重要であった。とくにドナウ川にサバ川が流入するその場所にベオグラードが位置することが大きい。サバ川を遡っていくと、ザグレブ（クロアチア、人口全国第２位）、リュブリャアナ（スロベニア、第５位）など主要都市が川沿いに立地している。サバ川は、第一次世界大戦のさい、オーストリア＝ハンガリー帝国とベオグラードが首都であった当時のセルビアとの国境線であった。渡河して侵攻するオーストリア＝ハンガリー帝国をサバ川でいかに食い止めるか、ベオグラードで防衛戦略が練られた。複雑な分水嶺で隔てられているとはいえ、ドナウ川の支流を遡っていけば、アドリア海やエーゲ海に流入する河川の流域にも到達できる。つまりベオグラードは、ドナウ川河口の黒海方面とは別に、イタリア、ギリシャ方面とも交流できる交通路と結ばれていた。これらは総じて地中海側からのアクセス軸であり、十字路のうち南方方面に開いたルートであった。ベオグラードは、河川交通により南北方向とも連絡できる要衝だったのである。

川と流域の地理学

第4章

利根川東遷, 荒川西遷, 大和川付け替え, 木曽三川治水

第1節　江戸を洪水から守る利根川東遷と荒川西遷

1. 江戸を洪水から守る利根川東遷事業の第一段階

　関東平野を流れる大小の河川の中では，利根川と荒川がその代表といえる。利根川は新潟県と群馬県の県境にある大水上山（標高 1,831m）に水源を発し，大小の支流を合わせながら関東平野を北西から南東へ貫き千葉県銚子市で太平洋に注いでいる。一方，荒川は山梨，埼玉，長野の3県にまたがる奥秩父連山の主峰・甲武信ヶ岳（標高 2,475m）が源流点で，関東平野をやはり北西から南東へ流れ最後は東京湾に流入する（伊佐，2012）。しかしこれら2つの河川は江戸時代以前は現在の流路とはまるで違う流れ方をしていた。戦国末期から江戸時代を通して数々の治水事業が繰り返し行なわれ，川の流れはもとより関東平野全体の様子が様変わりした。基本的には，利根川の流路を東側に遠ざけ，荒川の流れを西側に向けるという大きな変化である。ここから「利根川東遷，荒川西遷」という言葉が生まれたが，国内でも稀に見る河川流路の付け替え事業が行なわれた（松浦，2016）。江戸という近世に生まれた政治・経済・文化の一大中心地をいかに水害から守るか，この命題を達成するために多くの努力が払われた。水害防止すなわち治水は最も重要な事業目的であったが，それ以外に新田開発を中心とする耕作地域の拡大，舟運利用の拡大なども目的に含まれていた。治水事業は政治体制が変化した近代以降も続けられ，首都圏の中核地域を水害から守る事業が継続された。とりわけ第二次世界大戦後は，工業化・都市化の急激な進展にともなう生産・生活空間の広がりに対して治水面でいかに対応するかが，大きな課題であった。

　利根川と荒川の流路間隔は埼玉県熊谷付近ではわずか 8km でしかない。それが先述のように，一方の利根川は千葉県銚子を河口とし，もう一方の荒川は江東区の新木場あたりを河口とする。下流に向かうにしたがって両者の間隔は広がっていくが，このようになったのは江戸時代に両河川ともに付け替えが行なわれたためである。あたかも2つの河川を引き離すかのように，流路間隔は広げられたが，本来，荒川は現在の地名でいうと埼玉県越谷の南あたりで利根川と合流していた。つまり荒川は利根川の支流だったのである。

2つの大河川が一緒になって江戸の町中を流れるさまは，どうみても危険極まりないものであったと想像される。実際，下流部で合流したあとは，現在の葛飾区亀有付近で3〜4の川として枝分かれし，デルタを形成していた。

　現在は河口の位置が距離にして100km以上も離れているこれら2つの川がたどってきた歴史をひもとくことは，江戸を中心とする近世の関東平野がいかに人間の手で変えられていったか，その過程を知ることでもある。利根川と荒川の流路変更の過程は非常に複雑で簡単には理解できない。理解を阻んでいる理由のひとつは，川の名前が変化していくことである。現在，一般に利根川，荒川といわれているのは，流路が現在のように定まって以降の名称である。普通，土地や山などの名称が何らかの事情で変わる場合，土地や山は動くことなく名前だけが変わる。ところが利根川，荒川にあっては，元の流路が付け替えられた場合，名前も新しい流路の方に移され，元の流路は古利根川や元荒川と呼ばれるようになる。新しい流路の多くは，以前から流れている別の河川の流路である。つまり，既存の流路の中に利根川や荒川が入り込み，その川が新たに利根川，荒川となる。土地や山のように動かないものとは異なり，川の流れのように動きがありリニアな性格をもつ地形は，流れが変わるたびに名称も変わる。

　利根川の場合，上流部の群馬県あたりでは流路は変わっていない。ところが1621年に現在の埼玉県羽生市あたりで新川通が開削されたため，流路が変わって上流からの水は東側を並行する権現堂川を流れるようになった（図4-1）。このため現在の春日部，三郷あたりを南下し，亀有付近で3つに別れて江戸（東京）湾に流入していた利根川は古利根川になった。権現堂川の下流部はそれまでは庄内川と呼ばれていたが，上流から利根川の水が流れてきたことにより，この川が新たに利根川になったのである。新川通を開削した目的は，下流部すなわち江戸の町を流れる利根川がより東側を流れるようにするためである。利根川による江戸の町に対する水害のリスクを少なくするために，江戸の町から遠く離れた上流部で利根川の流路を付け替えるという方法は妙案である。古利根川と名前の変わった以前の利根川の水量は，これによって減らすことができた。ただしその一方で，新たに利根川となった権現堂川では洪水が起こるようになったため，川の拡幅工事が行なわれた。

第4章　利根川東遷，荒川西遷，大和川付け替え，木曽三川治水

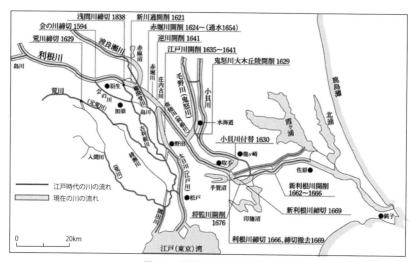

図4-1　利根川東遷事業の過程

出典：hiro's note のウェブ掲載資料（https://www.wbs1.jp/old/column/hiro/now/040430.html）を
もとに作成。

　こうして利根川は本流の流路を東側に移された。実は利根川では1594年
に，現在の埼玉県羽生市あたりで会の川の締め切り工事が行なわれている。
これは新川通の開削より30年ほどまえのことで，徳川家康が4男の松平家
忠に命じて行なわせた。会の川は利根川本流から分岐し別流して再び合流し
ていた。こうした流れを本流から切り離せば洪水のリスクを減らすことがで
きる。新田として利用できる範囲も広がるため一石二鳥のように思われるが，
その分，本流の流量は増す。このためそのあたりでは浅間川とも呼ばれてい
た利根川本流の拡幅工事が並行して実施された。このように，河川の洪水対
策事業は，耕作地の拡大を兼ねて行なわれることが少なくない。会の川が締
め切られた地点から6km上流側で，ほぼ同じ時期に中条堤を設ける事業が
行なわれている。これは，洪水時にこのあたりで利根川から溢れる水を一時
的に貯留するための堤である。一種の霞堤であり，溢れた水は一定の時間を
経たのち下流へと流れる。左岸側すなわち群馬県側には文禄堤と呼ばれる堤
も設けられ，両方が漏斗のような役割を果たして利根川の流れの勢いを抑え
た。

　利根川が新たに流れるようになった権現堂川の上流では，栃木県と群馬県

川と流域の地理学

の境あたりを水源とする渡良瀬川が流れていた。権現堂川へと流路を変えた利根川は，渡良瀬川を支流として抱えるため，流量の大きな河川であった。利根川になっていく権現堂川の東側には常陸川が流れていた。このため，これら2つの川を連絡する水路を設ければ，常陸川の河口である銚子方面から東北地方の物資を江戸へ運び込むことができる。栗橋に近い利根川の左岸（東側）から1621年に赤堀川の開削が始められた。この時点ではまだ利根川の本流を赤堀川に付け替えて常陸川に移す意向はなかった。二度の失敗を乗り越えて1654年に赤堀川は通水し，常陸川から赤堀川を経由し，利根川を通って東北地方と江戸を結ぶルートが生まれた。

　赤堀川の通水事業を継続する一方で，権現堂川の下流部では庄内古川の付け替え事業（バイパスの開削）が始められた。区間は現在の千葉県の最北端にあたる関宿とその南の野田の間である。のちに江戸川の一部となるこのバイパスは1641年に実現したため，利根川はさらに一層平野の東側を流れるようになった。以上で述べたように，流路の開削，別流の切り離し，霞堤の構築，並行河川（バイパス）の開削など数々の手法を駆使しながら，利根川がもたらす江戸の町に対するリスクを抑える事業が江戸時代初期に行われた。しかしこの段階ではまだ利根川東遷は完全には終了しておらず，さらにいくつかの事業が行われていく。

2．利根川東遷の仕上げと干拓・用水事業

　利根川東遷事業の第二段階は，おおむね1660年代初頭から始まる。将軍・徳川家綱の時代であり，1665年に権現堂川と江戸川が接続するところから逆川を北方に延長し，関宿付近で赤堀川に接続する水路が開削された。逆川とは，本来流れる方向とは反対側の向きに流れる川のことであり，この場合は，権現堂川の水を南側の江戸川ではなく，北側の赤堀川に流すための川である。これ以後，利根川本流は権現堂川ではなく，赤堀川を流れるよう移行していき，赤堀川から常陸川を経て銚子方面へ流れるようになった。以上の結果，以前，利根川であったいくつかの川筋は，すべて常陸川へと流れを変えていった新たな利根川の本流から切り離された。これまで西の大宮台地と東の下総台地北端の間を流れていた利根川は，下総台地を越えてその東側

第4章　利根川東遷，荒川西遷，大和川付け替え，木曽三川治水

をまさにこの台地の縁に沿って流れるようになった。利根川東遷とは本流の流路を二度にわたって付け替える大事業であり，変更のたびに東側を流れる河川が利根川に流路を譲ることで成し遂げられた。

ところで，千葉県には北と東それに西と南に先の尖った端がある。こうした特徴は，千葉県の県のかたちを印象づけるために，県の公式ホームページなどで紹介されている。このうち西は富津市の第二海堡（洋上の砲台），南は南房総市の野島崎である。北の端にあたる野田市関宿三軒屋から東の端・銚子市君ケ浜を結ぶラインこそ，東遷された利根川の現在の流路である。東遷当時，関宿は権現堂川，新利根川，赤堀川の結節点となり水運の中心として栄えた。その後，権現堂川は使われなくなり，かつての新利根川は江戸川と呼ばれるようになった。利根川という名前は，流路が東に向けて付け替えられるたびに，それにともなって東へ移っていった。

利根川東遷のあと，古利根川やかつての新利根川（江戸川）が流れ下る江戸の町の東側では幾筋かの河川が錯綜していた。それらに挟まれるように溜井すなわち貯水池があり，それらは農業に利用されていた。しかし，1720年代になって徳川吉宗が将軍職を務めるようになった頃，享保の改革で農地を増やすために溜井は埋め立てられることになった。埋め立ての方法は，これまで伊那家が行なってきた関東流の治水手法とは異なり，吉宗の出身地において一般的に行なわれてきた紀州流の治水手法である。関東流の特徴とされる乗越堤や霞堤を取り払い，それまで蛇行していた河道を強固な築堤と川除・護岸などの水制工により直線状に固定する方法である。大きな河川の中・下流域の主要部分にはじめて高い連続堤が建設されるようになり，川の水は河川敷の中に押し込められた。これによって流作場や遊水地は廃止され，放置されていた中流の遊水地帯や下流の乱流デルタ地帯で新田開発が進んだ。

なかでもよく知られているのは，見沼溜井の干拓と見沼代用水の開削である（図4-2）。干拓の対象になった見沼溜井は，農業用水を確保するため，1629年に伊那忠治が築造を手掛けたもので，現在のさいたま市附島と川口市木曽呂の間の距離が短いところに堤が築かれた（浦和市立郷土博物館編，2000）。それ以前の見沼は自然状態の沼地で，豪雨になると周辺の耕地は水を被り，干天が続くと沼地も干し上がるような有様であった。堤は長さが8

町（約870m）あった
ことから「八丁堤」と
呼ばれた。見沼溜井は
上流域の排水と下流域
の用水の役割を果たし
たが，年とともに本来
の役割を果たせなく
なった。上流域では沼
の氾濫，下流域では水
不足が顕著になり，利
害対立が目立ってき
た。これに注目した幕
府は，地域間の対立解
消と財政建て直しの両
方を目的に，見沼溜井
の干拓と見沼代用水の
開削を思い立った。

　徳川吉宗から命を受
けた井沢弥惣兵衛為永
は見沼留井を干拓して
耕地を増やし，必要な
水は上流部の利根川か

図4-2　見沼溜井の干拓と見沼代用水の開削
出典：見沼代用水土地改良区のウェブ掲載掲載資料（http://www.
minuma-daiyosui-lid.or.jp/jidou/jyuuyoukouzoubutu.pdf）をもとに作成。

ら引いて耕地に配水する具体案を構想した（高崎，2009）。自然に貯えられる
沼地の水に頼るという不安定な耕作ではなく，川から引き込んだ水を耕地に
なった干拓地に配水して農業生産を増大させる画期的な方法である。見沼代
用水の建設事業がまさにこれである。見沼代用水の元圦は，現在の行田市付
近を流れる利根川の右岸側にあり，現在は利根大堰のある地点である。ここ
から南下して現在の足立区あたりを流れ，幾筋かに分かれて田畑に水を供給
した。西新井堀，本木堀，千住堀，竹塚堀，保木間堀などの地名が現在も残
されている。

3. 東遷後の利根川の舟運

　利根川東遷は1654年に完成した。これにより東北諸藩や水戸藩は利根川舟運を利用するようになり，利根川を北西に向かって遡上して関宿に至り，ここで方向を変えてかつて新利根川と呼ばれた時期もあった江戸川を南下した。さらに行徳を経由して，新川，小名木川，隅田川，日本橋川を通り，日本橋付近の河岸に着いた。一方。現在の高崎にあたる倉賀野方面からは上州や信州からの物資も烏川を経て利根川に入り，やはり関宿から江戸川利用の行徳経由で日本橋まで送られた。さらに，これまで奥州街道を陸送していた物産も，鬼怒川舟運と陸送を経て利根川と連絡するようになった（千葉県立関宿城博物館編，2013）。利根川と江戸川の結び目となった関宿は河岸の町となり，積荷を扱う商人が集まり，蔵が建ち並び，市場が開かれた。茶屋，旅籠，遊郭，賭場なども当然のごとく生まれた。

　図4-3は，関宿の現在の状況を示したものである。図中南側に旧棒出しとあるのは，かつて権現堂川が関宿の南側から江戸川へ入るさい，その流れを調整するために木材や石材を使っていた場所である。江戸の町に余計な水が流れ

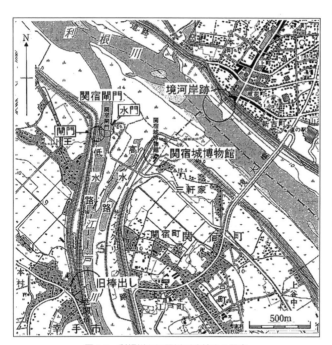

図4-3　利根川と江戸川が分岐する関宿
出典：独立行政法人　産業技術総合研究所　地圏資源環境部門のウェブ掲載資料
(https://staff.aist.go.jp/sudo-gsj/chishitsu567/chishitsu567-2.html) をもとに作成。

ないように調整し，余った水は逆川を通って利根川に向かうようにした。その機能は1927年からは関宿水閘門が果たすようになった。図の北側にある水閘門がそれで，利根川から江戸川へ流入する水量を調節した。関宿水閘門の完成によって権現堂川は締め切られ，上流側の利根川はすべて赤堀川を通って流れるようになった。

　さて，利根川東遷で銚子の河口まで東へ流れるようになった利根川の下流域は水郷地帯とつながっている。このため，利根川と連絡する場所は銚子の河口以外にもあった。古くは太平洋に面する那珂湊から涸沼まで遡ったあと陸路で霞ヶ浦に至り，そこから潮来を経て利根川経由で江戸へ向かうルートが使われた。このルートは航海の危険が少ない点で評価できたが，途中で積み替えの手間がかかるため衰退してしまった。那珂湊〜潮来ルートが使われたのは，利根川河口部が堆積物で砂丘化しやすく航路維持が困難だったことが背景にある。しかし銚子湊がその後整備され，さらに潮来湊が逆に浅くなったため，利根川の本流を河口から遡上するルートが一般化した。

　しかしこのルートも，現在の印西市あたりから見て西の方角にある江戸へ行くのに，利根川をわざわざ北の関宿まで遡上しその後南下するのは，いかにも大回り過ぎると思われるようになった。そこで登場したのが，北から流れてくる鬼怒川が利根川と合流する野田で物資を陸揚げし，陸送して江戸川まで運び再び船で運ぶルートである。ちなみに利根川と江戸川を直接陸路で結ぶショートカット・ルートは，1890年に運河が建設されたため，それ以後は連続する舟運で利用できるようになる（野田市郷土博物館編，2010）。再び江戸時代に戻るが，利根川東遷で利用されるようになった利根川舟運も，しばらくして大きな転機を迎えることになる。それは，航海技術の発達で奥州からの廻船が房総半島を回って江戸（東京）湾へ向かうか，あるいは外海を伊豆下田まで航行し，そこで南風を待って一気に江戸をめざす航路が開発されたからである。これなら大きな船でも川を遡上することなく，直に江戸へ向かうことができる。

　この結果，利根川舟運は局地的な舟運としての性格を強めていく。とくに18世紀中頃に起きた利根川の大洪水によって流路が変わり潮来湊が利用しづらくなったことが大きかった。潮来に代わって佐原が利根川最大の中継湊

第4章　利根川東遷，荒川西遷，大和川付け替え，木曽三川治水

になり，土浦，銚子方面から醤油，米，薪炭，炭などを集めて江戸へ送った。江戸からの帰り荷として古着，塩，空き樽などが運ばれてきた。銚子や野田で醤油がつくられるようになったのは，紀州・湯浅の醤油の製造方法が漁民によってもたらされたからである。それまで江戸産の醤油は質が悪く，良質な醤油は樽廻船で上方から運ばれていた。高価な上方産は手に入りにくく，紀州から伝わった製造法により銚子や野田で江戸人の口に合う醤油が生産されるようになった。

　佐原とともに利根川舟運の拠点となったのが木下（現在の印西市）である。木下は利根川が南に大きく曲がる位置にあるため江戸方面との距離が短く，幕府は木下に河岸を設けた。江戸も中期の元禄時代に入ると江戸の人口は100万人を超え，江戸前の魚貝類だけでは供給が間に合わなくなった。このため，銚子沖で獲れた魚貝類を江戸に運ぶため木下街道が整備された（市立市川歴史博物館ほか編，1999）。銚子産の魚は冬場は関宿経由で運ばれたが，鮮度維持が欠かせない夏場は木下街道を通って江戸へ運ぶのが一般的であった。木下は小河川によって手賀沼，牛久沼，印旛沼とも通じていたため，交通の要衝となり大いに発展した。

4．利根川の支流だった荒川の入間川への付け替え

　江戸時代，江戸の町に対する洪水の危険性を抑えるため，利根川とともに荒川もまたその流れが大きく変えられた。川の付け替えが行なわれる以前，利根川と荒川はほぼ並行するように流れており，現在の埼玉県越谷の南あたりで合流していた。つまり荒川は利根川の大きな支流であった。2つの大河川がまるで横綱のように江戸の町の北方を流れてくるさまは，さぞかし見ごたえがあったと思われるが，途中で合流されては危険極まりない。利根川は綾瀬川からの水流も集めながら江戸の町の東側を通り過ぎ海に注ぎ込んでいた。利根川，荒川，綾瀬川がともに同じ方角に向かってで流れていたのは中流部の地形条件と関わり合いがある。現在の埼玉県大宮から桶川あたりにかけて大宮台地と呼ばれる島状の台地があり，その両側に低地が広がっている（図4-4）。東側の低地（中川低地）の中央を利根川（現在の中川）が流れ，西側の低地（現在の荒川低地）の真ん中を入間川（現在の荒川）が流れていた。

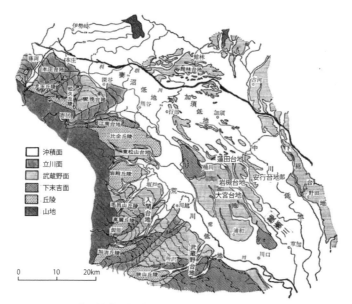

図4-4　荒川低地，中川低地，大宮付近の台地の間を流れる河川
出典：地学ハイキングのウエブ掲載資料（http://www.asahi-net.or.jp/~uk6k-tkhs/chihai/kiroku/010121.
html）をもとに作成。

　大宮台地のすぐ東側には岩槻台地，安行台地，蓮田台地があり，大宮台地
と岩槻台地の間を綾瀬川が流れていた。さらに岩槻台地と安行台地・蓮田台
地の間を荒川が流れていた。江戸の町は西側の台地と東側の低地からなるが，
東側の低地のさらに東には台地が広がる。4筋の河川はこの低地を通って現
在の東京湾に流れ込むしかなかった。東西両側の台地に挟まれた狭い低地に
集まる河川をいかにおとなしくさせるか，これが最大の課題であった。

　　こうした課題に取り組むには，河川の上流部に近いところで流路を変更
し，下流部とくに河口付近に大量の水が押し寄せないようにするのが得策で
ある。そのためには，付け替え先の別の河川が必要である。利根川の場合，
そのような河川として権現堂川とその先の庄内川が選ばれた。しかしそれで
は十分とはいえず，最終的には赤堀川を通水して常陸川へと流路が変更され
た。これに対し荒川は，一度の付け替えで流路が大きく変えられた。ただし，
付け替え先の河川は蛇行が大きかったので流れを直線化し円滑にしなければ
ならなかった。荒川の西側へ向けての流路の付け替えが一度であったのは，

それ以上に西側へ移すことができなかったからである。これも地形条件が絡んでおり，利根川の場合は下総台地を越せば，さらにその先には低地があり常陸川が流れていた。ところが西の荒川の場合は，図4-4からわかるように，入間台地や武蔵野台地，高麗丘陵，狭山丘陵などが迫っていた。これらの台地・丘陵は海側へと続いているため，付け替えられた荒川は荒川低地から抜け出ることができなかった。中流部より上では西遷できたが，河口付近では西側へ遠ざけることはできず，最後は荒川放水路を設けて対応することになった。

　では荒川の一度きりの付け替えはどのように行なわれたのであろうか。これに先立つ荒川の最初の河川事業は1596年から1615年にかけて行なわれた備前堤の築造である。備前堤という名は江戸時代に関東郡代として幕府の領地の開発にあたった伊奈備前守忠次に由来する。備前堤は常光（鴻巣市），中丸（北本市）方面から荒川と並行して流れていた赤堀川（利根川東遷の赤堀川とは別の川）を幅4m，高さ3m，長さ600mの堤を築いて締め切り，その流れを荒川に直角に落としたものである。築堤の目的は，赤堀川の下流にあたる綾瀬川で洪水が多かったため，赤堀川を荒川に付け替えることでリスクを減らすためである（黒須，2015）。備前堤の完成によって下流の伊奈，蓮田方面の村は洪水の害を免れるようになったが，現在の桶川市域を含む上流の村は大雨の降るたびに田が冠水し，その被害は大きく近年にまで及んだ。

図4-5　荒川西遷（付け替え）の前と後
出典：CONCOMのウエブ掲載資料（http://concom.jp/contents/interview/vol1.html#）をもとに作成。

備前堤とはまったく別に，荒川の本流それ自体に関わる事業が1629年に現在の場所でいうと上越新幹線熊谷駅の南側あたりで行なわれた。久下と呼ばれるこの付近を流れていた荒川を堰き止め，その南方を流れていた和田吉野川へと導く事業である（図4-5）。堰き止めと導水は同時にはできないため，まず和田吉野川に至る流路が開削され，それを受けて新たな流路へ荒川の水が導かれた。ただし事業それ自体は同じ1年間のうちに実施された。この時点で荒川は元荒川と名前を変え，和田吉野川との合流地点以下が新たに荒川と呼ばれるようになった。荒川は，現在の桶川市西端で市野川と合流し，さらにその南で入間川とも合流する。とくに入間川は川越とその西側一帯に広がる台地・丘陵地を刻む多くの支流から水流を集めている。荒川が付け替えられていなければ，そのまま入間川として江戸（東京）湾に流入していたと思われる。荒川がいわば入り込んできたことにより，自らは荒川の支流となった。

荒川が流入する以前の市野川や入間川の流路はかなり蛇行していた。水量もそれほど多くなく，いわば局地的な河川として排水の役割を果たしていた。ところがそこへ一級の荒川という超大物の河川が上州，信州方面の水を集めて流れ下るようになった。これではとても排水機能が追いつかないため，蛇行状態の小河川の川幅を広げて直線化する事業が各所で行なわれた。かつては河川が流れていたが現在は埋め立てられてしまったか，あるいは三日月状の湖沼として残されている箇所を，現在の荒川沿いにいくつか見つけることができる。たとえば，埼玉県富士見市のびん沼公園付近のびん沼川は，近代に行なわれた荒川の大改修によって旧河道がそのまま農業排水や湧水を水源として残されたものである。

江戸の町の東側を流れる隅田川は，1629年頃まで利根川と荒川が合流した河川の一部と，綾瀬川，入間川からの水を受け入れていた。しかしその後，利根川東遷の第一段階が完了し，また荒川の流路も西へ引っ越したので上流からの流量は減少した。ところがその荒川が，今度は入間川の流路を流れるようになったため，別ルートから多くの流量を背負うようになった。こうした状況は近世を通して大きく変わらず，近代になって1911年に荒川放水路の開削が始まり，1924年にそれが完成してようやく緩和された（絹田，

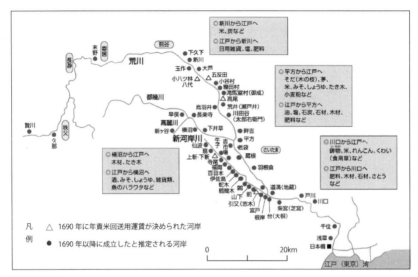

図4-6 荒川と新河岸川の河岸

出典：荒川上流河川事務所のウェブ掲載資料（https://www.ktr.mlit.go.jp/ktr_content/content/000670423. pdf）をもとに作成。

1992）。このとき綾瀬川は荒川放水路のすぐ東側を並行して流れるようになり，最後は中川と合流した。

　東遷の利根川と同様，西遷の荒川についても，江戸時代の舟運について触れておかねばならない。ポイントは，荒川からの洪水の恐れが軽減された江戸の町が発展したことと，そこへの商品供給を水嵩の増えた荒川が舟運によって担うようになったことである（図4-6）。船による年貢米や特産物など物資の大量輸送が可能になり，荒川は重要な交通路として利用されるようになった。新たな流路となった荒川の東側には広大な耕地が広がっており，多くの農産物の収穫が期待できた。一方，荒川の西側では台地から丘陵地へと背後圏が広がっており，農家相手の日用品需要が見込まれた。

　荒川の付け替えが行なわれた久下から下流の川越あたりまでの間に，数多くの河岸が生まれた。河岸は，江戸の町との間を行き来して物資を取り扱うための中継地である。とくに荒川と並行するように西側に開かれた隅田川の延長部分が新河岸川となり，朝霞付近を経て川越の北あたりまで延びていた。新河岸川の右岸側すなわち台地側に多くの河岸が形成された。こうした河岸

川と流域の地理学

には蔵や河岸問屋が建ち並び，船持，船頭，荷積みや荷揚げをする小揚（こあげ），軽子（かる）などの人足なども居住していた。荒川本流では，秩父の絹織物，狭山の茶などが特産として江戸へ下り，さらに奥秩父の山林でとれる松や杉などの木材も筏に組み立てて江戸の千住や深川へ送られていった。

第2節　大和川の流路付け替えとその影響

1．奈良盆地の雨をすべて集め大坂へ流す大和川の課題

　周囲を丘陵地で完全に囲まれた盆地はない。盆地内に降った雨水をどこか出口を見つけて排除しなければ，盆地は湖になってしまう。甲府盆地は富士川，福島盆地は阿武隈川，会津盆地は阿賀野川というように盆地に降った雨を支流で集め，最後はこれらの河川が盆地の外へ吐き出している。奈良盆地もこの例にもれず，大和川の支流が四方から雨水を集めて本流へ送り込む。どの盆地も出口にあたる部分は狭窄地形で集まった水が狭い流路を窮屈そうに下っていく。奈良盆地の場合，亀の瀬（せ）と呼ばれる狭窄部を蛇行しながら大和川が流れていく。まるで急かされるように流れ下ると，その先には広々とした大阪平野が広がっている。一気に開放感に包まれそのまま真っすぐ西へ進み大阪湾に向かう。ただし，これは現在の流路であり，かつてはそうではなかった（安村，2020）。狭窄部を通り抜けた大和川は大きく北に向けて流路を変え，幾筋かの派流に分かれて流れていた（図4-7）。長瀬川（本流で久宝寺川（じ）ともいった），楠根川，玉櫛川（くすね）であり，玉櫛川はさらに吉田川と菱江川に分かれていた。これらの川は北流して寝屋川が注ぎ込む深野池（ふこの）・新開池（しんが）に流入したあと，寝屋川の水とともに大坂（大阪）湾へと向かった。

　大和川は江戸時代中期，1704年に流路が大きく変更された。まさに直角に近い角度で曲げられたが，現在の地図で確認すると，付け替え後の流路の方がむしろ自然だったのではと思われるほどである。大和川では江戸期に付け替えが行なわれる以前から，付け替えの試みが繰り返されてきた。最初の試みは5世紀前期で，大和盆地から難波高津宮（なにわたかつのみや）に拠点を移したヤマト王権が上町台地から北に延びる砂州に水路を開削したというものである。砂州が

第4章　利根川東遷，荒川西遷，大和川付け替え，木曽三川治水

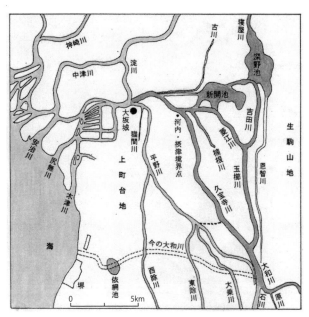

草香江（または河内湖）からの排水を邪魔して洪水や高潮の原因になっていたからである。この水路は上町台地の北を横断して難波の海に通じていたため，難波高津宮から瀬戸内方面に向かうのに好都合であった。ヤマト王権は上町台地の東に広がる湿地帯（河内平野）を開発して食料を確保するこ

図4-7　付け替え事業以前の大和川の流路
中九兵衛のブログ　大和川流域歳時記　のウェブ掲載資料（https://ameblo.jp/imagome/entry-11153903314.html）をもとに作成。

とを考えており，そのためにも排水路（難波堀江）は不可欠であった。

　律令制の時代になり，大和川流域では護岸工事が繰り返し行なわれた。頻発する洪水に対処するためである。なかでも 788 年頃，和気清麻呂が当時，大和川の本流であった平野川を北向きから西向きへ流れを変える工事を試みた。しかし上町台地の高さを越えることができず，この工事は頓挫した。その後，平野川の河床は高くなって流れが悪くなり，本流はその東側の長瀬川に移った。平野川が本流になる以前は長瀬川が本流であったため，もとに戻ったことになる。このように大和川は上流から運ばれてくる土砂の堆積で流れ方は定まらなかった。江戸時代に至るまで長瀬川が本流の時代が続くことになる。本流が固定されていったのは，豊臣政権になり大坂に城が築かれ城下町が整備されたことが背景にある。整備事業の一環として淀川や大和川の流域治水が進められ，これまでの不連続な堤防から連続的堤防へと形態が変化した。こうして流路が固定された大和川では上流からの土砂が逃げ場を失い，

天井川化が進んだ。

　河床高が人家の高さを超えてしまった大和川は，洪水による破堤のたびに大きな被害をもたらす。人家や田畑の復旧や堤防の嵩上げ，川浚えなどに多額の費用と労力が費やされるようになった。繰り返し起こる洪水被害の大きさに耐えきれず，大和川流域の村々から，大和川の付け替えを願う機運が生まれてきた。現在の東大阪市にあった今米村で庄屋を務めていた中甚兵衛が中心となり，流域に暮らす農民の願いを幕府に幾度となく訴えた（柏原市歴史資料館編，2004）。河内の農村の意見を取りまとめるために東奔西走した甚兵衛の幕府への請願は半世紀にも及んだ。しかしその一方で，大和川の付け替えが行なわれれば，流路開削のために土地を手放さなければならない農民も河内にはいた。当然，そのような村々からは反対が起こり，簡単にはことは進まなかった。

　付け替えに反対する村々は，いくつもの理由をあげて事業の無益さを訴えた（長尾，2019）。その理由を紹介すると，まず河内国はもともと南高北低の地形であり，南から北に向けて流れるのが自然であるが，新川はそれに反した横川になるというものである。新川ができれば，その堤防に遮られて行き場を失う南北方向の川があり，水が溢れる恐れがある。さらに新川予定地には地盤の硬いところがあり，掘削には膨大な費用が必要なうえ，掘削土砂で埋まる田畑が生ずる。古川は勾配がゆるく流路も長いが，新川は流路が短いので堤防は水圧で崩れやすい。新川の川床には周辺に比べて2丈（約6m）も低いところがあり，新川から水を引くのが難しい。以上いくつも理由を並べ，大和川の付け替えに反対する意向を示した。反対の村々は幕府に直訴するため代表を江戸へ送った。しかし途中の東海道袋井宿で大坂へ出向く大目付と行き違い，すでに幕府が付け替えを決定していることを察知した。それでもと江戸へ向かったがときすでに遅く，潰れ地の代替地を願い出るように説得される有様だった。

　こうして付け替えは実施される方向で動き出したが，実はこの裏には付け替えを願う農民の期待とは別に，幕府にとっての損得勘定も働いていた。というのも，この頃，幕府の財政は苦しく，大和川の付け替えで沼地や湿地帯になっている河内北部を新田に変えれば，一時的に付け替え費用は要するが，

新田の売却益やその後の年貢徴収を考えれば，利益が大きいと考えた。つまり新川周辺の農村には犠牲を強いるが，古川の洪水で悩む農村や幕府にとって利益が期待できる事業と見込まれたのである。このとき根拠となった潰れ地と開発新田地の見込みは 27,462 畝（約 272ha）と 116,834 畝（約 1,157ha）で，その間には 4 倍以上の開きがあった。

こうした目算をもとに，1703 年，幕府は公儀普請の決定を下した。公儀普請とは，幕府が費用を負担する普請のことである。しかし公儀普請だけでは不十分であり，御手伝普請として播磨国姫路の本多忠国に工事の助成を命じた。姫路藩は最盛期には 52 万石もあったが，この当時は 15 万石ほどであった。しかしそれでも名門の雄藩のひとつであった。ところがあろうことか，御手伝普請を命じられた忠国が工事開始直後の 3 月に急死してしまった。この急変により，姫路藩の家臣たちはひとり残らず国元へ引き揚げてしまった。

思わぬ事態に直面した幕府は，姫路藩と同じ規模の助役を探したが，任命が難しいことがわかった。このため，和泉国岸和田の岡部美濃守，摂津国三田の九鬼大和守，播磨国明石の松平左衛佐，大和国高取の植村右衛門佐，丹波国柏原の織田山城守らに対して担当区域を分けて任命した（図4-8）。幕府側の担当者は大目付役の大久保甚兵衛，小姓組の伏見主水，上方代官の万

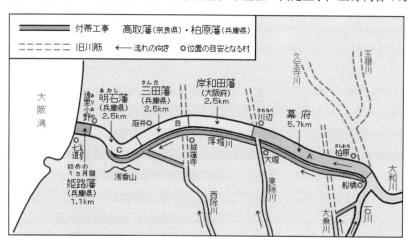

図4-8　大和川の流路付け替え事業（御手伝普請）の工事分担
出典：ウェブふどき藤井寺のウェブ掲載資料（https://www.ne.jp/asahi/fudoki/fujiidera/02)chiri/5)
kawa.ike/kawa/yamatogawa/yamatogawa.html）をもとに作成。

年長十郎らが，その任に当たった。こうして各々の役目が決まり，幕府とそれぞれの藩が競うように工事に取り掛かった。当初，姫路藩が取り掛かったのは，予定された河口から上流側へ10町600間（約1.1km）の区間であった。これも途中で中断されたので，大和国高取藩と丹波国柏原藩が残りの工事を引き受けた。そこから上流側49町（約5.3km）を三等分して明石藩，三田藩，岸和田藩が担当し，残る52町（約5.7km）を幕府が担当した。

　付け替え反対派がいうように，新川は横川であるため右岸側つまり北側の方が低く川の圧力がかかりやすい。このため，堤防の高さは右岸側が3間（約5.4m），左岸側が2.5間（約4.5m）で違っており，堤防の基礎の幅つまり堤敷も右岸が15間（約27m），左岸が12.5間（約22.5m）であった。この結果，堤防上の幅すなわち馬踏も右岸の3間（約5.4m）に対し，左岸は2.5間（約4.5m）であった。つまり右岸の築堤により力が入れられた。横川という意味は，自然地形の方向に逆らって水が流れることを意味する。実際，大きくいえば南北方向の生駒山地に並行してその西に瓜破台地と上町台地がある。それほど高い障害ではないが，川を新たに通すには台地を削って流路を設けなければならない。このため，ただ単に両側に堤防を築くだけでなく，部分的に開削をともなう河川新設工事であった。ただ，当初，3年は要すると思われた工事がわずか8か月で終えることができたということは，全体としてそれほど難工事ではなかったことを物語る。1704年10月，付け替え地点の古い堤防を切り崩して水の流れる方向を変え，これまでの川筋を塞いで竣工した。

2．流路付け替え後の新大和川からの取水に苦心

　あれだけ乱流して下流に洪水被害をもたらした大和川も，奈良盆地から狭窄地を通り抜けたところで大きく西に向きを変えたため，北側に広がる平野には水が来なくなった。付け替え前に本流が北へ流れていたのは，現在の富田林市や羽曳野市方面から石川が流れて来ており，付け替え地付近で大和川と合流していたからである。つまり大和川の流れは，南から合流する石川の流れによって押され北へ向かっていた。この流れの向きは生駒山地の南北方向と同じであり，土地の傾斜を考えれば自然である。それが大和川の流路が北から西へと変わったことで，合流する石川の水も北から西へ向けて流れる

第4章　利根川東遷，荒川西遷，大和川付け替え，木曽三川治水

ようになった。この点では石川もまた，かなりドラスティックな変化を遂げたといえる。ちなみに石川とは，大阪府と和歌山県の県境に源流をもつ川であり，幹線の長さは29km，流域面積は223km²である。対して大和川の幹線距離は68km，奈良県内の流域面積は712km²である。長さと面積でともに3倍ほどの大和川が本流の資格をもち，石川という支流をしたがえる。

　河内平野にときとして多すぎる水をもたらしたのは大和（奈良）の盆地だけではなく，南河内の山地や平地でもあったことは明らかである。ところが，あれだけ流れて来てほしくなかった大和川の水がいざ来なくなると，困ったことになる。とくに農業用水の確保が問題で，今度はいかに安定的に水を得るかが課題になった。困ったのは新大和川の右岸側すなわち北側の農村部である。それまで田畑であったところに壁のような堤防が築かれ，もとの大和川からの自然の流れが届かなくなった。大和川からの水だけではない。付け替え以前には大和川と並行するように南から北に向かって流れていた大乗川，東除川，西除川などの水も，行く手を堤防で遮られたため届かなくなった。このうち最も東側を流れる大乗川は，新川と合流するように流路が付け替えられた。

　ところが東除川と西除川は別の方法を考えなければならない。課題は，以前のように北の平野部に向けて流れていた流路を確保することではなく，新大和川の堤防で塞がれた排水先をどのように確保するかである。そこで新たに開削されたのが，大和川の左岸堤防に沿って東から西へ流れる落堀川である。落堀川に東除川と西除川の水を文字通り落とせば，西へ流れて途中で新大和川と合流する。ただし東除川については，落堀川の上に石樋を通して新大和川に合流させた形跡がある。のちに石樋が損傷したため，最終的には落堀川を経由して西へ流れるようになった。一方，東除川の西側を南北に流れる西除川の水をどの地点で落堀川に落とすかについて工夫がこらされた。西除川と新大和川の河床高には違いがあるため，新大和川の水が落堀川に逆流しないようにしなければならなかった。そのため，西除川の流路を北西方向に変えて落堀川に流れ落ちるようにした。

　こうして新大和川の堤防で流れが阻止された左岸側の小河川については，問題が解決された。残されたのは，堤防右岸側で水源を失った村々へいかに

安定的に水を供給するかである。基本的には，水が流れなくなった旧河川を用水路に変えて新大和川から導水することである。北から順に築留一番樋，築留二番樋，築留三番樋というように樋管を新大和川に通して水を流す。築留とは水が流れないように築いた堤防のことである。築留一番樋は現在のJR高井田駅近くの古白坂樋から築留用水に水を落とす樋であった。ただしこの樋は名前からもわかるように，大和川の付け替え以前から水を引いていた。

築留二番樋，三番樋は新大和川から水を引いたあと合流し，市村新田を通って二俣で東西に分かれた。東は旧玉櫛川筋を流れて山本を経たあと旧菱江川から荒本に至った。一方，西は旧久宝寺川（長瀬川）筋を北へ向かって流れた。二俣で東西に分流するさいは，石高に応じて水量が配分された。東西両方の水路に依存していた村は全部で75を数え，そのうちの数村が集まって共同の合樋を設けて水を引き入れていた。水は貴重で無駄にはできず，新大和川からの取水口である築留樋の普請や樋管の交換・修理のさいには人手と費用を村ごとに供出した。役目を果たさない村があれば，給水が止められた。

築留二番樋，三番樋の西側つまり新大和川でいえば下流側に青地・井手口樋組という共同体があった。12の村からなるこの樋組はかつては旧平野川から水を引いていたが，付け替え後は新大和川からの水に依存しなければならなくなった。しかし新大和川から水を得る権利は上流側の築留樋の方が強く，渇水期には水が得られにくく，その窮状を堺奉行所に訴えた。新大和川から水を引くには，河川敷の上に砂を詰めた高さ1尺（約30.3cm）くらいの俵を並べ，樋口まで水が流れるようにしていた。渇水期になるとここを水が流れなくなるため，これとは別に水尾と呼ばれる堀を設けて堤内側に水を導いた。

水をめぐる争いは，新大和川の上流，下流の樋口の間ばかりでなく，同じ樋口から取水している村々の間でも起こった。たとえば築留樋から導水して恩智川筋へ流している用水では，上流の5つの村が水を流さないので困っていると下流の9村が奉行所へ築留樋組のことを訴えている。洪水時は水が溢れて困り，渇水期は水が来なくて困るなど，下流側は上流側に比べて不利なことが多かった。

3．大和川の付け替えにともなう新田の開発

　大和川の付け替え工事を最終的に決断した幕府には，付け替えによって旧河川の跡地や池などを新田として開発できるという思惑があった。新田の開発を希望者に行なわせて土地を払い下げれば，そこから収益が期待でき，さらに新田からの税も以後，見込まれる。当初，幕府は新田として 1,028 町（約1,018ha）余り，石高として 10,700 石（約 1,605㌧）余りを見込み，町人請負新田として地代金 37,125 両（約 11 〜 19 億円）が得られると期待した。実際はこれを上回る収入が幕府の懐に入った。新田開発の特権を得たのは豪商，豪農，有力寺院であり，1706 年から開墾に取り掛かった。開発者は開墾地近くの農民や自らの小作人を使用して川筋や池を農地に変えさせ，鍬下免除の期間後，1708 年に検地を受けた。これで納租額が決まった。しかし，新田開発者にとっては土地の払い下げ額が思った以上に高かったうえに開墾に要

図4-9　大和川流路変更後の跡地に開かれた新田（1721 年頃）
出典：新田会所の建築（3）安中新田会所－地域のお宝さがし－ウエブ掲載資料（30https://note.com/kuematu0404/n/n6429a3be920f）をもとに作成。

川と流域の地理学

した費用も大きく，土地を手放す者もいた。新田が生まれれば，それにともなって水も必要となる。旧川筋沿いの用水は不足がちだったため，井戸を掘削して水を得る者もいた。

新たに生まれた新田は，旧大和川本流筋，久宝寺川（長瀬川）筋，玉櫛川筋，楠根川筋，深野池，新開池の6地区であった（図4-9）。最も広かったのは深野池の310.8町（約307.7ha）で，新開池が223.4町（約221.2ha）で2番目に広かった。旧川筋では玉櫛川筋187町（約185.1ha），久宝寺川（長瀬川）筋168町（約166.3ha）であった。このうち深野池は，玉櫛川が東西に分流したあと東から吉田川が流入する先にある。新開池は分流して西に流れる菱江川の流入先である。これらは寝屋川に通じており，西へ流れて大坂（大阪）湾へと向かう位置にある。深野池の新田開発は本願寺難波別院が中心となって行ない，各地から開拓農民が参加した。ただしこのあたりは元々低湿地帯であったため，新田になったあとも悪水の排出に苦労した。新開池での新田開発はその大部分が豪商の手によって行なわれた。最大の開発者は鴻池善右衛門であった。ただしこの付近もまた低湿地帯であり，用排水路の総延長は3万間すなわち54kmにも達した。

大和川の付け替えによって生まれた新田は，旧大和川のかつての川筋跡や池の跡だけではなかった。新大和川の川筋でも11か所にもわたって新たに田畑が生まれた。ただし，旧大和川沿いに比べると規模はわずかでしかない。11か所全部合わせても46.8町（約46.3ha）であり，石高も267石（約40.1トン）にとどまる。新田開発の対象になったのは，東除川，西除川，依羅池の跡地である。付け替え後の新大和川の東西方向の流路の東側は河内国に属するが，西側すなわち下流側は摂津国である。このため新大和川沿いの新田も2つの国にまたがって分布する。こうした新田は，つぎに述べるように，付け替え工事によって新大和川の流路として潰されてしまった農地の代用地として開発された。新たな流路によって分断された村が河内側に5か村，摂津側に3か村あった。同じ村内でありながら，これまでのようには自由に行き来できなくなった者もいた。まして，土地を潰されて用意された代替地が新大和川を挟んで反対側にあれば，耕作のための移動も難儀であった。

新大和川の川底として潰された土地が多かった村の例として，城連寺村を

挙げることができる。城連寺村は，現在，阪急南大阪線が大和川を横断するあたりにかつて存在した。付け替え前の石高は471石（約70.7㌧）であったが，そのうちの7割近くの311石（約46.7㌧）が潰地になってしまった。代替地として用意されたのが，旧久宝寺川筋の河内国渋川郡植松村の7.9町（約7.8ha），廃川になった西除川の川底，それに河内国丹北郡高木村から摂津国住吉郡桑津村までの94町（約10.3km），幅15〜40間（約27〜72m）の土地であった。このうち植松村は現在のJR大和路線八尾駅付近であり，城連寺村からは直線距離で6.3km離れた位置にある。当時の状況を記した文書でも，耕作地まで片道2里（約8km）もあるため耕作は無理で，やむなく南老原村と太田村の住人に譲渡したとある。西除川の跡地は幅が狭く，小石混じりで北側と南側で国が違う国境の土地があてがわれた。少しでも耕作地を確保するために，新大和川の河川敷を耕す流作場を苦労して譲り受けた。

城連寺村の苦境はこれだけでは終わらなかった。潰れ地を出して残った3割の土地は条件的に恵まれなかった。南側と東側が高いのに加えて新大和川の左岸堤防で北側も塞がれた。落堀川は流れが多いと城連寺村に向けて逆流した。水に浸かりやすい村を脱出するために，旧西除川の自然堤防への移転を大坂町奉行所に願い出た。村は新田開発の費用支出で自力の移転が難しかったため，奉行所に移転費用の借用も一緒に要請した。しかし願い出は断られてしまった。耕作地までの距離が遠すぎるため売り払って得た代金は離村者を含めて分配した。大和川の付け替え工事が始まるとき，城連寺村では麦の収穫がまだ終わっていなかった。このため，せめて収穫が終わるまで工事の開始を遅らせるように願い出たが，人を雇って収穫を早く終わらせるようにという返事であった。しかし付け替え工事のため賃金は高騰しており，刈り入れ費用の捻出は困難であった。結局，10町（約9.9ha）程度しか刈り入れが終わらないまま，付け替え工事が始まってしまった。大和川の付け替えのために城連寺村は振り回されて大混乱に陥り，挙句の果ては村全体がばらばらになってしまった様子をうかがうことができる。

4．困難になった大和川での舟運利用

大和川の付け替えは取水や新田開発ばかりでなく，舟運にも大きな影響を

及ぼした。付け替え以前は，上荷舟や茶舟と呼ばれた吃水の浅い舟が荷物を運んでいた。水夫2人が36駄（1駄は40貫目），1,440貫目（約5,400kg）ほどの荷を運ぶ舟は，先の尖ったかたちから剣先舟と通称された。大和川で許可された剣先舟は大坂の船籍が150隻で最も多く，以下，国分村35隻，石川村18隻，古市村8隻であった。営業できるのは大坂の京橋からの上流で，大和川筋では亀の瀬まで，石川筋では喜志・富田林までであった。これ以外に無認可の在郷剣先舟が，困窮時に限ってその使用が許された。剣先舟は京橋から下流へ入ることが禁止されていたが，京橋で荷物を上荷舟や茶舟に積み替えるため余計な運賃がかかった。このため，大坂町奉行は大和川上流へ輸送する荷物に限って京橋下流での積荷を認めた。

　付け替え後，新大和川の剣先舟は大きさは同じでも積荷は16駄に減った。これは河口に近い浅香とその上の瓜破あたりに急流があるため，曳舟がなければ進むことができなかったからである。舟曳き子には賃金を払わなければならなかった。河口から付け替え工事の起点であった柏原までの5.3kmは舟底が川床につくほどの浅瀬で，ここに着くまでに日数を要した。以前なら大坂からの荷はその日のうちに国分・亀の瀬まで着いた。ところが付け替え後は普通でも3～4日を要し，天候が崩れると6～10日もかかるようになった。費用は以前に比べると3倍ほどに高騰した。対応策として，1年間に必要とする肥料の輸送のうち半分を舟運，残りを人馬で輸送するようにしたところ，肥料40万駄の場合，負担増は6,000両（約1.8～3億円）にものぼった。付け替えの翌年にあたる1702年は，油粕や干鰯など魚肥の到着が遅れ，不作を招いたとされる。この頃，剣先舟が運んでいたのは，農村へは肥料，大坂へは年貢米であった。1707～1715年にかけて肥料の量と価格が増大したのは，稲作に比べて水が少なくても栽培できる綿花畑が増えたためである。

　大和川では付け替え以前から剣先舟とは別種の柏原舟も使われていた。これは名前からもわかるように，付け替え工事の起点にあたる柏原村を拠点として使われていた（図4-10）。きっかけは1633年の洪水で柏原村に大きな被害が出たことである。当時，災害復旧は独自の費用で行なうのが習慣であったため，その費用を捻出するために柏原から平野郷を経て大坂へ至る輸送事業が始められた。舟は20石（約3.0㌧）積みの浅川舟で，油粕や干鰯などの

第4章　利根川東遷，荒川西遷，大和川付け替え，木曽三川治水

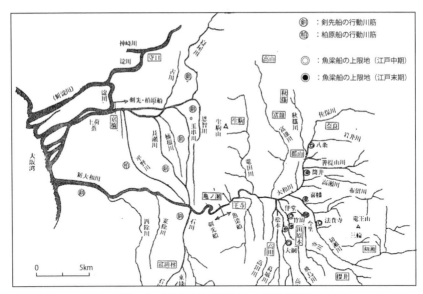

図4-10　大和川水系で利用された舟運の範囲
出典：天野ほか，1987年，東大阪地域における河川と舟運について（その2），第7回日本土木史研究発表
会論文集，p.222　をもとに作成。

肥料を運んだ。菜種や綿を栽培する農家が多かったのである。陸路輸送に比
べると運賃も安いため活況を呈した。大和川の付け替えにより，以前は大和
川を遡上していた木津川方面からの剣先舟は十三間川を経て新大和川に来る
ようになった。十三間川は，新大和川の河口近くの右岸堤防側に開削された
連絡用の水路である。通行が不便になった剣先舟に対して，柏原舟の優位性
は劣らなかった。しかし水量の減った平野川での輸送経費を抑えることは難
しく，やがて柏原舟もその数を減らしていった。

　平田舟は各地の川で使われていた吃水の浅い細長い舟である。大和川周辺
では，河内国一円に広まった綿作のための肥料や収穫された綿を運ぶために
利用された。1740年に堺の惣年寄10名が平田舟100艘の使用願いを出して
許可されたが，18年後の1758年に廃舟願を出している。短命に終わったの
は，新大和川からの土砂流出量が多く，堺港が十分に機能できなくなったた
めである。防波堤の役目を果たしてきた亀甲堤が，幾度も修理や浚渫したに
もかかわらず埋没し，ついに1770年に放棄された。付け替え後の新大和川

を利用するには水路の構築や可航日数の制約で採算を取ることができなかった。ほかに大坂や平野郷の商人との競争でも十分太刀打ちすることができず，ついに平田舟は姿を消した。

　このように，大和川の付け替えによって舟運が受けた影響はけっしてよいものではなかった。その大きな原因は新大和川での土砂排出が多く，以前のようには剣先舟が使えなくなったためである。奈良盆地や南河内方面からの土砂排出は付け替え以前から多く，そのたびに下流部では流路が移動した。付け替えによって排出場所は北から西へ変わり，洪水も河口に近い堺付近で起こるようになった。これは付け替え工事に反対したが土地を潰されてしまった農民たちの予言の通りであった。当時，堺方面からの反対はなく，むしろ河口が堺の北にくれば舟運面で期待がもてると考えられた。ところが，新大和川からの排出土砂で堺港は遠浅になり，大きな船は着岸できなくなった。むろん大坂方面から湾内を南下する自然の土砂流入もあるが，新大和川からの排出量は予想を超えるものであった。下流部の洪水対策のために行なった河川流路の付け替えが，一方で効果を上げながら，別の一方では負の効果をもたらすことを，大和川の付け替え工事から学ぶことができる。

第3節　木曽三川の地形環境と治水の政治社会的背景

1．木曽三川流域の地形環境と河川流路の複雑性

　平野を流れる河川について考えるとき，大きな河川であればその上流域でどのように水を集めながら中流域や下流域に至ったのか思いがめぐる。とくに下流域はそれまで集めた水をすべて海へと送り込む最終段階にあたっており，何事もなく無事大海へと水が帰っていくことを願う。しかしそうした思いを裏切るように，上流域や中流域で大量に降った雨水が四方から集まり，下流域に達して堤防を乗り越えることがある。洪水の発生であり，日本の大きな平野の下流域では歴史的に幾度となく洪水は起こった。日本を代表する大きな平野であり，そこを流れる河川の規模も大きな濃尾平野と木曽三川の関係はよく知られている。木曽三川とその支流が濃尾平野を生み，生まれた

第4章　利根川東遷，荒川西遷，大和川付け替え，木曽三川治水

平野がこれらの河川の流路変化に影響を与えるという関係が歴史的に続いてきた。人の手が加わらなければ河川は自然の法則にしたがって流れ，生まれた地形がその後の流れ方を左右する。もちろん海水準の変化など別の大きな自然要因も加わって河川と平野の状況は変わる。濃尾平野と木曽三川の場合，縄文海進が終わって海岸線が遠ざかるのにともない，三川による堆積作用が進んで平野が現れ現在のような地形が形成されていった（海津，2012）。

　広大な濃尾平野はよく肥えた土地で農業生産には恵まれている。こうした平野で人々が暮らすようになり，いつしか集落が生まれ村が形成されていったことは想像に難くない。人口が少なく農業生産の規模も大きくなければ，広大な農地は必要とされない。たとえ大きな洪水が起こっても，水を被りにくい自然堤防のような微高地上に住んでいれば被害は少ない。しかし人口が増え，これまで利用しなかった荒れ地や湿地を農地に変えていくのにともない，洪水によって被害を受ける恐れが強まる。かりに被害を受けた場合，その土地を復旧して元のように農地に蘇らせるか，あるいは放棄してその土地を離れるか，選択肢は一つではない。実際，世界にはそのような災害危険地域を避けて安全な土地へ移動してく事例は少なからずある。しかし少なくとも濃尾平野の場合，大半は現在の土地に残り，水害に遭いにくい地域に変えていく方策を考えてきた。

　水害に強い地域を濃尾平野の中にいかにつくるか，これが歴史的命題として変わらず意識されてきた。地球規模での大きな水循環のシステムはそれほど変わるとは思われない。変わるのは地表に降った雨水が集まりながら流れていく流域のありようである。一般には古代，中世，近世，近代そして現代と歴史的時間の流れとしてとらえている時代ごとの政治体制，経済構造，土木技術，社会共同体などのありようである。同じ濃尾平野でも小規模な領主支配の時代，大小の藩が生まれて政治勢力に駆け引きのあった時代，国民国家が成立した時代など，各時代でそこでの河川管理や土地利用の仕方は異なる。木曽三川の下流域で間近に暮らす人々の共同体意識も，時代とともに変わっていった。こうしたいわば人間側の対応力に応じて河川もその流れ方を変えた。むろん河川の側には悪意のような意識はない。人間が河川という自然に働きかけ，その挙動をどうにかしてコントロールしようというのが，濃

尾平野において繰り広げられてきた木曽三川の治水事業である。

　木曽三川の治水事業について考える場合，大きな前提として３つの河川がなぜ下流域を共有しているかという点への理解が不可欠である。その規模からいって木曽川が長男格であろうが，この川は現在の長野県木祖村，朝日村，松本市の境付近の鉢盛山〔ばちもりやま〕を源流点とする。そこからおおむね南西に向かって流れ，岐阜市南の笠松町あたりで南下して伊勢湾へと流入する。長さ229kmは全国で５番目であり，中部地方では最長である。次男格の長良川は岐阜県郡上市の大日ヶ岳〔だいにちがたけ〕が源流で，166kmの流路はおおむね北から南へ流れる。岐阜県揖斐川町の冠山が源流地点の揖斐川の長さは121kmで木曽川の半分くらいしかない。流れ方は長良川と似ており，大垣市の東側を通りながら南へと流れる。これら３つの河川の流れ方で特異に思われるのは木曽川の流路である。なぜ長野県を源流とする河川が岐阜，愛知の境を通り，最後は三重県の桑名付近に至るかという疑問である。

　木曽三川の名前にもなっている木曽川の中流域から下流域にかけての流れ方が三川治水事業のカギを握っているといっても過言ではない。近世や近代において木曽三川の治水事業が必死に行なわれていた当時，濃尾平野が地質時代を通じて西側に傾き続ける構造をもっているという知識はなかったと思われる（図4-11）。現在でこそ濃尾傾動地塊〔けいどうちかい〕として知られるこの動きは，しかしながら，三川の河床の高さが木曽川，長良川，揖斐川の順で低くなっていくという事実を通して知られていたかもしれない（桑原，1968）。つまり長

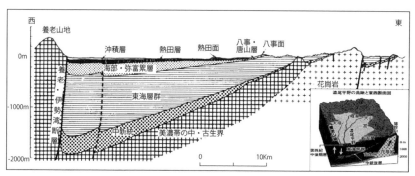

図4-11　濃尾傾動地塊の模式図
出典：桑原，1968，貝塚，1977による。

男格の木曽川が一番高いところを流れ，次男の長良川がその次に高いところ
を流れる。三男坊の揖斐川は養老山脈の壁に阻まれて西側の端を流れる。こ
うした自然的営力がもたらす大きく変えようがない状況のもとで，いかに三
人兄弟が仲良く水循環の役目を果たすか，これこそ濃尾平野下流部で暮らす
人々の切なる願いであった。

　流域面積が長良川の 2.7 倍，揖斐川の 2.9 倍もある木曽川は濃尾平野の形
成過程においても，その影響力は他の 2 つの河川より大きかった。ただし，
現在でこそ 3 つの河川は分流工事が行なわれた結果，別々に流れているが，
分流工事以前は互いにもつれあっていたので，どこまでが木曽川のテリト
リーか明確にできない部分もある。濃尾傾動地塊の影響を受けて木曽川が東
から西へ流れ，長良，揖斐両河川に近づいていくのは文字通り自然の流れの
ように思われる（東海化石研究会編，1997）。しかし，多くの歴史資料が明ら
かにしているように，木曽川はかつては犬山扇状地の上を幾筋かに分かれ
て流れていた。木曽八流ともいわれるように，定まった流路をもたず，洪水
のたびに流れが変わった，まるで放蕩息子のような素行を矯正するために御
囲堤を築いたのが木曽川南側の尾張藩であった。犬山から弥富まで全長 48
kmにおよぶ強固な堤を設け，洪水があっても藩内には水が流入しないように
した（松原，1995）。1608 年すなわち近世初頭に行なわれた治水事業は，時
代が幕藩体制下で地域勢力に格差があったことを物語る。のちに行なわれる
木曽三川の分流工事の前提条件の中に，西低東高という自然的要因と近世の
政治社会的要因が含まれていた。

2．木曽三川治水事業の先行状況と課題の浮上

　尾張藩初代藩主の徳川義直が伊奈備前守忠次に命じて築かせた御囲堤は，
1593 年に豊臣秀吉が行なわせた木曽川の築堤がその原型であったといわれ
る。きっかけはその 3 年前にあった木曽川の大洪水で大きな被害が生じたこ
とであった。このとき，木曽川の本流は大きく流路を変え，葉栗郡，中島郡，
海西郡の真ん中を流れるようになった。このため 3 つの郡は木曽川を挟んで
南北に分かれ，北側は美濃国に属するようになった。このうち美濃側に移っ
た葉栗郡は名前を羽栗郡に変更した。3 つの郡を南北に分けるほどの勢いで

流れた木曽川に堤防を築くように命じた秀吉のねらいは，洪水対策よりもむしろ流路を安定させて，渇水期でも木曽谷で産する木材が畿内方面へ運べるようにすることであった。当時は木曽川から長良川を経て，その後は関が原を越えて近江の琵琶湖方面へ木材が輸送されていた。このときの木曽川堤をもとに強固な御囲堤を築いた伊奈備前守忠次は徳川家康にともなって江戸に赴き，関東代官頭として荒川西遷のきっかけともなる備前堤の建設に関わった人物である。

　木曽川左岸の堤防が強固に固められて以降，濃尾平野の洪水は必然的に木曽川の流路の北側で起こるようになった。現在の地図で確認すれば明らかなように，木曽川と養老山脈が二辺となってつくる

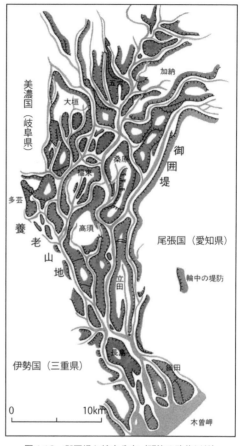

図4-12　御囲堤と輪中分布（明治の改修以前）
出典：国土交通省中部地方整備局　木曽川上流事務所のウエブ掲載資料（http://www.cbr.mlit.go.jp/kisojyo/child/001.html）をもとに作成。

Ｖの字形の中で大小の河川がひしめきあっている（図4-12）。実際には木曽川は現在よりも東側つまり津島寄りを流れていたため治水工事でさらに西側へ移動していくことになるが，いずれにしてもＶの字の底に向けて3つの川が収斂していく図に変わりはない。この細く縮まっていく限られた空間の中でいかに三川を制水するか，この課題が18世紀の初頭以降，さまざまな主体間の関係図式を通して追求されていった。その主体とは，なにをおいて

第4章　利根川東遷，荒川西遷，大和川付け替え，木曽三川治水

も当事者となるこの地域に暮らす人々である。個人意識が確立されていない当時，農民が肩を寄せあって暮らす地域共同体の村とその代表者が何を考えていたかである。一番の関心事は安定した暮らしであり，そのためには度重なる洪水被害がなくなることである。

　最初のきっかけは，1703年に高須，福束，本阿弥の3つの輪中にある72の村の代表が下流域で行なわれてきた新田開発の撤去を幕府に願い出たことである。その理由は，下流側で新田が生まれると，これまで流れていた川の水が流れにくくなり，上流側の水位が上昇して危険度が増すというものである。当時，幕府の地方組織としてこの地域には笠松代官所があった。3か村からの願い出を受け，郡代の辻六郎左衛門は桑名藩と長島藩の新田を撤去するように動いた。これに加えて，美濃国を流れる大小河川から川の流れに支障となる竹木，流作場，人家，洲などを撤去させた。これは宝永の大取払いと呼ばれるもので，現代風にいえば河道整備事業に相当する。洪水被害があったらその復旧を行なうだけでなく，あらかじめ災害防止策を講じておくという意味で，幕府の治水政策の転換を意味するものであった。これを機に，幕府は河道の監視と整備を行なう川通掛に高木家を指名した。高木家とは，関ケ原の戦いで武功を挙げたことで揖斐川支流の牧田川上流の多良盆地の支配を許された領主である。西美濃諸河川の水行奉行を務め，のちに述べる宝暦治水では笠松郡代とともに工事監督にあたった。

　こうして流域治水に関わる主体として，村落共同体のほかに幕府の出先としての代官所ならびにそれを補完する川通掛が登場してきた。しかし宝永の大取払いのあとも河川での土砂堆積は進み，毎年のように水害に悩むようになった。このため寛保期（1741〜44年）になり，地域の中から2か所を対象に治水事業を進めてほしいという要望が笠松代官所に持ち込まれるようになった。これらはそれぞれ個別の願い出であり，一か所は長良川から揖斐川に向かって流れる大榑川の締め切り，もう一か所は河口に近い油島地先での築流し堤の新設であった。願い出たのは，前者が濃州多芸・安八・石津・不破・海西・中島・羽栗の7郡300か村の庄屋，後者は濃州多芸・安八・石津・海西・中島・本巣の6郡280か村の代表者である。このうち前者は普請の規模が大きすぎるので採用されなかった。油島地先での築流し堤については，

笠松代官所と高木家が務める多良役所が勘定奉行所と協議を行い，1742年9月に周辺領主の協力を得て流域調査を実施した。

　調査は川船13艘に分乗して行なわれ，代官所と役所の担当者が乗る船を村代表の16名が誘導するかたちで進められた。調査結果は，揖斐川の土砂堆積とその下流の桑名川の狭窄部のため木曽川からの流れが滞りやすいというものであり，願い出の内容が正しいことが確認された。この調査結果をふまえ，代官所と役所は勘定奉行所に対して改善に向けた計画書を提示した。その内容は，木曽川の流れを根本的に解消するのは簡単ではないが，このまま放置すれば流域全体に深刻な影響が及ぶ恐れがあるというものであった。計画書の中で注目されるのは，流路変更と河道整備の工事が分けて書かれていた点である。「川替」「水行直し」は流路変更，「川広」「川浚」は河道整備にそれぞれ相当する。基本的には木曽川と揖斐川の河口付近での分離，揖斐川下流の桑名川の浚渫・堀割，木曽川の佐屋川への誘導の3点である。計画書を受け取った勘定奉行所は，しかしながら事業を認めることができなかった。1741年に関東甲信越で「戌満水」と呼ばれる大洪水があったことや，享保期以来の川普請の盛行で費用節約を強く迫られていたからである。

　木曽三川流域の村々は，その後もつぎつぎに治水事業の実施を求めて願い出を出し続ける。1746年の高須輪中中部10か村からの木曽川・揖斐川分離工事，同じく高須輪中南部15か村からの分離具体案の提示，帆引新田からの三川浚渫，1747年の中島郡小藪村からの木曽川・長良川分離などがそれである。こうしたことからいえるのは，木曽三川の水害に対する抜本的な解決策は三川分離にあることが地域全体で共有されてきたということである。執拗とも思われる村々からの願い出は，毎年のように繰り返される水害に対する怨念の反映とも思われる。こうした切実な願い出に幕府も耳を貸さざるを得ず，1747年に幕府普請役が検分のために派遣され調査を行なった。

　その結果を受けて幕府は，二本松藩に木曽三川下流部での治水事業を命じた。これが延享の御手伝普請と呼ばれるもので，江戸時代に一般的に行なわれた普請のうち諸大名に助役を命じる普請であった。石高10万石の二本松藩は，油島に杭出を設けるなど木曽川と揖斐川を分離させる端緒に相当する事業を行なった。しかし基本的には揖斐川の浚渫に重きをおいた事業であり，

抜本的な解決には至らなかった。二本松藩の御手伝普請以後，全部で16回にわたって諸藩による治水事業が行なわれた。二本松藩につづいて行なわれたのが，薩摩藩による宝暦治水である。

3．幕藩体制下での普請と宝暦治水事業へ至る経緯

　普通，お手伝いというと，報酬は期待せず好意で困っている人に手を貸すことを意味する。現代風にいうなら一種のボランティア活動であり，誰かに命令されて渋々行なう活動ではない。ところが江戸時代，諸大名が幕府の命令で他国のために手を貸すことを御手伝普請といった。見返りはなく，労力を提供する点では確かにお手伝いといえるが，命令や膨大な費用支出という点ではとてもお手伝いといえるものではなかった。しかし命令に従わなければ，どのような禍が待ち受けているかわからない。お家のため，藩が生き残るためには御手伝普請を断るという選択肢はなかった。江戸時代の普請は御手伝普請のほかに，幕府が費用を負担する公儀普請，国を単位に百姓に賦課して行なう国役普請，それに領主や村が負担して行なう自普請の全部で4つのタイプがあった。

　全国規模での御手伝普請が始まるのは1704年に高知藩，広瀬藩，人吉藩，秋田藩による利根川と荒川の治水事業からである。これ以前にも普請は行なわれたが，それらは江戸幕府が成立する以前か，あるいは成立して間もない時期に徳川家康が利根川や矢作川で行なわせたもので，のちの普請とは性格が異なる。尾張藩の御囲堤の建設もこの中に含まれる。1704年は宝永元年で，各地で水害が起こった。翌年には相模国で岡山藩，小倉藩，鳥取・新田藩などが御手伝大名として普請に借り出された。宝永年間には御手伝普請が多かったが，その後はしばらく行なわれなかった。ところが寛保年間（1741〜44年）になると再び始まる。代表的なものとして，関八州の大水害に対して熊本藩，萩藩，津藩，岡山藩，福山藩，出石藩，鯖江藩，丸亀藩，飫肥藩，臼杵藩が関わった復旧工事を挙げることができる。

　御手伝普請が再び増えたのは，各地で水害が頻発するようになったからである。これは，それまで洪水氾濫地域として放置されてきた沖積地帯が水田として開発されたからである。以前なら被害として認識されなかった場所が

災害地となり，利害関係のない遠くの諸藩が災害復旧の任に当たるようになった。沖積地帯には微高地の自然堤防があり，集落はそのような地形の上に形成される。その周囲に田畑が広がるが，一度に田畑になるわけではない。氾濫原を田畑に変えるために堤防を築いて干拓を行い，干拓地を徐々に広げていく。干拓地の拡大は氾濫原や河川の縮小であり，出水しても害が及ばないように堤防を固める。これが輪中と呼ばれる防災目的の土木構造的な築堤である（安藤，1988）。

　輪中は，干拓地や居住地を洪水から守るための構造物であるとともに，そこで生活をともにする人々が集まる共同体そのものである（立松，2007）。個別では対処できず，集落共同体としてしか対応できない水難回避のための共同装置である。輪中の安全性を高めるには，川の流れを変えて水が溢れないようにするか，輪中堤を強固にして水圧に耐えられるようにするかである。輪中堤の補強は個々の共同体でも可能である。ある意味これは対処療法あるいは部分解のようなものである。根本治療は，輪中地域全体をにらみながら，川が安全に流れる流路構造を構築すること以外にない。洪水時には大海に取り残された島のようになる輪中地域にとって全体解へはどのように接近すればよいのか，課題は大きかった。

　尾張藩による強固な御囲堤が設けられて以降，木曽三川の洪水は木曽川の右岸側で頻発するようになった。先に述べた大小の輪中がそれこそひしめくように広がる流域である。こうした状況は木曽川左岸側と比べるとその対照性が明瞭である。大きくいえば美濃国と尾張国の違いであり，これは地形条件を背景に成り立ってきた社会政治構造の反映でもある。当時の美濃国の総石数は60万石であった。このうち約20万石が幕府直轄領，約15万石が尾張藩領であった。残りの25万石は大垣藩や高須藩をはじめとする10の藩と70余りの旗本領に細分化されていた。大垣藩は木曽三川地域の北側に，高須藩はその真中あたりにあった。徳川家筆頭の尾張藩は自国のみならず美濃国にも領地を所有し，とくに木曽川の利用と上流域で産する木材資源の所有で圧倒的な権利を保有していた。幕藩体制下での力関係を象徴する木曽川両岸の非対称性こそ，すべてとはいえないが，水害発生の地域差のよってきたるべき背景である。

第4章　利根川東遷，荒川西遷，大和川付け替え，木曽三川治水

木曽三川の治水事業は，こうした地域差の是正をこれまた幕藩体制下の政治勢力図式をもとに解決しようという事業である。すでに1748年に二本松藩が木曽三川下流部の油島で御手伝普請を行なったが，芳しい成果は得られなかった。幕府の技術官僚には地元の河川技術を無視する態度があったと多良役所の高木家は結果に対して厳しい評価を下している。それから4年を経た1752年に笠松郡役所と多良役所は協議のうえ，勘定奉行所へ木曽三川の流下改善案を提出した。その内容は主に木曽川に関わるもので，第1は天正の大洪水のさいに木曽川の水が北西方向に流れ，足近川と合流して長良川に通ずるようになった箇所を締め切る事業である。逆川の締め切りと呼ばれたのは，通常は南へ流れる川が北に向かって流れたためで，河川が分派するあたりで洪水が発生しやすかった。第2は，逆川から南へ5kmほど下った石田の木曽川右岸側において，流れを支流の佐屋川方面に誘導するため岸から川に向けて棒状の堤を築く工事である。これはその形状が猿の尻尾に似ていることから石田の猿尾と呼ばれた。3番目は佐屋川の流れを良くするため，下流の筏川の高洲を掘割すること，そして最後にすでに二本松藩が手掛けた油島先での三川分離を意図した猿尾を設置することであった。

　地元からの治水事業計画案を受けて，幕府は翌年の1753年に代官・吉田久左衛門を派遣し，流域や役所からの意見収集をふまえて大規模な流路変更・河道整備計画を策定した。問題はこの大きな計画をどの藩の御手伝普請として実行させるかである。選考の基準となったのは，石高1万石当たり1,000両の費用を負担するという目安である。工費5,000両の工事なら5万石，1万両の工事なら10万石の藩に任せる。このときの計画案では10万両が見込まれるとされたので，単純に考えれば100万石の藩が担うことになる。しかしこのような藩は存在せず，基準通りならそもそも実施できない。実際に行なわれたのは，西日本随一の大藩である鹿児島・薩摩藩にこの大工事を命じたことである。当時，薩摩藩の石高は72万8,000石で，そのうち12万8,000石は琉球支配分の石高であった。薩摩藩が名指しされたのは，これ以降，14回にわたって木曽三川の治水事業がほとんど西日本の諸藩に命じられたことからも明らかなように，徳川幕府の政治的意図と密接に関係していた（牛嶋，2007）。

こうした当時の社会体制の中で下された幕命に逆らうことはできず，薩摩藩は治水事業の準備に取り掛かった。ただし注意すべきは，幕府方の勘定奉行は，普請は基本的に村々の請負で実施し，普請に慣れていない薩摩藩は資材・人材の管理と費用弁済に限定したという点である。このため薩摩藩からの役人派遣数は最小限でよく，設計や施行の管理・指揮も行なうには及ばずというものであった。とはいえ，実際には薩摩藩に大きな負担を強いる結果を招き，多大な犠牲を出してしまう。それが「薩摩義士の物語」へと社会的に広まっていくことにつながるが，幕命に従って行なわれた宝暦治水事業と薩摩藩を同一視する見方には注意する必要がある。しばらく忘れられていた宝暦治水事業が近代になり，1880年代からの洪水激化を背景に国が治水への対応を求める過程で顕彰対象になっていったという側面があるからである（水谷，2014）。歴史的事実を正しく受け止める姿勢は堅持しなければならない。

4．苦労続きの薩摩藩による三川分流工事

　のちに宝暦治水事業と呼ばれることになる薩摩藩の木曽三川での御手伝普請は，現場で指揮を執った総奉行・平田靱負の切腹をはじめ大きな犠牲をともなって実施された。このように大きな犠牲を出すに至った要因と経過については多くの研究があり，小説などでも題材として取り上げられている。ここに何か新しいことを付け加えるつもりはないが，この事業の顛末を理解するには，事業に関わった主体間の関係性や事業の仕組みに目を向ける必要がある。とくにその中で注目されるのは，この事業が町人請負ではなく村請負の方式で実施されたという点である。それまでの御手伝普請が町人請負つまり土木事業を専門とする集団に任せていたのに対し，このときは地域の農民集団に請け負わせるかたちをとった。この方式にまず戸惑ったのは薩摩藩で，町人請負なら業者を介して手に入る工事の見積額が得られなかった。幕府は工事の設計仕様は開示したが，具体的にどれほどの資金を準備すればよいのか計算ができなかった。

　出だしからつまずいた工事は，地元から調達する人足の出し方や賃金をめぐる紛争でさらに一層難しいものになった。何よりも専門的な治水技術に精

通した職人の手によって短期間で効率的に工事を終わらせたい薩摩藩の意向に応える労働力をそこに見出すことはできなかった。村民は輪中地域の事情に詳しいとはいえ，田畑を耕すのが本来の生業である。大規模な洗堰（あらいぜき）の建設や河川の締め切り工事を完工するには，専門的な高い技量を必要とする。ここに専門職集団としての町人請負と素人集団としての村請負の違いがある。薩摩藩はこの問題を幕府に訴え，難工事が予想される水中工事は町人請負で行なうように当初案を変更させた。当初，幕府がこの事業を村請負にした背景には，費用対効果と村方救済というねらいがあった。水害で苦しむ農民自らを雇用することで，費用を抑えながら利益を地元に還元することができる。しかしそれには限界があり，やはり専門職の手を借りなければ事業を進めることはできなかった。

こうした工事実施の方式や労働雇用以前の問題として，工事内容それ自体に対して合意形成ができないという問題があった。労働力として借り出された輪中農民にとって，工事内容は直接的，間接的に自らが属する輪中のあり方に影響を及ぼす。納得できる内容でなければ気が進まないであろう。工事内容の

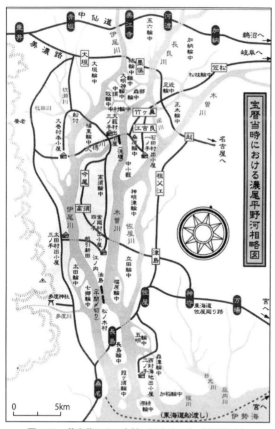

図4-13　薩摩藩による木曽三川分流工事（宝暦治水）
出典：Yoshida House のウェブ掲載資料（http://www.ogaki-tv.ne.jp/~guv/sannote.htm）をもとに作成。

設計段階で村々の相互対立が生まれ紛糾が繰り返された。ようやくまとまったのは，3地点に洗堰を設けるという内容で，当初考えられた揖斐川の通水改善のために七郷輪中に堀割を設けるという工事は中止された。洗堰は，通常は堤防機能が働いて水は流れないが，本流の水位が上昇したら支流にも水が流れるように設計された堰である。洪水時に水を広く流して水圧を抑える工夫であるが，流域相互間の妥協の産物といった側面もある。

　上で述べた3か所の洗堰設置は，宝暦治水事業のうちの水行普請と呼ばれるものである。この普請に先立ち，1754年の2月から定式普請と急破普請が開始された。定式普請は毎年行う恒例の工事であり，急破普請は前年の水害復旧を行なう工事である。つまり工事は二段階に分けて実施されたため，水行普請は第二期工事であった。普請区域は一之手から四之手までの4つの工区に分けられた（図4-13）。このうち一之手は西高木家，二之手は笠松代官所，三之手は東高木家，四之手は北高木家がそれぞれ担当奉行を務めた。なおお川通掛を務めていた多良役所の高木家は，西高木家が筆頭で2,300石，東高木家と北高木家がそれぞれ1,000石高というように三家によって構成されていた。第一期工事は，雪解け水による洪水被害を避けるため2月から始まり，一之手は3月に完了，四之手，二之手と続き，普請箇所の多かった三之手も5月に工事を完了した。

　第二期工事の水行普請は1754年11月に着手され，このうち一之手にあたる逆川の洗堰は翌年3月に竣工した。担当奉行は西高木家で，薩摩藩の二階堂与右衛門らの指揮のもとで農民が工事に取り組み，長さ18m，高さ3mの洗堰によって逆川が木曽川から切り離された。工法は石を築き立てながら蛇籠（じゃかご）でくるむという難工事であった。洗堰などの堤防を築くのに必要な石材などの資材費は幕府の負担とされたが，その輸送にかかる費用は薩摩藩が賄った。石材は治水事業全体で4万坪，現在の単位に換算すると30万㌧にもなった。通船が難しい長良川上流部からの輸送もあり，最終的には請負業者に委ねられた。同じように，木材の調達も可児や不破など遠隔地にある官林で伐採したものを輸送しなければならず，薩摩藩にとっては負担が大きかった。

　第二期工事の三之手は大榑川の洗堰工事であり，東高木家が担当奉行を務めた。大榑川は，もともと長良川の洪水に悩まされていた高須輪中の人々が

第4章　利根川東遷，荒川西遷，大和川付け替え，木曽三川治水

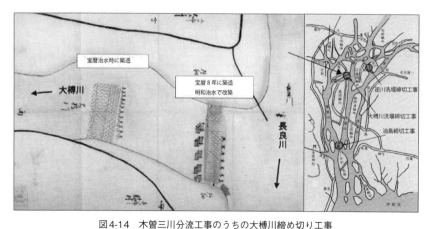

図4-14　木曽三川分流工事のうちの大榑川締め切り工事
出典：中部地方整備局木曽川上流河川事務所のウエブ掲載資料（http://www.cbr.mlit.go.jp/kisojyo/
journalist/newspaper/2003/0605/030605.html），独立行政法人水資源機構のウエブ掲載資料（https://
www.water.go.jp/chubu/nagara/21_yakuwari/rekishi.html）をもとに作成。

1619年に勝賀（現在の海津市平田町）から今尾（現在の海津市平田町）までの
区間を新たに掘ってつくった人工河川であった。しかし大榑川が完成すると
長良川の水の多くが大榑川に流れるようになり，今度は揖斐川流域で洪水が
起こる危険性が増大した。このため揖斐川流域の住民が願い出て，1751年
に長良川との分流点に食違洗堰を築いた。しかし食違洗堰では長良川から
の勢いのある水流を止めることができなかった。このため，薩摩藩士の指揮
のもと流頭部に全長108間（約196m）に及ぶ洗堰が1755年3月に築造された。
しかし，この洗堰は完成2か月後の5月末の洪水で決壊して機能を失ったた
め，同じ年の8月に組合村々の自普請で再建され，明治の改修まで維持され
た（図4-14）。

　大榑川の洗堰は1.2mまでの洪水を堰き止めるように設計され，全長
200mにわたって巨石が築かれた。しかしこれが上流部での土砂堆積につな
がり，1784年には上流部の村々から洗堰の撤去を求めて訴訟がおこされた。
このように治水工事は一方を改善すれば，別の一方が副作用を被るという非
常に複雑な利害関係を生む性質をもつ。こうした予測できない現象は，工事
を担った薩摩藩にとっても負担であった。宝暦治水で最大の難工事といわれ
た木曽川と揖斐川の合流点（油島新田地先）を締め切る工事でも，工事結果

川と流域の地理学

の予測をめぐって意見の衝突があった。担当奉行の北高木家が合流部分を200mにわたって締め切ることを主張したのに対し，普請役の薩摩藩士らは途中を開ける意見であった。双方の背後にはそれぞれ利害を異にする村々の代表がおり，容易には妥協点が見出せなかった。勘定奉行所はこうした対立は収まらないとして，「見試し案」を提案した。見試しとは，とりあえずやってみて，その結果を見て次を考えるという曖昧な妥協案である。その結果はというと，北高木家が主張した通り，途中を開けた状態にしたところから土砂が揖斐川筋へ流れた。このため，揖斐川筋では開口部の締め切りを求める運動がおき，逆に尾州海西・海東側では締め切り断固反対の声が上がった。

　とにもかくにも，こうして宝暦の治水事業は終わった。木曽三川における御手伝普請は1747年から1861年までの114年間に16回も行なわれている。このことは，それほど西日本の諸大名の手を煩わせるだけ頻繁に水害が起こったことを意味する。しかしその中で薩摩藩による御手伝普請が際立って知られるのは，藩財政に大きな影響を及ぼすほど多額な支出を強い，挙句の果ては総責任者をはじめ多数の犠牲者を出したことが大きな理由として挙げられる。ところが，薩摩藩に続いて命じられた1766年の御手伝普請では，町人請負，村請負のほかに御金御手伝という形態が取り入れられ，これまでの御手伝普請とは異なる方式が認められるようになった。

　たしかに長州・萩藩，岩国藩，若狭藩は合わせて1,200名の藩士を現地に送り込んでいる。しかし工期はわずかに2か月にすぎず，26万両（約78～130億円）という工費の大きさを考えると，相当部分が町人請負や幕府による工事の費用を3つの藩が負担したというのが実態に近い。これ以後，13回の御手伝普請はいずれも御金御手伝普請である。つまり実際に汗水たらし，尊い命をも捧げて行なわれた御手伝普請は薩摩藩によるものだけであった。このことが「薩摩義士」を生む大きな理由といえる。しかしその薩摩義士による治水工事といえども，工事期間は1年3か月，実質10か月である。これほど短期間に不十分とはいえ，その後に行なわれる本格的な治水事業の端緒となる工事を成し遂げたことには驚かざるを得ない。工事期間の短さと犠牲の大きさが不釣り合いなようにも思われるのである。

第4章　利根川東遷，荒川西遷，大和川付け替え，木曽三川治水

第5章

愛知用水, 明治用水, 枝下用水,
豊川用水の事業

第1節　木曽川の水を知多半島の先まで届ける愛知用水

1．愛知県における用水の歴史と愛知用水の構想

　日本列島のほぼ中央部に位置する愛知県では，川からの水に恵まれた地域と，逆に水に恵まれない地域が交互に分布している。これは必ずしも愛知県に特有の地形条件ではなく，山がちな島国日本の河川の性格から河川と丘陵・台地が交互に並んで分布しやすい。周知のように愛知県は廃藩置県のさいに，西の尾張国と東の三河国が一緒になって生まれた。この旧国の領域それ自体が河川流域にしたがっており，尾張国は木曽川や庄内川からの恵みを受ける地域からなる。一方，東の三河国は古代は矢作川を中心とする西三河と豊川を中心とする東三河（穂の国）に分かれていた。尾張，西三河，東三河はそれぞれの主要河川に依存しながら近世までは農業を主産業として発展してきた。しかし自然状態の河川では農業生産に限りがあり，すでに近世以前から用水路が設けられてきた。

　近世の用水路事業で顕著なのは，尾張国では木曽川や庄内川から導水する事例である。本書の第4章でも述べた尾張藩による御囲堤（1609年）は，濃尾平野の南側すなわち尾張平野へ木曽川の水が流入するのを止めてしまった。このため，1628年に木曽川左岸の現在の一宮市浅井町と江南市般若町に取水口が設けられ，大江用水，新般若用水へ水が流されるようになった（図5-1）。その後，土砂堆積が進んでうまく取水できなくなったため上流側から取水することになるが，以来，尾張平野の広い範囲にわたって木曽川の水は届くようになった。

　一方，犬山扇状地からその南側に広がる洪積台地にかけては，1648年に完成した木津用水の水が流れるようになる。さらに木津用水の届かない春日井原と呼ばれた原野を潤すために，1664年に木津用水から分岐した新木津用水が引かれた。この用水は下流部で八田川と合流し庄内川へと注いだ。庄内川ではこれらの用水より早い16世紀末に庄内用水が開削され，現在の名古屋市の西半分に相当する地域へ水を供給している。しかし庄内川は木曽川に比べると流量が多くないため，先述の木津用水や新木津用水からも水を得

ながら伊勢湾地先の新田開発に寄与した。

こうして尾張地方の西側一帯では木曽川，庄内川からの水の恩恵を受けることができた。対照的に尾張地方東側の台地や丘陵地，それに知多半島では自然河川以外に水を得ることができず，それを補うために無数ともいえるほどの溜池が設けられた。しかし溜池の多くは皿池と通称されるように底が浅く面積も小さい

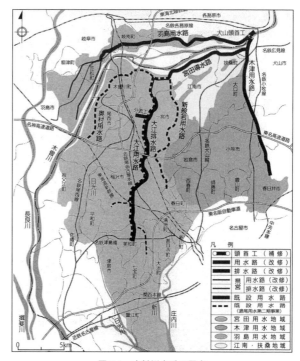

図5-1　木曽川水系の用水
出典：水土の礎のウエブ掲載資料（https://suido-ishizue.jp/kokuei/tokai/F1/F2/Aichi_Noubiyousui.html）をもとに作成。

ため渇水期の水不足に満足に対応することができなかった。とりわけ面積で尾張地方全体（1,686.5㎢）の23.3％を占める知多半島（392.2㎢）の水不足は慢性的で，長年，この地域に住む人々は水不足に悩まされてきた（河合，2019）。一般的に半島は中央部に山地や丘陵があると川は背中合わせの小河川になりやすい。雨が降っても短時間で海に流れ出てしまい，ほとんど利用できない。やむなく溜池に依存することになるが，貯水量は限られており，地形の関係で満遍なく水を行き渡らせるのは難しい。海岸近くでは井戸を掘っても海水が混じるため，生活用水として利用することもできない。より深刻なのは島嶼部で，ほとんどわずかばかりの天水に頼るほかなかった。

愛知県には尾張地方に属する知多半島のほかに，東三河には渥美半島がある。両半島は乏水地域として苦難の道を歩んできた歴史がある。しかしこう

した悪条件のもとで生き延びるには，水が不可欠な農業にばかり依存する産業体質ではもたない。海洋に取り囲まれているという半島の特性を生かし，古くから漁業や海運業が生計を成り立たせる産業として発展してきた。地元で産する陶土原料をもとに生産した大型の陶器を，海上輸送の利を生かして広い範囲に送り出すことができた（高部，2019）。収穫できた米や綿などの農産物を加工して酒造りに励んだり木綿織物に仕立てたりして収入を得てきた。とりわけ知多半島北東部の衣浦地方では，醸造品や綿織物が江戸をはじめ各地に海運を利用して運ばれていった。つまり，丘陵性と乏水性という農業には不向きな二重の悪条件を補うために，資源加工や海洋利用によって生活の糧を得る営みが歴史的に続けられてきた。

　しかし，長年にわたるハンディキャップを克服し，知多半島の先端とその沖合に浮かぶ島にまで水を引く一大事業が浮上してきた。これが愛知用水事業の始まりである（愛知用水公団ほか，1968）。主に近世に尾張地方の平野部やそれに続く台地に水を行き渡らせる用水は，水源となる河川や用水が通過する地域の名前を冠していた。しかし愛知用水の愛知はいうまでもなく愛知県の愛知である。このことは，この用水が水源こそ長野県の木曽川最上流部に求めるが，水路はこれまでの用水とはまったく異なり，多数の河川を横断するように計画されたことを物語る。つまり既存の河川とはほとんど無関係に，その下を通り，また上を通ってはるばる知多半島の南端にまで届く一大用水である。この壮大な用水事業を構想したのは，現在の知多市出身の久野庄太郎と同じく豊明市出身の浜島辰雄であった（筒井，1969）。ともに農家出身であったが，浜島は安城農林高等学校の教諭で，久野の考えに共鳴して水路計画図を独力で作成した（図5-2）。

　篤農家の久野は，自ら農業を営みながら知多半島に用水を設ける事業構想を長年温めてきた。1947年の大干ばつがきっかけとなり，1948年10月に愛知用水開発期成会を発足させて用水建設事業実現のために立ち上がった。久野と浜島は当時，首相であった吉田茂に陳情する機会を得た。吉田は用水事業に賭ける二人の熱意に動かされ，国の政策として用水建設事業を進める決意をした。戦後まもないこの時代，川の水という国内資源を生かした開発計画は受け入れられやすい面もあった。久野の情熱と浜島の測量技術力はいう

川と流域の地理学

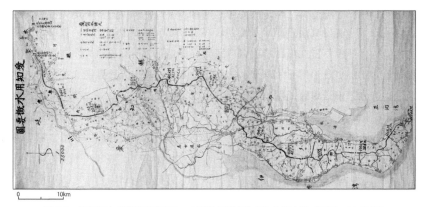

図5-2　愛知用水の建設提唱者の一人浜島辰雄が作成した用水路（原図　1948年）
出典：ミツカン水の文化センターのウェブ掲載資料（http://www.mizu.gr.jp/kikanshi/no36/06.html）を
もとに作成。

までもないが，世界銀行からの融資を申し入れるさいの説明には，かつてア
メリカで記者をしていた森信蔵半田市長の経験が生かされた（杉江，2013）。
こうして事業は歩みだし，1950年10月に愛知用水公団が設立された。2年
後の1957年には愛知用水事業のために世界銀行から700万㌦の融資と技術
提供を受ける協定が結ばれた（永江，2016）。

　技術提供とは，具体的にはシカゴに本社をおくコンサルタントE.F.A.（Erik
Floor and Associates Incorporated）社による設計・監理のことである。日本で
はこれまで経験したことのない高度な土木技術と建設機械を用いた工事が用
水路建設の随所で行なわれることになった。これほど大規模な用水路建設の
事業になったのは，水源確保のために木曽川上流部にダムを建設し，そこか
ら知多半島先まで主に丘陵地をいくつも越えながら水を導く内容の計画だっ
たからである。限りのある水資源を河川から取水するには水利権の問題をク
リアしなければならない。水利権は昔から河川を利用してきた主体ほど強く，
その水利権を侵さないためには新規利用者は自ら水源を確保しなければなら
ない。ダム建設はその担保のようなものである。

　古くから木曽川の水を利用してきた用水の多くは，川の水をそのまま取り
込むか，あるいは木曽川本流に堰を設けて取水してきた。ところが愛知用水
は木曽川支流の王滝川に牧尾ダムを設けて貯水し，その水を120km下流の取

水口まで流して水を取り込むように計画された（古賀，2009）。兼山に取水口を設けたのは関西電力の兼山ダムがあるからで，ダム上部の高い位置から取水すれば自然流下で水は流れる。取水口の位置を少しでも高くすれば，それだけ遠くまで自然の力で水を流すことができる。こうした仕組みは，愛知用水が自然の川から単純に水を引くのではなく，貯水ダムから始まり途中のトンネルやサイホンを通って112km先の知多半島南端まで水が届くように設計された最新の用水であることを物語る。サイホンは入口と出口の標高差を利用し河川や道路などを潜るようにして水を流す設備である。

　愛知用水事業を久野とともに牽引した浜島は，1939年に三重高等農林学校（現在の三重大学）を卒業したあと南満州鉄道に入社した。そのとき，現地の牧畜に欠かせない水の確保ためにダム建設の計画書を作成した。戦後は安城農林高等学校で教壇に立つが，それまでに習得した専門技術を駆使しながら愛知用水事業の水路計画図面を作成した。実現した愛知用水の水路はほとんど浜島の図面と変わらなかった。愛知用水以前，木曽川の水は犬山扇状地から平野を経て伊勢湾岸の干拓地に至るまで，地形に逆らうことなく，文字通り自然の流れにまかせて送られた。ところが愛知用水はこれとはまったく異なり，複数の谷や丘を越えていく。取水口の兼山ダムの満水位は海抜高度でいうと95mくらいである。ここから120km先の海抜0mの地点まで途中にある地形の高低差を考えながら自然流下で水を流す見事な水路設計には舌を巻かざるを得ない。

2．用水の建設工事と完成した用水の性格変化

　愛知用水の水源として1961年に建設された牧尾ダムはロックフィルダムである。近くの岩山から岩を切り出して積み上げて築くダムはセメントが不足していた戦前に建設例はあるが，戦後では珍しい。なお，水需要の増大で愛知用水の水源は牧尾ダムだけでは足らなくなったため，のちに阿木川ダム（1990年）と味噌川ダム（1996年）が建設される。これらはいずれも牧尾ダムと同様，ロックフィルダムで建設された。牧尾ダムで貯水された水は120km下った位置にある兼山ダムまで流され，ここで取水して幹線水路へ送られる。そのさい，取水が木曽川下流域に影響を及ぼさないように標準点水位を

維持しながら行なわれているのは，水利権ルールを守るためである。いわば新参者として木曽川から取水するようになった愛知用水は，おおむね北東から南西へと流れる尾張東部の中小河川と直交するような経路を通って知多半島へと向かう。途中の丘陵地はトンネルで抜け，道路や河川はサイホンの原理を利用して通過する。

　ただし，トンネルやサイホンは工事費用の増額につながる。このため水路設計の段階では障害物をできるだけ避けて迂回するルートが選ばれた。距離は長くなるが工事費用の節約を優先する考え方は愛知用水に特徴的で，それ以降に行なわれた距離の短い直線的ルートを重視する用水事業とは異なる。各所に調整池を設けたのも愛知用水の特徴である。調整池を設ければ，その下流へ向けて流す水量を調整することができる。長距離を大きな水路で一度に流すのではなく，ところどころに水を貯めておきながら必要に応じて水を流す方式である。さらに，幹線水路に水を貯留させるチェックゲートを設置したのも大きな特徴である。普通，水路というと常に水が流れているというイメージを思い浮かべやすい。しかし愛知用水では途中途中に水を滞留させるためのチェックゲートが設けられており，そこではあたかもダムのように水がとどまっている。まるで細長いダムが棚田のように連続するイメージであり，無人のフロート式ゲートによって水位が一定に保たれている。

　愛知用水が工事開始からわずか5年間で完成したのは驚くべきことである。久野庄太郎という不世出な人物がいたことが用水実現には欠かせなかったが，久野の頭の中には西三河の矢作川で戦前に実現した明治用水の成功がモデルとしてあったと思われる。ただし，矢作川の上流部に堰を設けて中・下流部の台地一帯に水を供給する用水と比べると，愛知用水はその規模が並外れている。久野がいくら各地の会合で用水の必要性を力説しても，当初は相手にする者は限られていた。水源を他県である長野県の木曽川上流部に求めること自体思いもよらない発想である。牧尾ダムの建設に対しては地元で反対があり，久野は現地に足を運んで説得につとめた。明治用水では都築弥厚という計画の発案と実現に死力を尽くした人物がいた。都築は明治用水の完成を見ることなく，この世を去った。久野は幸い完成を自らの目で見ることができ96歳で天寿を全うしたが，生前に遺体献納を目的とした「不老会」

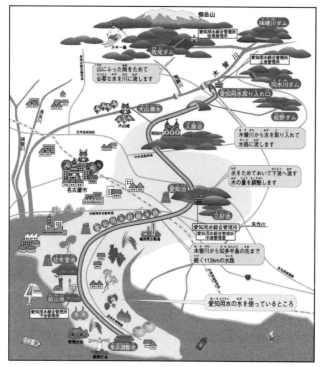

図5-3　愛知用水の受益地域概要（略図）
出典：独立行政法人　水資源機構　愛知用水総合管理所のウエブ掲載資料
(https://www.water.go.jp/chubu/aityosui/b(jyouhou-main)/01(aitiyousui)/03
(sisetu)/00(top)/map.pdf) をもとに作成。

を立ち上げた。背景には，愛知用水の建設工事中に命を落とした56名の関係者に対する弔いの気持ちがあったとされる。

こうした先人たちの苦労の上に，用水からの水の恵みを受けて成り立つ流域の産業と暮らしがある（高橋，2010）。農業分野の場合，愛知用水の受益面積は2011年現在，関係17市10町の農地約15,000haである（図5-3）。これは1961年の通水開始当時と比べると，面積では約半分への縮小である。使用水量もこれに比例して半減した。用水実現で農地の拡大をめざした当初のもくろみとの間にずれが生じたのは，大都市近郊で農地が他の土地利用に転用されたためである。ただし，受益地域の農業産出額は，1963年の約200億円が1985年の約900億円を経て2005年には約700億円になった。必ずしも右上がりの増加が続いたわけではないが，愛知用水以前と比べると比較にならないほどの増え方である。とくに増加が大きかったのは知多半島の10市町であり，1963年の約54億円が2005年には7倍に近い約400億円に増加した。受益地域全体の農業生産額に占める知多半島の割当は，27.0％から57.1％へと倍増した。こうしたことから，

農業分野に関する限り，水に恵まれない知多半島の田畑を水で潤すことをめざした愛知用水の所期の目的は達成されたといえる。

　愛知用水の受益地域で暮らす人々は，以前はその7割が家庭用の井戸水に依存していた。知多半島における水道普及率は25％程度にすぎなかった。水量の面はいうまでもなく水質面でも問題が多く，尾張地方西部と比べると生活条件の格差が大きかった。愛知用水が完成した1961年当時は，日本経済が戦後の復興期を終えて高度成長を始めようとしていた時期である。増え続ける総人口を支えるためには水道供給や食糧増産は必至の条件であり，時代背景が未曾有の大用水事業を後押ししたという側面もある。まもなくして経済成長が軌道に乗るようになり，大都市を中心に重化学工業化が進展していく。あわせて名古屋への人口集中も顕著になり，これが住宅郊外化へとつながっていった。愛知用水の受益地域の北半分すなわち尾張東部では，農地や山林から住宅・工場への土地利用転換が進んだ。ここから多くの水需要が生れ，愛知用水は農業用水よりもむしろ住宅用水や工業用水としての性格を帯びるようになった。給水人口は1963年の約20万人が1985年には約103万人となり，さらに2005年には約127万人へと膨れ上がった。

　愛知用水の受益地域の南側半分は知多半島である。半島全体としては農業や生活のために水を求める気持ちがまさる。しかし，知多半島の付け根にあたるところは名古屋市からの工業地域の延長部分である。1950年に制定された国土総合開発法にもとづいて伊勢湾臨海工業地帯が整備されることになった。当初は工業用水として地下水を想定していたが，大量汲み上げは地盤沈下をもたらすだけでなく，工場相互間で地下水の奪い合いが起きる可能性が懸念された。こうした状況に対応するには，工業用水を確保する以外に手はない。臨海工業地帯の東側を幹線水路が通る愛知用水に期待する動きが現れるのは至極当然のことであった（森滝，1963）。臨海部では東海製鉄，大同製鋼，製鉄化学，石川島播磨重工業，出光興産などの重化学工業があいついで進出したため，用水需要が急激に増加した。これらに対する給水能力は，通水開始年の1961年が日量86,000㎥であった。それが2005年には845,600㎥と約10倍にまで増加した。これにともなうように，工業出荷額は1963年の3,340億円が1985年には4兆4,237億円へと急増し，2005年には4兆3,805

億円になった。

3. 第2期工事で用水機能を大幅に強化した愛知用水

　用水のような土木インフラは，一度完成したらそれで永久に使い続けられるというものではない。大きな前提として，上流部で十分な降水があり，ダムに水が貯まっていたり水量豊かな水が流れていたりしていなければ，用水は本来の機能を発揮できない。木曽川水系の中では歴史の新しい愛知用水の受益地域は，降雨量が不十分な渇水状態になると，真っ先に節水が求められる。このことは，たとえば春日井市において，古くから木曽川の水を水道として利用してきた西部と，愛知用水を水道の源とする東部で，要求される節水レベルが違うことを意味する。そのような年は少ないが，節水をめぐって市民間に感情的わだかまりが生まれたことが過去にはあった。

　また，たとえ上流域で水が十分確保されても，逆に受益地域で水需要が大幅に減少すれば，用水事業の継続が危ぶまれる。実際，水余り傾向が新規のダム建設を思いとどまらせたという事例は少なくない。要するに一方に気候変動などによる自然環境の変化があり，また別の一方に社会・経済情勢あるいは人々の環境に対する意識の変化がある。これまで数々の自然条件を克服しながら用水を建設する時代が続いてきたが，余った用水の使い道が見当たらないという矛盾した状況が目の前に現れるようになったのは皮肉である。

　愛知用水の場合，水需要の多かった高度経済成長の入口あたりに完成し，受益地域のその後の社会・経済状況に応えるようにしてその役割を十分に果たしてきた。しかし，時間の経過とともに用水設備が老朽化するのは避けられず，土木インフラを維持していくために大規模な拡充が求められるようになった。1981年から2004年までの23年間に及ぶ愛知用水第2期工事は，そのための取り組みである（愛知・豊川用水振興協会編，2005）。第1期工事がわずか5年で完成したのと比べると，その4倍以上の年数をかけた工事である。ある意味，第1期工事がまったく白紙状態からの建設であったのに対し，第2期工事は用水路周辺で進んだ都市化や工業化を意識しての工事であった。第2期工事は，①幹線水路の整備，②支線水路の整備，③地域との共生，④管理体制の現代化，の以上4つの内容に沿って進められた（図

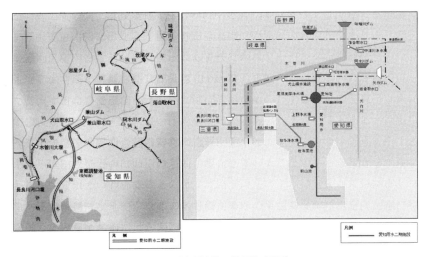

図5-4 愛知用水第二期事業（略図）

資料：厚生労働省のウェブ掲載資料（https://www.mhlw.go.jp/shingi/2002/08/s0829-6c1.html）をもとに作成。

5-4）。

　全長100km以上に及ぶ幹線水路は，大きくは天井のないオープンな開水路とそれ以外の暗渠やトンネルの水路からなる。いずれの部分も水が流れる状態のままでは大きな修理を施すことはできない。そこで開水路では中央に隔壁を設け，左右のいずれか一方を使って通水しながら，別の一方を点検・補修することにした。また，これまで台形を上下逆さまにしたような断面であった水路を，底を広げて四角形状にするなど，より多くの流量が流れるような改善も行なわれた。さらに，用水路に沿って転落防止用の防護網を設置するなど，より安全な用水にする工事も行なわれた。通水しながら水路を修繕できないのは，サイホンやトンネルも同じである。そこでこれらの箇所では，バイパスとなるサイホンやトンネルを別に設けた上で工事を進めることになった。2本目の用水路を新たに建設するような大掛かりな工事である。しかしそれをしなければ，用水機能を確実に果たし続けることはできない。

　つぎに支線水路の整備は，地表に現れている水路をパイプラインにして地中に埋設する工事によって進められた。幹線水路からの水を支線に導いて田畑や農園まで送るには管理や労力の面でコストが大きい。こうした業務を効

率化するには水路をパイプラインに換えるのがよい。通水能力は向上し，到達時間も短縮できる。幹線水路から支線水路の末端までいかに水を安全に供給するかが最大のポイントである。幹線水路の機能更新に合わせて支線水路の仕組みも改善しなければ，愛知用水を全体としてレベルアップすることはできない。愛知用水全体で支線水路はおよそ1,000kmの長さである。網の目のように張り巡らされた支線水路を通ってきた水はバルブ口から田畑へと流れていく。田畑へ出向いてその都度水の流れを確認し，必要に応じて調節作業を行なう旧来からの用水と比較すると，先進的な仕組みが備わったと用水いえる。

　用水と周辺地域との共生は，水路沿線の地域と用水との親和性を高め，用水が地域の中に溶け込む状態を意味する。そのために，たとえば開水路を暗渠にし，その上に散歩道を設けたり植樹を施したりする。これまで水路があるため行き来ができなかった不便さが，暗渠になったことで解消される。開水路の幅が広くて暗渠にするのが難しいところでは，水路沿いの景観改善につとめる。用水は川の流れと同じように人々に安らぎの気持ちを与える。人工河川ではあるが，地域の中に溶け込む存在として用水を位置づける。市街地を流れる用水が大きな音を出すことはまれである。しかし水位を一定に保つチェックゲートのあるところでは，作動中に音を発することがある。このため防音対策として水音が気にならないように覆いをかぶせる工事が行なわれた。こうした一連の対応により，愛知用水はこれまで以上に地域に溶け込む存在となった。

　第2期工事の4番目の改善点は，用水システム全体の管理体制の現代化である。これは情報システムを介して取水や配水の管理を一元的に行なうことであり，そのための拠点が東郷調整池に設けられた。東郷調整池は通称「愛知池」で，ここに置かれた総合管理所の中央操作室で愛知用水全体の動きを把握し管理することができる。中央操作室では兼山ダムの取水口のゲートを遠隔で操作したり，およそ100kmに及ぶ幹線水路のゲートやポンプを作動させたりすることができる。モニターによる水位確認をもとに行なうゲートの開閉はすべて遠隔操作で行なわれる。用水路のところどころにある調整池では，必要に応じて一般の河川へ放水しなければならない。いつ放水するか中

央操作室で判断し，遠隔で開閉作業を行なう。以上のように，第2期工事後の愛知用水の取水・配水は大きなシステムとして再構築され，さまざまな地域環境の変化に対応できるようになった。

かくして，当初稼働時の用水システムを大幅にバージョンアップした愛知用水は生まれ変わった（翠川ほか，2005）。しかし取水口から末端まで112kmもあり，水源のダムから測ると230km以上にもなる長大な用水であることは変わらない。この長さのために何か所かに調整池を設け，チェックゲートを設置して水位を調整する必要がある。総合管理所のある通称・愛知池は幹線水路の中間あたりに位置するが，これは尾張東部の丘陵と知多半島の境界付近でもある。水路全体を見通すのに適しており，愛知用水を象徴する場所にもなっている。用水に関する行事・イベントを開催するのに，こうした調整池はもってこいである。愛知用水にはこれ以外に佐布里池や美浜調整池などもある。佐布里池は伊勢湾臨海部の工業地域へ工業用水を供給するために1965年に設けられた。また美浜調整池は知多半島南部に農業用水を供給するために第二期工事で生まれた。雨が降ればその分，農業用水はいらないため，供給過剰にならないように調整する役目を果たしている。

第2節　矢作川の水で乏水台地を潤す明治用水と枝下用水

1．矢作川流域の地形環境と明治用水の建設

愛知用水事業の実現に向けて奮闘した久野庄太郎は，知多半島の東側にあって明治期に完成した明治用水をモデルとして構想したと伝えられる。知多半島と同じように乏水地域であった碧海台地には無数の溜池が設けられ，わずかな水を使って農業が行なわれてきた（明治用水史誌編纂委員会編，1984）。碧海台地は矢作川の西側一帯に広がる洪積台地であり，その北側には丘陵性の土地が続いている。矢作川の源流は長野県根羽村の茶臼山（標高1,415m）の山頂東側にある根羽川か，あるいは同じく長野県平谷村の大川入山（標高1,908m）の山頂北西側にある上村川のいずれかとする2つの説がある。どちらにしてもこの川は，途中の岐阜県を通り愛知県の西三河を流れる過程

で非常に重要な役割を果たしてきた（新行，2003）。

　中流部から下流部にかけて多くの中小都市が分布しているが，これらの都市はこの川から大きな影響を受けながら発展してきた。水利用はいうまでもなく，集落や都市が形成される場やそれらを結ぶ交通路の展開において矢作川は有形無形の作用を及ぼした。矢作川は，西側の濃尾地方において木曽川や庄内川が示す北東―南西と類似の方向に流れている。三河湾に流入する河口部付近には低湿地帯が広がっており，近世以降，干拓事業が盛んに行なわれたのも木曽川，庄内川の場合と類似している。下流部では矢作川の堆積作用が著しく洪水が頻発した。戦国期から治水対策が講じられてきた点も，濃尾地方との共通点である。

　矢作川下流域での稲作開始は，濃尾平野ですでに行なわれていたのが西から東へ伝わって以降のことといわれる。何かにつけて西側が先行し，それに習って東側でも行なわれるようになったという見方は興味深い。こういった考え方はほかにもある。たとえば三河という地名の語源は神川にあり，カミカワのカが省略されてミカワになったという説である。古来よりなにかと先進的な西国と遅れている東国の境目に三河があり，政治的，軍事的勢力がにらみ合う境界だったとする見方である。ただし，木曽三川に比べると地域を分けるという点では，それほど決定力があるとは思われない。むしろ西三河と東三河を分ける山地・丘陵地の方が地形的障害として意味があった。

　矢作川境界説は別におくとしても，古代律令制の時代から近世まで，尾張国と三河国の間に対照的な特徴があったことは事実である。とくにコントラストが大きかったのは，近世になり尾張国が尾張藩という大藩によって治められたのに対し，三河国は中小18もの藩があり，その間に幕府領や旗本領も混在していたという点である。17世紀から18世紀にかけて衣浦湾沿岸で行なわれた干拓事業が領主ではなく商人を主体に行なわれた背景には，大掛かりなことを行なう力が小藩にはなかったことを物語る。これほど多くの小藩が三河にあったのは，尾張藩に対抗できる藩が近くに生まれないようにする徳川家の意図があったからとする説がある。もしそうであれば，この地方の近世の社会経済構造は政治的要因によって規定されていたことになる。

　いずれにしても，矢作川とその支流につながる低地を中心として集落が形

成され，そのいくつか
が中小の藩の城下町と
して近世という時代を
過ごした。農業が主産
業の当時，水の確保は
最重要ともいえる課題
であった。海岸部に近
い干拓地を含めて下流
部は矢作川から水を引
き農業が行なわれた。
多くは川の途中に取入
口を設け，自然の流下
でそれぞれの田畑へ水
を導いた。このような
水路が中流部から下流
部にかけて幾筋か引か
れていた。ただし矢作
川下流部では，安土桃
山時代の1590年から

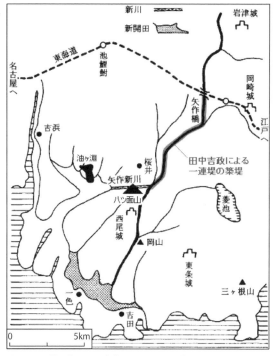

図5-5　戦国期・江戸初期に行われた矢作川下流部の治水事業
出典：水土の礎のウェブ掲載資料（https://suido-ishizue.jp/kokuei/
tokai/aichi/yahagigawa/0201.html）をもとに作成。

1600年にかけて岡崎城主・田中吉政によって築堤工事が行われた（図5-5）。
これにより網状に乱流していた矢作川は一本化された。このあたりは，木曽
三川下流部における治水事業を思い起こさせる。

　矢作川は一本化されたが，現在の西尾市北部に八ツ面山という山地があり，
これが障害となって洪水が起こるようになった。このため，現在の安城市木
戸町から当時，海岸線であった西尾市米津町に向けて，矢作新川を開削する
工事が計画された。工事は，江戸時代に入って1603年に徳川家康から命を
受けた西尾城主の本多康俊の手によって実施されることになった。開削は
1605年に完了し，以後，この新川が矢作川になり，元の川は矢作古川になっ
た。新川と古川は矢作川下流域に配水する26もの用水の水源であり，農業
生産に大いに貢献してきた（図5-6）。

図5-6　矢作川末端部の矢作川用水とその他の用水
出典：原山・神谷，2002をもとに作成。

これだけ多数の用水路が矢作川沿いにあるのとは対照的に，矢作川の西側に広がる広大な台地とその北の丘陵地はほとんど未開拓に近い乾いた土地のままであった。矢作川の上流部に堰を設けて水路を引けば，荒れ地も豊かな耕地になることは潜在的に意識されていた。木曽川が流れる尾張藩では，治水目的で築いた御囲堤に取水口を設け扇状地や一部

の洪積台地にまで水が行き渡る用水路が設けられた。むろんそれは近代以降の大規模な堰を本流に設けて取水するという用水ではなかった。まして現代のように貯水ダムを建設し，河川，道路，鉄道などをくぐり抜けて半島の先まで水を導くという大規模な用水でもなかった。しかし少なくとも，河川上流部の高い地点で取水し下流へ流すという用水機能は果たしていた。木曽川では実現し，矢作川では実現できなかったこの違いは，尾張藩という有力な政治勢力と，中小の藩の寄り合い所帯の違いによって説明できる。

　さて，冒頭で述べた愛知用水の提唱者である久野庄太郎が抱いた思いは，江戸末期に現在の安城市和泉町で酒造業を営み代官も務めた都築弥厚の思いと共通していた。いずれも，地元は水に恵まれない土地柄で，無数の溜池を

頼りに細々と農業が行なわれていた。農地は開析を受けた谷の一部に限られており，谷の上方に未開拓の荒野が広がっていた。見慣れた荒涼とした風景を一変させるには，矢作川の上流部で水を取り，本流とは別の水路を使って自然に流すほかない。久野の場合は浜島辰雄という農業土木技術に秀でた助力者がいた。二人三脚で国を動かし，最後は世界的に誇れる先進的な用水を実現することができた。

　一方，都築の場合は算学の大家であった石川喜平という人物の協力を得ることができた（孤牛会編，1972）。石川は現在の安城市高棚町の出身で測量技術に長けていた。この点では愛知用水の浜島と似ている。都築と石川は夜間に提灯の明かりを頼りに測量を行なったという。用水を引く予定地域の領主や農民がこぞってこの計画に反対したため，夜間しか測量できなかったからである。反対理由は，薪炭や肥料をとる入会地や農地がなくなるからというものであった。それにもめげず2人は1822年から5年間にわたって測量を行い，1827年に幕府に用水建設の願い書を出した。幕府は1833年に工事実施の許しを出した。しかし不幸にも，地元農民の理解が得られないまま，都築弥厚はこの年の9月に亡くなってしまった。

　享年69歳でこの世を去った都築弥厚は財産をすべて失い，2万5,000両（約2億5,000万円）の借財を残すという無念の最後であった。彼が思い描いた用水事業構想は引き継がれることもなく時間が過ぎ，明治維新を迎えた。時代が変わって三河地方でも役所の新設と廃止の混乱が続くなか，現在の安城市石井町の岡本兵松が都築の構想を実現すべく動き出した。岡本が役所に提出した計画案は，1872年に成立した愛知県において別の計画案と統合するという条件で許可された。別の案とは，矢作川の右岸台地を灌漑し，低地で排水を行なう計画案であった。提案者は現在の豊田市畝部西町の伊与田与八郎であった。両人は計画の一本化を承諾し，協力して地元農民に対する説得や資金調達を協力して行なうことにした。工費は16万3,000円，現在の金額でいえば23億円ほどである。幸いこれを6名の出資者から得ることに成功し，不足分は愛知県に立て替えてもらうことにした。こうして工事を開始する目処は立ったが，依然として反対の声はやまなかった。

　消えやらぬ反対農民の声に対し，共同提案者の一人岡本兵松は「工事が完

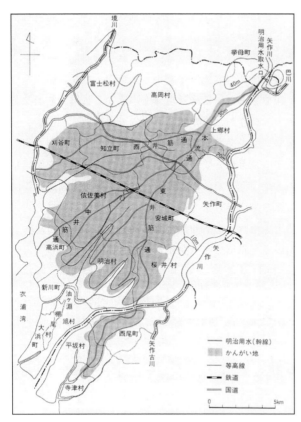

図5-7　明治用水の幹線と灌漑地域
出典：水土の礎のウェブ掲載資料（https://suido-ishizue.jp/daichi/part2/03/10.html）をもとに作成。

了すれば，恨む村は3か村，喜ぶ村は数十か村，なにほどのこともない。」と言い放ったという。やはりこれくらい強い意志と見通しがなければ，大きな事業は実現しないということであろう。工事は1879年1月から始まった。県費支出もあり，愛知県土木課長の黒川治愿が陣頭に立って工事を進めた。黒川は名古屋で庄内川から堀川に通ずる用水路（黒川）の開削を指揮した人物である。彼の指導のもとで地元の村人は早朝から夜遅くで鍬やもっこを使い水路を掘り進めた。岡本と伊与田は村々を回って必要な人数を集めた。賃金として米が7.5kgほど買える，現在の金額にして3,500円くらいが支払われた。当時としては高賃金で工事は順調に進み，その年の3月には現在の安城市東栄町あたりまで本流を掘り終えることができた。その後は農繁期のため工事を一時中断し，秋から再開した工事を進めた結果，1880年4月に完成式を行なうことができた。

　明治用水と名づけられたこの用水は，幹線水路として西井筋，中井筋，東井筋の3つのルートをもつ（図5-7）。上流側から最初に西井筋を分岐し，さ

らに下って中井筋と東井筋を途中で分ける。各井筋から全部で40本の支線が伸ばされた。掘られた水路の総延長は280kmにも及び，最終的に工費は16万3,000円（約23億円）を要した。用水から水が引けて新たに水田になった土地10a当たり2円（約2万8,300円）を徴収し，工事費用に充てた。当初，事業費用に出資した6名には不要になった溜池の土地を渡した。これらは埋め立てられて水田になった。水路の大半は単に掘っただけの状態であったが，本流と中井筋は舟で通ることができた。まだ陸上交通に見るべきものがなかった時代，舟運は大いに頼りになった。

2．明治用水で広がった農地で先進的農業を実現

　用水は一度完成したら，未来永劫そのまま使えるというものでないことは，愛知用水のところで述べた通りである。このことは明治用水の場合も同じである。開削当初，取水のために矢作川に設けられた導水堤は川の中に丸太で杭を打ち込み，そこに割石を積み上げただけのものであった。しかし漏水が多く破損を繰り返したので，1901年から当時の最新技術を駆使した堰提の築造が行なわれた。工事を請け負ったのは現在の碧南市西山町で土木関係の業務に携わっていた服部長七である。服部はこの頃，全国的に活躍していた土木技術者で，伝統的なたたき手法を改良し自ら編み出した人造石工法（服部人造石）を治水や用水の分野で広めていた（碧南市教育委員会編，2010）。宇品港，四日市港，名古屋港をはじめ各地で土木工事を引き受け，近代土木史にその名を残した。その服部が明治用水の堰提の構築を手掛け，舟運に配慮した舟通閘門を備えた近代的な堤を矢作川に築いた。服部人造石は，まだ本格的なコンクリートが登場する以前のいわばコンクリートの代用品であった。その後しばらくしてコンクリートが普及するようになり，明治用水でも1932年に県営事業としてコンクリートによる水路の護岸工事が行なわれた。しかしその後は戦時体制下で用水設備を改良することが難しくなり，ようやく戦後の1958年になって現在の頭首工が建設された（図5-8）。

　このように明治用水では，完成後も設備の維持・補修あるいは改造に絶えず気が配られてきた。そうした永続的努力の成果は，碧海台地の変貌ぶりによく現れている。かつては安城ヶ原と呼ばれた原野に水路が網の目のように

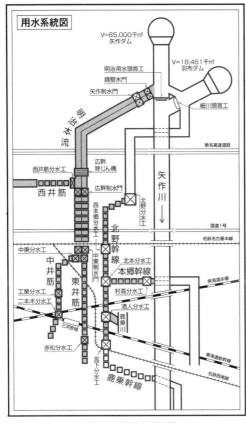

図5-8 明治用水系統図
出典：水土の礎のウエブ掲載資料（https://suido-ishizue.jp/
nihon/21_meiji/05.html）をもとに作成。

設けられた（天野, 1990）。一般に原野といえば原っぱや野山のことであるが，野山が耕作に適さない丘陵であるのに対し，原っぱは水さえあればすぐにでも田畑に変わる土地である。明治用水の完成により，野山は平らにされ，原っぱは耕作地に姿を変えられた。その結果，用水開削前はおよそ2,300haであった碧海台地の水田は，通水3年後の1883年には1.9倍の4,370haに増加した。その後も毎年約150haの割合で増え続け，1910年には8,000ha近くにまで広がった。そのほとんどは水田である。水の乏しかった台地も，水路の水で潤せば豊かな水田に変貌する。水田は水を止めれば乾いた畑になる。この台地の長所を生かし，冬季に麦，菜種，レンゲなどを栽培する二毛作が行なわれるようになった。ただし，もともと有機質に乏しい痩せた台地を農作物の栽培に適した農地にするには，肥料の投入や土地の改良などのために時間をかけねばならない。地力向上のためにごみや下肥が集められ，ワラや緑肥（れんげ）が施された。そういった成果は徐々に実るようになり，昔からの農地と新規の農地との間にあった収益率の差は徐々に縮まっていった。

　二毛作で所得が倍増した農家は，さらに進んで多角経営へと進んでいく。

これには 1920 年代初頭から始まる先進的農業経営への取り組みが背景にあった。碧海台地を含む三河地方では，1890 年代まで三河木綿の産地として綿花が盛んに栽培されていた。しかし海外から安い綿花が輸入されるようになり，農家は綿花栽培から養蚕へ切り替えた。また綿畑は水田に転換され，農地は一面に水田の広がる単作地域へと変貌していった。ところが時代は第一次世界大戦後の不況で，米作中心の農業は先行きが見通せない。そんな折り，碧海台地では 1901 年に愛知県立農林高等学校が現在の安城市池浦町に開校され，初代校長として山崎延吉が着任した。校長職を 20 年近く務めた山崎は，1923 年頃，自然災害や農産物価格の変動による危険を分散させ，労働力を適切に配分するために多角農業を説いて回った。米と養鶏を組み合わせた平行線農業，これに養蚕を加えた三角形農業，さらに野菜栽培を加えた四角形農業など，農業形態の多角化の利点を強調して回った（稲垣，2000）。

　1920 年には愛知県立農林高等学校と同じ安城市池浦町に愛知県立農事試験場が開設されている。これ以外にも農業関係の指導機関が安城に集まるようになり，農業技術や農業経営で先進的な取り組みを行なう雰囲気が醸成されていった。1898 年に成立した農会法のもとで各地に設けられた農会の中では安城農会は規模が大きく，組織面でも整備されていた。先に述べた愛知県立農林高等学校の校長・山崎延吉は農業の多角化を熱心に説いたが，そのモデルはデンマークにあった。19 世紀半ばの農業不況やドイツ・オーストリアとの戦争敗北が，デンマークの農業を大きく変えた。1870 年代に麦中心の耕作農業から畜産農業への転換を図る農業革命が起こり，同時に農民の自発的運動として農民組識の設立があいついだ。こうした動きを安城農会に集う人々は手本として学び，米作中心から脱却して高収益農業を実現する道を探し始めた（久野，2001）。

　山崎が唱えた多角経営は米の単作に比べれば優れていることは確かであった。しかし，農家単位で多角経営をすれば労働過重になることも明らかであったため，集落を単位とする適地適作主義が支持されるようになった。たとえば，安城の里地区ではスイカ，赤松地区では養鶏，横山・箕輪地区ではナシを栽培するといった具合である。地区ごとに適した農業経営を行い，収穫物

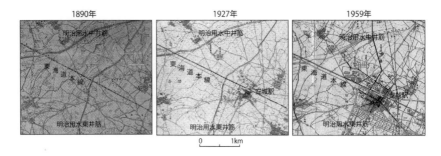

図5-9　愛知県安城市中心部の発展過程
出典：安城メモリアル写真館－安城図書情報館のウェブ掲載資料（https://www.library.city.anjo.aichi.jp/
book/shiryo/documents/syasin.pdf）をもとに作成。

は共同出荷で効率性を高める近代化が進められた。こうして安城を中心とする碧海台地は農村不況に耐えられる体質をそなえるようになり，いつしか「日本のデンマーク」と呼ばれるようになった。農業近代化の勢いは1891年の東海道本線安城駅の開業に結びつき，広大な農業地域を背景として町が発展する核が生まれた（図5-9）。駅舎は明治用水東井筋と鉄道との交差地点の東に設けられた。

　安城駅が誕生したことで他地域から安城へ訪れるのが容易になり，また安城から農産物を遠方へ出荷することもできるようになった。安城における先進的農業の取り組みが全国的に知られるようになり，各地から視察のために安城駅に降り立つ人の姿が見られるようになったのも，この頃のことである。視察者は最初に安城町農会館（農民館）を訪れ，つぎに模範的な多角形農業とされた板倉農場に向かい，さらに農事試験場，農林高等学校，農業補習学校などの指導研究機関を見て回った。板倉農場は，米以外に梨，スイカ，キャベツ，養豚，養鶏などを一か所で多角的に経営しており，耕地面積は4町歩で裏作を含めると6町歩にものぼった。農場主の板倉源太郎は，「大面積の経営」「肥料の自給と地力増進」「経営の複式化」「技術の研究」を4大方針として掲げていた。視察者をまえに，自らの農場には特段の独創性はなく，農業に関する個々の要素と工夫，それにアイデアと勤勉さをもって追求した結果が現在の農場経営につながったと謙虚に語った。

　板倉農場をはじめとして，農業の多角化をめざす碧海台地では，米麦主体

の農業から養鶏や蔬菜・果樹などの園芸作物に比重をおいたものへと変化していった。1920年の米麦の生産額が1931年にはその3分の1にまで減少したのに対し，鶏卵の生産額は3倍にも増加した。1920年に農業生産額全体の52％を占めた米麦は，以後，その割合を低下させる。急激に増加した鶏卵は，当初，個人販売と各集落の養鶏組合による共同販売の両方で行なわれていた。しかし，代金回収の円滑化を図るために碧海郡購買販売組合連合会（略称丸碧）が設立され，これが鶏卵を一手に売りさばくようになった。丸碧は農家から鶏卵を集めて選別し，商標入の箱に詰めて安城駅から毎日，東京市場へ送り出した。

　こうした鶏卵におけるブランド化と同じ試みは，梨やスイカでも行なわれた。横山地区で栽培が始められた梨は，熱心な研究と努力の成果が実り安城町の全域へと広がった。1914年に設立された安城梨業組合の手によって共同出荷，販路拡大，品質統一が進められ，安城梨や三河梨の商標で各地に出荷された。農村不況を乗り切るために導入されたスイカも，安城園芸組合によって共同販売された。三河スイカの商標と大黒印のレッテルが目印で，東京をはじめ全国に出荷された。ほかに1929年には碧海郡内の園芸組合や農家を株主として農産加工の三河食品株式会社が設けられた。ただしこの会社は，トマトやスイカなどを原料とした加工食品や沢庵漬けなどの製造を始めたが経営がうまくいかず，1936年に大手資本に買収された。

　碧海郡における多角的農業や農家の共同・協調による産業組合発展の背景には，数多くの有能な指導者・研究者を輩出した農林高等学校があった。農事試験場，町村農会，郡農会など農業指導機関の存在も大きかった。このうち安城農会は，全国でも珍しい町農会経営の図書館として安城農業図書館を1931年に設立している（岡田，1933）。1928年には仏教会と共同で町内16か所に農繁期託児所を設けるなど，多方面で活動を行なった。1935年には丸碧の経営による更生病院が創立され，郡内唯一の総合病院として農民の健康と社会福祉の向上に大きな役割を果たした。ところが1931年に満州事変が勃発して以降，食糧増産が強力に推し進められ，労働力不足も重なり，多角形農業を支えた商品作物は栽培が制限されるようになった。それに追い打ちをかけたのが戦争末期に突然襲った2度の大地震である。1944年12月の

東南海地震と翌年1月の三河地震により，安城市南部の桜井・明治地区を中心に壊滅的な被害を受け，その復旧の目処がたたないうちに終戦を迎えることになった（安城市歴史博物館編，2006）。

3．明治用水の上流側に開削された枝下用水

　明治用水の発案者であった都築弥厚が1827年に提出した用水事業の計画書には戸越村で矢作川から取水する予定であることが書かれていた。彼の死去で一時は忘れ去られてしまったこの事業計画は，明治維新後に後継者である岡本兵松によって改めて願い出された。そのさい愛知県は，戸越村よりも下流部で取水するように勧告した。実際，1879年から開削が始められた明治用水は，県の勧告にしたがい現在の豊田市水源町を取水口とすることで完成する。都築弥厚の当初案から外された越戸村周辺の有力者は，明治用水開削開始3年前の1876年に独自に用水路を開削する計画を練っていた。越戸村の藤井東四郎，塚田兼吉，花本村の水谷清蔵，大岩惣十，大岩惣六，大岩閑湖，安藤與十の七人組と呼ばれた地元有力者であり，これが枝下用水事業の始まりであった（枝下用水三〇年史編集委員会編，2015）。彼らは1879年に東京の三田製紙所が越戸村波岩に水車を新設する計画にあわせて矢作川から水を得ようした。しかし建設資金が集まる見通しが立たず，この計画は実現には至らなかった。

　すでに下流部で明治用水が通水した1880年，名古屋の坂松三郎，西脇仙助を総代とする8名の部外者が枝下用水の建設に名乗りを上げた。8名の実業家は，越戸村から西加茂郡と碧海郡の北部に至る範囲を対象として自費で水路を開削する「矢作川分水工事開削願」を愛知県に提出した。愛知県は，計画案が実地踏査や関係町村との協議を経ていないという理由で却下した。しかし県はその代わり県が独自に測量などの調査を続けることを決めた。1882年に愛知県令・国貞廉平は土木課長の黒川治愿に用水の計画指導を命じ，さらに西加茂郡21か村，碧海郡21か村を対象に建設事業の引き受け手を募った。県は明治用水のときと同じように，出資者には見返りとして溜池敷地を払い下げる方針であることを示した。また水路の維持管理費は給水を受ける村が負担する配水料で賄うこととした。こうした条件で地元からの出

資を募ったが，不景気のため呼びかけに応じる者はいなかった。

　出資者が現れないまま，愛知県は大干ばつだった1883年に地元から強く嘆願されたのを受け，県事業による試削というかたちで開削工事を始めた。翌年からは県と越戸・花本・荒井の3つの村の共同出資というかたちで工事は進められた。その結果，西加茂郡西枝下村（現在の豊田市枝下町）から四郷村唐沢川までの8km区間が竣工し，一部ではあるが通水が始められた。ところが工事後に矢作川で大洪水が発生し，完成した用水の堤防も水路もことごとく破壊されてしまった。こうして用水建設事業は始められたが，枝下用水の開削当初はうまくことが運ばず，完成までの道を見通すのは容易ではなかった。

　ところが興味深いことに，枝下用水は当初計画の開始時期が1880年であったため，結果的に全国的にも珍しい用水として誕生していくことになる。それは以下の理由による。明治政府は1880年に土地売買譲渡規則を施行し，農地の売買ができるようにした。ところが政府は1896年に河川法を定め，河川開発事業は国が掌握するように改めた。つまり1880年から1896年までのわずかな期間ではあったが，この期間に限り河川水を水源とする農業用水は民間の手によって開発できたのである。偶然にも枝下用水はこの時期に開削計画と事業が進められたため，民間人が開削し水利権が売買できる「企業的用水経営」の事例となった（近藤ほか，2017）。

　さて，出資者が現れずなかなか進まない用水開削であったが，1886年に民間の出資者が現れ，本格的な工事が行なわれることになった。愛知県の勧めに理解を示した山口県士族の時田光介や近江商人の西澤眞蔵らの登場である。1887年に三河疏水事務所が開設され，県とともに開削を進める体制が整えられた。ところが1890年に愛知県がこの事業から手を引くことになり，開削は三河疏水事務所単独の事業となってしまった。愛知県が撤退したのは資金面で難航したからで，あとは時田と西澤の手に委ねられた。民間だけの事業になった水路開削を西澤らはその後も続け，ようやく枝下用水の幹線（約21km）と東井筋（約9km）の竣工にこぎつけた。

　ところが翌年の1891年10月に岐阜県根尾村を震源とする濃尾地震が起こった。被害は岐阜県南部と愛知県西部でとくに大きかったが，三河地方も

被害を受けた。工事中の用水路でも崩壊が各所で起こった。しかしそれも手
直しした結果，1892年になってようやく中井筋（約13.2km）が竣工した。濃
尾地震のショックは大きく，このとき時田光介は戦列を離れた。出資者で残っ
たのは西澤眞蔵ただ一人となったが，西澤は孤軍奮闘し1894年に西井筋（約
10km）を竣工させた。これにより，総延長約50kmに及ぶ枝下用水の原型が完
成した。このことが，西澤眞蔵が現在でも枝下用水実現の第一の功労者とし
て讃えられている理由である。

　枝下用水が完成したとき，西澤は自己資金をすべて使い果たしていた。こ
のため西澤は1894年12月に，現在の豊田市豊栄町にあった紀州藩主・徳川
茂承の開拓農園「偕楽園」に起業権を譲渡した。背景には開削に要した膨大
な費用に加え，度重なる水害によって用水路の破損箇所を修繕する経費が膨
れ上がったことがある。しかし西澤は2年後の1896年に起業権を偕楽園か
ら買い戻し，いよいよ用水事業の経営を始める決意を固めた。しかし非情に

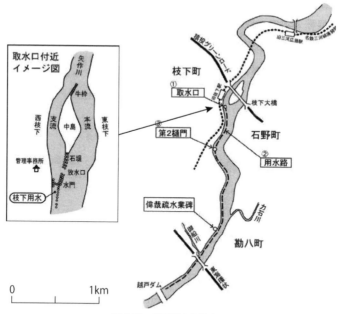

図5-10　枝下用水の取水口

出典：豊田市近代の産業とくらし発見館のウェブ掲載資料（http://www.toyota-hakken.com/pdf/161216_
exhi_info.pdf）をもとに作成。

も翌年病に倒れ，志半ばにして生涯を閉じてしまう。起業権は西澤の手から東京の実業家・河村隆実に売却され，1899年に設立された枝下疏水開墾株式会社のもとで経営されることになった。

　河村が気にかけたのは，開削工事の開始以来，起業権がつぎつぎに移動したため，用水路が統一性を欠いている点であった。原型をもとに用水路の仕上げ工事を念入りに行なう必要があると考えた。そこで頼りにしたのが明治用水の堰提工事でも活躍した服部長七である。当代一流の土木施工者である服部に対し，取水口や導水堤の付根，籠堰，元樋門などを人造石で施工することを依頼した（図5-10）。施工費を捻出するために，河村は用水利用者に対して新規の配水料として8円，毎年の修繕費として50銭の負担を求めた。なお籠堰とは，竹材や鉄線で編んだ長い籠に砕石を詰め込んだ蛇籠を置いてつくった堰のことである。

　こうして枝下用水は矢作川から取水を始めたが，問題になったのが下流部の明治用水との関係である。先に取水を始めた下流部の明治村は1万3,000町（約12,870ha）の耕地に対して水を供給する計画であった。一方，後から上流部で取水するようになった枝下用水の供給予定耕地は3,000町（約2,970ha）であった。かりに耕地10町（約9.9ha）が1立方尺（約0.027トン）の水を必要とした場合，両用水合わせて1,600立方尺（約44.4トン）の水が必要である。矢作川の流量は毎秒1,000〜1,300立方尺（約27.83〜36.17トン）であるため，明らかに水は足らない。このため明治用水側は，枝下用水の開削に対しては当初から反対の立場をとっていた。枝下用水が完成して取水が始まると，明治用水側は取水のための牛枠を撤去するように愛知県に求めた。県は1896年に制定された河川法を根拠に，1899年に枝下用水側に牛枠などの河川工作物の撤去を命じた。

　県から取水用工作物の撤去を求められた枝下用水の経営者の河村隆実は，これを拒んだ。河村は取水の正当性を主張したため2つの用水の間で折り合いがつかず，ついに行政訴訟へと発展していった。愛知県も巻き込んだ矢作川の2つの用水間の対立が激しくなる過程で，枝下用水側に変化が生まれた。それはこの用水を民間企業の経営ではなく，利用者が集まってつくる組合で経営していこうという動きである。しかしすべての利用者がこの考えに賛同

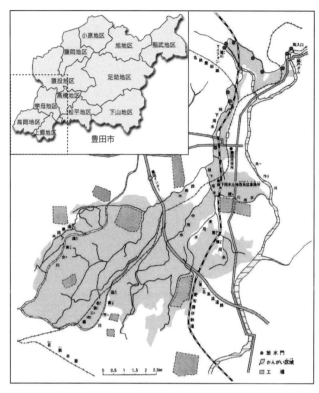

図5-11　枝下用水の水路と灌漑区域
出典：豊田市近代の産業とくらし発見館のウエブ掲載資料（http://www.toyota-
hakken.com/pdf/161216_exhi_info.pdf）をもとに作成。

したわけではなく，反対者もいた。こうした複雑な抗争は地元新聞が2年間に56回にわたって記事を書くほどであった。結局，枝下用水普通水利組合が設立される方向に進み，1902年1月に河村隆実と西加茂・碧海郡の組合委員たちの間で起業権利譲渡の契約書が取り交わされた。

こうして全国的にも珍しい民間経営の枝下用水は，水利組合が経営する用水へと変わった。しかし2つの用水の間の取水をめぐる問題は依然として決着していなかった。この問題は両組合が1926年に合併することで収拾されていくことになるが，そのきっかけは1921年に枝下用水の取水口の近くに三河水力電気株式会社が発電所を建設したいと愛知県と両組合に申し入れたことであった。さらに3年後の1924年は大干ばつの年で，明治用水より下流部で農業を営む人々からも堰提の一部を開放するように声が上がった。こうした状況を迎え，矢作川の利水に関しては，これまでより大きな組織を設けて対応することの重要性が認識されるようになった。その結果，枝下用水普通水利組合と明治用水普通水

利組合は合併することになった。取水総量を増やすには矢作川の上流部にダムを建設して貯水するのが最良であり，1929年には越戸ダム，1971年には矢作ダムがそれぞれ建設された。都築弥厚や西澤眞蔵という不出世の先駆者たちが夢見た碧海台地とそれに続く丘陵地の水利事業は，その後も拡充・強化されながら今日に至っている（図5-11）。

第3節　豊川用水実現までの長い道のり

1．河況係数の大きな豊川と水に恵まれない渥美半島

　愛知用水と豊川用水には類似点が少なくない。いずれも水に乏しい半島を潤すための用水であり，前者は知多半島，後者は渥美半島のそれぞれ先端にまで水を供給している。半島出身で水不足がいかに農村を困窮に追い込んでいるか身にしみて感じていた人物が，ともに用水事業の必要性を熱心に説いたという点でも共通している。愛知用水は久野庄太郎であり，豊川用水は近藤寿市郎である。ただし久野が篤農家であったのに対し，近藤は地方と国の議員を務め豊橋市長にもなった政治家である。両者の発想は，木曽川あるいは豊川の上流部にダムを築いて貯水し，その水を下流部まで引いてくるというものであった。

　これらの用水事業の歴史を比べると，そのはじまりは豊川用水の方が古く，両者の間に4半世紀ほどの差のあることがわかる。近藤は1921年にインドネシアへ視察のために出かけ，オランダの指導のもとで先進的な用水事業が整備されていることに強い感銘を受けた（嶋津，2018）。これをきっかけに豊川においても用水を実現したいという想いに駆られ，政治の場でも積極的に発言を繰り返した。しかし賛同者は少なかった。戦時体制へと向かう当時の社会情勢下では，地方の一用水事業に振り向ける予算は期待できなかった。結局，第二次世界大戦後の食糧増産の機運が豊川用水事業を推し進める背景となるが，同じように戦後にスタートした愛知用水と比べると，進捗のスピードは遅かった。最終的に愛知用水公団に引き継がれるかたちで事業は進められ完成へと至る。

ともに当初の動機は，水の乏しい農地を用水の水で潤すというものであった。しかし愛知用水の事業計画の中には，農業用水だけでなく生活用水や工業用水も確保することが含まれていた。一方の豊川用水はというと，のちに総合用水として開発する方向へと転換されていくが，少なくとも当初は農林省が管轄する農業用水事業として計画された。それだけ「乏水半島」として長きにわたってハンディキャップを背負わされてきた渥美半島の農業環境を変える必要性が大きかった。

　しかし高度経済成長が始まろうとしていた時代，農業だけに水を回せばよいという状況ではなくなっていた。その要請がより強かったのは愛知用水が計画された尾張地方である。名古屋市の周辺へ住宅や工場が広がっていく傾向がすでに現れていた。対する東三河地方では，尾張地方に比べれば都市化や工業化の勢いはそれほど大きくなかった。むしろ渥美半島の農業生産に期待する気持ちが勝り，農業用水主体の事業を進めるという雰囲気が支配的であった。実際，豊川用水の完成・通水で渥美半島の農業は飛躍的に発展し，こうした期待が間違っていなかったことを証明した。

　ここまで，愛知用水と豊川用水を比較しながら述べてきたが，2つの用水の背景や基盤ともいうべき河川環境の違いについて知っておくことは重要である（豊橋市自然史博物館編，2007）。指摘すべき重要な点は，長大な木曽川に対し，豊川は距離の短い川という点である。長さでいえば豊川は木曽川の3分の1であり，流域面積は7分の1にすぎない。これだけの比較なら河川規模の大小にすぎないが，注目すべきは川の水の流れ方の違いである。専門的には河況係数というが，年間の最大流量を最小流量で割った値が木曽川は380くらいであるのに対し，豊川は1,500で全国的にトップクラスである。このことは，上流部で雨が降れば多くの水が流れるが，いったん渇水期になればほとんど川に水がないことを意味する。その理由は地形環境と降雨状況にある。東三河地方は西と北と東に山地・丘陵地があり，太平洋からの湿った空気がこれらに衝突して雨となる。距離の短い豊川に集まった水は一気に下り，三河湾に流入する。急傾斜を流れるため水圧が大きく，連続堤防では流れを抑えることができない。このため，中世の頃から霞堤という不連続な堤防で洪水に対応してきた歴史がある（藤田，2005）（図5-12）。

暴れ川の異名のある豊川は，下流部では1965年に放水路を設けて市街地で水が溢れないようにする対策も講じられてきた。課題は明確で，降雨期に上流域で水を貯め，渇水期にそなえることである。その間，安定的に豊川が流れるようにして，これまで水に恵まれなかった地域にまで用水路を設けて水を送る。

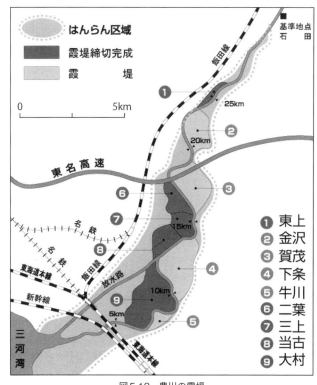

図5-12　豊川の霞堤
出典：国土交通省のウェブ掲載資料（https://www.cbr.mlit.go.jp/kawatomizu/dam_kentou/pdf/shitara_houkokusyo_soan_02.pdf）をもとに作成。

凡例：
はんらん区域
霞堤締切完成
霞堤
0　　　　　5km
基準地点　石田
飯田線
25km
20km
東名高速
名鉄
15km
名鉄　飯田線
東海道本線
新幹線
放水路
10km
5km
三河湾
東海道本線

❶東上
❷金沢
❸賀茂
❹下条
❺牛川
❻二葉
❼三上
❽当古
❾大村

要するに自然流下でただ海に流していた水を資源として貯え，有効に利用する手立てを整える。これが豊川用水に求められた（豊川用水研究会編，1975）。もっとも，規模はそれほど大きくないが，豊川が流れる豊橋平野一帯では古くから用水事業が行なわれてきた歴史がある。時期的に古いのは松原用水で，1567年に徳川家康の家臣であった酒井忠次が橋尾村（現在の豊川市橋尾町）の豊川に堰を築いたのがその始まりである。一方，1888年には山口県出身の毛利祥久(よしひさ)が現在の豊橋市神野地区の新田開発を行なうために，破損していた賀茂用水を拡幅・延伸した。しかし新田開発は1891年の濃尾大地震や1892年の水害で大きな被害を受けた。このため，名古屋の実業家・神野(かみの)金之助がこれを引き継ぎ，のちに神野新田と呼ばれる干拓地を実現した（神

野新田研究会編, 2007)。こうした海岸部での新田開発にともなう用水事業は，尾張地方や西三河とも共通している。

　上流域で雨が降っても貯めるものがなくすぐに海に注いでしまう豊川は，流量の季節変動が大きな河川である。しかし豊川に沿って広がる地域はまだいいとしても，渥美半島のように豊川水系から切り離された地域ではまともな水源がなく，干ばつは日常的でさえあった。半島は太平洋に面する南側の方が標高が高く，小河川はいずれも北へ向かって流れる。それも雨が降った場合であり，水田のうち34%がこうした河川の水を利用していた。ほかには地下水と溜池と天水くらいしかなかった。地下水の量も限られており，ひとつの井戸を40戸の農家が共同で利用するところもあった。渥美半島を含む東三河南部地域には溜池が315か所あったが，そのうちの半数にあたる167は半島の溜池であった。豊川用水の通水以前，渥美半島で利用できた水源は基本的に半島に降った雨のみであり，これが表流水となって小河川に流れたり，地中にしみて地下水になったりした。上流域の平均降水量は2,300mm，平地や半島は1,700mmほどであった。1,700mmの降水量はまったく少ないとはいえないが，問題は農作物の育成時期である夏場に降雨に恵まれないことである。

　豊川用水の通水以前の渥美半島では，風車や撥ね釣瓶によって地下水を汲み上げて灌漑するのが農村の一般的光景であった。その地下水も乏しくなると，米や花卉，大根，キャベツなどの野菜の収穫が見込めず農家は窮乏に追い込まれた。とくに米づくりに水は不可欠であり，干ばつの夏は村をあげて必至に雨乞いをする習慣が昔から続いてきた。たとえば旧渥美町石神地区の場合，南にある小高い雨乞山の頂上の雨乞神社で毎年6月に祈祷するのが恒例であった。女性と子供を除く村人が全員箕や笠を着けてホラ貝と太鼓に合わせて雨乞い踊りを舞いながら雨乞山へ向かった。7日7夜の願掛けで満願になっても雨が降らなかったら，再度山に登って願をかけた。こうした習慣は他の地区でも中世の頃から続いており，厳しい自然環境がいかに人々を苦しめてきたかがわかる。

2．豊川用水事業の原点と遅々として進まない事業の背景

　豊川用水の生みの親といわれる近藤寿市郎は，1934年3月の帝国議会第

65 議会において，「豊橋地方国営開墾建議案」を提案した。近藤は過去にも2回，同じ議案を帝国議会に提案しており，そのときも東三河地方の干ばつ対策のために豊川上流部にダムを建設する必要性を力説した。近藤は豊橋市の高師原，天伯原，渥美郡の細谷原，老津原，百々原，黒川原，比留輪原，亀山原，保美原などの台地平原の地名を挙げ，これらが手つかずの状態で放置されている現状を説明した。棄て置かれているのは台地だけでなく田原湾や福江湾などの干拓地も同じで，いずれも酸性土壌が開発の障害になっていると指摘した。しかし近藤はつづけて，これら広大な土地は水を含めば自ら腐敗が進んで痩せ地から肥えた土地になると説明した。その水源として期待できるのは豊川であるが，現状は神野新田と松原用水が取水し，ほかに水力発電と筏流しに使われているくらいにすぎない。これらの台地や干拓地に向けて灌漑用に回せる水はなく，ひ弱な小松原だけが目に入る残念な状態が続いていると，現状を説明した。

近藤は他地域と比較しながら，いかに現状が残念な状態にあるかを力説した。彼はその中で，1933 年が全国的に豊作の年であったにもかかわらず，東三河の 1 市 5 郡では水不足のため植え付け不能の田が何百町歩もあったこと，たとえ植え付けても枯れて実が出なかったことを例として紹介した。また，同じ愛知県内でも水のあり余る肥沃な尾張地方では平年の何倍かの収穫があったが，東三河の農村では米を買わなければ生活できないほど農家は惨めな状態にあると窮状を訴えた。近藤はまた，大規模国営開墾のための調査は実施したものの緊縮財政を理由に事業を進めようとしない国の姿勢を批判したうえで，西三河の成功例にも言及している。明治用水と枝下用水の完成で「日本のデンマーク」とまでいわれるようになった碧海台地を引き合いに出し，豊川も矢作川のようにすることができると説いた。近藤は東三河の温暖な気候や東西の市場に近い地理的有利性を挙げ，米が余れば蔬菜の栽培で農村をさらに豊かにできるとした。これなどは，渥美半島の現在の状況を予測していたかのような内容である。

近藤の議案説明は過去 2 回と同様，賛同の拍手を誘った。しかしその後も進展はなく，彼は翌年にもまた同じ内容の議案を提出して演説を行なった。都合 4 回も同じ主旨の建議案を連続して訴えるのは異例中の異例であった。

それほどまでに，信念を持って東三河における用水事業の実現を願ったのである。しかし日本は戦時体制への道をまっしぐらに進み，近藤の構想が戦前に日の目を見ることはなかった。東三河の用水事業が実現に向けて動き出すのは，敗戦後の廃墟の中で愛知県経済部耕地課が1946年5月に「大規模開墾計画（豊川用水計画も含む）」を検討し始めたときである。これは1930年と1932年に当時の農林省が立案した内容をもとにしたもので，旧軍用地内の800ha，前芝地先（現在の豊橋市）の200haを含む全体では6,600haを新たに開拓するというものであった。これに既に田や畑になっている耕地を合わせると，1万1,350haに対して水を供給しなければならなくなる。これだけ耕地面積が広いと想定される宇連ダムだけでは十分な水を確保することができない。このため水資源を別のところから補給する3つの案を検討することになった。ここで注目されるのは，3つの案の中に天竜川水系からトンネルを通して豊川に水を補給する案が含まれていたことである

　愛知県はこの案をもとに現地調査を実施し，その結果をふまえて「愛知県渥美・八名・宝飯三郡大規模開墾並農業水利事業計画書」を発表した。計画の関係面積は1万400ha，総事業費は3億円と見込まれた。県はこれと並行して，地元の市町村に対して期成同盟会を結成するよう働きかけを行なった。地元の強い要望がなければ実現がおぼつかないからである。県からの働きかけを受けて，早速，豊橋市役所に事務局を置く東三地方（東三河地方の意味）開発期成同盟会が結成された。同盟会が発足したので改めて調査を行なったところ，事業費が21億6,000万円にも膨れ上がることが判明した。このためこれを半減し計画案を変更することになった。その方法は，上流域で水を集める経路の見直しや，宇連ダムの位置と規模の再検討である。大野頭首工の位置とそこから延ばしたトンネルの先で分岐する東西幹線水路の配置も決められた。伊良湖岬の先まで届く総延長90.5kmの水路建設計画が，近藤寿市郎の構想から四半世紀の時を経てようやく姿を表した。

　農林省が作成した原案が公表されると，早速，地元から取水点を三輪川ではなく寒狭川下流にすれば，受益地が約3倍に増大するという意見が寄せられた。しかしそのためには牟呂・松原両用水の水利組合の同意が必要であり，また寒狭川の水量は十分ではないため上流部に新たなダムをつくらなければ

ならない。結局，この意見は採用されず，大野頭首工の位置を上流 1km 地点に変更する点だけが認められた。こうして地元民も納得する計画案となったが，たとえこの案を国に示しても認められるような財政状況ではなかった。このため愛知県は工事を 2 つに分け，工事費の少ない天竜川水系の流域変更と西部幹線水路を第 1 期工事とし，宇連ダム建設などは第 2 期工事として行なうことにした。

　しかしこうした工事費分割の工夫にもかかわらず，敗戦後の物価高騰に対応するにはさらに工事費を圧縮しなければならなかった。そこで提案されたのが水田灌漑の一部を畑地灌漑に変えて水需要を抑えるという案で，2,400ha が田から畑に変えられた。これと合わせて水源施設と幹線水路の事業計画も見直された。これには 3 つの案が検討されたが，天竜川水系の流域変更で静岡県側の同意が得られそうにない案や，宇連ダムのほかにさらに溜池を設けるという案は採用されなかった。同意が得られそうな天竜川水系からの流域変更と宇連ダム単独の貯水による案が採用された。問題は，その宇連ダムをいかに水没地域に住む人々に受け入れられるようなかたちで建設するかであった。用地買収は簡単ではなかったが，住民の農業経営と林業経営の現況を勘案し，水没する山林の代わりにダム上流の国有地を代替地として払い下げることで折り合いをつけることができた。半年間に及ぶダム建設反対者との間の対立状況は，水没林の代替地として国有林を充てるという全国で初めての方法で解消した。

3．県をまたぐ総合開発計画案から公団事業への移行

　「雨だれ予算から特別会計への移行」と「農業水利事業から総合水利事業への移行」，これが豊川用水事業の進捗状況を的確に言い表している。雨だれ予算とは，1949 年 9 月に宇連ダム建設が着工されて以降，細切れ式に予算は付けられたが，事業が一向に進まなかったことをいう。それから 9 年が経過した 1958 年に一般会計から特定会計へ切り替えられたのを契機に，事業はようやく動き出した。また後者は，農林省が行なってきた農業利水事業が愛知用水公団による総合的な水利事業へ移行したことである。ともに移行という点に共通性があるが，行政の制度や組織が時代の流れに合うように変

わらなければ，事業は絵に描いた餅にすぎず，前には進まないことを物語る。当初は一地方の農業用水の建設計画が，隣県も巻き込む多角的な用水事業へと変貌していった過程を見ることができる。

　さて，1949年は豊川用水の工事元年といわれた年である。国は豊川農業水利事業を国営事業として許可し，新城町（現在の新城市）に豊川農業水利事業所（現地事務所）を設置した。ただし，ダム建設にともなう水没家屋や水没山林・農地の所有者との協議は暗礁に乗り上げたままで，現地事務所の開設は事実上の「見切り発車」であった。このときの事業費総額は18億円で，受益地域は東三河の2市4郡25町村に及んだ。受益面積は1万468haで，このうち4分の1にあたる2,414haが畑地灌漑であった。宇連ダムは当初案より高く54.5mになり，有効貯水量も1,855万㌧に引き上げられた。不足する流量を確保するために，原案通り，天竜川の支流である振草川と神田川から豊川へ導水することになった。主要水路延長距離は125.8kmで，このうち導水路は5.3km，渥美半島に向かう東部幹線水路は90.5km，蒲郡方面への西部幹線水路は30kmであった。着工に先立ち1949年に土地改良法が制定されたため，豊川農業水利事業も手続きが必要となった。土地改良事業の手続きを申請したのは，2市4郡の1万1,750人であった。

　こうして工事の全容が固まったため，1950年12月18日に豊橋中央公民館（現在の豊橋市公会堂）で豊川用水の起工式が挙行された。農林大臣をはじめとする500名の出席者は，地元民が多年にわたって待ち望んできた用水建設事業がいよいよスタートすることを喜んだ。しかし起工式は盛大に行なわれたものの地元民の喜びは持続しなかった。その後も事業が一向に進まなかったからである。期成同盟会のメンバーは繰り返し農林省や愛知県庁に足を運び，予算の増額や工事の促進を訴えた。

　宇連ダムの本格的工事は起工式から2年遅れて1952年から始まった。宇連ダムで賄えない水量を補うために天竜川水系の静岡県側と折衝しなければならず，このため1950年4月に愛知・静岡両県の責任者が犬山市で会談することになった。会談は無事行なわれ，愛知県側が天竜川支流の大千瀬川から基準を守って分水することに静岡県は同意し，覚書が交換されたた。興味深いのは，このとき天竜川に建設が予定されていた佐久間ダムの用地買収で

愛知県に関わる分については愛知県が解決に協力するという取り決めが成立したことである。複雑に入り組む県境をまたいで行なわれた2つの水資源開発で両県はトレードオフに似た関係にあった。

　一向に事業が進まない中で，愛知県は1951年5月に豊川農業水利事業を中核として特定地域の指定を受けるため「東三河総合開発事業計画書」を建設省（当時）に提出した。これは，敗戦後の国土復興のために国が制定したいくつかの計画の中でも，特定地域総合開発計画がとくに注目されていたからである。地域を限定して資源開発を進めるという計画の意図に愛知県は魅力を感じた。これと同じ思いは静岡県と長野県にもあり，3県は天竜川地域，上諏訪地域をそれぞれ開発対象として国に開発計画を申請することになった。隣り合う3つの県から連続する地域の開発計画が提出されたら，国としても斟酌せざるを得ない。1951年12月に国が選んだ19の特定地域の中に天竜東三河特定地域が含まれた。静岡県庁に事務局が設置された天竜東三河地域地方総合開発審議会において，佐久間発電所建設や豊川放水路開削などが審議されることになった。

　国の特定地域総合開発計画に採用されたことは，事業の前進とともに事業内容の総合化を意味する。農業以外の他産業とくに工業の振興が東三河では喫緊の課題であり，そのために事業の性格を変える必要があった。こうした変化は宇連ダムの規模拡大や受益面積の拡大を求める動きにつながった。貯水量の増大と幹線水路の高さを高くしてより遠くまで水を流せるようにという要望である。さらに，これまで東三河のみを想定してきた水の供給先が，浜名湖西部地域にまで拡大された。県をまたがる総合開発計画ならではの展開である。こうして1954年6月に天竜東三河特定地域総合開発計画は閣議決定された（川名，1954）。これは豊川用水開発事業の第一次変更といえるものであり，このあと4年後の第二次変更を経てさらにその先へと進んでいく。

　第二次変更のきっかけは，1957年4月に「国営土地改良事業特別会計法」が制定されたことである。これは国が行なう土地改良事業を一般会計から特別会計に切り替えることを目的とした。この制度変更を見逃すはずはなく，豊川用水土地改良区と期成同盟会は適用事業に指定されるよう陳情活動を開始した。陳情活動の効果は早速現れ，豊川用水事業は翌年から工事期間を7

第5章　愛知用水，明治用水，枝下用水，豊川用水の事業

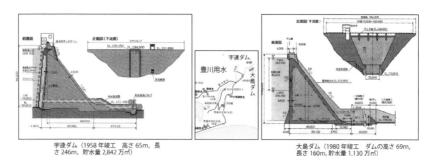

図5-13　　豊川用水の宇連ダムと大島ダム
出典：ダムの書誌あれこれのウェブ掲載資料（http://damnet.or.jp/cgi-bin/binranB/TPage.cgi?id=643）
をもとに作成。

か年とする特別会計に組み込まれることになった。早期完成への特急券を手
にしたのである。こうして事業進捗のスピードは増したが，いくつか調整す
べき内容は残されていた。宇連ダムで不足する水量を佐久間ダムから取水す
ることは第一次変更で了解されていた。しかし問題は分水の量で愛知県と静
岡県の内容に違いがあった。このため農林省や経済企画庁が調整に乗り出し，
関係者の間で検討を行なった結果，1957年1月に内容がまとまって覚書を
交わすことになった。第二次変更案を農林省が承認したのは1958年1月で
ある。

　豊川用水のシンボルともいえる宇連ダムは1958年12月に竣工した（図
5-13）。これで上流部の貯水施設は完成したが，途中で取水する頭首工の建
設や幹線水路の用地買収は手つかずのままであり，さらに時間を要すること
になる。大野頭首工は1958年3月に着工した。着工の時期が予定より1年
遅れたのはやはり用地買収に手間取ったからである。ダムと頭首工がどうに
か姿を現そうとしていた1960年頃，尾張地方で進められてきた愛知用水が
完成に近づきつつあった。公団事業として行なわれてきた愛知用水が完成す
れば，そこで関わってきた人材や機材がつぎに生かせる場がなくなる。これ
をチャンスとして豊川用水が人材，機材，建設ノウハウなどを受け入れれば，
一気に事業は前へ進む。このようなシナリオが国や地元で語られるようにな
り，豊川用水事業を愛知用水公団の事業に移管するレールが敷かれていった。
しかしそのためには諸々の手続きが必要である。国会審議を経ての法案の制

定はもとより，愛知用水へ資金を融資していた世界銀行に対しても，公団が豊川用水の事業を引き継いでも何ら影響のない旨，了承をとる必要があった。

1961年7月，愛知用水公団は農林省の依頼により，公団法改正にともなう施工対象区域の愛知・静岡両県16市町村において事業実施計画を公表し，縦覧できるようにした。これは，農林省が施行中の事業を公団に引き継ぐという前例のない事業施工方式の変更だったため，とくに行なわれたものである。その前の月には，豊橋市内で事業実施計画（案）に関する事前説明会が開催された。説明会には農業従事者を中心に800名以上の人が集まり，熱心に質疑応答が行なわれた。その中に，上水道・工業用水が通水したら，牟呂・松原用水にも負担を求める件に関する質問もあった。公団は事業を引き継ぐにあたり，既得水利権を有する牟呂用水と松原用水の取水口は一緒にする必

図5-14　豊川流域圏と豊川用水幹線水路

出典：国土交通省のウェブ掲載資料（https://www.mlit.go.jp/river/toukei_chousa/kasen_jiten/nihon_kawa/0506_toyokawa/0506_toyokawa_03.html）をもとに作成。

第5章　愛知用水，明治用水，枝下用水，豊川用水の事業

要があると考えていた。上流部で県を越えてまで補う貴重な水資源であることを考えると，水は水系一貫計画を立てて有効に利用しなければならない。こうした方針に対して松原用水土地改良区から異議が出されたが，2年半に及ぶ協議を重ねた結果，牟呂・松原両用水の取水口は一本化されることになった。

　1961年9月15日，豊川用水の事業実施計画は法的手続きを経て最終的に確定した。確定案を農林省が所管していた頃の第二次変更案と比べると，全体的に規模が大きく総合的になっていた。同じ年の9月30日には完成した愛知用水の通水式が木曽川の兼山取水口で挙行された。構想が愛知用水より四半世紀もまえであった豊川用水が，愛知用水の完成時にようやく東幹線水路工事に一部着工したというのは皮肉である。ここからさらに7年を経て1968年5月30日に，豊川用水の完工式が大野頭首工で行なわれた（図5-14）。参列者の中に近藤寿市郎の姿はなく，愛知県知事，愛知用水公団理事，静岡県知事の顔があった。それはまた豊川用水実現までの紆余曲折の過程を見るような光景であった。こうして豊川用水の初期の事業は終わった。しかしこれで事業がすべて終わったわけではなく，水需要増大に対応するための大島ダムの建設（1980～2001年）や第二期事業（1999年～）の実施など，さらに完成形に向けて事業は続けられていった（太原，2002）。

カナダ，チェコ，日本における
河川による木材輸送

第1節　ハドソン湾会社の毛皮交易とオタワ川の筏流し

1．ハドソン湾に流入する河川流域を支配した毛皮交易会社

　北アメリカ・オンタリオ湖に面するトロントのユニオン駅前から北に向かってヤング・ストリートという道路が延びている。この道路は距離が1,896kmもあり，世界で一番長いストリートとしてギネスブックに登録されている。名前の由来は1780年代から90年代にかけてイギリスの陸軍長官を務めたジョージ・ヤングに因む。トロント随一の繁華街であるヤング・ストリートの1本西側にベイ・ストリートという街路がやはり北に向かって延びている。長くはないがヨークビルあたりまで続いており，都心部の主要街路を構成する。ちなみにヨークはトロントがオンタリオ湖畔の小さな町であった頃の名前であり，歴史的街区がどのあたりまでであったかを示す。ベイ・ストリートのベイ（湾，bay）とはハドソン湾のことであり，カナダ北部の北極海に近い湾である。なぜトロントから北に800kmも離れた湾の名前がついた街路がここにあるかといえば，この湾を拠点としてかつて毛皮交易をしていた会社すなわち Hudson Bay Company がカナダの初期の歴史上において重要な役割を果たしたからである（Bryce, 2000）。ザ・ベイと略称されるこの毛皮交易会社はさすがに現在は毛皮は取り扱っていないが，カナダで唯一のデパートとして存続している。Hudson's Bay あるいは The Bay と大きく社名を掲げたデパートがトロントはもとより全国に展開する。先に述べたトロントのベイ・ストリート沿いにある Hudson's Bay は同社の旗艦店舗でもある。

　カナダがまだイギリスの植民地であった頃，植民地内で取れる資源が唯一カナダから輸出できるものであった。交易の初期段階では資源の中でもあまり嵩張らず軽くて値の張るものが取引の対象になりやすい。移動手段として頼りになるのは舟運であり，とくに内陸部では河川の流れが輸送手段として最適であった。いったん海岸に出れば，あとは外用船に積み替えて市場へ向けて運んでいく。熱帯の植民地からヨーロッパへ胡椒やコーヒーなどが運ばれたのとは異なり，寒冷地の多いカナダでは植物由来の資源は期待できない。そこで目をつけられたのが小動物の毛皮である。アメリカではバイソンとい

う野生の牛が狙われ，ヨーロッパから来た狩猟者によって大量に捕獲され，交易品として運び出されていった。この場合も基本的にはヨーロッパ人，あるいは北アメリカに定住するようになった人々が求めた動物の毛皮に対する欲求がベースにある。遠い距離を危険を犯して運んでいっても，十分利益が得られるほどの価値があった。

　カナダにおける毛皮交易は，当初はフランス人と先住民との間で友好的雰囲気の中で行なわれていた。タラ漁目的で大西洋を渡ってきたフランスの漁師が，先住民が身につけている毛皮に見とれ，鉄製の斧と毛皮を1対1で取り替えたのが最初であった。ヨーロッパでは毛皮1枚は10本の斧に相当したため，毛皮を持ち帰れば大きな利益が手に入ると考えたのも無理はない。フランス人はケベックシティを足がかりにしてセントローレンス川を遡上しモントリオールに達した。彼らが入植した地域はニューフランスと呼ばれ，その当時は毛皮交易が地域経済の大半を占めていた。ケベックシティからモントリオールへはフランスからもってきた物資を小舟で運び上げ，帰りは毛皮を積み込んでセントローレンス川を下った。フランス人はモントリオールからさらに西に向かい，スペリオル湖周辺でも毛皮を集めるようになる。この頃，毛皮交易に乗り出していたのはフランス人だけでなく，イギリス人，オランダ人も加わっていった。ヨーロッパのどの商人を相手に交易するかをめぐり，毛皮を集める先住民の間でも争いがあった。

　毛皮交易のうまみをめぐって激しく対立したのはフランス商人とイギリス商人であった。あとから毛皮交易に参入したイギリスは，交易を希望する商人に対してハドソン湾に流入するすべての河川の流域で活動する許可を与えた（図6-1）。ちなみにハドソン湾という地名は，1610年にイギリスの東インド会社からの依頼を受けて探検を行なう途中にこの湾を発見したイギリスの航海士・ヘンリー・ハドソンによる（Hunter, 2009）。彼の探検の目的は北大西洋を回ってアジアへ抜けるルートを見つけることであった。ハドソンはこの湾を発見する1年前に，オランダの東インド会社の依頼を受けてアメリカ東海岸周辺を航海し，やはりアジアへのルートを探している。そのとき，彼の名前に因んで名付けられることになるハドソン川を遡上した。しかし，いくら進んでも先は細くなるばかりで通り抜けられないことを悟る。当時はま

第6章　カナダ，チェコ，日本における河川による木材輸送

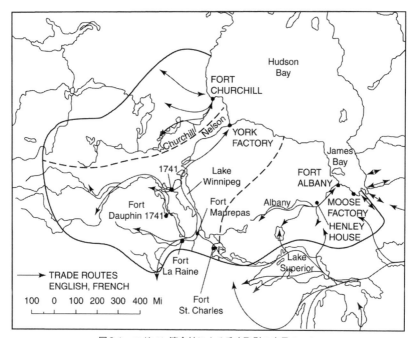

図6-1　ハドソン湾会社による毛皮取引の交易ルート
出典：Pinterest のウェブ掲載資料（https://www.pinterest.jp/pin/560627853595220981/）をもと
に作成。

だ大陸ではなく多くの島からなっていると考えられていた。ハドソン川の河
口付近すなわち現在のニューヨークは，ニューアムステルダムと名付けられ
た。その先に浮かぶマンハッタン島は，現地語で丘の多い島を意味した。

　毛皮交易をめぐるフランスとイギリスとの間の競争は，カナダで両国が戦
争を行なったことで大きく変化する。それまでニューフランスと呼ばれてい
た地域が，1763 年以降はこの戦争に勝利したイギリスの領土となったから
である（Anderson, 2000）。フランス人の商人はモントリオールでの権益をイ
ギリス人の商人に渡した。権益を引き継いだイギリス商人は独立系の北西会
社という名の毛皮会社を設立し，ハドソン湾会社との間で競争するように
なった。イギリス王の後ろ盾を武器に独占的に毛皮交易をしてきた会社に対
する挑戦である。両者は殺人も含む激しい抗争を繰り広げた。しかし，イギ
リス人どうしが無益に競うより一緒になって規模を大きくした方が得策とい

うことになり，1821年にハドソン湾会社が北西会社を吸収・合併した。合併後のハドソン湾会社は，さらなる毛皮を求めてカナダ西方へと進出していく。

ところで，毛皮交易という言葉を聞くと，ヨーロッパの商人が先住民と直接会って取引をするというイメージが思い浮かびやすい。しかし実際はこれとはやや異なっており，両者の間に仲介者がいてはじめて取引が成立した。ヨーロッパ人と先住民との間に生まれた混血のメティスが，仲介役を果たしたのである。メティスの多くはフランス人との間の混血であったが，イギリス人との間にも混血はいた。彼らはバイリンガルで現地の事情にも詳しいため，商人を案内したり毛皮を集めて運んだりする労働に就いた。メティスの存在抜きでは毛皮交易は成り立たなかった（Jackson, 2007）。

メティスは植民地時代のカナダにおいて，フランス人どうしやイギリス人どうしの間で生まれたカナダ人とは異なるメンタリティをもっていた。ヨー

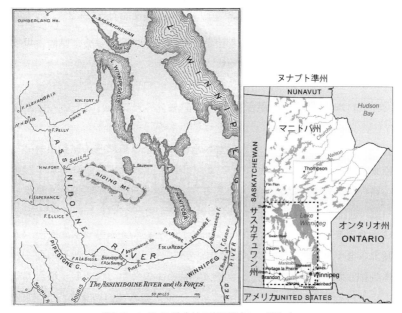

図6-2　ハドソン湾会社の交易拠点レッドリバー
出典：Wikiward のウェブ掲載資料（https://www.wikiwand.com/en/Assiniboine_River_fur_trade）をもとに作成。

第6章　カナダ，チェコ，日本における河川による木材輸送

ロッパから流入した移民たちの意識とも異なる。つまりそれぞれ異なるメンタリティやアイデンティティの人々が共存していた。それまで特定の居住地をもつことのなかったメティスは，ハドソン湾会社が西方に進出して各地に交易拠点を設けるようになり，現在のマニトバ州あたりのレッドリバー一帯に定住するようになった。レッドリバーは先住民が集めた毛皮をヨーロッパから運んできた日用品と交換する主要交易拠点のひとつであった（図6-2）。カナダ西部からハドソン湾にかけて網の目のように広がる河川が毛皮や日用品を輸送する交通路であった。ハドソン湾会社は採取できる毛皮の不足と需要の落ち込みにより継続が困難になった。1869年，イギリス国王はハドソン湾会社が支配してきたルパーツランドを，その2年まえに建国したカナダ連邦に売却するための交渉役を果たした。こうして毛皮交易会社としてのハドソン湾会社は消滅した。

2．カナダ東部・オタワ川における筏流しによる木材輸送

　カナダの毛皮交易がそのピークを過ぎて下り坂に向かいかけていた18世紀末から19世紀初頭にかけて，毛皮に代わる新たな輸出用資源が登場してきた。その現れ方はある種ドラマチックなもので，イギリスとフランスの間の戦争がきっかけであった。英仏間の対立は，カナダを舞台に繰り広げられた毛皮交易においてもあった。しかしこの場合は植民地ではなく，本国つまりイギリスが国を挙げてナポレオン率いるフランスと戦う戦場においてである。ただし戦場といってもそれは海戦の場においてであり，イギリスはナポレオンが1806年に下した大陸封鎖令に対してその対応に苦しんでいた。というのも，それまではスカンジナビア方面から船舶建造用の木材を輸入してきたが，大陸封鎖令によってバルト海の航行を阻止されたため木材が思うように手に入らなくなったからである。そこで白羽の矢が立ったのが北アメリカ産の木材であった。軍艦ばかりでなく植民地経営に必要な輸送船なども建造する必要があったが，マストを支えるにはシロマツ，甲板にはカシの木が望ましかった。

　当時，北アメリカではオハイオの北のミシガン周辺やトロントの東のトレントあたりに良材があるとされていた。しかしシロマツの質の高さからオタ

ワ川渓谷一帯が最良という評価が高かった。木材の質の高さもさることながら、オタワ川がセントローレンス川の支流であり、最後はケベックシティに通じているという運搬のしやすさが決め手になった（Legget, 1975）。イギリスは、アメリカの独立によってニューイングランドの木材が取り扱えなくなった自国の商人たちに、イギリスに帰国せずただちにケベックに向かうように命じた。当時、イギリスは輸入材に関税を課けたが、植民地カナダからの輸入には特別の扱いをした。これは木材商人たちにとって有利な条件である。商人たちは早速ケベックシティに拠点を定め、木材の輸出にとりかかった。

　オタワ川を使って最初に木材をケベックシティまで送り届けたのは、ニューイングランド出身のフィレモン・ライトであった。フィレモン・ライトに率いられた入植者は、当初、オタワ川一帯で農業を始めるため森林を伐採した。切り倒された丸太は暖房用に燃やしたり、住居や納屋を建てたりするために利用した。ところが1806年、ケベックシティから丸太を7月末までに送るように依頼があったため、これに応じることにした。農業以外からの収入は魅力的であった。6月はじめに準備を整えオタワ川河畔のガティノウで筏に仕立てた。筏にはコロンボという名前をつけた。オタワ川で丸太を流す試みはこうして始まったが、コロンボは思うようには流れず、筏流しは予想以上に難しいことがわかった。筏は4回も崩れ、そのたびに組み立て直さねばならなかった。結局、予定を大幅に遅れ8月にケベックシティに着いたが買い手が見つからず、11月末まで待たされた。まさにこの月に、ナポレオンは大陸封鎖令を出した。ケベックシティで待たされている間に、フィレモン・ライトは木材を丸太のまま流すのではなく、四角い状態にして筏に組むのがよいということに気づいた。このアイデアはその後の輸送方法に大きな影響を与えることになる。

　森林で切り倒された状態の丸太と、丸太の四隅を取り除いて四角柱にした木材を比べると、嵩は30％ほど減少する。取り除かれた端材は邪魔で火災の原因にもなる恐れはあるが、買い手からは歓迎された。何よりもオタワ川を下るさい、取り扱いがしやすいという利点がある。四角柱の角材は隙間なく横に並べたり積み上げたりすることができるため、全体をまとめてロープ

第6章　カナダ、チェコ、日本における河川による木材輸送

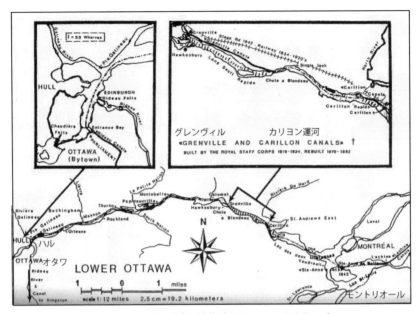

図6-3　オタワ川下流部の流路（オタワ～モントリオール）
出典：The ICO, Booms and Culbute Ship Canal のウェブ掲載資料（http://hwtproject.ca/lumbering/the-ico-booms-culbute-ship-canal/）をもとに作成。

で固定すればぐらつくことなく運ぶことができる。その形状からベビーベッドと呼ばれた立体的な筏が標準となり，オタワ川からモントリオールを経由してケベックシティまで送られていった（図6-3）。こうした筏がオタワ川から流される前段階として，まず支流から丸太の状態で本流へ送られる。支流の中には川幅が極端に狭かったり，流れが速かったりするところがある。職人は竿を手にして流れにくい丸太を押したり，流れる道を探して誘導したりする。支流から本流へ丸太を送るのは雪解けで水嵩が増す春先と決まっていた。

　当初は滝があって流れが急な箇所や岩肌が露出して通りにくいところでは苦労が絶えなかった。1829 年に現在のハル（オタワの対岸）に木材を滑らせる設備が設けられた（Lee, 2006）。設置したのはオタワ川で最初に丸太流しを始めたフィレモン・ライトの息子であった。これをきっかけに流れが急な箇所ではこうした設備が設けられるようになり，中にはジョージ・ブライソ

ンのように有料で施設を使わせる者まで現れるようになった。1826年には
オタワとオンタリオ湖に近いキングストンの間を連絡するリド運河が設けら
れた。この運河を利用すれば，よりスムーズにより遠くの市場へ木材を送る
ことができる。オタワ川で始まった木材の川流しも，次第に輸送技術が向上
し，重労働ではあるが，ある種のエンターテイメント的雰囲気を帯びるよう
になった。このことは，1860年にイギリスからエドワード皇太子がオタワ
を訪れたさい，筏流しを自ら体験したことからもわかる。筏によるレガッタ
競争など，スポーツ観戦気分で川辺に多くの見学客が集まることもあった。

　19世紀中頃になると，ニューイングランドの森林資源が枯渇するように
なり，ニューヨークやボストン方面から木材を求める動きが強まった。イ
ギリス向けとは異なり，アメリカ市場では四角柱の木材ではなく，製材さ
れた木材が求められた。このためオタワ川周辺で製材所を設ける動きが生ま
れ，その中にはアメリカから来た業者が資金を投じて始めるケースも少なく
なかった。滝に近い急流地点に製材所が設けられたのは，水力が機械を動か
すのに好都合だったからである。さらに水力発電機を設置して電動の製材機
を使用する業者も現れるようになった。ニューヨークやボストンへの木材輸
送は，リシュリュー川とシャンプレーン湖を経由して行なわれた。すでに鉄
道が敷かれていたので，それを利用することもできた。高まる木材需要に応
えるには製材装置の能力を高める必要があり，製材の高速化，動力アップ，
水車の改良などさまざまな技術革新が進められた。その結果，1858年から
1871年にかけて製材産出量は10倍に増加した。

　19世紀も末期に近づくと，出荷用木材をいかに効率的に送り出すかが課
題になってきた。製材された木材は次々に積み上がっていくため，これを滞
ることなく運び出さなければならない。そこで登場したのがバージ・ビルディ
ング業である。これは河岸にあって木材を川船に積んだり，川に浮かべた筏
を川船が牽引できるようにしたりする施設を建設・管理する企業である。オ
タワ川の支流では依然として人が筏を操ることもあったが，本流では川船が
大きくまとめた木材を輸送する形態へと変化していった。1892年にはこれ
までバラバラに行なわれていた木材輸送業務がオタワ輸送会社として一本化
された。製材が盛んに行なわれたハルでは製材所の火事が1875年，1880年，

1888年と立て続けに起きた。最後の大火を潮時に，やがて製材の中心は北へと移動していった。跡地にはパルプやチップなど製紙用原料を生産する工場が建った。100年近くオタワ川の渓谷一帯で繰り広げられた木材の川流しの歴史はこうして終わりのときを迎えた。

第2節　チェコにおける筏流しと運河による木材の輸送

1．ブルタバ川の筏流しの拠点チェスキークルムロフ

　ボヘミアとは，現在のチェコの西部から中部にかけての地域をいう歴史的地名である。古くはより広くポーランドの南部からチェコの北部にかけての地方を指した。西はドイツで，東は同じくチェコ領であるモラヴィア，北はポーランド，南はオーストリアである。そのボヘミアの南部において森林で伐採した木材を川に流したのは，12世紀初頭が最初といわれる。しかしブルタバ川で木材を流したという文献上の記録は，1366年にカール4世が川に堰を設けて税を徴収するように命じたときに初めて現れる。カール4世は神聖ローマ帝国の皇帝であり，ルクセンブルク家の第2代皇帝にしてローマ王であり，ボヘミア王カレル1世としても知られる。

　16世紀になると，ブルタバ川の上流部では木材を束ねて流し，中流部や下流部では筏に組んで流すようになった。建築用の木材，あるいは塩や日用品と交換するための木材に対する需要が高まるにつれ，ブルタバ川やルジュニツェ川，オタヴァ川の流域に暮らす人々は筏流しに関わる仕事に従事するようになった。なおブルタバ川（全長435km）はドイツとの国境に近いシュマバ山脈南部に源を発しており，ボヘミア地方のほぼ中央を北流してプラハを経てエルベ川に合流する。また，ルジュニツェ川（全長204km），オタヴァ川（全長112km）はともにブルタバ川の支流であり，前者は右から後者は左から合流する。

　1562年にチェスキークルムロフがブルタバ川で最初の筏を組むために木材を集める場所として選ばれた（図6-4）。チェスキークルムロフは，13世紀後半に町と城の建設が始まり，最初はボヘミアの有力貴族であったローゼン

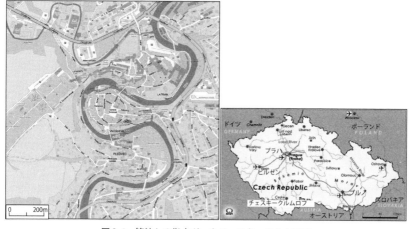

図6-4　筏流しの拠点だったチェスキークルムロフ
ORANGE SMILE のウェブ掲載（http://www.orangesmile.com/travelguide/cesky-krumlov/high-resolution-maps.htm）をもとに作成。

ベルグ家の所有であったが，財政破綻で 1601 年に神聖ローマ帝国の皇帝ルドルフ 2 世の手に渡った。その後，持ち主がつぎつぎに変わり，第二次世界大戦後は社会主義体制のもとで荒廃状態におかれた。1989 年のビロード革命以降，町の景観の歴史的価値が再認識され，建造物の修復が急速に進められて町はかつての美しさを取り戻した（Richardson, 2020）。1992 年にはユネスコの世界遺産（文化遺産）に登録された歴史観光都市である。クルムロフとは，ドイツ語由来で「川の湾曲部の湿地帯」を意味し，チェスキーはボヘミヤの古い言い方である。実際，この町はブルダバ川が極端なほど湾曲する場所にあり，まるで中洲のようになった土地の上に築かれている。

　このような歴史をもつチェスキークルムロフでは，1575 年に土地や建物に関係なく自由に水上利用ができるようになった。盛んに行なわれるようになった筏流しはギルド制度にしたがって実施された。ギルドの守護神として崇められたのが，聖プロコピウスと聖ニコラオスであった。その後，1618 年に 30 年戦争が起こり，筏流しにも影響が及んだ。30 年戦争とは，ボヘミアを支配していたカトリック勢力に対してプロテスタントが企図した反乱をきっかけに，多数の国を巻き込む勢力拡大や覇権抗争にまでなった国際戦争である。大きな混乱を経て，古くから唱えられてきたブルタバ川とドナウ川

を水路で結ぶ構想が再び登場してきた。この間，水路をめぐる制度や法律が整備されてきたことが背景にあり，ブルタバ川の上流域では下流方面ではなく，山地を越えてドナウ川方面へ輸送すれば，木材を安く供給できることがいわれるようになった。ドナウ川沿いにはウィーンがあり，大量の木材需要が見込まれた。こうした構想は，1787年から1789年にかけて建設されたシュワルツェンベルク運河によって実現した。ただし，途中のジェレニ・トンネルが完成するのは1821年であり，全体では30年近くを要する事業であった。水路を設計したのはヨーゼフ・ローズナウアーで彼はほかにも水路建設を手掛けた。ブルタバ川の難所といわれた「悪魔の壁」の河床改良にも取り組んだが，未完に終わった。

　ブルタバ川の上流部では，それまで木材に課せられた税金が1821年に免除になったのをきっかけに，ボヘミヤ南部から隣国ドイツのザクセン地方への木材輸出が増加した。林業経営を行なっていたシュワルツェンベルク家は過剰な木材輸出で木材資源が枯渇するのを恐れ，ザクセン流の育林に力を入れた。トウヒの森林を増やしたのは，建築材として人気があり高値で売れたからである。1850年，シュワルツェンベルク家はオーストリアとの国境に近いヴィシュシーブロトからプラハまで4,200㌧の木材を筏で流している。1856年と1859年には木材を流しやすいように河床を平にする事業を行なった。これにより1882年にはブルタバ川の上流部からプラハまで100万本の木材が川流しされた。図6-5に示すように，チェスキークルムロフからプラハまでブルタバ川は直線に近い流路をとる。プラハまでがブルタバ川の集水域であり，それから下流部はエルベ川の集水域となる。起点のチェスキークルムロフでは6つの筏をつなぎあわせ120mくらいの長さにして流すのが一般的であった。筏流しは1年間で120～150日間にわたって行なわれ，1日に2回下る。1903年の場合，プラハまで280回にわたり，総数で1,655の筏が流された。

　ブルタバ川で筏を操るには許可証を必要とした。許可証を得るには実技の試験を通らなければならなかった。筏乗りとして認められると木材輸送の仕事に就ける。ヴィシュシーブロトからプラハまで筏を操りながら8日間かけて仕事をこなし，金貨23，24枚を収入として手にすることができた。親

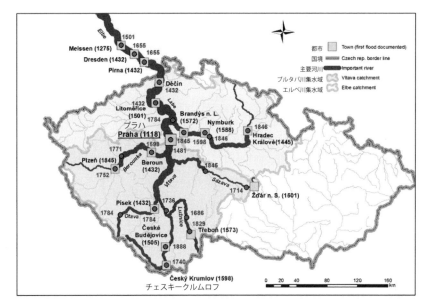

図6-5　ブルタバ川の流域

出典：researchGate のウェブ掲載資料（https://www.researchgate.net/figure/The-Vltava-River-catchment-The-major-tributaries-and-sites-with-records-of-historic_fig3_307823803）をもに作成。

子の筏乗り師もおり，82歳まで現役で最後は事故で命を落とした者もいた。ブルタバ川での筏流しが最盛期を迎えたのは，19世紀の後半である。鉄道が導入されて川下りによる木材輸送は減少の道をたどった。第一次世界大戦が終了すると大きな不況に見舞われ，筏流しは少なくなった。そしてついに1947年に最後のときが訪れ，それ以降は1960年頃まで局地的な範囲で行なわれた。1971年5月にブルタバ川の最後の筏による川下りを記録に残すためにテレビの取材が行なわれ，プラハまで3日間，20のセクションを通過して下る行事が行われた。しばらく筏流しが行なわれていなかったため川床の状態は良くなかった。それでも長さ120mの6つの筏が流れていく様子を川岸や橋の上から見守る人も多く，ブルタバ川における筏流しの昔を偲んだ。

2．シュワルツェンベルク運河を使った木材の輸送

　前項でも触れたように，ボヘミアの中央を北に向かって流れるブルタバ川はエルベ川に合流して最後はバルト海に至る。しかしこの川の最上流域はド

ナウ川流域に接しており，2つの本流の間の距離は90kmほどでしかない。このあたりからドナウ川を少し下ればオーストリアのウィーンに行けるし，さらにハンガリー，ルーマニアなどを経由して黒海方面にも到達できる。ライン川とその支流であるマイン川を介してドナウ川とを結ぶライン・マイン・ドナウ運河（全長171km）は，8世紀頃からその建設構想があった（田中，1996）。しかし実現したのは1992年であり，これによって北海と黒海はようやく結ばれた（図6-6）。ところがその200年近くまえに，バルト海と黒海はブルタバ川とドナウ川を連絡するシュワルツェンベルク運河によって結ばれていた。もっともこの運河は木材輸送を目的につくられたものであり，ライン・マイン・ドナウ運河のような大規模なものではない。

　ブルタバ川とドナウ川の間に運河を設ける構想は，カール4世の時代，14世紀中頃に生まれた。しかしすぐには実現せず，ようやく18世紀になって実現の可能性が生まれてきた。当時は木材が不足気味で高値が続いていた。

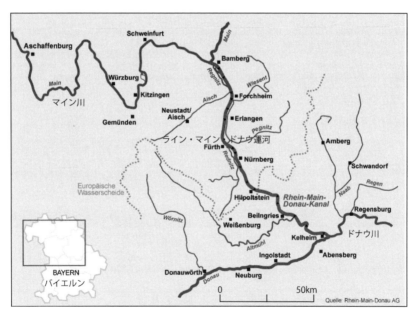

図6-6　ライン・マイン・ドナウ運河
出典：BR.de のウェブ掲載資料（https://www.br.de/nachricht/rhein-main-donau-kanal-132.html）をもとに作成。

川と流域の地理学

ボヘミア南部は森林資源に恵まれていたが，簡単には近づくことができなかった。木材を輸送するには道路よりは水路のほうが断然優れており，当初から木材輸送専用の運河として構想された。その意味ではかなり特殊な水路であり，船が行き来する運河というよりむしろ木材を送り流す水路といった方がより適切である。現在のチェコ，ドイツ，オーストリアの国境に位置するベーマーの森と呼ばれる山地は，いずれの国からのアクセスにも恵まれない。この山地一帯に茂る森林から木材を伐採してウィーンまで輸送すれば，その後は広範囲にわたって木材を送り届けることができる。運河の設計を担当したのはチェスキークルムロフを拠点とするシュワルツェンベルク家の技術者ヨーゼフ・ローズナウアーである。

　ブルタバ川の支流であるスベルタ川の上流付近でつながったシュワルツェンベルク運河は，オーストリアを流れるミュール川と連絡するように構想された。1779年，当時，シュワルツェンベルク家の当主であったヨハン・ジョージ・アイセンは，この運河建設計画を許可した。しかし実際に工事が始まるまでには10年ほどの時間を要しなければならなかった。ベーマーの森からウィーンへ木材を送り出すには皇帝の許可が必要であり，また運河を通すための用地を他の領主から借用しなければならなかったからである。運河の建設は何回かに分けて行なわれた。最初の工事はツッテルバッハとラソヴカといういずれもブルタバ川に流入する川の間を結ぶ工事で29.3km間は比較的容易に建設できた。1791年の工事はツェツェルニ川に至る工事で，この川は木材を貯留するのに必要なプレシュネー湖から流れ出していた。1793年の工事ではジェレニ川まで運河を延長した。ここまでが最初の運河工事であり，のちにオールド運河と呼ばれるようになる39.9kmの区間である。

　前半部の工事が終了した段階で設計者のローズナウアーは運河がうまく機能するか確信がもてなかった。途中の貯水池の水が十分に木材を流すだけの水量があるかどうか不安だったからである。しかしその不安も解消され，残り50km余りの工事が行なわれた。こうしてベーマーの森で伐採された木材はウィーンまで運河を使って届けられるようになった。実際に使われた運河を写真などで見ると，やはり運河というよりは水路と表現した方がふさわしい規模である。筏や舟を通して流すのではなく，伐採して枝が払われた丸太

第6章　カナダ，チェコ，日本における河川による木材輸送

を輪切りにしたものを水路に浮かべて流した。長さは 70 〜 90cm くらいで，腐った木材や枝のついた木材は流されなかった。伐採された木材は乾燥するまでそのままにし，その後，傾斜を利用して運河まで落とす。落とす作業を冬場に行なったのは，積もった雪の滑りを利用するためである。3 月末か 4 月初めに一斉に運河に木材を投げ入れるのは，雪解け水で水量が多く流れやすいためである。

　こうして当初に想定した工事は終了し，運河を利用した木材の輸送は順調に進んだ。やがてウィーンでの木材需要が増加していったため，これまでの運河に加えてドイツとの国境に近い森林からも木材を搬出しようということになった。林業に従事する人口も増え，林業就業者の家族の住む集落が各地に生まれていった。伐採範囲を広げるには山地を越える必要があり，1821 年から翌年にかけて 419m のトンネルが掘られた。この事業はローズナウアーの後を引き継いだ 2 人の技師の手によるもので，両名ともシュワルツェンベルク家に仕えていた。1824 年からこのトンネルを使った木材の輸送が始まった。全長 89.7km に及ぶシュワルツェンベルク運河には全部で 21 の河川から水が供給され，1835 年に生まれた貯水池からも水が流入した。こうした水の供給があってはじめて運河は円滑に機能したのである。

　19 世紀も後半になると石炭が燃料として使用されるようになり，薪材としての木材需要は落ち込んだ。シュワルツェンベルク運河は長い木材を流すことはできないため，運河の一部を改良してこうした機能が果たせるようにした箇所がある。それはドイツとの国境に近いところで距離は 22.3km あり，ここでは 19.5m もの長い木材でも流せた。さらにこれとは別に，3.8km の長さにわたって木材を滑り降ろすルートが整備された。これにより運河に近いツェルナヴァからブルタバ川へ木材を搬送できるようになった。ここからプラハなど下流部へ筏を組んで木材が流されていった。ツェルナヴァとチェスケーブジェヨヴィツェの間の鉄道が 1892 年に開通した。これによりこれまでブルタバ川やシュワルツェンベルク運河で輸送されていた木材はすべてツェルナヴァの鉄道駅に集まるようになった。シュワルツェンベルク運河を利用した木材輸送は 1916 年をもって終了した。

第3節　木曽川の筏流しと河川・用水を組み合わせた舟運

1．日本を代表する木曽川における筏流しのはじまり

　カナダのオタワ川渓谷で川の流れを利用した木材の輸送が始まる200年以上もまえに，日本の木曽川では木曽谷で生育した大木を伐採したあと川に落として流すことが行なわれていた。木曽川に限らず，日本には筏流しで木材を川の上流から下流へ運搬していた河川は多い。江戸時代に人口が多く集まっていた江戸では，荒川や多摩川で筏流しが行なわれていた。これらと木曽川を比較すると，川の流量と輸送に要する日数で違いのあったことがわかる。荒川，多摩川の流量が秒速で30〜37㌧であったのに対し，木曽川は125㌧で4倍も多かった（道明，2016）。輸送に要する日数は荒川，多摩川は3〜4日であったが，木曽川は7〜8日であった。ちなみに輸送距離は荒川105km（皆野町〜千住），多摩川74km（音ヶ淵〜六郷），木曽川80km（錦織〜桑名）であり，荒川の方がむしろ長かった。輸送に要する日数が木曽川の方が長かったのは，途中で乗り手が交代したためである。荒川，多摩川では一人の乗り手が全行程を担った。

　荒川や多摩川で運搬に要する日数が3〜4日と短かったのは，川の流量が少なかったことと関係がある。一見すると，河川の流量が少ないと速度が遅く，日数が余計にかかりそうに思われる。しかし流量の少ない川は筏が扱いやすく，途中で乗り手を交代することなく，一人で最初から最後まで運搬することができた。逆にいえば，流量の多い川は流れが急な箇所もあり，筏の扱いが簡単ではなかった。このことは，木曽川と同じように流量が毎秒119㌧と多かった熊野川も輸送には7〜8日を要したことからもいえる。川の流量は流域の自然条件によって異なっており，人為的に左右することはできない。ただし，この点については，筏流しが行なわれていた地域や時代の木材輸送に関する制度やしきたりという点についても考える必要がある。たとえばイタリアのビアーヴェ川は，距離が198km（ベラローロ・ディ・カドーレ〜ヴェネツィア）と木曽川の2.5倍も長かったにもかかわらず，木材は5日間で送られてきた。また前節で紹介したチェコのブルタバ川の場合は，ヴィシュシー

ブロトとプラハの間 200km を 8 日間で輸送した。

　いずれにしても，日本の場合，木曽川の筏流しは流量の多い河川における木材輸送のひとつの事例として考えることができる。その木曽川であるが，この川を使って木材を流していた歴史はかなり古い（木曽川文化研究会編，2004）。しかし世の中に知られるようになるのは，1583 年に豊臣秀吉が大坂城を築城するために木曽川を利用して以降のことであろう。秀吉は 2 年後に聚楽第，5 年後に淀城，7 年後に方広寺大仏殿の建設のため，多くの木曽材を伐採し運び出した。1590 年には木曽川とその支流の飛騨川の流域一帯を直轄領とし，犬山城主の石川備前守光吉を木曽代官に命じて木曽谷を支配させた。木曽材の利用はこれ以後も続き，1591 年には外征用船舶の建造のために，その 3 年後には伏見城，京都の公武邸宅，城下町造営などのために多量の木材を伐出した。船舶のほかに車をつくるためにも切り出されたということであるから，当時は木材がいかに重要な役割を果たしていたかがわかる。

　秀吉が畿内を中心に権勢を誇った当時，木曽谷から京都・大坂方面までどのようにして木材は輸送されたのであろうか。木曽川は長野県の木祖村，朝日村，松本市の境にある鉢盛山（2,446m）に源流を発し，北東から南西方向に流れて最後は伊勢湾に流入する。その距離 229km は全国では 7 番目に長く，流域面積（9,100㎢）は第 5 位である。河口から 45km 付近で大きく流れを南に向けるのは，西側に養老山脈が南北方向に連なっているからである。木曽川と養老山脈の間に長良川，揖斐川があり，これら 3 つの川はこのあたりから収斂し始める。戦国の頃は三川の流れは定まっておらず，とくに下流部では互いにもつれ合いながら流れていた。秀吉が命じた木曽材は木曽川から長良川へ川伝いで輸送され，墨俣で陸揚げされた。その後は近江の朝妻（米原）まで関ヶ原を越えて運ばれ，そこからは琵琶湖を使って送られていった。墨俣～朝妻間の陸路と大津～京都間の峠越えを除けば，川の流れと湖を利用した木材輸送は意外に容易であった。

　秀吉以前，木曽川とその支流の飛騨川では川の利用に対して通行料が課せられていた。課税は木曽川では錦織，飛騨川では下麻生で徴収された。この 2 か所は，上流から輸送されてきた木材がいったん集められる綱場と呼ばれる中継地点であった。流れてきた木材は白口藤という植物でできた綱で行く

手を阻まれ滞留する。ここで20本の木材が長さ3～6mの筏として組まれ，下流へ流される。2人の筏師が竿を操りながら急流を下り犬山をめざした。秀吉は綱場での通行料徴収の習慣を改めさせ，自由に輸送できるようにした。これによって中流の笠松や岐阜で木材を取引する市場が開かれ，営業は地元の商人に任された。木材市場には大坂や堺の商人も出入りし，木曽材を中心に商業取引が行なわれるようになった。

　錦織や下麻生から下流は川幅も広く水量も多い。しかし木曽谷奥地の支流は水量も少なく岩が露出している場所も少なくない。このため1年を通して木材を川流しできるわけではなく，時期は限られていた。その方法は，まず9月頃に木材を支流の小川に落とし，10月から年の暮れにかけて木曽川本流と支流が交わるあたりまで落とす。前者は山落とし，後者は小谷狩と呼ばれた（図6-7）。合流点に集められた木材は，12月の雪に覆われた冬の木曽川を一本ずつ管流しあるいは大川狩と呼ばれる方法で綱場へと送られていった。なお，流路の長い木曽川は上流部では谷筋も多く，流域も複雑である。次項で述べるように，江戸時代に尾張藩は木曽谷一帯を領地として所有したが，旧国名でいえばより上流部は信濃国，その南側は美濃国である。このため尾

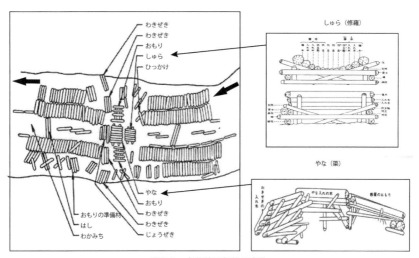

図6-7　小谷狩の部位の名称

出典：ふるさと坂下のウェブ掲載資料（http://www.takenet.or.jp/~ryuuji/saka/furusato/111.html）をもとに作成。

第6章　カナダ，チェコ，日本における河川による木材輸送

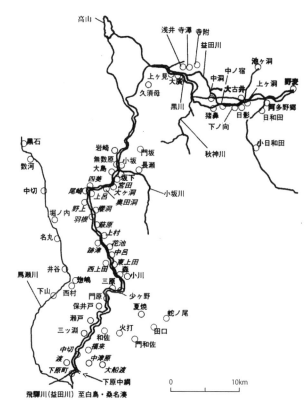

張藩支配の木曽谷のうち美濃国側は裏木曽と呼んで区別された。

木曽川は別名「尾張川」とも呼ばれた。それは，尾張藩がほぼ独占的に木曽川の利用を差配していたからである。藩祖である徳川義直が紀州藩主の姫と結婚の儀を挙げたさい，父・家康は化粧料として九男・義直に木曽谷一帯の領地と木曽川を与えたと伝えられる。尾張家が徳川御三家の筆頭とい

図6-8　飛騨川流域で木材川下稼ぎに従事していた村（1843年）
出典：高橋，2009, p.76 による。

われるのは，肥沃な尾張平野に加えその上流部にあって豊かな木材資源を供給する木曽谷を抱えていたからである（杉本，2009）。ただし尾張藩が自由にできたのは木曽川本流であり，大きな支流である飛騨川流域には影響が及ばなかった。飛騨川流域は江戸時代はじめの100年間は金森氏の高山藩が治めたが，その後は明治維新まで幕府が天領として管理した。飛騨川でも木材の川流しが行なわれ，木曽川に合流してからは，ともに同じ川を使って筏は下流へと下っていった。高山藩あるいはのちの天領の領地は，分水嶺を挟んで南北に分かれていた（高橋，2009）。このため分水嶺の南側で伐採された木材は飛騨川，分水嶺の北側の木材は庄川や神通川をそれぞれ下った（図6-8）。

208
川と流域の地理学

南方と呼ばれた飛騨川を使った木材は下麻生の綱場にいったん集められ，その後は筏を組んで流された。

2．江戸時代，尾張藩の支配下で行なわれた筏流しの歴史

　木曽川に限らず一般に河川の幅は上流から下流に向かうにつれて広くなっていく。流れ方も上流域の荒々しさはなくなり，穏やかにゆっくりと流れていく。こうしたことのため，河川の途中に中継地を設け，木材やそれを束ねた筏を組み直すことが行なわれた。急流で川幅が狭い上流域では輸送単位の筏は小さく，多くの乗り手を必要とする。しかし中流や下流では筏を大きくした方が乗り手の数が少なくてすむ。木曽川では錦織の綱場で組まれた筏は，地元の乗り手によって途中の犬山まで輸送される。犬山では2つの筏をひとつにまとめ，乗り手を一人にして次の中継地である円城寺まで運ぶ。残りの一人は徒歩で出発地の錦織へ帰っていく。犬山は錦織から25km下った位置にある。この間，途中に飛騨川との合流地である太田があり，盆地状の地形の上を川は流れる。ところがそこを過ぎると両側から岩山が迫るV字状の荒々しい地形の上を川は流れるようになる。専門的には先行谷と呼ばれる地形であり，木曽川が継続的に隆起している地盤を絶えず侵食したためこのように険しい河谷が生まれた（平野，1972）。

　犬山が最初の中継地として選ばれたのは，先行谷を過ぎ平地へと転換するまさにそこに犬山が位置するからである。異なる地形の境界地点にあって川の流れ方も大きく変わるため，筏を組み直すのに適している。先行谷が形成される部分の地盤は隆起運動を続けている。川は隆起する地盤を絶えず侵食し，平地に出たところで運んできた侵食土砂を堆積する。こうしてして生まれたのが犬山扇状地である。秀吉が犬山城主の石川備前守光吉を木曽代官に命じて木曽谷を支配させたのは，ここが木曽川上流部に対して睨みを効かせるのに絶好の位置だったからである。関ヶ原の戦いのとき，徳川秀忠が石川光吉を犬山から追い出したのも，木曽川上流域を抑えるのに犬山が重要であることを知っていたからである。

　流れ方が緩やかになった木曽川を犬山から円城寺まで運ばれてきた筏は，さらに大きな筏へと組み直される。ここが第2の中継地点である。円城寺に

中継地があるのは，犬山からの距離である 18km の２倍近い距離をさらに下って桑名まで行くのに，筏を大きくした方が乗り手の数が節約できるからである。実際，ここからは乗り手一人がこれまでの３倍の６つの筏を受け持つ。これは少ない方で，多いときは８つの筏を操ることもあった。桑名までは乗り手が個別に下るのではなく，全部で８人の乗り手が一団となって下る。つまり，全部で 48 〜 64 の筏が一緒になって下流の桑名をめざした。筏の前後に小舟を結びつけ，寝床や 10 日分ほどの食料も用意する。ちょっとした小旅行である。こうした筏乗りの仕事には国や時代を超えて共通性があるようで，オタワ川を筏で下る仕事に就いていた人々の場合も，筏は輸送品であると同時に自ら寝食をともにする居住空間の一部でもあった（Thompson，1895）。

　円城寺でより大きな筏に組み直す理由として，経済的要因があったことはすでに述べた。60 を超える大きな筏に組み直しても，十分移動できる川幅があった。ただし，当時の木曽川の流路が現在のそれとは大きく違っていた点には注意する必要がある。1588 年に大きな洪水があり，それまで西に向かっていた木曽川は南へ大きく流れを変えた。木曽川はそれ以前にもたびたび流路を変えており，木曽八筋と呼ばれたように，扇状地を形成しながら乱流を繰り返してきた。その結果，それまで尾張国葉栗郡に属していた円城寺は，大洪水以降は美濃国に属するようになった。現在，各務原市内を東西に流れている境川が，以前は尾張国と美濃国を分ける文字通りの境界線であった。円城寺で筏の組み換えを行なって筏乗りを手配するには，それなりの力をもっていなければできない。この任務を尾張藩から任されたのが，地元の郷士・野々垣氏であった（波多野，1997）。尾張藩は円城寺とその対岸の北方に川並奉行所・番所を設け，木曽川を上り下りする舟や流木，それに家屋建材用の材木の取り締まりを行なわせた。

　円城寺を出発した筏の集団は，七里半つまり 30km ほど下って木曽川から長良川へと流路を変える。ここには船頭平閘門と呼ばれた水門があり，そこを通って西へ進む。さらにその後は揖斐川へと向かう。当時は現在のように締め切った堤防はなく，半ば水郷地帯のようなところを通って筏は桑名へと向かった。筏は揖斐川河畔に設けられた桑名の貯木場に集結する。ここから

は海洋に出て，それぞれの目的地に向かう。尾張藩は自前の木材取引市場として熱田に市場をもっていた（図6-9）。市場で買い手に引き取られた木材は，熱田から名古屋に向かって延びる堀川沿いに建ち並ぶ材木問屋の作業場まで運ばれる。以後はそれぞれ目的に応じて加工され，城下で必要とされる建材や建具などへとかたちを変えていった。錦織の綱場から桑名まで8日ほどかけて運ばれたが，木曽川支流への山落としから数えると，熱田の白鳥まで半年から1年の時間を要した。

　廃藩置県で幕府や尾張藩がなくなると，それまでの山林はすべて国の所有林へと変わった。ただし中には面積の小さな飛び地もあり，国はその管理に困った。民間からその払下げを求める動きがあり，いったん地元の町や村に払い下げたあと，民間に売り渡した。こうした民有林でも伐木は行なわれ，これまでのように筏を使って川流しが行なわれた。切り出された量だけ比較

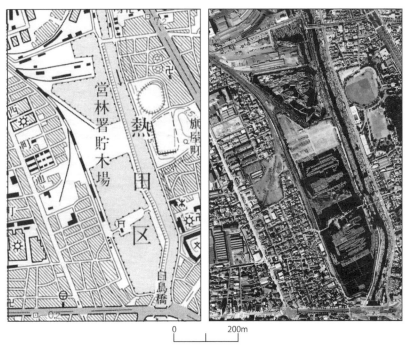

0　　　　　200m

図6-9　熱田白鳥貯木場（旧木材市場）（1977年当時）
出典：国土交通省　国土画像情報（カラー空中写真）をもとに作成。

第6章　カナダ，チェコ，日本における河川による木材輸送

すれば，民有林が国有林を上回った。やがて木曽川流域でも鉄道敷設の動きがあり，さらにダムを建設する動きも現れるようになる。大正期に入るとシベリア，北アメリカなど海外から名古屋港へ輸入材が入るようになり，これまでの木材をめぐる動きは大きく変化した（林，2016）。中央本線や高山本線の開業や森林鉄道の敷設により，木曽や飛騨の木材を消費地へ輸送する形態も大きく変わった。戦国・近世・近代にかけて繰り広げられてきた木曽川流域の木材運送の歴史は，白鳥木材市場跡地に開園した「白鳥庭園」でその様子をうかがうことができる。

3．名古屋・犬山間を短時間で結ぶ舟運で運ばれた天然氷

　いまでは冷蔵庫で簡単にできる氷も，昔は簡単には手に入れることができなかった。もとは病人を治療するのに必要とされた氷が日本で初めて人工的に生産されるようになったのは1879年のことで，横浜の機械式製氷工場が1日に3㌧の氷を生産した。しかし氷は冬場の寒い地方なら自然に生まれるため，これを夏まで保存すれば冷却用として用いることができる。実際，最初の機械式製氷工場が氷を製造するようになった当時，以前からの天然氷との間で競争が始まった。北海道・函館の五稜郭天然氷が12貫匁（45kg）80銭であったのに対し，横浜の機械式製氷は60銭であった。天然氷はほかでも生産され，日光天然氷は70銭，神奈川天然氷は65銭であった。

　天然氷は冬に天然水が凍ったのを夏まで氷室と呼ばれる低い温度の場所で保存し，それを暑い夏場に消費する。夏でも低温の場所であることと，消費地まで迅速に送り届けられる位置にあることが，天然氷の生産に欠かせない条件であった。ただしたとえば五稜郭天然氷のように，外国船を使って函館から横浜まで輸送し，東京・永代橋の開拓使倉庫を貯氷庫にして販売した例もあったので，必ずしも距離の近さが決め手になるとは限らなかった（岸上，2005）。要は冬場につくった氷をいかに夏まで保存できたかである。天然氷は機械式製氷の普及で消えていったが，近代初期の一時期，暑い夏の都会の高級料亭などで天然氷は涼しさを演出する素材として貴重品扱いされた。

　名古屋の堀川沿いに建ち並ぶ高級料亭も，その当時，天然氷の大きな需要先であった。ここでは遠く犬山方面から天然氷が運ばれてきた。ただし，木

曽谷の木材が筏を組んで桑名経由で流されたルートでは，途中で氷が解けてしまう。この問題を一気に解決する新たな輸送ルートが1886年に開発された。むろんこの新ルートは天然氷を犬山から名古屋まで急いで運ぶ目的だけのために生まれたのではない。桑名経由なら7日を要した輸送がわずか4時間で名古屋の堀川に届くこのルートは，木曽川からほぼ真南へ用水路と河川をつなぎながら結ぶルートであった。木津用水，庄内川，黒川用水を経て堀川に至るルートである。木曽川は一部使うが，あとはまったく木曽川とは関係のない水の流れを利用して貴重な天然氷を短時間で輸送することができた。

　まず，天然氷がつくられた場所であるが，これは犬山から上流へ14kmほど行った木曽川左岸の岩陰である。南側の切り立った岩山が木曽川岸に迫る北斜面であり，夏でも日光が長時間当たることはなかった。そのような斜面に天然の水を引いて氷をつくる。つくるといっても水が凍るのを待つだけであるが，厚さが6cmほどになったら一辺が48cm四方の大きさに切って貯蔵業者に売り渡す。貯蔵業者は氷室と呼ばれる納屋に氷の塊を保管し，夏場の出荷時期まで待つ。時期が来たら川岸に係留してある舟に載せて木曽川を下る。犬山城を過ぎたあたりで木津用水に入り南下する。木津用水は1648年に設けられたもので，犬山扇状地から小牧原，春日井原に向けて木曽川の水を送る役目をもっていた（中屋，2015）。尾張藩が生まれた当時，木曽川の流れは定まっておらず，幾筋かの派川が扇状地の上を流れていた。このため尾張藩主は尾張側の水害対策を名目に木曽川本流の堤防を固める事業を1609年に実施した。しかしこのことが裏目に出て，以後，南側の台地上は水の得にくい土地になった。

　先に述べた木津用水はそのような水不足を解消するために設けられた。その後，木津用水の一部を東側に分岐した新木津用水も開かれた。この結果，木曽川から農業や生活のために水の恩恵を受ける範囲は広がり，尾張藩の新田は増えていった。そのような意味で，木曽川は物資や人の移動のためだけでなく，産業・生活の面でも重要な貢献をしてきたといえる（木曽川学研究協議会，2009）。そして近代初期になり，木津用水を使って名古屋と犬山を連絡する輸送路の開発が考えられるようになった。木津用水，新木津用水を通

第6章　カナダ，チェコ，日本における河川による木材輸送

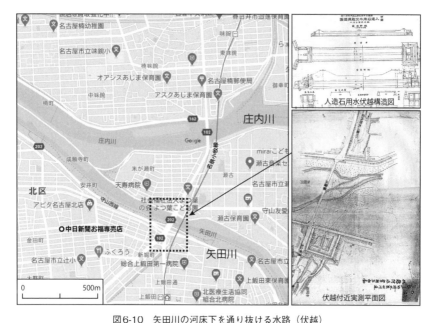

図6-10　矢田川の河床下を通り抜ける水路（伏越）

出典：「名古屋市史ワンダーランドへ」のウェブ掲載資料（http://masaitou.o.oo7.jp/rekisi/kawa/ kita~yadagawafusekosi/yadagawa_fusekosi.htm）をもとに作成。

過した舟は，やがて庄内川との合流地点に到達する。ここで庄内川を横断し，庄内用水を通過する。庄内用水は戦国末期に設けられたが，土砂堆積で水が十分得られなくなったため，1792年に庄内川の上流から取水するように工事が行なわれた。そのさい，庄内川に並行するように南側を流れる矢田川の地下を通る伏越事業が実施された（図6-10）。このため，犬山からの舟は地下水路の伏越を通って，最後の水路である黒川へと向かう。矢田川は窯業の盛んな瀬戸を流域に抱えており，陶土原料の採掘や燃料伐採で禿山が多く，下流は天井川であった。

　さて，黒川から名古屋に入った舟はさらに進めば堀川へと通ずる。黒川には荷揚げ場があり，犬山からの下り荷が下ろされ名古屋からの上り荷が積み込まれた。主な下り荷には先に述べた天然氷のほかに，薪，炭，米，麦，それに木曽川の河原で産する丸石も含まれていた。丸石は家の基礎や石垣，川の護岸など工事用によく使われた。黒川は一見すると川の名前のように思わ

れるが，実は明治期に愛知県の土木課で多くの治水事業に携わった人物の名
である。代表的な事業として庄内川の分水や木津用水の改修がある。江戸時
代に名古屋城に庄内川の水を導くために設けられた御用水を明治期に改修し
たさい，その功績に因んでこの用水は以後，黒川と呼ばれるようになった。

　標高が50m前後の犬山から標高10mほどの名古屋まで，下りはそれほど
苦労せずに来ることができた。しかし上りは狭い水路を自力で上ることは難
しく，水路に沿って舟に結んだ綱を引く高瀬舟の方法で犬山へ向かった。大
回りではあるが，木曽川本流では帆船が犬山付近までは自力で航行できた。
犬山から円城寺までは東西に流れており，伊吹おろしの西風を受けやすい木
曽川は自然条件に恵まれていたからである。名古屋と犬山，この2つの都市
は尾張藩の中心城下町と尾張藩附家老の成瀬氏の城下町という関係であっ
た。「尾張川」とも呼ばれた木曽川を使うにしても，あるいは河川と用水を
組み合わせて使うにしても，ともに深く結ばれた関係にあった。舟運の時代
が終わった以後は，名犬国道（旧国道41号），名鉄犬山線が2つの都市を連
絡する役割を果たすようになった。

第6章　カナダ，チェコ，日本における河川による木材輸送

第7章

農業，精米，杉線香，長石生産に
利用された水車

第1節　水を高い位置まで汲み上げる揚水水車の工夫

1.　水車利用の広がりと藤原式揚水水車の凄さ

　川の流れを利用して水車を回転させ，その動力を使って何かを行なうとしたら，どんなことが考えられるであろうか。電気をおこす，すなわち水力発電は近代以降なら最も一般的かもしれない。しかしそれより以前あるいは近代初期であれば，水車の回転力を使って汲み上げたり，搗いたり，挽いたり，回したりするなど，さまざまな利用形態があった（前田，1992）。汲み上げるとは，たとえば農業用水で水車を使い，高い位置に水を汲み上げる揚水水車としての利用である。搗くとは杵で搗くことであり，酒造用の米は精米水車で搗かれ，麦や蕎麦は水車動力の臼で挽かれて粉にされた。陶石や長石など陶土原料の岩を砕くためにも水車の力が利用された。さらに回すというのは，糸を撚り合わせるために水車の回転力を機械に伝えて作業を行なわせる場合などである。

　このように多くの分野で利用された水車の歴史は古く，日本書紀の推古天皇18年（611年）の箇所に記載がある。その後も「みずぐるま」として多くの文献に登場するが，近世以降は上で述べたように，田畑への揚水，精米のための杵搗き，麦・蕎麦などの臼挽き，糸撚りなどのために用いられた。明治期になっても水車利用は多く，1885年の時点で精米用水車数だけでも全国に57,781台，最盛期の1897年には62,203台もあった（中川，1991）。

　水の流れや落下という単純な自然エネルギーをうまく活用するために，古今東西，さまざまな工夫がこらされた。レベルが高かったのは中世以降のヨーロッパで，10世紀頃には工業用の動力としても利用されている。ヨーロッパでは公共的性格の強い河川や用水に私的に水車を設けることは特権的であるとして，必ずしも一般には歓迎されなかった。農業や手工業の場面で使われることの多かった日本の水車は，①水輪の頂点あるいはやや上方から水をかける上がけ式，②水輪の中間付近に水をかける胸がけ式，③水流に落差をつけずに水輪を水流とともに回転させる下がけ式，の3つのタイプに分けられる。農業用水車は，動力機よりもむしろ水揚げポンプとしての機能をもっ

川と流域の地理学

ていた。このため，動力機として使われた水車とは構造が異なっている。動力水車の水受け数が30個以上であるのに対し，揚水水車の水受け数は16個前後と少なかった。

　日本の農村ではかつて農地に水を汲み上げて灌漑するための揚水水車が使われていた。なかでもその規模が大きいことで知られるのが，千葉県の夷隅川や養老川などの流域で1870年代末から1930年頃まで使用された藤原式揚水水車である（図7-1）。これらの水車は動力水車とシラベ車（環連車）を巧みに組み合せた揚水水車で，汲み上げる高さすなわち揚程の規模（最大で約27m）の大きさを誇った。動力水車は水の流れを受けて回転する水車であり，シラベ車はベルトコンベアのように回転しながら桶に汲み取った水を上方へ運ぶ車である。1879年に千葉県市原郡池和田村に設置された大型水車は121個の桶を使って27.2mの高さまで汲み上げた。養老川でタービン式の揚水

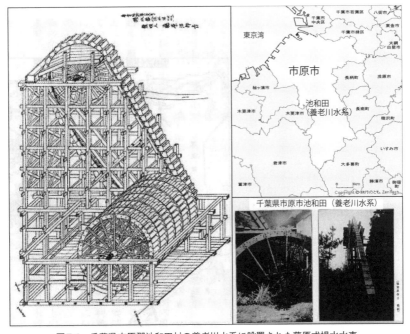

図7-1　千葉県市原郡池和田村の養老川水系に設置された藤原式揚水水車
出典：千葉県のウェブ掲載資料（https://www.pref.chiba.lg.jp/kouchi/shiryoukan/rekishi/mizuguruma.html）をもとに作成。

第7章　農業，精米，杉線香，長石生産に利用された水車

水車が登場するまで，同じ大きさの水車が 8 基も稼働した。千葉県が中心であったが群馬県，熊本県でも使われ，日本における伝統的な揚水水車の技術に可能な限り改良を加え，その頂点を極めた水車として評価されている。

　藤原式水車を発明した藤原治郎吉は，和泉国（現在の泉佐野市鶴原貝田）出身の水車大工である。父親の為蔵は優れた大工であっただけでなく，農業利水の技術者としても幕末期に各地で活躍した人物であった。藤原家は発明一家として知られ，治郎吉の弟の松浪米蔵（松浪家の養子となる）も太鼓機を発明して泉州織物の発展に大いに貢献をしたとしてその名が知られる。治郎吉自身も，1857 年に若干 17 歳で籾摺機を発明している。1873 年までに揚水水車，精米機，粉挽機，澱粉製造機などを次々と発明した。彼の並外れた才能が広く世間で知られるようになったのは，1877 年に東京・上野で開催された第 1 回内国勧業博覧会においてであった。治郎吉は棒の端に石の重りをつけた起勢車というはづみ車を持つ手動式春米機を出品し，その性能の良さが評価されて二等賞を受賞した。この春米機は片手で操作ができ，1 日に米 3 石 2 斗（約 480kg）を搗くことができた。

　彼の優れた技術に注目した千葉県夷隅郡押日村（現在の岬町）の人々は，夷隅川の下流に灌漑用揚水水車をつくるよう依頼した。1 年後の 1878 年，千葉県で最初の灌漑用揚水水車が設置された。翌年には先にも述べたように，千葉県市原郡の養老川水系の池和田村にも設置された。夷隅川の水車は，水車の軸に水車と同径の揚水水車を取り付けたもので，水を汲み上げる水箱は揚水水車の外周に連続して付けられた。一方，養老川には動力車の回転と一緒に回転する上下 2 個のはなれた輪鼓の間を自転車のチェーンのようなものに取り付けられた水箱が動いて水を汲み上げる水車が設置された。

　藤原治郎吉は，1881 年の第 2 回内国勧業博覧会で押日村の揚水水車の絵図と池和田村の揚水水車の模型を出品した。水揚器械雛型と銘打った揚水水車の模型は注目を集め，前回と同様，褒状を受けた。その後，明治中期から後期にかけて，東京湾に注ぐ小櫃川や小糸川にも同類の揚水水車が 10 数か所にわたって設置された。県外では群馬県多野郡吉井村馬庭（1905 年）と熊本県阿蘇郡阿蘇町狩屋（1909 年）に設けられた。とくに熊本県に設置されたシラベ車は規模が大きく，藤原式揚水水車の最高傑作とも評された。高低二

連のシラベ車を中央に備え，左右につけた動力用の水車が回転して水を汲み上げる。藤原式揚水水車の特徴は多数の水箱を木製の連鎖で循環させるシラベ車にあるが，それ以外に各所のボルトやナットを巧みに利用している点も見逃せない。藤原治郎吉は旧来の木工技術に拘泥することなく，技術を近代化していく視点ももっていた。

　藤原治郎吉が考案した揚水水車は，彼の次男の新治によってさらに改良が施された。環連車式と呼ばれた新型機は，原動機の水車よりも直径の大きい筒車式の揚水水車とその外周に歯車を取り付けたものである。親子で発明・改良した同軸型，シラベ車型，環連車型の３つを総称して一般に藤原式揚水水車という。千葉県の押日・池和田・久保，群馬県の馬庭，熊本県の狩尾の全部で５か所に藤原治郎吉の名を刻んだ記念碑が建っている。彼が多くの農民から尊敬されたのは，水車大工として秀でた腕前を発揮して各地に揚水水車を設け，農民たちの期待に応えたからだけではない。依頼された土地の条件を十分考慮し，その地にもっともふさわしい揚水水車を実現させた技術的適応力に優れていたからである（今津，1997）。

　ではなぜ千葉県，あるいは群馬県，熊本県において，ほかには見られないほど大掛かりな揚水水車が必要とされたのであろうか。千葉県の場合について考えると，現在でこそ野菜を中心に農業生産額は全国上位にあるが，第二次世界大戦以前の農業生産性は低位に甘んじていた。千葉県の地形は，北の下総台地，南の房総丘陵（上総丘陵・安房丘陵），それにこれらを取り巻く利根川沿岸や九十九里・東京湾岸の沖積平野や谷津田などからなる。平均標高こそ49mと比較的低平であるが，南房総は丘陵性の地形で水に恵まれず畑地利用が多くを占めている。北の利根川のような大河川のない南側では，農業用水の水源もない。たとえ小河川でも河岸段丘上に水を送れば灌漑はできるため，高さをクリアする装置として藤原式揚水水車や車輪の経の大きな淀式揚水水車が必要とされた。上総掘りで知られる掘り抜き井戸のボーリング技術も千葉県で生まれた。ともに用水とは別の方法で乾燥性の土地を水で潤すための技術であった点に共通性がある。

　千葉県の南房総，あるいはここと同じように藤原式揚水水車が設置された群馬県・鏑川(かぶら)沿いの馬庭，熊本県・黒川沿いの狩尾などでこの水車が使われ

第7章　農業，精米，杉線香，長石生産に利用された水車

続けたのには別の背景事情もあった。明治後期のこの頃，利根川などの大河川の下流部では蒸気機関による灌漑・排水事業が進み，電動機や石油発動機などが導入され始めていた。しかし，台地・丘陵性の高台でしかも灌漑面積が 10 〜 80ha ほどの狭い農地では，蒸気機関を用いた灌漑・排水は経済的に合わない。燃料の石炭を運んでくる費用も考えると，伝統的な水車利用はむしろ合理的であった。藤原式揚水水車は，石炭・石油・電気をエネルギー源とする農業設備が本格的に普及するまで過渡的役割を十分果たしたといえる。

2．筑後川・堀川用水から水を汲み上げる朝倉の水車群

　阿蘇山を水源として九州地方北部を東から西に向けて熊本・大分・福岡・佐賀の 4 県を流れ，最後は有明海に注ぐ筑後川には，近世に 4 つの堰が設けられた。上流部から順に，袋野堰（1673 年），大石堰・長野水道（1664 年），山田堰・堀川用水（1664 年），床島堰（1712 年）の 4 堰である。このうち山田堰・堀川用水は筑前・黒田藩による水利施設であるが，ほかの 3 つはすべて久留米・有馬藩の手によるものである。大石堰・長野水道と山田堰・堀川用水は同じ年に竣工しているが，これは 1662 〜 63 年に起きた大きな干ばつが背景にある。干ばつの被害を防ぎ安定した生活を確保するためには，開田が急務と考えられた。それ以前は谷間から湧き出る水で田を耕す程度の急傾斜で砂地の多い原野であった。こうした荒れ地を田畑に変えるには，何をおいても筑後川の水を引き入れるよりほかに方法はなかった。こうした事情は有馬藩も黒田藩も同じであった。

　黒田藩の手による山田堰は石積みの斜め堰として知られる（図7-2）。当初，堰は川岸の「月見が岩の鼻」と川中の「鳥居岩」との間に突堤のように突き出ていた。堰体は川中に乱杭を打ち，多くの石を投じて築造された。取水する唐戸口は，土堤に沿って幅 3 間（約 5.4m），長さ 9 間（約 16.2m）の樋を掛けて堀川に流入させる仕組みであった。唐戸口から取り入れられた水は堀川を流れ，150ha の耕地を潤した。水路の開削は黒田藩の木村長兵衛，魚住五郎右衛門が手掛け，1664 年に完成した。しかしその後，水田面積が増加するのにともない，堀川用水による灌漑能力は限界に近づいていく。1722 年

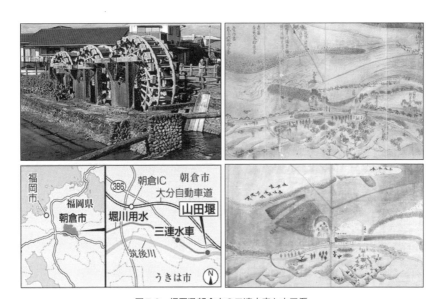

図7-2　福岡県朝倉市の三連水車と山田堰
出典：西日本新聞のウェブ掲載資料（https://www.nishinippon.co.jp/image/178488/）をもとに作成。

には大洪水で唐戸口付近に大量の土砂が堆積し，堀川用水への取水ができなくなってしまった。このため地元の農民は再び干ばつ被害に苦しむようになり，これを乗り切るために，これまでの場所とは違う位置に取水口を設けることにした。それが現在も機能している切貫水門である。場所は以前の取水口から少し南側の現在，水神社のある境内付近の地下で，ここの岩盤をくり抜いて長さ20m，内法1.5m四方のトンネルを貫通させ，開閉自在の水門を設けた。こうして堀川用水に再び水が流れるようになった（江渕，1994）。

　しかし，堀川用水の改良は取水口の変更にとどまらなかった。用水本体の規模を拡大するために，1760年から5年をかけて新堀川の開削工事が進められた。これを手掛けたのが古賀十作義重である。上座郡大庭村の庄屋の家に生れた古賀は，古賀百工とも呼ばれた。うち続く干ばつや水害に見舞われ貧しさにあえぐ農民たちが安定した生活をするには治水しかないとの思いから，古賀は庄屋として治水事業に心血を注いだ。堀川の改良工事と新堀川の増設工事は古賀が手掛けた事業である。古賀は堀川の恩恵に浴しない長渕・余名持・下座郡中村方面の住民が苦労していることを知り，この方面へ

第7章　農業，精米，杉線香，長石生産に利用された水車

灌漑する用水路の新設を計画した。

　まず1759年に切抜水門の内法を3.0mに拡張し，翌年には筑後川の井堰の嵩上げを行なった。これは用水の起点を高くし，より遠くまで水が届くようにするためである。さらにこの年に古毛柴田橋から分岐点の田中突分までの間の堀川の川幅を拡張した。古賀は1764年までの5か年の歳月を費やし，堀川用水の延長工事に没頭した。工事を進めるにさいしては，タライに水を張って水平を確かめたり，曲がり尺を用いて距離を測ったり，あるいは高提灯で高低を測ったりしたと伝えられる。当時の簡単な測量技術で恵蘇宿水神社境内の「月見の石」と下座郡城力の庄屋の庭にある銀杏の頂上が同じ高さであることを見極めたという。こうした測量結果をもとに，長渕，余名持，下座郡などの方面へ水を流す新しい堀川（堀川南線）を開削した。その結果，灌漑面積は370haに広がった。

　こうして堀川・新堀川の水で灌漑された農地は広がったが，その一方で，堀川用水の上流側には用水の恩恵を受けない地域が取り残されていた。なだらかに傾斜する堀川の右岸一帯は，わずかばかりではあるが堀川より高い位置にあるため，水が利用できない。そこで考案されたのが堀川用水の水を2mほど高い土地にまで汲み上げる揚水水車である（香月，1976）。記録によれば，1760年代にはこうした働きをする水車が設置されていたという。これが正しければ，古賀百工が進めた堀川の拡幅や新堀川の開削工事と同じ頃のことである。現存するのは菱野と呼ばれる三連水車1基と三島，久重と呼ばれる二連水車の2基である。上流側にある三連水車は，以前からの二連水車を1789年にさらに増設して三連にしたものである。三連水車は毎分6トンの水を堀川用水から汲み上げ，35haの農地を潤している。2基の二連水車は三連水車の200mほど下流側にある。これらの水車は，現在，朝倉水車群と呼ばれ観光対象にもなっている。

　1990年，文化財保護法にもとづく国の史跡に指定された三連水車は，朝倉市だけでなく福岡県を代表する観光資源である。水車が回る灌漑期には全国から多くの観光客が訪れる。しかし，減反政策で耕地面積が縮小したり，農産物価格が低迷したりするなかで，水車を維持していくのは容易ではない。毎年の維持費用と5年に一度の更新費用はすべて水車を所有する山田堰土地

改良区が負担している。昔は地元の木材を用い，地元の大工が伝統的技術を駆使してつくってきた水車は，その効果を考えればたしかに経済的であった（池森，1991）。しかし現在も動いている水車は，電動ポンプより高価な水利施設に変わってしまった。いくら現役で回り続ける貴重な水車として多くの観光客を魅了するとしても，地元の商工業者の一部が潤うだけで，水車を所有する土地改良区に観光収入が入るわけではない。郷土の誇りを残したいという思いは誰よりも強いが，電動ポンプと交換してはどうかという声が地区内から上がるのも無理はない。5年ごとに7基の水車を建て替えてきた山田堰土地改良区は，資金難から2010年は三連水車だけを再建した。そして2011年，6年間使い続けた二連水車を建て替え，2年がかりで7基すべての水車を更新した。地区民の水車から県民，国民の水車へと変貌した健気な姿に複雑なものを感じないわけにはいかない。

3．倉敷・祐安地区の揚水水車の歴史と今後

　日本の農村で揚水式の水車が広く使われたのは，概して富山県と三重県を南北に結ぶラインより西側の地域であった。西日本に揚水式の水車すなわち揚水水車が多いのは，この種の水車が中国から古代に都のあった畿内に伝えられたことを理由のひとつとする考えがある。いまひとつは人口あたりの土地が西日本は東日本に比べて小さく，水に恵まれない土地にまで水を供給して農地を広げる必要があったとする見解である。山の上から流れてくる自然の水を地面に流せば農地になる自然灌漑ではなく，重力に逆らうように低地を流れる水を高い土地に汲み上げなければ農作物を育てることができなかった。いずれにしても，揚水水車が日本列島の西側に多いのは事実である。その中でもとくに多いのが岡山県である（若村・篠原，1984）。中国山地に源流がある河川が南へ下り，丘陵地や台地を経て最後は瀬戸内へと流入する。下流部では干拓が盛んに行なわれ，米以外にい草など商品作物が多く栽培されたことはよく知られている。

　岡山県には東から順に吉井川（133km），旭川（142km），高梁川（111km）の3つの大きな河川が流れている。このうち高梁川は，鳥取県との境に近い新見市千屋付近に源流をもち，西川，小坂部川，成羽川，小田川など岡山県内だ

けでも 94 の支流から水を集め，農業水利に供してきた（喜多村，1957）。最後は瀬戸内海へと流れ下るが，その手前の現在の高梁川下流部の流路は明治期までのそれとは大きく異なる。それまでは現在，酒津配水池がある位置から 1km 上流付近で大きく東西に分かれ，東高梁川と西高梁川として瀬戸内海に向かっていた。それまでも洪水を繰り返していた高梁川は，1892 年とその翌年の大洪水で未曾有の被害をもたらした。このため 1910 年から 1925 年にかけて改修工事が行なわれた。その結果，東高梁川が締め切られ，本川は川幅の広い西高梁川に統合された。加えて，西高梁川の一部は締め切られ柳井原貯水池として整備された。

　こうして高梁川の下流部は一本の河川となった。しかし，それまで東西の高梁川から水を引いてきた 11 の用水の便を維持する必要があり，酒津配水池がこの改修工事と一緒に設けられた（戸谷ほか，2015）。場所は東高梁川の締め切り地点付近で，かつての河川敷を利用することにした。高梁川左岸の取水樋門から導いた用水を一時貯留し，6 つの用水に配水する施設である。配水は 1923 年から現在に至るまで行なわれてきたが，施設の経年劣化や護岸崩壊に対処するため，1995 年から 2 年間にわたって整備事業が実施された。これによって農業用水の安定確保に加え，農業水利施設の多面的機能が一層高まり，配水池一帯は豊かで潤いのある空間となった。

　明治中期から大正期にかけて高梁川の一本化事業が実施される以前，東高梁川は倉敷市中心部から 1km にも満たない西側を流れていた。東高梁川は上流部から運んできた土砂を平地部に入って堆積してきたが，締め切りによって川は廃川地になった。やがて廃川跡地は農地に変わり，さらにその後は住宅地などへ転用されていった。しかし周辺一帯は砂地が多く，農地としては畑作に向いている。水田として使用するには多くの水が必要であり，そのために酒津配水池から送られてくる水によって一帯は潤されてきた。しかし，すべての農地に均等に用水の水を届けるのは難しく，その解決策として揚水水車が使われてきた。土地が保水力に乏しい砂地であるため，継続して給水しなければならない。

　大正時代から始められた揚水水車の利用が現在でも続いているのが，倉敷市祐安地区である（図 7-3）。ここは JR 倉敷駅から北へ 1km ほどいったとこ

川と流域の地理学

図7-3　岡山県倉敷市祐安地区の揚水水車群
出典：soil.en.a.u-tokyo.ac.jp のウェブ掲載資料（http://soil.en.a.u-tokyo.ac.jp/jsidre/search/
PDFs/10/10S09-01.pdf）をもとに作成。

ろであり，菅生神社が鎮座する丘陵地とその南側の緩い傾斜地と平地からなる。高梁川左岸の酒津配水池から引かれた用水路が西から東に向けて走っている。用水路の北側は南側に比べてやや地形が高まっており，丘陵地から続く小高い丘がここかしこに散見される。用水路に沿って道路が延びており，すでに農地が埋め立てられて住宅地化したところが道路沿いにある。つまり，以前は用水の両側ともに農地であったところに住宅が建ってきたため，かつての純農村的雰囲気は消えつつある。この祐安地区が水車風景の似合う地区として近年，話題になるようになった。「バシャ，バシャ」と涼しげな音を響かせながら回る揚水水車を見に訪れる人も少なくない。

　ただし，祐安地区の揚水水車は，福岡県朝倉市の三連水車のように大きなものではない。ましてかつて千葉県・南房総にあった藤原式揚水水車とは比べ物にならないほど小規模である。その反面，設置されている水車の数が多いため，道路を歩きながらいくつかの水車が回っているのを眺めることができる。こうしたことからいつしか「祐安地区の水車群」と呼ばれるようになったと思われる。ここの水車は各農家による手作りであり，素材も木やパイプを組み合わせてつくった簡易なものである。田植えの季節になると農家が自宅から持ち出して用水路に取り付ける。取り付ける枠は固定されているため，持ち出した水車をそれに組み付ければ，それで出来上がる。最盛期には用水路の上に50基ほどの水車があった。しかし農家の高齢化や担い手不足のため現在動いているのは十数基にとどまる。かつて東高梁川が流れていた土地

第7章　農業，精米，杉線香，長石生産に利用された水車

につながっているため，土地は砂地で田に水を流しても浸透してもたない。ここの揚水水車は秋の稲刈りの時期まで活躍する。

　祐安地区の農家の中には複数の水車を使って用水から水を汲み上げているケースもある。それだけ農地が広いということであるが，それよりもこの手の水車は小規模でこまめに水を汲み上げたほうが効率的である。20m 以上もの高さまで水を汲み上げる藤原式揚水水車とは異なり，ここでは2m 弱の高さまで水を組み上げればそれでよい。大掛かりな仕組みは必要とせず，個々の農家が自ら必要に応じて手作りの水車で田に水を汲み上げているというふうである。大正期に始まったということであるから，電力や石炭エネルギーを使ったポンプ設備などは利用できたと思われる。しかし，そのような機器を用いて費用負担をするより，川の流れという自然エネルギーを利用する方が安上がりであり，効率的でもある。ただしここでも，田園風景を演出する風物詩として水車を残してほしいという外部の声と，近くに住宅を建てて住むようになった人々の声は，必ずしも同じではない（廣瀬ほか，2009）。間に挟まれるようなかたちの地元農家は，高齢化や後継者不在で農業維持それ自体が難しくなっている。倉敷・祐安地区の水車群がいつまで残るか，予断は許さない。

第2節　灘目三郷における水車利用の油搾りと酒造用精米

1．六甲山を下る急流を利用した水車による油搾りと精米

　灘五郷とは，日本を代表する酒どころのひとつで，西郷，御影郷，魚崎郷，西宮郷，今津郷の総称である。現在の地名でいえば，兵庫県神戸市の東灘区・灘区と同じく兵庫県西宮市を合わせた阪神間の一地域である。ただし灘五郷という言い方は江戸後期からで，それまでは灘目三郷と称していた。三郷のうちのひとつ上灘郷が3つに分かれたので灘五郷になったが，さらに明治中期になり，衰退した下灘郷に代わって西宮郷があらたに加わった（図7-4）。やや複雑な変遷を経て現在に至っているが，これらの地域で酒造業が発展した理由として原料の米や水の良さが挙げられることが多い（西村，2014）。た

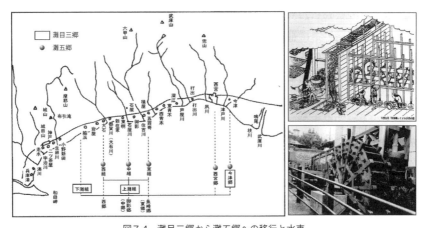

図7-4　灘目三郷から灘五郷への移行と水車

出典：灘酒研究会のウェブ掲載資料（http://www.nada-ken.com/main/jp/index_na/60.html），舞子の浜のウェブ掲載資料（http://maikonohama.la.coocan.jp/topics17/nadame/nadame.html）をもとに作成。

　とえば，酒づくりに適した上質の酒米（山田錦）とミネラル豊富な上質な地下水（宮水）に恵まれ，加えて寒づくりに最適な六甲おろしと水上輸送に便利な港があったこと，などといった説明である。一見するととても納得のいく説明のように思われるが，何か不足しているような気もする。それは，酒づくりの前提として酒米がどのように準備されたかという点と，酒づくりが盛んになる以前，この地域では何が行なわれていたかという点である。後者は酒造とは関係が薄いようにも思われるが，技術の伝承や継続という点で興味深い事実がある。

　さて，灘目三郷の背後に控える六甲山地は激しい隆起と脆弱な花崗岩からなることで知られる（田中編著，1988）。花崗岩の厚い風化層からもたらされる大量の土砂礫が川を下り，幾重にも積み重なるようにして複雑な扇状地が形成されてきた。灘目三郷を東西に分ける住吉川，芦屋川，夙川の各河川の上流部からもたらされる土砂量は多く，下流部では天井川化がはなはだしい。土砂崩れをともなう洪水が毎年のように起こり，そのたびに大きな被害がもたらされた。しかしながら，六甲山の急傾斜を流れ下る川は災いばかりでなく，河川沿いの村々に恩恵をもたらしてきた。勢いのある川の流れに水車を備えれば，水の力を動力に変えて利用できるからである。のちにはそれは酒

第7章　農業，精米，杉線香，長石生産に利用された水車

づくりに欠かせない酒米すなわち精米を水車の力で搗くことにつながっていくが，それ以前は主に油を搾るために水車が用いられた。その中心になったのが住吉川沿いの地域である。

　現在の住吉川は六甲山の最高峰付近に源を発し，いくつもの渓流を集めたあと神戸市東灘区のほぼ中央を流れ，最後は大阪湾へと注いでいる。河川延長は3.58km，流域面積11.49km²の二級河川である。標高931mの高さからわずか4km足らず流れて海に流入することから，いかにこの川が急傾斜を流下しているかがわかる。住吉川で水車が使われるようになったのは，元禄末から宝永年間のこととされるため，1688年から1711年の間と考えられる。この頃，住吉川水系に属していた菟原郡野寄（現在の神戸市東灘区西岡本町）に水車が6基あったという。さらに1718年からは，住吉川水系西谷に札場車，鍋藤車，鍋庄車，同じく東谷に大谷車の4つの水車が動き始めた（矢倉，1993）。

　最初に水車が使われるようになったのは，油を搾るためであった。油は現代人が普通，口にしているように揚げ油や生食用として用いる場合もあるが，江戸時代は灯をともすため，つまり灯明用に利用された。その原料として使われたのが菜種，綿実，胡麻の3つである。このうち菜種からとれる菜種油は白絞油とも呼ばれ，江戸時代において灯明油の主流であった。ほかの油に比べると色が薄く水のようだったので水油とも呼ばれた。つぎに綿実とは綿の種子のことで，この種子を搾ってとれた綿実油は熱に強く，風味も良いため生食にも揚げ油にも適している。17世紀に大坂で精製方法が改良され，菜種油とともに灯明油として普及した。最後に胡麻の種子が原料の胡麻油は，縄文時代に中国，朝鮮半島を経て伝わったとされる。鎌倉時代には精進料理の食材として広まった。搾油前の焙煎加減で色と香りが変化する点に特徴があり，油分は50〜58%もある。菜種油が35〜43%，綿実油が17〜23%であるのと比べるとかなり高い。

　灘目三郷の水車を使って搾っていたのは主に菜種油である。菜種は水捌けのよい場所が栽培に適しているため，半田あるいは掻揚田と呼ばれる耕作地で育てられた。掻揚田とは，低湿地状の田の土を2尺（約60cm）ほど掻き揚げ，高くなったところにこの場合でいえば菜種を植える田のことである。9月に菜種の種を蒔いて翌年6月に収穫し，そのあと土を元の高さに戻して田植え

を行なって稲を育てた。つまり二毛作である。農民は収穫した菜種を売って稲作のための肥料を買ったり，生活のための現金収入を得たりした。菜種は地元の灘目三郷一帯で栽培されたが，本格化したのは18世紀以降のことである。当地を含む摂津のほか河内や大和が主な産地であった。

　収穫された菜種の種子は，かつては人間の力で搾られていた。煎った菜種を人が臼に入れ，テコの原理を利用して一方の端を足で踏み，別の一方の端に付けた杵で搗くという方法であった。この方法だと5人体制で菜種を1日に2石（約300kg）ほど搾ることができた。しかし水車の力を使えば1日に3石6斗（約540kg）も搾れたのでその差は歴然としていた。六甲山麓の住吉川，芦屋川など急流沿いに生まれた水車工場では，水流を大水車が受け，回転軸を工場内に入れた。軸には木製の歯車が付いており，胴搗という押しつぶす道具が昼夜となく旋回して油を搾った。

　1770年の業者関係の資料によれば，水車を用いていた搾油業者は60軒ほどあり，ほかに人力による搾油業者が20軒あった。同じ頃，大坂には菜種の搾油業者が250軒，綿実の搾油業者が30軒を数えたので，搾油業の中心は大坂にあったといえる。灘目三郷の水車搾油は画期的であり，大坂の業者にとっては油断できない競争相手として目に映った。西国から瀬戸内を経て大坂に運ばれてくる菜種を途中の兵庫の地で買い取ることもあったため，大坂との間でしばしば紛争が起こった。上で述べたように江戸時代，菜種搾油業の中心は大坂であり，搾った油は大坂から菱垣廻船を使って江戸へ輸送された。幕府は油の仕入れの大半を大坂に依存したため，供給を安定化するため大坂優遇策をとってきた。このため，既得権益を守ろうとする大坂と新興の灘目三郷は利害関係で対立することが多かった。

2．水車を利用した油搾りから精米への移行と酒造業の発展

　江戸時代，灯明油の中でもウエートの大きかった菜種油は江戸の暮らしを安定化させるため，価格統制の対象になりやすかった。油以外に，米，麦，砂糖，木綿など庶民の生活に密接に関わる農産物はすべて，安定供給を目的に生産・販売の規制を受けた。油の場合，幕府は江戸への油の安定的供給を維持するため，大坂での油の製造・販売を原料である菜種や綿実の段階から統制しよ

うとした。1766年の「明和の仕法」がそれで，「手作手絞」つまり自家消費分しか搾油を認めないという内容であった。このため，灘目三郷の農家は収穫した菜種を地元の搾油業者に売ることができず，菜種を大坂へ送らねばならなかった。大坂への運賃がかさむため収入が減っただけでなく，必要な油はわざわざ大坂から購入しなければならなかった。これでは稲を育てるための肥料代を得ることもできず，農民は灘目三郷の搾油業者とともに幕府に訴状を出した。武庫郡55か村の農民が提出した訴状がそれで，搾油業・油市場を大坂に限定する制度を改めるように願い出た。

　現実には既に一大市場を形成していた堺・平野・兵庫・灘などの搾油業・油市場を禁じることは困難であった。そこで幕府はこの禁令を撤回し，摂津・河内・泉州の3か国にだけ搾油を認めた。ただし条件として，これら3か国においては株仲間を結成し，製造した油はすべて株仲間を通して販売することとした。またこのとき，灘目三郷の搾油業者は地元産の菜種を使って搾り，綿実は大坂以外の産地から仕入れるように取り決められた。搾油業者は夏は菜種を原料として油を搾り，秋から冬にかけては綿実を使って油を搾った。

　こうして灘目三郷の水車による搾油業は発展していくかに思われたが，基本的に，後発の搾油業産地は大坂では歓迎される存在ではなかった（桑田，1997）。1791年に灘目三郷の油は江戸へ直接送り出すことが認められるようになるが，それまでは大坂側の力が強く，搾り油の江戸への直送は叶わなかった。灘目の業者は自ら産地へ出かけて原料の種物を買い付けることがなかった。このため原料を手に入れることができず，搾油業はしだいに衰退していった。しかし，灘目の搾油業が衰退したのは，大坂側の反発ばかりがその原因ではなかった。原料の種物が入手できない灘目の業者とは対照的に，西日本では菜種や綿実から油を搾ることが盛んに行なわれるようになったことが大きかった。要するに西日本の新興産地からの追い上げを受けて競争力をなくしていったのである。

　油搾りでは見通しの立たない灘目の搾油業者が目をつけたのが，水車による米搗きである。油搾りからの転業は，米搗きだけでなく，粉挽き，抹香・線香挽きなどにも及んだ。いずれも水車の動力を利用する稼業であり，扱う原料が菜種や綿実から米や麦，杉の葉などに変わっただけである。なかでも

米を搗く水車精米がその後の産業発展へと大きく結びついていった。こうして江戸時代後期になり，灘五郷が水車稼酒造の本場として名を馳せるようになった。興味深いのは，水車搾油から水車精米への転向が，ある偶然的できごとがきっかけであったということである。1827年，山邑太郎左衛門（櫻正宗の当主）が原料米をいつもの年より多く仕入れたので，余った分を水車で搗かせてそのままにした。その米を使って酒を仕込んだところ，きわめて芳醇な香りある美味な酒が生まれた。そこでこれをヒントに，多くの同業者が水車でよく搗いた米を酒づくりに使うようになった（藤原，1989）。

　こうして水車精米による酒づくりが盛んになるのにともない，労働力が必要になった。酒造業の場合，杜氏この場合は水車杜氏が各地から出稼ぎに来るようになった。当時，酒造米用の水車は2種類の経営形態で動かされていた。ひとつは酒造家自身が水車を所有して酒をつくるタイプである。いまひとつは精米作業を専門に行なう賃搗水車と呼ばれる稼業である。これら2つのタイプのいずれかを出稼ぎ先とする労働者が，西播磨地方の龍野藩や林田藩から多数やってきた。あまりにも出稼ぎ者の数が多くなったため，龍野・林田両藩は，藩内の風俗が華美になるとして規制したほどである。住吉川水系の水車精米へは播州方面からの出稼ぎが多く，丹波方面が多かった酒造蔵への出稼ぎとは対照的であった。

　水車精米の作業は，外廻りと内廻りの二手に分かれて行なうのが普通であった。外廻りは米を運搬する仕事であり，頭と呼ばれるリーダーと，その下で働く「牛追い」と呼ばれる従事者からなる。一方，水車で精米をする仕事は水車杜氏とも呼ばれた老祖1名とその下に2名の米踏，同じく2名の上人，2名の中人，2名の枡取，それに飯焚1名で行なわれた。全部で12名の出稼ぎ者によって水車1基が動かされた。水車精米で働く出稼ぎ者の多くが播州出身であったのは，酒造米として播州米を使用することが多かったこととも関係がある。水車を使った作業は昼夜兼行で，出稼ぎ人は交代制で働いた。時代は新しいが大正前期，住吉川水系には全部で72基の水車が稼働していた（図7-5）。臼の数は9,474基を数え，水車労働者は947名にものぼった。水車小屋の長老である水車杜氏は，酒造蔵でいえば一番位の高い杜氏に相当する。その水車杜氏になるには10年ほどの修行を要したという。簡単な仕

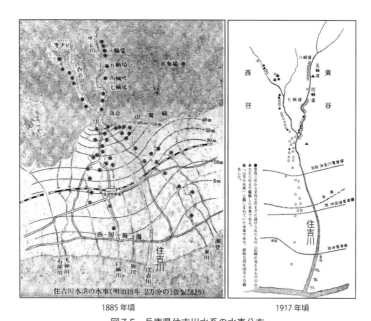

<figure>
1885 年頃 　　　　　1917 年頃

図7-5　兵庫県住吉川水系の水車分布

出典：舞子の浜ウェブ掲載資料（http://maikonohama.la.coocan.jp/topics10/suisya/suisya-03.
html, Kobe University Repository:Kernel のウェブ掲載資料（http://www.lib.kobe-u.ac.jp/
repository/90002363.pdf）をもとに作成。
</figure>

事のように見える枡取でも上手くなるにはこつを身につける必要があった。

　精米作業を専門に行なう賃搗水車への代金相場は，住吉川水系の東谷と西谷の代金で決まった。このことは，灘五郷の精米水車の中心が住吉川水系にあったことを物語る（藤原，1989）。実際，1919 年の調査資料によれば，住吉川本流が流れる住吉村に水車小屋が 65 か所あり，これは全体の 24.0 ％を占めた。水車小屋に据え置かれた臼は 8,000 を数え，これは全体の 32.4 ％であった。住吉川の支流が流れる御影でも 700 の臼を置いて精米が行なわれた。住吉村の水車小屋には平均で 120 ほどの臼が置かれていたが，中には敷地 400 坪，建坪 150 坪の水車小屋に 150 もの臼を置いて精米を行なっていた業者もあった。興味深いのは，こうした精米水車の場所が住吉川に限らず川の上流にあったのに対し，酒をつくる醸造所は海岸に近い場所にあったことである。このことは，播州方面から精米水車のために出稼ぎに来た若者と，主に丹波方面から蔵元へ働きに来た若者とでは労働環境に違いがあったことを

川と流域の地理学

意味する。傾斜の多い山側の水車小屋で働く若者の中には，正月も帰郷せず村へ帰る人に実家への仕送り金を託す者もいたという。

　播州といえば「揖保乃糸」の地域ブランドで名高い素麺の産地であるが，ここでの産地形成は灘五郷の水車精米と関係がある。もともと素麺づくりは仏教伝来とともに奈良県三輪地方に伝えられた。それが灘五郷にも伝わり，水車精米の一環として素麺の原料である小麦が搗かれ，できた素麺が灘目素麺として売り出された。水車精米の一環というのは，通常，酒の仕込みは冬場であるため精米も冬前に行なわれる。酒米を搗かない時期に小麦を搗いて水車の稼働が無駄にならないようにしたのである。水車業の衰退で出稼ぎ労働者が減少した大正期，灘五郷でかつて働いたことのある播州の人々が素麺づくりを地元で始めた。これが播州名物・揖保乃糸のはじまりである。

第3節　香の歴史と水車を利用してつくられる杉線香

1．日本における香の歴史と杉線香の普及

　春秋のお彼岸やお盆の季節になると，墓苑や寺院のここかしこで線香に火がつけられほのかな匂いが漂ってくる。祖先や故人の魂を鎮める作法やしきたりに欠かせない線香は，墓参者の手に渡るまでどこでどのように生産され販売されてきたのであろうか。やや古い資料であるが2006年の全国における線香の生産量は7,315㌧，金額では313億円であった。1995年の1万859㌧，351億円をピークにその後は減少傾向にある。大手メーカーは生産拠点を海外に移す傾向にあり，中国，インドや東南アジアの国々からの輸入量が国内生産量の半分近くにまで達している。とくに人口の多い関東地方では，安価な墓参用線香の70～80％は輸入品によって占められている。このため，有力産地のひとつである栃木県では，低価格の輸入品と競合するメーカーが苦しい立場に立たされてきた。

　線香の都道府県別生産量・生産額では栃木県は京都についで第3位である。トップは兵庫県であり，その中心は淡路島である。京都が上位にあるのは納得しやすいが，第1位の兵庫県，第3位の栃木県はどのように説明されるの

であろうか。兵庫県とりわけ淡路島が主産地になった経緯については，線香が歴史的にたどってきたルーツにまで遡って考える必要がある。インド，中国からの仏教伝来と関係の深い線香は，安土桃山時代に中国・朝鮮方面と交易をしていた堺に伝えられた。そこでまず堺で生産が始まり，第二次世界大戦終了まで堺を中心とする大阪府が線香の主産地であった。ところが，すでに江戸末期の 1850 年頃に堺から淡路島に線香の製造法が伝えられ，戦後は淡路島を中心とする兵庫県が第 1 位の地位を占めるようになった。堺と淡路島は目と鼻の先ほどの距離の近さである。堺で線香づくりの修行をして淡路島で創業する人もいたり，堺のメーカーが下請先を淡路島に求めたりするなど，両者の関係は深い（徳梅，1999）。

　では，線香の生産量と金額が全国で第 3 位の栃木県の場合はどうであろうか。2012 年の時点で，生産量，金額ともに栃木県は兵庫県の 4 分の 1 くらいである。栃木県が兵庫県や大阪府と大きく異なるのは，線香の原料の違いである。大阪府の堺では白檀，伽羅などの香木，丁字など漢方薬材を含む 15 種類くらいの材料が使用されている。対して栃木県の線香は杉を原料としてつくられている。日本では線香を「匂い線香」と「杉線香」に大きく 2 つに分ける考え方が以前からある。墓線香の別名もある杉線香は杉の木粉と乾燥した杉の葉の粉末を主原料につくられ，屋外の墓苑で使用するのが一般的である。もう一方の匂い線香は，仏への供養としての儀式用と，香粧品としての趣味用に二分される。香粧品としての線香は，精神統一，茶道，嗜好品などを目的とするものが多い。

　日本の風土と深く結びついてきた杉は，建築材料から日常的な道具類に至るまでその用途は多様である。いまでこそ花粉症の犯人扱いされる杉であるが，その香りの良さから酒造用の桶や酒を入れる樽や枡などに欠かせない木材である。注意したいのは，杉線香の材料として使われるのは杉の本体ではなく，その葉であるという点である。ただし一部ではあるが杉の木粉も混ぜられる。一般に，杉といえばその木目や手触り，あるいは材質の柔らかさに目が向かう。杉の成長に欠かせない枝やそれについている葉は，伐採されたあとは，用済みの存在である。そのような邪魔者扱いされる杉の葉の香りに目をつけ，杉線香づくりを始めた人物が，現在の日光市今市に現れた。

それは江戸末期のことで，越後から来た安達繁七という人物が杉の葉を原料とする線香の生産を始めたと地元では伝えられている。江戸末期という時代状況と，庶民でも手の届く値段の杉線香づくりの組み合わせを理解するには，日本において香がたどってきた歴史をひもとく必要がある。日本にはもともと香を生活の中に取り入れて楽しむという歴史が古くからあった（稲坂，2011）。平安貴族の間では各種香木の粉を蜂蜜などで練り固めた練香が考案され，部屋や衣服，髪などに練香を焚きしめる空薫物が流行した。室町時代になると香は芸術性を帯びるようになり，ただ匂いの優劣を競うだけでなく文学的な要素や精神性が重視されるようになった。さらに武士の台頭とともに禅の影響が加わり，香の作法が定められていく。

　その後，江戸も中期に入って天下が落着くと香は庶民の生活においても普及するようになった。町人文化も盛んになり，富裕商人の間では香道が最盛期を迎えて多くの流派が生まれた。香道具が大名や豪商たちの必需品になり，宮中への出入りを許された調香師・高井十右衛門など香具を専門に商う商人も現れるようになった。その一方で，仏の供養に用いる線香を一束まとめて焚く安価な杉線香がつくられるようになった。つまり，安達繁七が杉の伐採現場で邪魔者扱いされている杉の葉を見て線香づくりを思いついたのは，安価な線香を求める庶民層がいたからである。高価で手に入りにくい特殊な原料をもとに香をつくるのではなく，先祖供養など庶民が生活の中で普段づかいする香すなわち線香をつくろうとした。

　安藤繁七は越後国三島郡片貝村（現在の小千谷市片貝町）の出身で，生家は造り酒屋であったというから村では何不自由ない少年時代を過ごしたと思われる。しかしその生家が倒産したため郷里を出ることになった。故郷から江戸へ向かうには，小千谷，十日町を経て三国峠を越え，沼田へと続く道を歩く。沼田からは赤城山を右に見ながら男体山の麓を通り，二荒山神社に参拝した。繁七は江戸で一旗揚げるつもりで，成功を祈ったと思われる。1864年，繁七が23歳の夏のことであった。二荒山神社は日光東照宮の境内にあり，周囲は杉の林である。日光の北，新潟県と福島県の境あたりはホンナスギ，ムラスギという名の天然生スギの分布地域である。日本には天然生スギの種類が24ほどあり，その多くは秋田県から福井県にかけての日本海側に多い。

第7章　農業，精米，杉線香，長石生産に利用された水車

東日本の脊梁山脈の西側は冬季の降雪量も多く，天然生スギの生育に適している。このことと越後出身の安藤繁七が考案した杉線香とは直接結びつかないが，日光の二荒山神社に立ち寄ったことが何らかのインスピレーションを与えた可能性は否定できない。

2. 日光・今市の扇状地上の水車を利用した杉線香づくり

　日光今市で杉線香の生産を創業した安藤繁七は，年間平均降水量が2,604mmと多く，とりわけ冬季の降雪量がきわめて多い雪深い越後国小千谷で育った。杉は越後を含め日本海側の北国なら天然の樹林として普通に見られる。それゆえ子供の頃から見慣れた林で，特別な気持ちは抱いていなかったと想像される。しかし，江戸へ向かう途中で目にした杉の樹林は，やはり特別印象が強かったのではないだろうか。三国峠を越えていよいよ関東へ入ろうとしたとき，自身の中で何か気持ちを高ぶらせるものが湧いてきたと思われる。男体山からその麓の日光にかけて，あるいはそこに至る街道沿いに杉の林が青々と繁っていることに，強い印象を受けたとしても不思議ではない。

　男体山一帯の山間部は年間降水量が2,800mmもある。気温差の大きな内陸性気候は杉の生育に適しており，今日においても日光は栃木県内有数の木材集散地である。とくに旧今市市，現在の日光市今市は地区全体の60％が山林であり，そのうちの半分以上は杉を中心とする針葉樹林である。繁七が日光に滞在していた当時，山林業者が杉を伐採したあと払い落とされる枝葉は山林にそのまま捨て置かれ，誰も片づけようとしなかった。放置しておけば腐って自然に土に還る。しかし当座の作業をするには邪魔であり，これを拾い集める者がいれば大いに喜ばれた。

　杉の枝葉を相当量拾い集めても，山林業者に酒3升か5升の謝礼をすればそれで済んだ。酒瓶1升が7銭か8銭だったからタダ同然である。運び賃も一駄に6束を積んでも4，5銭，距離がいくぶん遠くても7銭か8銭の代金であった。ほとんど費用をかけずに杉の葉を持ち帰り，それを原料に線香をつくることができた。繁七が有り余る杉の葉を原料に線香づくりを思い立ったのは，故郷で農民たちが農業の合間に副業で細々と線香づくりをしていたのを見ていたからである。そうした自らの経験と照らし合わせて考えると，

日光の山林で邪魔者扱いされていた杉の葉を線香づくりの原料として活かすアイデアは思いつきやすい。

　繁七が非凡であったのは精米用の水車に着目した点である。今市は東南に向かって流れる大谷川, 古大谷川, 赤堀川, 小百川によってつくられた扇状地の上にある（図7-6）。これらの川から分流した用水は, 灌漑だけでなく精米用の水車を動かすためにも利用されていた（熊倉, 1989）。玄米のかわりに杉の葉を水車に付けた杵で搗けば, 杉の葉を粉にすることができる。これを水に溶いて成型すれば線香になる。繁七は早速, 大工に線香をつくる機械の製作を依頼したが, 最初は不慣れでうまくいかなかった。試行錯誤の末, 木製の製造機を仕上げることができた。

　杉線香づくりは, 10月から翌年の5月上旬にかけて, 樹齢70年から80年の杉の葉を採集するところから始まる。季節によって粉の質が違っており, 秋に採取した葉より春先のものの方がヤニが多く粉に粘りが出る。採集した杉の葉は3か月ほど乾燥させたあと水車小屋に持ち込み, 臼に入れる。水車は, 先に述べた河川から取り入れた用水に設置する。臼に入れた杉の葉は丸2日間で搗き上がる。臼から取り出した杉の粉を篩にかけて選別する。線香

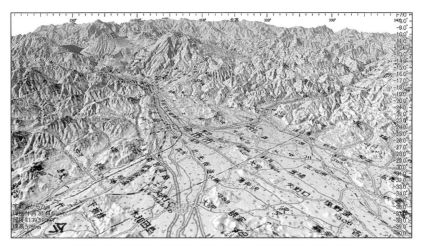

図7-6　栃木県日光市今市地区（旧今市市）周辺の扇状地（立体模型）
出典：とちぎふるさと学習のウェブ掲載資料（https://www.tochigi-edu.ed.jp/furusato/detail.jsp?p=74&r=441）をもとに作成。

第7章　農業, 精米, 杉線香, 長石生産に利用された水車

に使用するのは篩の網目を通った細かい粉で、通らなかった粗い粉やゴミは取り除かれる。粗い粉は翌日の粉搗きのさいに再度投入されるが、これによって出来上がる粉は一層キメが細かくなる。ここまでが線香の原料となる杉の葉の粉を準備する工程である。

　線香づくりの工程では、最初に杉粉とタブの木の皮と糊粉を練機の口から入れる。さらにその中にお湯を注ぎ込む。杉の葉は集めた時点では本来の緑色をしている。しかし乾燥させた段階では茶色くなっており、タブの木の皮や糊粉と一緒に練り合わせる時点でも茶色である。その中に杉の葉に近い緑色の染料を投入するのは、杉線香のイメージを買い手に与えるためである。タブの木の皮は粘り気を出すために使われる。練機でよく練り上げられた杉粉は、ドウと呼ばれる機械に入れて成型される。現在では撹拌もそのあとの成型も機械を使って行なわれるが、安達繁七が創業した当時はすべて手作業であった。練り上げられた杉粉は手動の押出機によって線状のかたちになり、その後、やはり手動で切断される。同じ長さに切断された線香は半日ほど乾燥させたら、仕上げの工程へと進む。機械式の押出機や切断機が発明されたことにより、手動工程は大幅に減少した。こうして完成品に近い線香のかたちをしたものは、一定の本数ごとにまとめて結束される。一定の本数に揃える作業はヨーゲと呼ばれる道具を使って職人が目測で行なう。

　江戸後期、安達繁七は今市で醤油醸造を営んでいた上沢商店の裏の空き倉庫を借りて線香づくりを始めた。その後、2年ほどして瀬川へ移動し仕事を広げた。瀬川は今市中心部の北を流れる大谷川に近いところで、現在は今市用水の円筒分水井のある場所である（図7-7）。円筒分水井は、用水の水を複数の方向へ均等に流れるように湧出水を一時貯える施設である。これは戦後に設けられたものであるが、瀬川一帯が水に恵まれたところであることを物語る。その瀬川において繁七は杉粉をつくる水車を持ち、包装用の紙から箱までをすべて自作した。「桑蘭香」、「辯天香」、「源氏香」などの名前がつけられた杉線香の販売は、製造開始時から後援してくれた隣家の荒物商・柏屋こと加藤保左衛門が引き受けてくれた。柏屋は日本橋小網町にも販売所を出して繁七を助けた。故郷の小千谷を後にして23年後、繁七は46歳で病気を患い亡くなった。

図7-7　日光市・今市用水円筒分水井

　繁七が設立した会社はその後も順調に売り上げを伸ばし，最盛期の1897年頃には杵が20丁と10丁の2つの水車製粉工場があった。月間の生産量は杉粉で7,500kg，1箱15kgの製品でいえば500箱ほどであった。12棟の工場で50名の職人が働いたが，線香のほかに醤油の製造も手掛けたため，使用人は70～80名にもなった。しかしこの線香会社は1900年に経営が成り立たなくなり潰れてしまった。繁七が郷里の越後から呼び寄せた職人衆が熟練した技術者に育っていたため，今市周辺に散らばった技術者が線香づくりを継承し次世代へとつないでいった。

第4節　水車の力で長石を砕き石粉にする釜戸の歴史

1．水車を回して石粉を生産してきた釜戸長石の里

　普段，普通に使っている陶磁器の表面は光沢を帯びており，本体は硬いにもかかわらず，柔らかさや暖かさを感じる。これは硬い本体の表面に釉薬が

241
第7章　農業，精米，杉線香，長石生産に利用された水車

施されているからである。縄文土器や弥生土器のようなざらざらした感じはなく，すべすべした感じがその場の雰囲気を和ませる。釉薬はいくつかの鉱物原料の組み合わせからなる。原料ごとに固有の役割があるが，基本的には，硬い珪石を柔らかな長石が包み，灰や石灰がそれらを均一に溶かし，さらにカオリンや粘土が溶融を安定にする。亜鉛，錫，鉄，コバルト，銅などを釉薬の上に添加すれば，さまざまな色模様も現れる。釉薬用の鉱物の中でも長石は，表面を柔和にする原料として欠かせない。長石は地殻の中に普遍的に存在する。とりわけ花崗岩に多く含まれており，全体の60％が長石である。玄武岩でも50％前後は長石がその成分である。

　石垣や墓石などに用いられる花崗岩は馴染みの深い岩石である。花崗岩のように石英や雲母などと結合した状態の長石ではなく，長石が単体で，あるいは堆積した状態で存在する場合もある。このような長石が見つかれば，それを陶磁器やタイルなどの表面に光沢をもたせる釉薬にすることができる。長石成分の多いペグマタイト長石は純度が高く原料としては扱いやすい。しかし産地が限られる。石英などの混じるアプライト長石は，花崗岩産地の近くに産出することが多い。産地ごとに性質や色合いも異なるため，産地の地名を冠して呼ばれることが多い。釜戸長石はそのうちのひとつであり，美濃焼産地として知られる岐阜県の東濃西部で産出する。花崗岩の風化物を原料として昔から陶磁器が生産されてきた産地の中に釉薬原料の産出地があるのは，ある意味当然といえよう。

　釜戸長石の釜戸とは，中央本線釜戸駅のある現在の瑞浪市釜戸町のことである。ここでは江戸時代から長石が採掘されてきたが，組合を設立して組織的に採掘されるようになったのは明治中期からである（図7-8）。鉱山は釜戸駅から南東へ4kmほど行った標高600〜700mの山中である。1948年に地質調査所が実施した調査によれば，ここで産出するアプライト長石の結晶は均質性に富んでおり埋蔵量も多いことがわかった。採掘開始40年後に行なわれた調査にもかかわらず埋蔵量が多いとされた判定は，継続的採掘を保証するものであった。しかし地元産地では資源の枯渇に配慮し，1960年代末に採掘を終えた。釜戸での採掘は終了したが，地元の組合は長野県藪原で新たに長石を採掘する事業に取り組むようになった。この間，およそ1世紀にわ

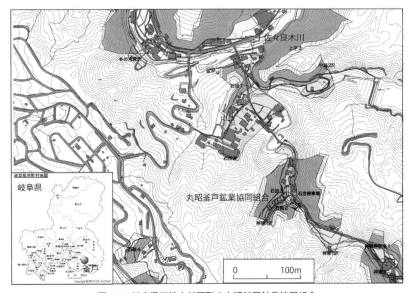

図7-8　岐阜県瑞浪市釜戸町の丸昭釜戸鉱業協同組合
出典：瑞浪市のウェブ掲載資料（https://www.city.mizunami.lg.jp/_res/projects/default_project/_page_/001/003/366/h25kamado_16_2.pdf）をもとに作成。

たって続けられてきた長石粉の製造工程において水車は重要な働きをした。硬い長石の塊を渓流の水から力を得た水車が砕いて柔らかなパウダー状の粉にするという絶妙なコントラストをそこに見ることができる。

　釜戸では長石を砕いて粉状にしたものを石粉と呼ぶ。石粉は硬い長石をただ粉砕しただけの粉ではない。製品として求められる粉の大きさは，ガラス用の原料なら60メッシュ，陶磁器用なら120メッシュである。メッシュは粉粒の大きさを表すときに用いられる単位であり，たとえば60メッシュなら，1吋すなわち25.4cm四方の枠に縦横それぞれ60本の経を張った篩を通過できるほど小さな粉粒のことである。陶磁器用の石粉は120メッシュであるため，その半分くらいの大きさしかない。これほど微細な粉になるように長石をすりつぶすには，玄米や麦をただ圧力をかけて搗くだけの技術では不可能である。

　釜戸長石は鉱山で採掘されたあと粉砕工場まで運ばれる。明治中期から大正期にかけての時代，輸送手段は馬車や牛車であった。工場といっても，も

第7章　農業，精米，杉線香，長石生産に利用された水車

とはといえば農業の片手間で始まった生業に近い形態での施設である。簡素な建物が川の水が利用できる場所に建てられ、そこに水車が据え付けられる（室田、1985）。当初は水車の回転運動を杵の上下運動に変え、臼の上に置いた長石の塊を砕いていた。これなら玄米や麦を搗くのとほとんど変わらない。しかし製品として石粉の粒をより小さくするには、これでは不十分である。そこで取り入れられたのが、トロンミルを回転する方法である。トンミルとも通称されるトロンミルは鋳鉄製の円筒である。この円筒が回転するときの中心軸を水車の軸に結びつけ、水車の回転とともに円筒も回転するようにする。円筒の内側には通常の煉瓦よりやや大きめに加工された珪石がセメントで張りつめられている。珪石は円筒の中に封入された硬い玉石とぶつかり合いながら長石の塊をつぶす。円筒には3〜5cmほどの長石の塊を投入するが、この大きさにするために、あらかじめ別の水車を使って大きな長石を砕いておく必要がある。

　水車の動力で円筒が長時間回転すれば、中の長石は封入されている水と混じり合いながらすりつぶされて液状になる。細かく砕かれ微粒子状になった懸濁液はミルの曲面部の小さな出入口から外に汲み出され、沈澱池に導かれる。沈澱池から水分が自然に蒸発すると、数日後には長石が凝固してくる。これをシャベルで掘り出して板にのせ、天日でさらに乾燥させる。こうしてできた長石粉は、陶磁器やガラスの生産に欠かせない原料として出荷される。釜戸長石が石粉となって出荷され始めた1905年は、中央本線が中津川（当時は中津）まで開通した頃である。釜戸駅から鉄道で出荷されたのは遠隔地向けであり、近場の瑞浪、土岐、多治見へは馬車で、自動車登場以降はトラックで運ばれていった。陶磁器の表面の滑らかな光沢を見て、これが生まれる過程で水車が使われたことをどれくらいの人が気づくだろうか。

2．釜戸長石の産地で水車を利用した石粉製造の存続理由

　釜戸長石から石粉をつくるときに利用した水車は、土岐川支流の佐々良木川水系に沿って分布していた。土岐川は伊勢湾に河口をもつ庄内川の上流部での名称である。時代によって数に変動はあるが、1982年に行なわれた調査によれば、佐々良木川水系で19基が動いており、ほかに73基が使用され

ず廃車状態にあった（室田，1985）。最盛期には90基近い数の水車が石粉の製造に使われていた佐々良木川水系には，上平（うわのだいら），神徳（じんとく），川戸，論栃（ろんどち）の4つの集落がある。このうち釜戸長石が産出するのは神徳集落の山中である。江戸期から採掘されてきた長石が，地域の組合によって組織的に採掘されるようになったのは，1908年頃からである。これはこの年の組合定款が組合では最も古いことによる。実際にはそれより以前から掘り出されてきたと思われる。

　もともとあまり耕地に恵まれない佐々良木川水系では，石粉が採れ陶磁器用原料として販売できれば，大きな副収入が得られる。山間農村部なら共同体意識は根強く，鉱山の開発と原料からの製品化も共同で行なうのは，いわば自然の流れであろう。限られた地元の資源を地元民の生活が豊かになるように共同で利用しようという発想は共有されやすい。実際，当時，釜戸村の村長を長年務めた小栗弥蔵は，組合設立にあたって3つの原則を提案した。それは，①長石の採鉱・砕石は組合で行なう，②砕石のための動力は水力に限る，③3年間，村内に住めば誰でも組合員になれる，というものであった。こうした原則にしたがい，組合員は砕石用の岩石を持ち帰って水車動力で石粉に仕上げ，それを共同出荷して収入を得た。利益は水車を使って原石を石粉にした労力に対してであり，それ以外の工程から得られる利益はすべて組合に属した。

　明治後期に組合を設立して石粉の製造が行なわれてきた佐々良木川流域では，電力の普及にともない水車動力から電力へ動力源が変えられる状況になった。しかし組合員の中に動力を水車から電力に変える者は現れなかった。もっとも電力を家庭用に使うことは，この流域でも一般化した。しかしこの流域は中心都市から離れているため，上平，神徳，川戸の3地区は独自に水力発電を行なった。論栃は隣にあった電力会社の電気を使った。しかしこれも第二次世界大戦後は状況が変わり，4つの集落ともに中部電力の電気を利用するようになった。これにより電力を動力としてトロンミルが動かせるようになったため，水車から電力に転換する組合員も現れた。こうした状況に対して，組合は電力使用による石粉の増産を部分的に認める一方，さらに増産を希望する組合員に対しては，長石以外のたとえば珪石の粉砕を推奨した。

組合には地元で産する貴重な資源の寿命を増掘で縮めたくないという思いがあった。

　こうした経緯を経て，1982年の調査時点では，80名の組合員のうち40名が長石以外の鉱物を電力で粉砕するようになっていた。同じく20名が2,000kgのトロンミルを電力で2〜3台で動かしていた。残りの20名は，これまでと変わらず水車を動力として長石粉の製造を行なっていた。これら3つの形態のうち，専業で行なっているのは初めの2つである。最後の形態は副業としての長石粉の製造である。釜戸長石は品質も良く，いわばブランド品として高く評価されている。それゆえ資源の枯渇を恐れる気持ちは強い。長野県の藪原で釜戸と類似の長石が産出することから，組合はそこでの鉱山開発も手掛けるようになった。1982年時点における釜戸長石の生産量は2,000㌧であった。出荷先は500㌧が名古屋市内の大手製陶業，350㌧が商社経由の台湾輸出，残りの1,150㌧は美濃，瀬戸，常滑，四日市の陶磁器産地向けである（室田，1985）。

　庄内川の上流部にあたる土岐川流域は，ほぼ美濃焼産地の広がりと重なる。これは，陶磁器原料の花崗岩の風化堆積物が美濃焼産地とその南側の瀬戸焼産地に広く分布しているからである（須藤・内藤，2000）。このため庄内川の支流である矢田川上流の瀬戸川を含めて，産地の河川上流域には窯業原料を製造するために多数の水車があった。しかし電力が普及し，陶磁器やタイルの需要が低迷したため，水車稼働はもとより窯業原料の生産も最盛期に比べると落ち込んでいる。しかしその反面，食器以外のセラミック分野ではむしろ原料用途は広がっている。釜戸長石も，食器以外の分野では引き続き需要が見込まれるため，陶磁器生産の動向とは動きが異なる。

　こうした傾向は，佐々良木川水系の南にあり同じ土岐川支流の小里川水系で使われてきた水車がたどった経緯と比較すると一層明瞭となる。小里川水系で多数の水車が稼働してきた瑞浪市稲津では，釜戸長石と同様，トロンミルで製品が生産されてきた。しかし製品は長石粉ではなく粘土である。当初の木節粘土からしだいに蛙目粘土へと移行していった。釜戸長石が長石鉱を微細な粉にするだけであるのに対し，稲津の粘土は山から掘り出した原料粘土から不純物とくに鉄分を取り除いて製品としての粘土に仕上げる。釉薬原

料の長石粉に比べると，陶磁器本体をかたちづくる粘土の使用量は多い。重量あたりの単価を比較すれば，長石粉に比べ粘土は圧倒的に安価である。

　こうした単価の違いは生産工程にも反映される。稲津の陶土製造は電力の導入をきっかけに大量生産の道へと進んだ。すなわち水車の廃止である。対照的に釜戸では，製造工程は単純であるが微細な品質が評価されるため価格の高い製品をつくることで，産地として生き延びることができた。東濃西部の中では周辺部に位置し共同体意識も残る土地柄であるため，釜戸長石の産地は稲津の陶土産地に比べると水車の残存率が高かった。このことは，電力が普及しても一律に水車が使われなくなることはないことを示す。一見すると水車利用は時代遅れのように思われるが，効率さが必ずしも求められない単純で継続的な動力で構わなければ，タダ同然の再生可能エネルギーで動く水車の出番は依然として存在する。

第7章　農業，精米，杉線香，長石生産に利用された水車

製糸業, 絹織物業, ガラ紡生産に利用された水車

第1節　百々川の水車を利用した長野県須坂の製糸業

1．千曲川支流・百々川の水車を利用した須坂の製糸業

　長野県須坂市は，かつて日本を代表する製糸業の中心地として栄え，生糸の海外輸出で外貨獲得に大いに貢献した。戦後も製糸工場は操業を続けたが，1967年頃までに大半の製糸工場は廃業もしくは転業し，1986年に最後の製糸工場が操業を停止した。その後，製糸業に代わるニット類の生産を経て電気・電子機器工業が盛んになるが，その中には製糸業から転業したものが少なからず含まれる。製糸から電気・電子へという日本における内陸工業の一大転換の縮図を見る思いがする。戦前，長野県内では岡谷についで2番目に大きな製糸業産地として発展した須坂は，製糸業産地としては遅れてスタートした。それがみるみるうちに急成長を遂げ，一躍，製糸業都市として知られる存在になる。成長があまりにも急激だったため，都市として十分な生活・生産基盤を整えることができなかった。しかしそれでも，高品質な生糸生産を維持するために採用した共同出荷という独特な体制のもとで得られた利益のおかげで福利厚生水準は向上した。製糸業が栄えた頃に生まれた地方都市の近代建築は，いまも当時の雰囲気を残しながら建っている。

　須坂市は千曲川を挟んで長野市と向かい合うような位置にある。鉄道や国道などがまだなかった頃，交通は千曲川の舟運や街道がその中心であった。長野駅が開業したあとも，須坂から千曲川を舟で上って生糸を長野駅まで運んだこともあった。長野駅からは千曲川沿いに東に進み，さらに碓氷峠を越えて高崎経由で東京・横浜方面に向かう。鉄道以前の時代にあっても，人も荷物も概ねこのルートを通って移動した。まだ信州や上州といっていた時代，北国街道や中山道と呼ばれたこのメインルートは，しかしながら千曲川右岸に位置する須坂にとって必ずしもメインではなかった。草津白根山や浅間山のために大回りしなければならないこのルートよりも，山中を越えて高崎へ向かう通称・大笹街道がよく利用された。北国街道・中山道に比べて距離が短かったのはいうまでもない。それにも増して重要だったのは，宿場や取次の数が少なく，駄賃や手数料が節約できたことが大きかった。ちなみに須坂

～高崎間の宿場は，北国街道・中山道が 17 であったのに対し，大笹街道は半分以下の 7 であった。須坂～江戸間の所要日数も，前者が 6 日であったのに対し，後者は 5 日で 1 日の差があった。

　こうして須坂は各地と交通手段で結ばれながら，江戸期を通し須坂藩 1 万石の小さな城下町として時を過ごした。須坂の語源は墨坂あるいは砂坂が転じたものという説があるが，詳しいことはわからない。坂がもとになっていることは明らかであり，これは百々川（上流は灰野川，米子川），鮎川，八木沢川が群馬県境の山地から運んできた土砂堆積物の上に須坂が位置しているからである。つまり扇状地性の傾斜地が須坂の集落としての自然条件である。水捌けの良い傾斜地は桑の栽培に適しており，農家が副業として養蚕に従事してきたことは，いわば自然のなりゆきであった。須坂と似た扇状地性の地形は，千曲川右岸側では須坂の南の松代，北の中野にもある。類似の地形条件が似たような農業，この場合は養蚕業を育んだことは想像に難くない。

　小さな城下町・須坂には背後の農村部に対して日用品を供給する商店があった。精米業や搾油業はよくある商いであるが，その中から製糸業に転業する者が現れるようになった。江戸期からあった精米業や搾油業は百々川から分流した裏川用水の水を利用して水車を動力源にしていた。裏川という名前は精米業や搾油業を営む業者の敷地の後ろを流れているというのがその語源といわれる（大橋ほか，2003）。実際，昔の資料によれば，扇状地の等高線と直交するように幾筋かの用水が流れていた。用水に接するように業者の作業場が建ち並んでおり，30 基もの水車が使用されていた（図 8-1）。水車と作業場の関係は製糸業を行なうようになって以降も引き継がれた。すなわち，裏川用水をまたぐように製糸工場が設けられ，工場の中で多くの女工が糸引きの作業に従事した（井上，2019）。多くは 1 本の用水路に動力源としての水車を据え付けて稼業したが，なかには並行する 2 本の水路にまたがって作業場を設けている規模の大きな製糸工場もあった。

　動力源の水車からできるだけ大きな力を得るには，落差を大きくしなければならない。須坂の扇状地の場合，傾斜角度の平均は 35‰すなわち，1,000m の距離に対して 35m の比高である。かりに 10 間（約 18m）幅の間口の工場であれば，その距離で比高は 63cm である。こうした比高が十分に生かせる

第 8 章　製糸業，絹織物業，ガラ紡生産に利用された水車

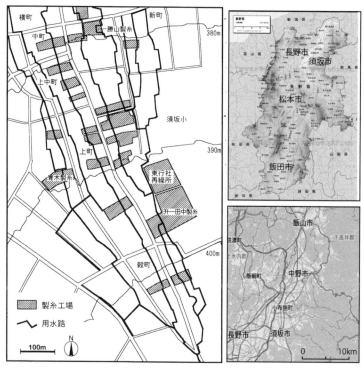

図8-1　長野県須坂における水車設置用水路と製糸工場
出典：大橋ほか，2003，p.49をもとに作成。

　ようなかたちで水車が工場内に設置され，その動力を使って器械製糸の仕事が行われた。1917年の「長野県上高井郡須坂町全図」によれば，裏川用水の最上部付近に東行社再繰所という規模の大きな工場があったことがわかる。東行社とは，1875年に設立された小規模な器械製糸業者の同盟組織のことである。設立時は10名であった加盟者は翌年には25名になり，さらに1890年には50名を数えるまでになった。

　こうした結社が設けられた背景には，生糸という値の張る商品に避けられないリスクを軽減するという目的があった。生糸は高級な絹織物の原料のため，その需要は景気の動向に左右されやすい。大部分が外国向けであり，輸出先で糸価の変動があってもすぐには対応できない。うまく当たれば利益が大きいが，はずれれば莫大な損失をこうむる。こうした危うい器械製糸の経

252
川と流域の地理学

営をたくみに解決したのが小規模の製糸業者が集まってつくる製糸結社であった。糸価暴落による損失分も，加盟社員の間で分割することで倒産の危険から逃れられる。さらに生糸を大口にまとめて出荷できるため，欧米諸国の大量需要に応じることも可能である。東行社に加盟する製糸業者は，生糸の品質を維持するために互いに競争しながら足並みも揃え，東行社の統一ブランド名で出荷できた。小規模な製糸工場で生産された製糸は東行社の再繰所に集められ，ここで繰枠に巻き取られた生糸を揚枠に巻き返す作業，すなわち揚げ返しが行なわれた。なお東行という名前には，大笹街道を東へ向かい最後は横浜港からアメリカへ向けて生糸を送り出すという意味が込められていた。

2．製糸工場の最盛期から電子・電気工場への移行

　東行社設立の 10 年後の 1885 年に，ここから独立して生まれたのが俊明社である。会社としての中身は東行社と同じで，越寿三郎をリーダーとして急成長を遂げ，1893 年には工員 2,300 名，生産高 1 万貫（37,500kg）の規模を誇るようになる。俊明社では 1887 年から蒸気機関を用いた 26 釜の製糸が始まり，越が 1894 年に社長になって須坂の製糸業を指導する立場に立った。越は 1900 年に須坂織物を創業したほか，埼玉県大宮と愛知県安城にも製糸工場を設けた。さらに彼は 1924 年に俊明社から独立して山丸組再繰所を設立し，町内にある 6 工場の揚げ返しを行なうようになった。養蚕特約組合を結成してフランスから優良蚕種を輸入するなど養蚕業にも力を注いだ。こうした越の努力により，原料生産から出荷までを全て自社で行なう独自の生産体制が確立された（田子，1997）。

　器械製糸が発展し製糸工場の規模が大きくなると，それにともないより多くの職工が必要になる。工場主は県外にも労働者を求めた（町田，2013）。新潟県出身の女工が多くなり，富山県や群馬県の出身者もいた。女工の労働は平均 13 時間で，夕食後は夜なべをするのが普通であった。須坂の製糸業が全盛期であった大正時代には，女工の総数は全体で 6,000 人を超えていた。女工の多くは寄宿舎生活で，長い一日の労働が終わったあと，上町・仲町などの菓子屋・小間物屋・下駄屋・呉服店などへ買い物に出かけるのが楽しみ

であった。劇場通りには須坂劇場があり，松井須磨子が公演で「カチューシャ」を歌ったこともあった。繁華街では東京や横浜から生糸の買い付け商人が集まり，料理屋や芸姑屋が繁盛した。

　女工たちにとって運動会（いまの遠足に近い）は最大の楽しい行事だった。1911年4月21日の信濃毎日新聞は，「花の下で花の如き，工女の遊山」という見出しで東行社の運動会を大きく報じた。須坂小学校の校庭に東行社とそこに所属する16の製糸工場の女工など3,500人が集まり，優良工男女の表彰式のあと，音楽隊の演奏をともない臥竜山（がりゅうざん）をめざして町の中を練り歩いた。山の上には模擬店が20以上も並び，歌って踊っての園遊会であった。

　1929年10月，ニューヨークのウォール街で株価が大暴落し，世界大恐慌が起きた。アメリカへの製糸輸出に頼っていた須坂の製糸業は大打撃を受け，1930年6月に山丸組が倒産した。それまで繁栄の一途をたどっていた須坂の製糸業は一気に衰退の道をたどることになった。第二次世界大戦後は富士通など電気・電子に代表される企業の下請けで成り立つ工業都市へと転換し，かつて製糸業で栄えた痕跡はわずかになった。痕跡は消えたように見えるが，実はかつて製糸工場として使われていた建物が，現在では電子部品の製作工場として再利用されているといった事例が，町中の各所に見出すことができる。大きく時代区分すれば，水車動力の時代，電力の時代，そして製糸から電気・電子へと転換した現代へと，その推移を見ることができる（大橋ほか，2003）。

　たとえば須坂市新町の旧勝山製糸の場合，敷地は昔も今も変わらず裏川用水を挟むようにその両側にある。敷地の中央に水車が据え付けられていた釜場があり，現在は取り壊されてない工場とつながっていた（図8-2）。電力時代になると水車は用済みとなり，代わりにモーター・シャフトを据え付けた建物が設けられた。水車時代の煮繭場（しゃけんじょう）は電力時代もそのままで，それまでの空き地に従業員が寝泊まりする寄宿舎が設けられた。土蔵や繭蔵は電力時代も使われた。こうした製糸業時代の敷地構成は，電気・電子時代になって一変した。用水は暗渠になって姿を消した。寄宿舎は取り壊され，電子部品の製造工場の一部として利用されるようになった。これでも不足するため，南側の空き地にハーネス工場が新設された。電力時代までの製糸工場は食堂に

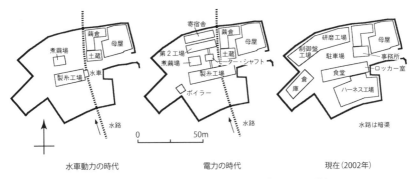

図8-2　長野県須坂の製糸工場から電子・電気工場への移行
出典：大橋ほか，2003，p.50 をもとに作成。

変わり，土蔵は事務所として利用されている。この間，一貫して変わらなかっ
たのは母屋だけである。

　須坂市上町の旧青木製糸の場合も，敷地の中央に水車が置かれていた。た
だし敷地は用水をまたぐかたちではなく，東側から敷地内に引き入れ，再び
敷地の外へ出すような配置である。水車の西側に釜場と工場があったが，現
在は釜場の建物だけが残されている。敷地の南側に土蔵と繭蔵，それに味噌
蔵があった。繭蔵は取り壊されて空き地になっている。かつて従業員が寝泊
まりした寄宿舎や飯場も建物は残されている。敷地の北側に道路が走ってお
り，それに面するように母屋をはじめいくつかの建物が建っているが，現在
は空き家か貸家として利用されている。ここでは製糸業を廃業したあと，ス
キー板など各種スポーツ用品を生産してきた。しかしそれもしだいに電話交
換機用のハーネスの生産へと移行していった。転換のきっかけは1980年代
の円高不況であり，小ロット製品に移行することで経済変化に対する柔軟性
を高めるようにつとめた（大橋ほか，2003）。

　須坂市は近年，蔵の街として話題を集めるようになった（西村，1994）。こ
この場合，蔵は繭を保存するのに湿度や気温を一定にする必要があり，その
ための施設として建てられた。製糸業を営む事業所はほとんどすべて蔵を設
けたため，町中の至るところに蔵が建っていた。これに加えて味噌などの食
品保存や貴重な家財道具の所蔵など，製糸以外の目的でも蔵は建てられた。
製糸業から電気・電子などの産業へと移行すれば，蔵は不要であるばかりか

敷地のスペースをとるため邪魔にさえなる。こうして蔵は取り壊されていった。しかし産業構造がさらに変わり，サービス経済化で観光・ツーリズムがもてはやされる時代になった。蔵の内部を改造して喫茶・飲食や土産物売り場にリフォームする事例も増えてきた。姿を消してしまった水車が須坂の産業形成の一時期を担ったことを思い起こさせる工夫があってもよいのではないだろうか。

第2節　渡良瀬川・桐生川の水車を利用した桐生の絹織物

1．渡良瀬川・桐生川の水車を利用した撚糸づくり

「腕に撚りをかける」とは，自分の能力を最大限に発揮しようと意気込んで取り組むことを意味する。また，「撚りを戻す」とは，元のあるべき位置に戻る，再び仲良くなるという意味である。いずれも撚り（縒りとも書く）という言葉がポイントであり，これは本来，糸に撚りをかけて丈夫にするという意味であり，それが比喩的に転じて，強さを増したり，逆に本来の姿に戻したりする状態を表す。では，なぜ糸に撚りをかける必要があるのだろうか。それは1本の細い糸のままでは強さに欠け，織物にならないからである。幾本かの糸を束ねて右方向あるいは左方向に撚っていくと強度が増し，丈夫な糸になる。この糸を織り機にかけて布を織れば，長持ちする衣服に縫製加工することができる。現在は1mの原糸に何回転の撚りをかけたかで，出来上がった糸の強度が表示される。織物作業の最初の段階でまず撚りという工程があり，ここから繊維製品づくりがスタートする。

　現代のように多様な化学繊維がなかった時代，繊維の糸といえば綿糸か絹糸くらいであった。繭から紡いだ絹糸は細く強さもないため，何本かの糸をまとめて撚りをかけなければならない。問題は回転のための動力をいかに調達するかである。生糸の量が少なければ人の手を使って回転させることもできる。しかし商売として，つまり産業として絹糸から反物を生産するためには，人間の動力では間に合わない。そこで登場するのが水車の利用である。水車動力はこれまでに述べてきたように，実に多くの分野で活用されてきた。

水を汲み上げたり，玄米を搗いたり長石を砕いたりする以外に，ここで取り上げるように，何かを回したり，回転力を別の装置に伝えて何か仕事をさせたりすることができる。

養蚕は日本では歴史が古く，中部日本から東日本の農村部を中心に各地で行なわれてきた。蚕から糸を紡ぐ製糸業も各地にあったが，とれた絹糸に撚りをかけて丈夫な糸にして織物に仕上げる産地はそれほど多くはない。最終段階に近いこの工程をうまくこなすには，かなり高度な技術を必要とするからである。群馬県の桐生は，西の西陣，東の桐生と呼ばれるほど名高い絹織物産地である（辻本，1958）。場所は群馬県の東部，東隣の栃木県に近い位置にある。赤城山の東麓に沿うように渡良瀬川が北東から南西へ流れ，桐生の手前で流れを南東方向に変える。これと同じような方向を示しながらその東側を並行して流れるのが渡良瀬川の支流の桐生川で，両者は桐生の東で合流する。

渡良瀬川両岸に広がる平地と桐生川が形成した扇状地性の傾斜地が，現在の桐生市の市街地である。現在の市街地が形成されたきっかけは，1591年から1606年にかけて，徳川家康の家臣であった大久保長安の命を受けた大野八右衛門が町立てに取り組んだことによる。起点となった天満宮前は現在の本町1丁目であり，2丁目とあわせて当時の区割りと建物がそのまま現在も残されている。桐生が江戸時代を通して幕府直轄の天領として治められたのは，関ケ原の戦いにさいし，徳川家康から命じられた2,400にものぼる旗印をすぐさま用意したことが背景にあると伝えられる。それだけの技術力と生産力をすでに備えていたことを物語るが，幕府を開いた徳川家に貢献したことが，桐生にある種の特権をもたらした。京都や江戸との間の絹取引や西陣からの技術導入など，他の産地の上をいく商取引が行なわれた（市川，1996）。

桐生が天領であったということは，経済活動が比較的自由に行えたことを意味する。いずれかの藩によって支配されていると，領主による統制的な政策の影響を受ける可能性がある。また天領であれば幕府のある江戸との関係が強く，人の交流や情報の流通といった点で何かと有利である。桐生から江戸までは24里（約96km）の距離で，2日ほどの行程であった。絹織物の一大

市場である江戸からそれほど離れていないということは，競争相手である京都と比べても地理的に有利であった。京都との関係で桐生がとくに有利だったのは，養蚕が行なわれている地域に取り囲まれているという点であった。原料である繭の産地を背景に絹織物の生産に励み，製品は江戸へ送り出す。この一連の関係が江戸と桐生を結ぶ一直線上でつながり，東日本を代表する絹織物産地が形成されていった。

　江戸中期の1738年に京都西陣の高機（空引き機）という手織機が，桐生に導入された。これで布に模様の入った紋織物が生産できるようになり，絹織物産地として一層発展できる条件が整えられた。これに加えて注目すべきは，天明年間（1781〜1788年）に桐生の岩瀬吉兵衛という人物が水力八丁車（現代では八丁撚糸機という）を完成させたことである。これは正確には岩瀬による発明ではなく，すでに発明されていた装置を水車の力で動くように工夫をこらしたものである。この装置の完成により，水車を用いて大量の撚糸を製造することが可能となった。大量の撚糸製造は，先染めの紋織物が織れるようになったことを意味する。この技術も西陣から伝えられ，ますます桐生の産地としての地位は高まった。

　先染めの紋織物とは，先に原料糸を染色し，多彩な絹糸を使って織り上げる織物のことである。織り上げるときに糸が切れないようにするには，あらかじめ撚りをかけておく必要がある。これに対し後染織物は織り上げたあとで色模様を施すため，必ずしも撚糸を用いる必要はない。織り上がった反物は好き嫌いの好みもあるが，先染めの紋織物の方が評価は高い。つまり高級な織物として市場に出回る。桐生で生まれた水力八丁車は，足利，八王子，半原（神奈川県愛川町）など他の絹織物産地にも伝えられた。天保年間（1830〜1843年）になると織物製造工程の分業化が進み，織屋仲間や糸紺屋仲間が生まれた。1840年には撚屋仲間も誕生した。

　撚りという一歩進んだ工程が生まれたことで，桐生の繊維業では一層分業化が進んだ。すでに江戸時代が終わって明治期に入った頃，桐生には撚屋業者が164軒あった。これとは別に，下請けで撚りの工程を請け負う賃撚屋が58軒あり，全部で222軒を数えた。これらはすべて村方すなわち市街地から離れたところに水車を構えて仕事をしていた。撚屋の多くは織屋から原料

糸を預かって撚糸に仕上げた。一部の撚屋は自ら撚糸を製造しそれを販売して生計を立てた。

２．桐生の絹織物産地における社会的分業と水車利用

　繊維産業は複雑な社会的分業体制をともないながら発展してきた歴史がある。原初は自給自足に近い生産と消費が直につながる形態であったが，やがて木綿や生糸などを専門に生産し，それを素材に幾段階もの加工工程を経て繊維製品が生まれるようになった。分業はお互いに近いところで行なう方が余計な費用がかからないため，結果的に集積地が生まれる。分業を担う主体は地域社会の構成員でもある。ゆえに経済的な分業でも社会的分業のかたちをとる。こうした集積がどこに生まれるかは一概にはいえない。原料が立地要因なら綿花，養蚕，羊毛の産地，加工のための動力が要因なら水車利用地が産地になる可能性がある。もっともこれは近世以前の主として天然繊維を原料として布を織っていた時代のことである。

　化学繊維が発明され，鉄道，電力など輸送手段や生産手段で大きな発展があれば，集積立地も変化する。社会的分業という言葉が死語になるような大企業体制での生産が主流になれば，かつての集積産地は淘汰される。しかしその一方で，伝統的に培われてきた生産技術の集積が依然としてものをいう分野もある。多種多様な織物が生産される繊維産業では，一方に大企業による大量生産があり，また別の一方に中小企業でも生き残られるニッチな分野がある。前項で述べた桐生の絹織物は技術力の集積で生き残ってきた織物産地である。渡良瀬川と桐生川から取り入れた用水の水車動力を用いて絹の撚糸生産を行い，他の追随を許さない絹織物を生産して市場に送り出してきた。大企業生産が入り込めない固有の製品分野を死守することで，今日まで産地の名を維持してきた。

　絹織物生産で地域社会を形成してきた近世の桐生産地に立ち戻ったとき，ここではどのような社会的分業によって織物生産が行なわれてきたのであろうか。織物の製造工程は，絹糸を撚ったり染色したりして織るまえの糸に仕上げる部分と，整えられた糸を使って織物を織る部分に分けることができる。こうした生産部門は，消費地から注文を取って機屋に織らせたり，出来上がっ

た織物を販売したりする商人たちによって組織化されている（斎藤，1965）。商人たちは織物の流行に敏感で，それに応じて色模様や図柄や仕上がりなどを生産部門に指示する。絹織物産地全体を総合的に把握し，いわば産地を仕切っているのが一部の有力な織物商家である。1872 年の資料によれば，織物商家は産地全体で 49 軒あり，そのうち 39 軒は桐生新町にあった（堀尾・陣内，2017）。桐生新町は桐生の市街地中心部北にあり，ここが産地全体を統括するセンターとしての役割を果たしていた（図 8-3）。

桐生新町は，1591 年に代官・大久保長安の手代であった大野八右衛門が町割りを行って以降，絹織物産業の中核として幕府の庇護を受けてきた。桐生新町は，伊勢や近江から移り住んだ商人の手により織物産業都市としての基礎を築いた。近江出身の商人が桐生に移住したのは，日野大当番仲間とい

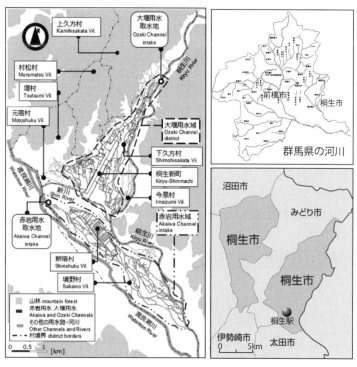

図8-3　群馬県桐生における赤岩用水域と大堰用水域
出典：堀尾・陣内，2017，p. 1841 をもとに作成。

う日野商人たちによる商業組合の結成と関係がある。この商業組合は，商業活動のために関東など地域外へ出ていった商人が結成した組織である。俗に商人は関東兵衛，日野に残って留守を預かった妻は関東後家と呼ばれた。1717年に近江商人・矢野久佐衛門が桐生に移り住んだのはそのような例である。1749年に矢野家の2代目は酒・味噌・醤油を醸造する矢野商店を構え，事業を拡大した。矢野家は1927年に桐生市初の百貨店を開業するなど業態を変えながら生き残ってきた。

　さて，織物商家の指示で織物を織った機屋が集まっていたのは，大堰用水に近い桐生新町で173軒，同じく今泉村で55軒を数えた（堀尾・陣内，2017）。赤岩用水に近い新宿村には45軒，境野村には37軒の機屋があった。一方，請負で布を織る賃機業は境野村が94軒で突出して多く，赤岩用水に近い新宿村にも24軒が集まっていた。いまひとつの集積地は大堰用水の西側の上久方村で，ここにも51軒の集まりがあった。機屋や賃機業は水を利用しないため，どの用水に近いか遠いかは関係がない。ただし，自身は用水と関係がなくても，水車を使って撚りを行なう業者とは関係があるため，間接的に用水の位置と関わりをもちながら集まっていた。

　織物商家と機屋と賃機業は，その仕事の性質上，水車とは縁がない。用水や水車を必要とするのは，撚糸業や染色業である。桐生という町が渡良瀬川と桐生川の近くで形成されてきたことはすでに述べてきた通りである。しかし撚糸業や染色業がこれら2つの川を直接利用することはなく，いずれも川から取り入れた用水の水を使ってきた。用水は渡良瀬川から取水した赤岩用水系と，桐生川から取水した大堰用水系に大別される。赤岩用水系は渡良瀬川に沿うようにその左岸側に広がっており，新宿村と境野村に水を供給した。一方，大堰用水系は桐生川の右岸側に広がっており，桐生新町，下久方村，今泉村が入水地域であった。これら2つの用水を比べると，赤岩用水は暴れ川といわれた渡瀬川から取水したため，流れに勢いがあった。対して流れが穏やかであった桐生川から取水した大堰用水は扱いやすかった。

　村別に主な業種を見ると，新宿村には下撚り業（37軒）と賃撚糸業（31軒）が多かった。ちなみに下撚り業とは，撚りのかかっていない糸に最初に撚りをかける業者である。境野村には賃撚糸業（20軒）が集まっていた。桐生新

第8章　製糸業，絹織物業，ガラ紡生産に利用された水車

町は染色業（14軒），下久方村は下撚り業（34軒）と揚撚り業（17軒），そして今泉村には揚撚り業（39軒）がそれぞれ多かった。なお揚撚りとは，撚糸を幾本か束ねて逆方向に撚り，さらに糸の強度を強めることである。そこまでこだわって糸が強くなるように工夫がこらされた。

　こうしたことから言えるのは，撚糸業者は2つの用水沿いにある程度かたまって分布していたことである。しいて言えば，下請けの賃撚糸業は赤岩用水系に多く，揚撚り業は大堰用水系に多かった。桐生の絹織物業産地全体という視点に立てば，桐生新町に織物商家，機屋，染色業が集まり，渡良瀬川，桐生川から引いた水を使って水車を動かす撚糸業者が分業体制をとりながらその周辺で仕事に励んでいた。桐生の絹織物業は製造工程の分業化や生産技術の深化に大きな特徴がある。新技術の導入にも熱心で，1873年には連続模様を規則正しく織り出すことができるドビー機を，また1888年には力織機をそれぞれ輸入している。手織機は大正後半まで活躍したが，1937年には力織機が2万台を超える一大産地へと発展した。しかしその後は戦争で力織機それ自体が献納の対象となり，最盛期の4分の1にまで激減した。平和あっての絹織物であり，泥沼化する戦争は優雅な絹織物からは最も遠い存在であった。

第3節　矢作川本・支流の水車を利用したガラ紡・船ガラ紡

1．矢作川とその支流の水車を利用した三河ガラ紡

　水車を一度も目にしたことのない人はいないと思われるが，水をどのように受けて水車が回っていたか正確に思い出すのは意外に難しいかもしれない。古今東西，各地でさまざまな種類の水車がつくられ，水流環境に応じて利用されてきた。落差が大きければ水車の上から水を落とせるため，大きな動力を得ることができる。逆にほとんど落差がなければ，水車の底の部分に水流が当たるようにするしかない。それらの中間くらいの落差なら，水車の腹のあたりをねらって水を流す。むろん水車それ自体の大きさを変えれば，水の流れを受け止める位置を変えることはできる。いずれにしても，水が流

れている状況や必要な動力の大きさを勘案し，もっともふさわしい水車がふさわしい場所に据え付けられる。

　綿糸を紡ぐときにガラガラという音がするためガラ紡と呼ばれるようになった紡績装置が，明治初期の愛知県三河地方で広まった。そのさい，水量が多くて落差の大きな山間部では数多くの水車ガラ紡が稼働できた。しかし水量が少なく落差の小さいところでは，水車の稼働には苦労がともなった。このような場所でも，のちに用水が引かれて水量が多くなったため，むしろ水車ガラ紡の中心地になったところもある。なかには川の中に船を浮かべ，水流を受けて回る外輪水車の力を利用してガラ紡を行なう船ガラ紡というものまで現れた。これらは，ガラ紡という日本固有の紡績技術を環境に応じて巧みに取り入れた諸事例として興味深い。

　この特異な紡績技術を発明したのは，信濃国安曇郡堀切村出身の臥雲辰致（あづみぐん）（がうんときむね）という人物である（宮下，1993）。臥雲という珍しい姓の分布は，現在の長野県と愛知県の一部に限られる。姓の由来は寺院名の臥雲山によると伝えられる。その臥雲辰致は，幼い頃から足袋底製造職人の父の仕事を手伝いながら，紡績機械の考案に取り組んでいた。20歳のときに出家し，26歳で臥雲山狐峰院（ほういん）（じゅうじ）の住持になったが，この頃，吹き荒れていた廃仏毀釈のあらしで寺院は廃寺になってしまった。やむなく還俗（げんぞく）し，狐峰院の山号をとって臥雲辰致と名乗るようになった。

　辰致は，かつて取り組んだことのある紡績機械の考案に再度挑戦し，1873年に最初の紡績機を完成させた。発明時にはガラ紡という名はなく，糸のムラと太さを調節する自動制御機構を備えた新式の紡績機であった。2年後に彼は紡績機の専売免許を申請したが，当時はまだ特許法が未整備だったため，公売が許可されたにとどまった。臥雲辰致は紡績機にさらに改良を加え，1876年には綿の原糸から細糸を紡ぐことに成功した。この優れた紡績機は長野県官吏の目に止まり，その勧めを受けて紡績機の量産化を計画するかたわら，東京の上野公園で開催される第1回内国勧業博覧会に出品することにした。

　1877年の8月から11月にかけて開催された内国勧業博覧会は，その名にあるように勧業を目的としていた。これまでにも名宝や珍品を集めて観覧さ

せることはあったが，欧米からの技術と在来技術の出会いの場となる産業奨励会として開催が計画された。全国から集められた出品物は，前年，フィラデルフィアで開かれた万国博覧会にならって6つの部門（鉱業及び冶金術，製造物，美術，機械，農業，園芸）に分類され，素材・製法・品質・調整・効用・価値・価格などの基準で審査が行なわれた。博覧会全体への出展者は1万6,000人にも上り，出品点数は8万4,000点にも及んだ。このうち機械部門では紡績産業に関係する出品が多かった。その結果，臥雲辰致が出品した木綿糸を自動的に紡ぐ綿紡績機は，「本会第一の好発明」という評価を受けることになり，最高位の鳳紋褒賞を受賞した（馬渕，2002）。

　臥雲辰致の紡績機が内国勧業博覧会で最高位に選ばれるほど優れた性能をもつことは，愛知県三河地方にも知らされた。内国勧業博覧会の開催から2年後の1879年に，甲村瀧三郎によって水車動力による臥雲式紡績機すなわちガラ紡の操業が始められた。甲村瀧三郎が操業した矢作川支流の青木川流域では，それ以前から原綿から糸を紡ぐ綿糸業が行なわれていた。それゆえ博覧会直後に40錘の手廻しによるガラ紡績機が導入されたときには，その威力に誰もが驚いた。ちなみに錘とは糸を紡ぐ機械についた細い棒状の紡錘のことで，その数は機械の大きさを表す。紡錘を管に差し込んで回転させ，糸を巻くと同時に撚りをかけさせる。甲村が翌年に手廻し動力を水車動力に変えたときには，驚きはさらに大きかった。3年後の1882年には三河地方に6万8,000錘の水車動力によるガラ紡績機が普及し，その後さらに広がりを見せていった。

　三河地方に広がったガラ紡績機を当時の郡を単位にみると，地域性のあったことがわかる（図8-4）。3万6,000錘と圧倒的に多かったのは滝村を中心とする額田郡であった（玉城，1955）。ここは矢作川の左岸側で三河湾に近い南側から山地の多い北側にかけて広がる地域であり，矢作川の支流で多くの水車が利用できた。現在はその大半は岡崎市に属する。ついで多かったのは宝飯郡でおよそ1万錘を数えた。現在の豊川市，蒲郡市にほぼ相当しており，額田郡の山地と背中合わせの関係で山地や丘陵地が多い。三河湾に向けて南北方向に流れるいくつかの河川で水車が利用できた。さらに幡豆郡と碧南郡を合わせると8,000錘にもなった。ここは安城市，刈谷市，知立市などの市域，

さらに豊田市，岡崎市の一部に相当する。中心となったのは安城の福釜村で長田川や隅田川が利用された。ただし額田郡のような急傾斜の川ではなかったため，1880年に明治用水が完成するまでは水車の利用は少なかった。完成後に水車動力によるガラ紡が始まり，福釜村では1883年の7か所から1893年の25か所へと増えた。

図8-4　三河地方におけるガラ紡工業・織物業の分布
出典：玉城，1955をもとに作成。

　現在の岡崎市滝町の常磐地区では，東西を横断する青木川に多くの水車が設置されていた。1880年代末にガラ紡用の水車が動くようになるまえは，搾油用の水車や精米用の水車が動いていた。岡崎周辺では近世から綿作が盛んで紡績業の下地があったが，動力として水車が日常的に使われていたことが，水車ガラ紡への転換を容易にした。しかし1910年代に電力が導入されて水車は不要になり，さらに1959年の伊勢湾台風の被害で水車はほとんど姿を消した。しかし，いまも青木川に残る三段の堰提は産業遺跡として価値がある。同じく岡崎市桜井町を東西に流れる男川には，現役で動く水車が残

第8章　製糸業，絹織物業，ガラ紡生産に利用された水車

されている。直径は 6.4m でこれは愛知県内では最大級である。欧米の紡績業が蒸気機関やのちの電力の発明とともに進んだのに対し，日本では水車動力の活用を前提とした紡績技術の高度化にエネルギーが注がれた。

2．水車ガラ紡とともに活躍した船ガラ紡

　水車は水の流れがあれば回転する。水が動かない池や湖でも，落差をつくって水を流せば水車を回すことができる。要は流れる水をどのようなかたちで水車が受け止めるかである。受け止め方によって水車の向きを変えることもできる。実際，水力発電所の水車の中には回転軸が地面に対して平行ではなく垂直のものもある。トンネルの中を流れる水の向きを変えれば，水車の回転方向はどのようにでも変えられる。これは現代の水力発電の話であるが，近代初期のまだ水力発電が普及していなかった頃，川の流れをなんとか生かして紡績を行いたいという人々がいた。前項で述べた臥雲辰致が発明したガラ紡績機を水車動力に結びつける水車ガラ紡はそうした事例である。水車ガラ紡が水量の多い流れが急な山地に近い河川でまず始まったのは納得できる。ついで台地上を流れる河川や用水の水を利用する水車ガラ紡が現れた。

　ところが，山側や台地とは異なる水流環境において水車をガラ紡に利用しようとした人々がいたのは興味深い。流れる川の中に船を浮かべ，船に取り付けた水車の回転でガラ紡績機を動かそうという試みである（図8-5）。場所はといってもこれは川の中であるが，矢作川の下流に近い現在の碧南市東部や西尾市西部にあたるところである。矢作川上流やその支流なら普通の大きな落差が得られないため，苦肉の策として船の両側に外輪船のように水車を取り付け，川の流れで水車を回転させて動力を得ようとした。船紡績の始まりは意外に早く，臥雲辰致の紡績機が内国勧業博覧会で受賞した 1877 年の翌年には早くも幡豆郡の鈴木六三郎が矢作古川で操業している。船紡績が盛んに行なわれたのは矢作古川ではなく，近世に流路が付け替えられて生まれた矢作川（矢作新川）の方である。ここでは中西伊之助という人物が老廃船の両側に4つの外輪水車を取り付け，2台のガラ紡機（240 ～ 340 錘）を設置したのが船紡績の始まりである（松井，1961）。

　1882 年の時点で，矢作川でガラ紡績を行なっていた船は上流側から順に

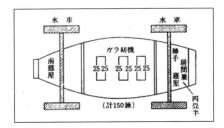
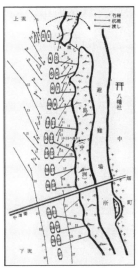

図8-5　矢作川下流部における船ガラ紡
出典：愛知大学のウェブ掲載資料（https://taweb.aichi-u.ac.jp/seiabe/rh/cyubu/ガラ紡.pdf），寄藤 昂（2016）：「矢作川・日本近代化のショーケース」早稲田大学 オープンカレッジ資料をもとに作成。

米津 5 艘，鷲塚 15 艘，中畑 45 艘であった。滝の水を利用する水車ガラ紡績と同様，1880 年代末になると西洋式の紡績に押されてやや衰微の方向に向かった。しかし皮肉にも，紡績会社の廃棄物である落綿が利用できるようになったため，活気を取り戻した。この頃になると愛知県でも大規模な工場制の紡績業が普及するようになり，製品にならない不要な綿が工場から排出された。これを集めて原糸とするガラ紡績が行なわれるようになった。

　1895 年 4 月に日清戦争が終わるとガラ紡綿糸に対する需要も増え始め，1898 年の時点で矢作川水系全体では 120 艘を記録した。ただし同じ矢作川の中といっても，場所によって土砂の堆積状況などが異なる。ガラ紡船の数が最も多かった中畑には中洲があった。このため，たとえ矢作川が増水しても避難できるという点で恵まれていた。ガラ紡船は家族労働で稼働する場合が多かったが，なかには人を雇って複数の船を操業するケースもあった。ガラ紡船の中には炊事設備や寝具類も積み込まれており，雇われた女工は夜通しカンテラの灯火のもとで仕事に勤しんだ。夏の川風は心地よいが，冬は障子を閉めても隙間風が肌に突き刺さるように痛い。箱火鉢を足元に置いても

凍えるような寒さから気を紛らわすために，愛しい人を恋うるガラ紡船の作業歌を口ずさんだという。

　信州出身の臥雲辰致が発明した画期的な機能を備えたガラ紡績機が，信州の南側の三河でほとんど時をおかずに採用され急速に普及していったのはなぜであろうか。実は，ガラ紡績（臥雲式紡績機）を発明した臥雲辰致は第1回内国勧業博覧会に出品した前年の1876年に長野県の松本に連綿社という会社を設立している。この会社を通して博覧会で受賞した紡績機を販売することにしたが，売上は芳しいとはいえなかった。当時は特許制度が整備されていなかったため，受賞した紡績機の模造品が各地に出回ったからである（櫻井，2019）。このため連綿社は苦境に陥り，1880年に会社は閉じられた。臥雲辰致はその後も機械発明に打ち込み，1890年には養蚕に役立つ蚕網を織る機械を発明し，第3回内国勧業博覧会に出品して三等有功賞を受けた。1896年には蚕網製造の工場を建てて生産に乗り出したが，4年後に病を患って亡くなった。

　こうしてガラ紡績機が発明された長野県では臥雲辰致によるその後の展開もあったが，ガラ紡産業が大きく発展したのは愛知県の三河地方であり，臥雲辰致の恩恵を最も多く受けたといえる。西洋式紡績機が輸入されるまえのこの時代，日本に多い短繊維の綿から糸を自動的に紡ぐことのできる機械は，綿作が盛んな地方が待ち望んでいた紡績機でもあった。新しい機械の発明は個人の資質や能力に依存するところが大きい。発明品が誕生した場所と，それが実際に使われて産業として育っていく場所は必ずしも同じではない。

　三河は畿内とともに近世を通して綿作が盛んに行なわれた地方であり，大量の綿糸が江戸をはじめとして各地に送り出されていった。稲作の副業として行なわれた綿の栽培は，蔬菜なども含めて栽培されていた畿内と比べると，より比重が大きかった。つまりそれだけ綿作に依存する度合いが大きく，それゆえ綿紡績に対する思いが経済的にもまた社会的にも強かったといえる。近代日本では，やがて綿花輸入量が増え，電力をエネルギーとする近代紡績業が本格化していく。近代紡績業でも三河を含む愛知県は主力産地として発展していくが，そこに至るまでの過渡期の紡績業として，「臥雲紡」「和紡」とも呼ばれたガラ紡績は大きな役割を果たした。

セヴァーン川, ルール川, メリマック川 流域の産業革命

第1節　イギリスの産業革命発祥地・セヴァーン川流域

1. イギリスにおける河川の特徴と水路網の発達

　同じヨーロッパにあっても，イギリスには大陸側にあるライン川やドナウ川のような国際河川はもちろんない。国内最高峰が北部ハイランド地方のベン・ネビス山の1,344mと低いイギリスでは，3,000mを優に超えるアルプス山脈から流れ下るライン川のような河川は見当たらない。西岸海洋性気候という温帯の中でも降水量が少なめな気候に属するイギリスでは年較差も少ないため，一年を通して細かい雨が降っているといった感じである。こうした感じは河川の流量やその季節変化にも現れている。たとえば長さが354kmで全国一長いセヴァーン川の平均流量は河口から80kmのアッパーリーで毎秒107トンであるが，これは流域面積が1.5倍，長さ（322km）は0.9倍の利根川の埼玉県栗橋付近（河口から126km）における毎秒290トンと比べると半分にも満たない。ちなみにセヴァーン川はイギリス南西部を流れており，中流域は産業革命の発祥地域として知られる。降水量の年較差の少なさは，河川における最大流量を最小流量で割った値（これは河況係数という）に現れている。たとえば，距離が346kmでセヴァーン川についで長いテムズ川の河況係数が8であるのに対し，日本では利根川が930，木曽川が870というように，両国の川の流れ方の違いは明瞭である。イギリスの河川の河況係数は大陸側のライン川（18），セーヌ川（34）などと比べても小さく，川は年間を通して大きく変わることなく流れている。

　このように一年を通して流れ方に大きな変化のないイギリスの川を，流域の広がりから見ると，スコットランドを除いた場合，大きく10の流域に分けることができる。流域の数え方は相対的で，どのスケールやレベルに注目するかによって違ってくる。しかし国土面積がそれほど大きくない島国どうしの日本と比べた場合，平坦な土地の多いイギリスは山がちな日本より流域数が少ない。日本では国が定める一級水系が全国に109あり，これだけでもイギリスの10倍である。二級水系となるとその数は極端に増加し，北海道だけでも230を数える。単純には比べられないが，同じ島国にあって最終的

には国内のどこかの海岸から海へ出ていく河川でも，その流れ方には大きな違いがある。こうした違いが河川利用の仕方を左右し，結果的に都市の形成や発展にも影響を与えてきたのではないかと思われる。違いは都市だけでなく，それを取り巻く背後の農村や山村のあり方，またそこでの産業の興り方にも及ぶのではないか。とりわけ内陸での交通手段が限られていた近代よりまえの時代においては，移動手段としての河川の利用状況に大きな違いがあった

図9-1　イングランド・ウェールズにおける航行可能な水路
（1600〜1729年）
出典：Department of Geography, Cambridge University のウェブ掲載
資料（https://www.geog.cam.ac.uk/research/projects/occupations/
britain19c/waterways/waterwaysmap1.png）をもとに作成。

のではないか。土地の起伏が少なければ，隣り合う河川を運河で結んで水路網を広げることができる。内陸の水上交通と産業や都市の発展，とくにそのきっかけとなった産業革命との関係は興味深い研究テーマといえる。

　イギリスで水路網が増えていったのは1600年代から1800年代にかけての200年間である（図9-1）。1660年の時点で全国の水路総延長は950㍄であったが，1760年には1,400㍄となり，1835年には4,000㍄にまでなった。これほど急激に水路網が増えていった最も大きな要因は都市化である（Wrigley,

第9章　セヴァーン川，ルール川，メリマック川流域の産業革命

2016）。1600 年当時，人口が 5,000 人以上の都市に住む人口は総人口の 8％に
すぎなかった。都市人口すべて合わせても 33.5 万人で，人口 5,000 人未満の
農村の人口 382.7 万人と比べるとわずかでしかなかった。ところが 1800 年
になると都市の総人口は 238.0 万人となり，それは全国人口の 27％を占めた。
この間，農村人口も倍増して 629.1 万人になったが，都市人口は 7 倍にも増
加した。これほど都市に人口が集まり増えれば，生活に欠かせない物資を広
い範囲から調達しなければならなくなる。嵩張るが値段は高くなく腐らない
石炭や小麦を遠方から都市へ運び入れなければならない。人口が増えた都市
での生活を支えるために，運賃の安い水上交通を是が非でも増やす必要が
あった。

　産業革命で鉄道が登場してくる以前のこの時代，水上交通は馬車などの陸
上交通と比べると比較にならないほど輸送能力の大きな交通手段であった。
1775 年当時の比較でいうと，馬の背で運べる荷物の重さが 125kg であった
のに対し，砂利舗装道路上の馬車なら 2㌧，鉄製レール上の馬車なら 8㌧で
あった（Skempton, 1957）。これに対し，川の上の船なら 30㌧も積めた。運
河もナローボートなら 30㌧であるが，ブロードボートなら 50㌧も積載可能
であった。ちなみにナローボートとは幅が 7㌳で長さが 72㌳の船である。こ
れだけでも運搬能力に大きな違いのあることがわかるが，これを 1 頭の馬の
力を単位に比較するとその違いがもっと鮮明になる。要は馬力のことである
が，砂利舗装道路上の馬車を 1 とすれば，鉄製レール上の馬車は 12.8 馬力，
ナローボートは 48 馬力，ブロードボートは 80 馬力である。このため，馬の
力を借りて荷物や人を運ぶスタイルは，川や運河を移動する船に輸送を任せ
るスタイルへと変わっていった。多くの馬が荷役から解放されたことはいう
までもない。

　こうしてイギリスの水路網は拡大していったが，それは多くの工夫や努力
をともなって実現していった。いくら国土が平坦とはいえ，流れが急な河川
もある。船を通すには十分な川幅と深さがなければならない。水は絶えず蒸
発し，また地中へと浸透していく。雨が降らなければ水量も維持できない。
こうした諸条件のもとで通行に支障のない河川とそうではない河川は区別さ
れる。前者は天然の河川と呼ばれ，条件を改善して通行ができるようになっ

た後者の河川は改善河川と呼ばれた。中世のイギリスでは天然の河川の代表であるテムズ川でさえ 25㌧を上回る貨物を運ぶことはできなかった。これより規模の小さな河川となると 1 ～ 2㌧の輸送で精一杯であった。内陸の水上交通の輸送能力は傾斜地形や降水量の影響を受けやすい。これらの条件にあまり恵まれなかったイギリス南西部やウェールズそれに北部の一部では水路はあまり発達しなかった。1835 年の時点で全国において水路が利用できたのは河川全体の 4 分の 1 程度であった（Satchell, 2017）。

2. 産業革命の発祥地・ブラックカントリーの製鉄技術

　先にセヴァーン川はイギリス国内で最も距離の長い川と述べた。セヴァーン川の平均排出量毎秒 107㌧は日本の主要河川とは比べ物にならないとはいえ、イギリス国内では最大である。セヴァーン川の水源はウェールズ中部に広がるカンブリア紀の山岳地帯にあり、近くには標高 610m のプリリンモン山がある。ここからシュロップシャー、ウスターシャー、グロスターシャーの各郡域を流れ下り、最後はイギリス南西部のブリストル海峡に流入する。河口付近の干満差は 11m と大きく、これはカナダ北東部のファンディ湾の 15m についで世界で第 2 位といわれる。満潮が始まると広い湾口から押し寄せる潮波が川の流れに逆らうように遡上し、幅の狭い河川の水位は急激に上昇する。セヴァーンボア（Severn bore）と呼ばれる高い潮波はときとして川岸に襲いかかり被害をもたらす。ボアは日本語ではかつて海嘯（かいしょう）と呼ばれた。いまは潮津波というのが一般的である。

　このような性質をもつセヴァーン川とその流域が注目されるのは、この川の中流域にブラックカントリーと呼ばれる産業革命の時代に重要な役割を果たした地域があるためである。具体的な場所は、ウェストミッドランズの大都市バーミンガムの西方で、ダドリー、サンドウェル、ウォールソール、ウォルヴァーハンプトンの 4 つの大都市型自治区（Metropolitan borough）がほぼこれに相当する（図9-2）。これら 4 つの大都市型自治区は、隣接するバーミンガム、コベントリー、ソリフルを加えてウェストミッドランズという大都市型州を構成する。このことは、この地域が国内にあるほかの 5 か所の大都市型州とともに、主要な地方大都市圏であることを意味する。産業革命以降

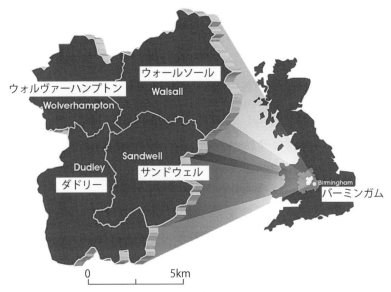

図9-2　イギリスのブラックカントリー
出典：Quora のウェブ掲載資料（https://www.quora.com/What-is-the-Black-Country-in-England）を
もとに作成。

も続く産業発展により，現在でも 260 万人の大都市圏が維持されている。

　さて，ブラックカントリーという名前の由来についてまず記しておく必要
がある。基本的には石炭層が地中に分布しているからであるが，採掘して地
表に出された黒褐色の石炭や，それを燃料として使用する作業所や工場の煙
突から立ち上る黒煙からブラックカントリーと呼ばれるようになった。最初
にこの言葉を使ったのはリッチフィールドのシンプソンという官吏で，1841
年 11 月に開かれた改革派の会議の席上であった。文献上では 1846 年に出版
された Colton Green: A Tale of the Black Country という小説のタイトルとして
用いられた。作者はリッチフィールド大聖堂の牧師を務めていたウィリアム・
グレズリーである。

　グレズリーはこの小説の冒頭で，「オークソープの美しい村に向かう手前
の炭鉱と鍛冶場の多い鬱陶しいところを通っていく」と記している。美しい
田園と対比するかたちで，煤汚れた黒煙にまみれた場所の印象を描いた。3
年後の 1849 年になると，スタンフォードシャー鉄道が開通したというイラ

川と流域の地理学

スト入りのロンドンニュースの記事の中にブラックカントリーの名前が登場する。1846年に開業したロンドンアンドノースウェスタン鉄道のガイドブックの中にもブラックカントリーに関する文章があり，黒っぽい地面の色や鳥や草木に乏しい殺伐とした風景が強調されている。懐かしき中世の農村とはかけ離れた雰囲気の地域として紹介されている。

　ブラックカントリーではすでに中世の頃から石炭が採掘されてきた。石炭採掘地としては数百年の歴史があったのである。16世紀になると鉄鉱石と石炭を用いた製鉄業が始まり，できた鉄を加工して金属製品を生産する産業も興ってきた。最初の高炉は1560年代初頭に，バーミンガムの北西10kmのウェストブロムウィッチに設けられた。セヴァーン川の支流であるテイム川に近いところである。当時，このあたりの人々は小規模な農業を中心とする生活を営んでおり，高炉から生まれた鉄を使って釘をつくったり鍛冶屋で働いたりしたのは，農業収入を補うためであった。これは，本格的な企業形態による製鉄業が成立する以前の前近代型プロトタイプ工業化のはしりといえるものであった。

　イギリスで釘が機械的手法で生産されるのは1790年代以降なので，その200年もまえの時代である。1538年にヘンリー8世のノンサッチ宮殿を造営するさい，ウェストブロムウィッチの西7kmにあるダドリーで釘を製造していたレイノルド・ウォードが釘1,000本を11シリ4ペンで納めたという記録が残されている。その当時，ダドリー城から半径16kmの範囲内には2万人の釘製造職人がいたという。なお，ノンサッチ宮殿はヘンリー8世がロンドンの南に狩猟を目的に建てさせた宮殿である。ほかに並ぶものがない城（none such other like the palace）という意味から宮殿はノンサッチと名づけられた。

　さて，釘の製造から始まったブラックカントリーの鉄工業は，17世紀初頭にスリットミルが導入されたことで大きな発展を見せる。スリットミルとは，高炉から取り出された鉄から釘をつくっていくさいに，まず鉄の棒に加工する機械である。ベルギーで発明されたスリットミルは1590年にイギリスに持ち込まれ，ダートフォードやカノックチェイスなどで稼働するようになった。その後，スリットミルはストゥール川沿いのストウアーブリッジとスタウアーポイントの間に集まるようになった。ストゥール川はセヴァーン

川の支流であり，ここに集まったスリットミル業者の手で加工された鉄製の棒がセヴァーン川を使って最終的に釘製造業者のもとに送られていった。ストゥール川はセヴァーン川の支流であると同時に，自ら多くの支流を抱えており，東側のバーミンガムとの間で水路交通の便を供してきた。加えてダドリー運河を経由してダドリーとも連絡できた。川沿いのストゥールブリッジは，17世紀初頭以降，地元産の珪砂でガラス細工を生産してきた。

　1757年にジョン・ウィルキンソンがバーミンガムに近いブローズリーに製鉄所を設立したことが，ブラックカントリーで新たな産業が確立する契機となった（Solden, 1998）。その半世紀ほどまえの1709年にコールブルックデールでエイブラハム・ダービーがそれまでの木炭ではなくコークスを燃料とする高炉を開発した。これに刺激を受けて，自分の父親が高炉を建設するのをウィルキンソンは少年時代に見て育った。ダービーが木炭を使わなかったのは，当時，木炭が希少な資源だったからである。また木炭の代わりに石炭ではなくコークスを使用したのは，石炭に含まれる硫黄分が製品の品質を落とす原因になることをビール生産で気づいたからである。こうした先人たちの試みを受け継ぎ，ウィルキンソンは成人して製鉄業に携わるようになった。最盛期を迎えた頃，ウィルキンソンは高炉のほかに煉瓦，陶器，ガラスの生産工場や圧延機の工場も経営していた。彼はブローズリー以外にもいくつかの製鉄所の経営に携わり成功を収めた。こうした企業的成果もあり，ウィルキンソンはサウススタッフォードシャーにおける製鉄業の父と呼ばれるようになった（Trinder, 2000）。

　ウィルキンソンが成し遂げた業績の中で評価すべき点は，彼が製鉄業の経営だけにとどまらず，鋳鉄や錬鉄の製造方法の発明にも貢献したことである。鋳鉄は，炭素，ケイ素，マンガンなどをそれぞれ数パーセント含む鉄であり，展延性は良くないが融点が低いので鋳造加工に適している。また錬鉄は，炭素の含有率を低く抑えた軟鉄で，鉄線や釘などの原料になる。ウィルキンソンは鋳鉄製の大砲の製造でも革新的な成果を挙げた。それまで，大砲の砲身は中心に中子をいれて鋳造し，その後，中ぐり盤で内径を仕上げていた。それが，直接鋳塊にガンドリルで穴を開け，その後，中ぐり盤で仕上げるという工法で精度を高めることに成功した。その結果，発射時の砲身の破裂事故

を減らすことができた。ウィルキンソンが手掛けた製造法や工作機械の開発
は，その後に生まれるジェームス・ワットの蒸気機関の精密なシリンダーを
製造するのに欠かせなかった。産業革命を導くのに不可欠な重要な製造技術
をつぎつぎに世に送り出したのである。

3．アイアンブリッジとコールブルックデール

　イギリス南西部を流れるセヴァーン川の中流部にブラックカントリーと呼
ばれる地域があることはすでに述べた。その中にアイアンブリッジ渓谷とい
う名の谷間がある。名前の由来はこの渓谷に架けられた一本の橋にあり，世
界最初の鋼鉄製の橋に因む（Trinder, 2017）。ロマンチックなデザインで歴
史を感じさせる橋の欄干部分に 1779 と刻まれていることから，この鋼鉄製
の橋すなわちアイアンブリッジが 1779 年に架けられたことがわかる。橋の
設計は建築家のトーマス・プリチャードで，施工は製鉄業者のエイブラハム・
ダービー 3 世であった。アイアンブリッジは通称で，正式名はコールブルッ
クデール橋といい，鉄や石炭・石灰石をセヴァーン川の向こう側まで運ぶた
めに計画された。橋の総量は 400㌧，全長は 60m，幅 7m，高さは 20m で橋
脚はなく，アーチ状のエレガントなデザインが印象的である。1795 年の洪
水でセヴァーン川に架かる橋がことごとく流される中，この橋だけはよく持
ちこたえた。

　この橋を施工したエイブラハム・ダービー 3 世は，先にブラックカントリー
の製鉄業の父といわれたジョン・ウィルキンソンが子供の頃，彼の父親が参
考にしたコークス製鉄法の発明者の孫にあたる人物である。つまりダービー
家は，父・子・孫の三代にわたって製鉄業に従事し，産業革命期のイギリス
で重要な業績を残した。初代のエイブラハム・ダービーがコールブルック
デールに高炉を築いてコークスを使った製鉄業に取り組んだのは 1709 年の
ことであった。コールブルックデールは，アイアンブリッジから 2km ほど北
に位置する村である（図 9-3）。初代のダービーがこの村へ来るまえから別の
人物が高炉を使って鉄づくりを行なっていた。その歴史は 1610 年代頃まで
遡ることができるため，100 年近くの間，製鉄業が営まれていたことになる。
しかし最初の歴史は「9 年戦争」（1688 ～ 1697 年）で終わってしまったため，

第 9 章　セヴァーン川，ルール川，メリマック川流域の産業革命

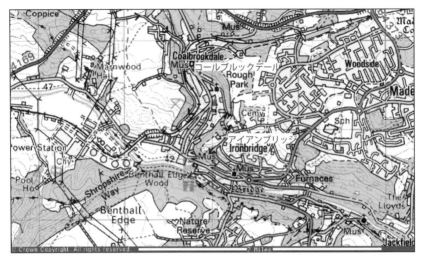

図9-3　アイアンブリッジとコールブルックデール

製鉄所はその後使われず放置されてきた。ほとんど放棄された状態の施設を再生して新たな鉄づくりに取り組み始めた初代ダービーは，ライバルに負けない安価な鉄製の鍋をつくることに成功した。こうして世界初のコークス製鉄法を発明してビジネスにも成功したが，39歳の若さで亡くなってしまった。

　初代ダービーの製鉄所は未亡人のメアリーが引き継いだが，彼女もまもなく亡くなったため，ダービーが生前に手を組んでいたトーマス・ベイリーがあとを受け継いだ。しかしベイリーは捗々しい成果を上げることができず，トーマス・ゴールドニーの手に渡った。この頃，成人した初代ダービーの子エイブラハム・ダービー2世が助手として事業に加わった。彼の参画以降，さまざまな鋳鉄製品がここから生まれていった。注目されるのは高炉だけでなく反射炉を使って鉄づくりを行なったことである。それは1735年のことで，高度なレベルの加工が可能な鋳鉄が生まれたことで，高い精度を要求される蒸気機関が生産できるようになった。まさにこの点に産業革命を実現させる技術的進歩があった。実際，ダービー2世が経営するようになったこの製鉄所は，蒸気機関の心臓部ともいえるシリンダーをイギリス国内で最初に

送り出すことに成功した。1754年には木炭精錬所で可塑性の低い銑鉄から高度な加工が可能な錬鉄をつくることにも成功している。

　こうしたダービー2世による革新的技術の開発を受け継ぎ，ダービー3世もまた挑戦的な事業に取り組んだ。そのひとつが冒頭で述べた世界初の鋼鉄の橋，アイアンブリッジの施工である。ただし，その頃のダービー家は大きな負債を抱えていたようで，橋の通行を有料にして収入源に繰り入れた。借財はあったがコールブルックデールの生産施設は拡充されていった。製鉄所は多くの水を使用する。コールブルックデールは傾斜地形の場所に近く，セヴァーン川に流入する谷の水を利用することができた。しかし一年を通して十分な水を確保することはできなかった。このため丘の上に貯水池を設けて水を貯めるようにしたが，それでも不足することがあった。このため使用した水を汲み上げて貯水池に戻すことが考えられ，1735年頃までは馬の力でその作業が行なわれていた。それが1742年から1743年にかけてトーマス・ニューコメンが発明した蒸気機関がこのために使えるようになった。しかしエンジンを動かすにはさらに多くの石炭を必要とした。そこでダービー3世は，ジェームス・ワットが発明した効率の良い蒸気機関に取り替えて水の汲み上げを行なった。

　こうしてダービー家三代にわたるコールブルックデールの製鉄業からは，数々の革新的な技術開発によりレベルの高い鉄製品が生み出されていった。産業革命というと，ワットの蒸気機関やジョージ・スチーブンソンの蒸気機関車が思い浮かびやすい。しかし，それらを実現するのに欠かせない鋼鉄それ自体がなければ，蒸気機関は生まれなかった。前項で述べたウィルキンソンが活躍したブローズリーの北から東にかけてセヴァーン川が流れており，そこに1799年に世界初の鋼鉄の橋アイアンブリッジが架けられた。ウィルキンソンの家からアイアンブリッジまでは1.9kmあり，そこからさらに北へ1.9km行くとダービー家三代が暮らした家がある。セヴァーン川に架かるアイアンブリッジこそ，産業革命の発祥地を象徴するものはない。

　産業革命に結びつく近代製鉄業の技術開発はブラックカントリーで活躍した類稀な発明家たちの手によって成し遂げられたが，そのような発明が生まれた地域の自然条件として，製鉄に欠かせない石炭，鉄鉱石，石灰岩などの

第9章　セヴァーン川，ルール川，メリマック川流域の産業革命

分布についても考える必要がある。この点について，ブラックカントリーは資源産出の条件に恵まれていた。セヴァーン川にアイアンブリッジが架けられたのも，近隣に分布する石炭や鉄鉱石を運搬するためであった。ただし注意すべきは，製鉄業に不可欠な資源条件が揃っていたことと，ここが産業革命の発祥地になったことを単純に結びつけることはできない。同じような条件をもった地域はほかにもあったからである。ウィルキンソン家やダービー家のように何代にもわたって引き継がれてきた技術開発の蓄積や，彼らが受けた科学教育，多彩な人的交流など，数多くの発明・知識・情報の集積という制度的環境が自然環境と結びついて初めて実現した。

第2節　ドイツの産業革命を支えたルール渓谷の石炭と鉄鉱石

1．鉄鋼業発展の基礎となったルール渓谷の石炭と鉄鉱石

　ドイツ西部のルール地域といえば，石炭や鉄鉱石を資源として製鉄業が興され，それをエンジンとしてプロシアからドイツへと国力増大への道を進んでいった枢要な産業地域として有名である。イギリスの産業革命からおよそ1世紀遅れはしたが鉄鋼業を基軸に重工業化を推し進め，国内有数の産業・人口集積が形成されていった。エッセンやドルトムントなどの産業都市がルール川に沿って並んでいるのは，ここが古代から西のライン川と東のトイトブルガー・ヴァルトを結ぶ交易路であったことが大きい。つまり古代，中世にすでに都市的集落のあったところが，主として地元産の石炭資源をベースに工業化したのである。この東西の交易路はヘルヴェーク（Hellweg）と呼ばれてきた。ヘルヴェークという地名は地獄（Hell）の道（Weg）に由来するという説があるが，Halweg「塩の道」が転じたものとする説もある。実際，東から西へ向けてここを塩が運ばれていた。もとはといえば，ルール川とその北側を並行するようにリッペ川が流れており，両者の間を通り抜けるようなかたちで街道が生まれた。ここにも河川流域の地形が集落や都市の形成に関与してきた事例を見ることができる。

　さて，ルール渓谷は，ドイツ西部のノルトライン＝ヴェストファーレン州

を流れるルール川によって生まれた渓谷である（図9-4）。ルール川自体はライン川に対してその右岸側から流れ込む支流である。全長は217km，流域面積は4,485km²である。ライン川の支流の中では流量（ミュールハイムで毎秒79㌧）が5番目に大きな川であり，河川排出量だけ見れば，それほど目立つ方ではない。しかし，ヨーロッパ最大といわれるルール工業地域の名称にもなるほどその知名度は高い。近代から現代にかけて産業経済の中核を担う存在にまでなった地域の中を流れる川である。もっとも，ルール地域あるいはルール地方は，ルール川とその支流の渓谷のみをさすのではない。ルール川と並行するように北側を流れるエムシャー川（83km）や，さらにその北側を流れるリッペ川（220km）の河谷地域をも含んだ範囲をいう。ルール盆地とも呼ばれるように，主として南側と東側に広がる丘陵地・山地に取り巻かれるような凹地形をした地域である。

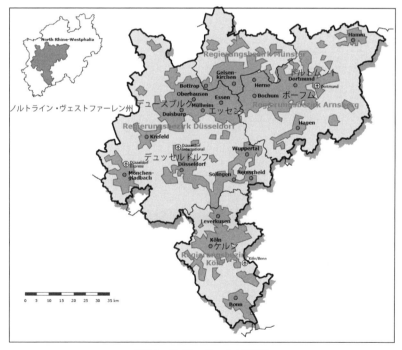

図9-4　ライン・ルール大都市圏
wikiwandのウェブ掲載資料（https://www.wikiwand.com/en/Rhine-Ruhr）をもとに作成。

第9章　セヴァーン川，ルール川，メリマック川流域の産業革命

ルール地域がヨーロッパの経済発展に欠くことのできない主要な産業地域になるとは，19世紀中頃までは誰も予想できなかった。実際，デュースブルク，エッセン，ドルトムントなどの都市人口は1800年当時，4,000人ほどにすぎなかった。林業，牧畜，農業が主な産業で，都市というより全体としては農村的雰囲気に包まれていた。そんな中で石炭の採掘がルール渓谷の南側の丘陵地で行なわれていた。そこでは全部で1万2,000人ほどの労働者が石炭採掘に従事し，年間150万㌧の石炭を掘り出していた。

　19世紀も後半を迎えるようになると，ルール地域で産する鉄鉱石，製鋼用コークス，鉄鋼の重要性が一気に高まっていった。ルール地域に対する依存度は，自国ドイツはもとより，フランス，ルクセンブルグ，ベルギー，オランダなどの近隣諸国でも強まった。その結果，20世紀初頭の1910年の時点で，ルール地域の炭鉱労働者は40万人を数えるまでに膨れ上がり，石炭産出量も1億1,000万㌧を上回った。この段階で，ルール地域の石炭産地は質量ともにヨーロッパ全体において最大かつ最高と認められるようになった。このように高い評価を受けるようになったルール地域とは，もともとどのような地理的条件をそなえたところであったのだろうか。石炭や鉄鉱石など資源開発の歴史を振り返ってみる。

　先にも述べたように，ルール地域と呼ばれる一帯は盆地状の地形をしており，中を流れるルール川，エムシャー川，リッペ川が盆地とその周辺に降った雨水を集めて最後はライン川まで運んでいく。いずれも東から西に向かって流れているが，主要河川のルール川には支流も多い。ルール地域の西を北流するライン川の方向が示唆するように，この地域は南から北に向かって地形が下るように傾いている。このため，ルール盆地はその北側に広がる北ドイツ（北ヨーロッパ）平野に比べると標高が高い。逆にルール盆地の南側の丘陵地に比べると標高は低い。盆地一帯は氷河作用を受けており，もともと泥炭質の土壌と森林によって覆われていた。こうした地表上の土壌・植生の分布は，石炭の分布とほぼ一致している。

　ルール盆地の降水量は南側の丘陵地・山地に比べると少ない。しかし全般に湿地帯であるため，排水を担うルール川，エムシャー川，リッペ川の役割は大きい。石炭層は東西方向の軸をもった褶曲構造で堆積しており，炭層は

100枚を超える。しかし実際に採掘できるのは30～40枚とされ，歴史的には地表に近いことろから掘り進められていった。炭質は無煙炭，歴青炭で，質のよい原料炭や一般炭が採れる。原料炭とはコークス用など工業加工用原料の石炭のことであり，製鉄用や鋳物用に使用されるのが一般的である。ルール炭田はルール川を挟んで北側と南側に分布している。このうち南側の石炭は地表面から見て比較的浅いところにあるため，採掘するのに大きな支障はない。対して北側の石炭層は二次性の岩石によって覆われている部分が多く採掘は容易ではない。しかし南側に比べると揮発性の高い良質な石炭であるため，採掘技術の進歩とともに重要性を増していった。

　ルール地域の資源面での強みは，厚い石炭層の堆積に恵まれていただけでなく，地域の南側で鉄鉱石が産出したという点にある。場所はルール川上流の支流レーア川，バウム川，ヴァルプケ川の流域にあたるザウアーラントである。いまひとつは，ケルン南でライン川に右岸側から流入するジーク川の最上流部にあたるジーガーラントである。中心地はジーゲンである。ザウアーラントとジーガーラントではルール地域一帯が鉄鋼業の主力生産地として台頭する以前から，数世紀にわたって鉄工業が展開されてきた。そのベースになったのは地元で産する鉄鉱資源と急流河川の水力資源である。中世末期には高炉が導入されたため，ザウアーラントとジーガーラントにおける精錬作業は高炉を使って行なわれるようになった。鉄鉱石の品質の高さでいえば，ジーガーラントは極めて高品質であり，ザウアーラントの鉄鉱石は低品質に甘んじた。ただしザウアーラントでは豊富な水力資源が利用できたため，その動力を鉄工業に生かすことができた。

　初期の石炭採掘では，露天掘りや坑内掘りなど基本的な採掘技術しか利用できなかった。このため，主にルール川近くの都市で採炭が行なわれた。間もなくして深部採掘と立坑採掘が導入されるようになり，より深いところの石炭が掘り出されるようになった。このことは，初期の炭鉱開発はルール渓谷の南側で行なわれ，その後は採掘が容易ではないが品質の高い石炭が埋蔵しているルール渓谷北側に採掘の中心が移動していったことを物語る。採炭技術の進歩が資源採掘地を移動させたといえる。ルール川に近いシュプロフケル，ハッティンゲン，ヴィッテン，ウェッターは，初期の炭鉱開発で栄え

た。しかしその繁栄は短期的で，石炭採掘が北側の豊かな炭田に向かって移動したために停滞に追い込まれた。これとは対照的に，ボーフム，エッセン，ドルトムントなどルール渓谷の北側に位置する都市は，火力の強い粘結炭を必要とする規模の大きな製鉄業を発展させることができた。

2．デュースブルクとエッセンを中心とする工業の発展

　ルール渓谷に位置する都市は，地元で産出する石炭を活用した製鉄業などを基盤に発展してきたという共通性をもっている。しかし，各都市の交通ルート上の位置的条件の違いから，産業構造には多様性がみとめられる。ルール川がライン川に流入する場所に一番近いデュースブルクは，2つの川へのアクセスの良さを生かしながら産業を興して発展してきた。かつてハンザ同盟に属していたことのあるデュースブルクは，18世紀は繊維産業とタバコ産業で栄える都市であった。19世紀初頭になるとルール川にアクセスしやすいように運河が建設され，これによってライン川と結んで石炭輸送で利益を得る石炭交易の拠点としての地位を得るようになった。

　その後はライン川とルール川の結節点という条件を生かし，輸入原料を元に製糖，硫酸，タバコ，紡績の工場が設けられていく。1828年に蒸気船の造船所が建設され，さらに1844年には運河沿いに鉄鋳物の生産工場が設けられた。3年後の1847年になるとケルン・ミンダナー鉄道が開通したため，石炭の輸送方法が改善されデュースブルクに恩恵がもたらされた。デュースブルクの製鉄業や金属工業で必要とする石炭がこれまでより容易に運ばれてくるようになったからである。

　デュースブルクは1850年代において，国内で唯一といってもよいほど化学物質を大量に生産した都市である。これには，ドイツの有機化学者・テーオドール・クルチウスが成功した硫酸製造を実践する工場がデュースブルクに設けられたことが大きい。1857年には，銅鋼を製造するデュースブルガーク・プフェルヒュッテの工場が市の南側の川岸に建設された。さらに，ヒュッテバルカン（火山製鉄所），ニーダーハイニッシェ製鉄所，ヨハニス製鉄所圧延工場，アウグスト・ティッセンによる製鉄所，アルフレッド・クルップによる高炉建設と続き，デュースブルクは製鉄業と機械工業によって代表され

る都市となった。

　しかしその一方で，従来からのたばこ加工，砂糖精製，化学製品，繊維製品の工業も存続した。ルール渓谷にあるほかの都市港湾が石炭，コークス，鉄鉱石以外の貨物を取り扱わなかったのに対し，デュースブルクは木材，綿，原毛，穀物，油糧種子など多様な貨物を扱った。製鉄所から生み出される鋼鉄が，造船，橋梁，クレーン，ボイラー，オーブン，チェーンなどさまざまな種類の製品をデュースブルクで生産するために持ち込まれた。ルール渓谷において，これほど多様な産業をもつ都市はほかにはない。

　デュースブルクから東へわずか10kmほどしか離れていないエッセンもまた，ヘルヴェーグ交易路上にある旧ハンザ同盟都市である。この都市で工業化の基礎が築かれたのは，1802年にプロイセンに併合されたのがきっかけであった。それまで小規模で行なわれてきた炭鉱事業は，大きな組織へと変えられていった。1809年にフランツ・ディネンダールがコンベアー蒸気機関を発明した。これにより，地中深くに堆積している石炭を掘り出すことができるようになった。ディネンダールはまたエッセンに蒸気機関の製造工場を設けた。

　石炭の質の高さではエッセンは次項で述べるボーフムを上回っており，石炭輸送業を営むハルニエ家は，ルール川とライン川を結ぶ石炭の河川輸送で財を成した。その収益を炭鉱事業に投じ，厚い岩石層に覆われた石炭を採掘する事業を始めた。のちに一大財閥を築くことになるアルフレッド・クルップは1826年に父親から鋳鋼事業を引き継ぎ，事業拡大に邁進した。父親は鋳鋼の製造方法を考えついたが，それを事業化することはできなかった。事業を継承したクルップは1852年に鉄道用のシームレスホイールフランジを発明した。この発明が大企業へのステップとなり，以後，機械の可動部品，鉄道機関車の車軸，重砲，装甲板などを世に送り出していった。

　製鉄業とその関連産業で集積が続くエッセンは，近隣地域を合併しながら都市域を広げていった（図9-5）。かつての農村風景は次第に工場や住宅の建ち並ぶ都市景観へと変貌していく。同じ製鉄業でも，かつてのような鉄の精錬が中心の製鉄業ではなく，レベルの高い製鋼生産を主体とする製鉄業への変貌である。鉄鉱石は地元に近いジーガーラントとイギリスから運び入れた。

こうしてエッセンは工業生産増加の道を歩んだ結果，1896年の時点で人口10万人を数える都市にまで発展した。エッセンの工業発展の裏には鉄道建設の進捗があり，エッセンが鉄道交通の要衝になったことも大きかった。これによって石炭と鉄鉱石の輸送がはかどり，効率的な生産に結びつけることができた。クルップ社はエッセンを同社の企業城下町のような存在にし，産業ばかりでなく公共的，社会的な施設供給面でも大きく貢献するようになった（Bernhard, 2008）。しかしエッセンのすべてが製鉄業一色になったわけではなく，羊毛工業，タバコ工業，染色工業，醸造業も行なわれていた点を忘れてはならない。

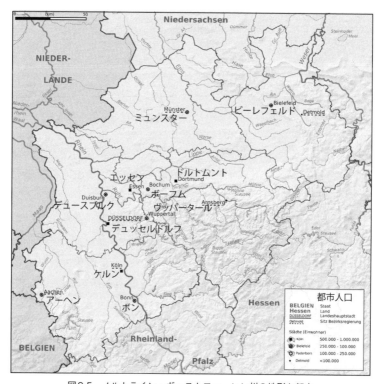

図9-5　ノルトライン・ヴェストファーレン州の地形と都市
出典：Wikimedia Commons のウェブ掲載資料（https://commons.wikimedia.org/wiki/File:North_Rhine-Westphalia_topographic_map_03.png）をもとに作成。

3．ルール渓谷東側のボーフム，ドルトムントの工業発展

　ルール川流域下流部の中心地のひとつボーフムは，ルール川とエムシャー川の間を通るヘルヴェーグ交易路上の商業都市であった。つまり，デュースブルクやエッセンと同じ幹線交通路に沿う位置にある。1800年の人口は2,000人ほどで，その景観や機能は中世然としたものであった。当時，ボーフムでは近隣の都市と同じようにわずかばかりの石炭が採掘されていた。やがて炭鉱とリップ川の間を結ぶ道路が設けられた。ガーレンと呼ばれたこの道路を使って航行可能なリップ川まで石炭を運び込み，そこからライン川方面へ輸送するためである。ボーフムではコークス溶鉱炉に必要な粘結炭が採掘できたため，炭鉱の経済的評価は高かった。エッセンやエムシャーに比べるとボーフムの石炭埋蔵量は多くはなかったが，コークス炉用の粘結炭を産出したため製鉄業を興す条件は満たしていたといえる。

　1841年にジェイコブ・メイヤーが鉄鋼の鋳造に成功した。この成功をきっかけとして鋳鋼製品で有名となるボチュマー・ベイレン社が現れ，ボーフムは最高品質の鋼鉄を生産する都市としての地位を獲得していく。以後，機械の可動部品，鋼鉄製の車輪，鉄道機関車の車軸，教会の梵鐘などの鉄製品がボーフムから生まれていった。1860年代になるとベッセマー転換炉が設置され，1870年代には先述したボチュマー・ベイレンが冶金コークス工場と高炉工場を設けた。これによりボーフムの製鉄業は発展の勢いを加速させた。こうした発展の様子は，1850年から1890年にかけて人口が10倍に増えたことからもわかる。人口増は，経済的に貧しい州や東ヨーロッパから労働者がルール渓谷に流入し，製鉄業に従事したことによる。1880年代に実用化されたトーマス法の製鉄技術が低品位でリン酸を含むドイツの鉄鉱石の価値を高めるのに貢献したことも見逃せない。

　エッセンからボーフムまでの距離とほぼ同じ距離を東側へ延長すると，ドルトムントに至る。ドルトムントもまたエッセン，ボーフムと同様，東西交易路ヘルヴェーグの上に位置する。中世にはハンザ同盟に属する自由都市であった。ここはルール川とリッペ川の間を流れる比較的距離の短いエムシャー川の流域にある。もともと肥沃な農地に恵まれた地域であった。17世紀後半にハンザ同盟は消滅し，ドルトムントも19世紀初頭には自由都市

としての地位を失った。その後はナッサウ公国に併合され，さらにいくつかの政治的変化を経て1815年にプロイセン王国の都市となった。

　プロイセンへの併合時にはまだ人口4,000人ほどの町にすぎなかったが，地元で産する石炭と南側の山間部で採掘される鉄鉱石を資源として製鉄業が興された。これがバネとなって工業都市への道を歩むようになり，エッセン，デュースブルグ，オーバーハウゼン，ハーゲンなどと競争するようになった。ドルトムントにとって好都合だったのは，ライン川沿いのデュッセルドルフを起点とする2つの鉄道が建設され，いずれもドルトムントと連絡できたことである。ひとつはルール渓谷の北側を走るケルン・ミンダナー鉄道（1847年）であり，いまひとつはベルギッシュ・メルキッシュ鉄道（1849年）である。

　交通条件でも有利性を得たドルトムントは，1874年には鉄鋼生産量でデュースブルグを追い越すまでになった。市域の西側ではドルトムンダーユニオンとカールフォンボーンの製鉄所の高炉で鉄鋼が生産された。また東側ではエバーハルト・ヘッシュが1871年に製鉄所を建設した。これら東西の製鉄所では，溶けた銑鉄から鋼が大量に生産できるベッセマー法と，鉄鉱石にりん成分が多い場合に効果があるトーマス法を用いた生産が行なわれた。ベッセマー法の原理は古くから知られていたが，大量に鋼鉄を生産することは困難であった。イギリスの発明家ヘンリー・ベッセマーが考案した酸化還元反応を応用すれば，鉄分から不純物を取り除いて鉄鋼を大量に生産することができた。

　新たな製法を積極的に取り入れて鉄鋼生産に励んだドルトムンダーユニオンとエバーハルト・ヘッシュの2大企業は，ドルトムントに対して支配的影響力を及ぼすようになる。鉄鋼生産の拡大とともに，地元周辺で産出する鉄鉱資源だけでは生産を安定的に継続するのが困難になった。これを打破するために海外から鉄鉱石を輸入する構想が持ち上がり，その実現のために輸送用の運河が建設されることになった。これが1899年に完成したドルトムントとエムス川を連絡するドルトムント・エムス運河（223.5km）である（図9-6）。エムス川は北海に面した深い湾口に流れ込んでおり，海外産の鉄鉱石を積載した船が10段階の水位を上りながらドルトムントの港に入港した。

　ドルトムントを起点とするこの運河は，ドルトムントを出てすぐに工業都

市ヘルネでライン・ヘルネ運河と連絡する。ライン・ヘルネ運河は，当初からドルトムント・エムズ運河とつなぐ目的で建設された。つまりこれらの運河は，西のライン川と北海に面するエムデン港を結ぶためにつくられた。このように長距離の運河が建設された背景には，自国の港湾を使って貨物を輸送させたいというドイツの国家的意図があった。国際河川としてライン川の輸送能力は疑うべくもないが，下流域をおさえているオランダはドイツにとっては外国である。国力増強に励むドイツ国内ではナショナリズムが台頭してきており，外国の影響力の及ぶ交通インフラは遠ざけたいという空気があった。ライン川を利用すればオランダに通行料を支払わねばならず，1820年代のケルンではそれが問題になっていた。鉄道は各地で建設されたが，輸送能力に限界があった。結局，ベルリンの政策担当者は経済面での無理は承知の上で，ドルトムントを起点にライン川と北海をつなぐ長大な運河を建設する決断を下した。

図9-6　ドルトムント・エムズ運河
出典：wikipediaのウェブ掲載資料（https://ja.wikipedia.org/wiki/ドルトムント-エムス運河）をもとに作成。

第9章　セヴァーン川，ルール川，メリマック川流域の産業革命

第3節 アメリカの産業革命初期の工業化を担ったローウェル

1．メリマック川を利用した運河，水車動力，水力発電

　マサチューセッツ州のローウェルは，アメリカにおける産業革命の発祥地といわれる。場所はニューハンプシャー州の北から南へ下り，マサチューセッツ州に入ってから東向きに流れを変えるメリマック川のまさに向きを変えるあたりに位置する。メリマック川はそのまま東へ流れ，ニューベリーポートの沖合で北大西洋に流入する。長さ188km，流域面積13,000kmのメリマック川にはポウタケットと呼ばれる滝があり，この滝に目をつけたヨーロッパからの入植者がその水力を利用して繊維産業を興した。現在ではローウェルの町中にあるポウタケット滝は，入植者が到来するまえはピーナクックと呼ばれた先住民が魚をとるために集まってきていた重要な場所であった（図

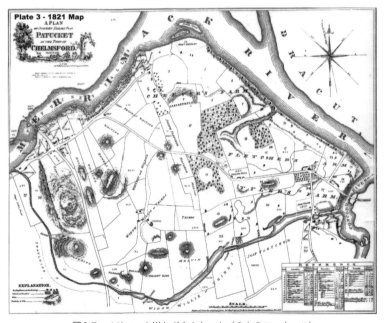

図9-7　メリマック川とポウタケット（のちのローウェル）
出典：National Park Service のウェブ掲載資料（https://www.nps.gov/lowe/learn/education/upload/
Lowell%20Lesson.pdf）をもとに作成。

9-7)。落差が10mほどの滝を遡上しようとするサケを先住民は競って捕獲した。この滝は土地の目印として利用されることもあった。すなわち，入植者が到来してまだ日の浅かった頃，マサチューセッツ湾岸地方とニューハンプシャー地方の境界をどこにするか問題になったことがあった。そのとき，ポウタケット滝が境界線決定の目印にされたのである。現在ではボストンの北西30kmの町といった方がわかりやすいローウェルが，アメリカの産業革命期における工業化のトップランナーとして駆け抜けた軌跡を追ってみよう。

　メリマック川を輸送手段に利用しようとしていた時代，川の途中にある滝は移動を妨げる障害物であった。当時はメリマック川の上流域で伐採された木材を川の流れを利用して大西洋岸の河口まで運ぶことが考えられていた。滝を避けるには川に沿って運河を設け，安定した流れを利用するのが一番よい。1792年にロックスアンドカナルという組織が設けられ，1797年にポウタケット滝を迂回する運河が建設された。これにより，メリマック川河口のニューベリーポートへ木材や貨物を川と運河を使って運べるようになった。ところがその6年後の1803年に，メリマック川とボストンの間を直接連絡するミドルセックス運河が設けられた。ミドルセックス運河を利用すれば，ボストンまでの距離は44kmで便利であった。このライバルにはとても対抗できず，結局，ポウタケット運河はほとんど利用されなくなった。

　このような経緯からほとんど活用されなくなったポウタケット運河は，1820年代に入って再び日の目を見ることになる。アメリカ人の事業家フランシス・カボット・ローウェルが，ボストンで繊維産業を興そうとしたことが，そのきっかけである（Rosenberg, 2011）。彼は1810年にイギリスまで出掛け，工場に据え付ける予定の繊維機械を物色した。当時，イギリス政府は機械を植民地のアメリカに輸出することを禁じていたため，彼は機械の仕組みを頭に刻み込み帰国した。そしてその記憶をもとに機械の模型を制作し，事業化の見通しを立てた。1813年にはボストン・マニュファクチャリング・カンパニーを設立した。会社をボストン郊外のウォルサムに設けたのは，チャールズ川の水力が利用できたからである。この工場に設けられた力織機こそ，アメリカにおける最初の繊維機械であった。ところがローウェルは1817年に亡くなったため，事業を引き継いだパトリック・ジョンソンが2番目の工

場をポウタケット滝のあるメリマック川沿いに設けることを決めた。輸送用にあまり活用されていない運河でも，水車を置けば動力源として利用できる見込みがあったからである。

　ジョンソンは他の協力者とともに，1822年にメリマック・マニュファクチャリング・カンパニーを設立した。翌年には最初の工場を稼働させたが，2年も経たないうちに工場を増やさなければ対応できなくなった。このため，水力を得るための運河を新たに建設した。こうして工場が次々に増えていくのにともない，労働者の数も増えていった。当然，それにともなって労働者の家族人数も増えたため，工場周辺部の人口は数を増した。1826年に2,500人程度しかなかった人口はその後の10年間で18,000人にもなった。1836年，マサチューセッツ州当局はこの地区一帯を都市として認定した。それまではチェルムズフォードがこの地域の中心地であった。そこから5kmほど北へ行ったメリマック川のポウタケット滝が核となり，新しい都市が誕生したのである。この都市がその後，ローウェルと呼ばれるようになったのは，アメリカで最初の繊維産業を興そうと努力したローウェルの創業者としての熱意を慮ってのことである。

2．全米で最初の繊維工業都市になったローウェル

　ローウェルが都市として出発した当時，マサチューセッツ州内でローウェルより規模が大きかったのはボストンとサラムだけであった。いずれも大西洋に面しているが，ボストンは州全体の中心地であり，サラムは州北東部に位置する港湾都市である。ローウェルは都市になった時点で17,600人を抱えており，裁判所，病院，図書館，刑務所などの公共施設も備えていた。1840年には最初の博物館や劇場がオープンした。市街地の拡大にともなって土地が不足するようになり，周辺の農村部がローウェルに取り込まれた。1834年のベルヴィデールや1851年のセントラルヴィルがそれである。1847年にはローウェルの南部郊外にアイヤーズシティという住宅地がダニエル・エイヤーによって開発された。1874年にはポウタケットヴィルとミドルセックスの農村部もローウェルの一部に加えられた。こうした都市域の拡大にともない，1850年には人口が33,000人を数えるまでになり，ついにローウェ

ルはマサチューセッツ州内でボストンに次ぐ都市になった。同時にまた，アメリカ国内で最大の工業都市という地位を獲得した（Weible, 1991）。

　メリマック・マニュファクチャリング・カンパニーから始まったポウタケット滝の水力を利用する繊維生産の工場は，年とともにその数を増していった。総延長が9kmもの長さになる運河システムからは1万馬力の動力が生み出された。この動力を10の企業が利用し，全部で40か所の工場に設置された1万基にも及ぶ繊維機械を稼働させた。作業に携わる労働者もほぼ同数の1万人を数え，32万もの紡錘を操った。工場全体では，年間，8万mもの長さの織布が織り上げられた。急成長が著しいローウェルでは，繊維以外の産業も生まれた。ローウェル・マシンショップやファーザージョンズ・メディシンはその一例である。1855年設立のファーザージョンズ・メディシンは国内最初の風邪薬で知られる製薬会社となる。さらに，なめし革加工業や染色業，それに初期の清涼飲料の製造業が1870年代に誕生した。Moxieという名前で知られた炭酸性飲料は，全米で最初に生まれた清涼飲料メーカーによる商品である。1880年代にアメリカで最初に電話が利用できる都市になったことは，ローウェルがいかに時代の先端を走る都市であったかを物語る。

　ローウェルから始まったアメリカの産業革命では，生産技術の面でも新たな進歩があった。1828年にポール・ムーディがこれまで一般的に使われてきた歯車式の伝動装置に代わるベルト式装置を発明した。従来の装置では信頼性に不安があったが，これで安定的に動力が伝わるようになった。1844年にはユーライア・アサートン・ボイデンが旧式の水車に代わる新式のタービンをアップルトン工場に設置した。このタービンは，その後，ジェームス・ビシュノ・フランシスの手によって改良が加えられた。フランシス・タービンの名で呼ばれるこのタービンは，その後もほとんど変わることなく現在でも使用されている。フランシスは運河システムを制御して洪水のリスクを抑える技術を完成させたという業績ももつ。これはポウタケット滝の運河と別の2か所の運河を結びつけることで，水を効率的に流すことで実現した。彼はさらにメリマック川流域全体の水利用を安定的にするためにレイクカンパニーという会社を設立し，ニューハンプシャー中央部にダムを設ける事業にも取り組んだ。

第9章　セヴァーン川，ルール川，メリマック川流域の産業革命

19世紀も後半になると，新しい技術がローウェルの都市構造に影響を及ぼすようになる。新技術とは水力から電力への移行である。動力を得る方法が大きく変化したことで，産業はもとより交通や一般生活の場面でも変化が生じた。町中を市電が走るようになり，市街地が郊外に向けて広がっていった。ベルヴィデールの丘陵地に開発された高級住宅地はその一例である。裕福な市民は，騒がしく汚れた工場が建ち並ぶ都市中心部を離れ，静かな住宅地へと引っ越していった。ローウェルの財政力は豊かだったため，大理石を散りばめたロマネスク風の時計台を設けた建物を町中に建てる余裕があった。南北戦争の終結を記念した新図書館も建ち，新教徒スタイルの古い建物は新しい商業施設や郵便局に建て替えられていった（図9-8）。しかしやはり大きかったのは，蒸気機関が導入されたことである。ローウェルに最初に導入されたのは1860年代で，1870年代には工場の動力は水力から電力へ全面

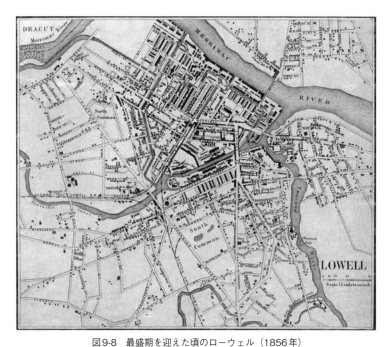

図9-8　最盛期を迎えた頃のローウェル（1856年）
OldMapsのウェブ掲載資料（http://www.old-maps.com/ma/ma_towns/middlesex_towns/midd56/Lowell_Center_web.jpg）をもとに作成。

川と流域の地理学

的に転換された。これによって労働力の大幅な削減が可能になり，結果的に就業構造の変化に結びついていった。

　水力に代わって蒸気機関や電力が機械を動かすようになり，水力に頼ってきたローウェルの生産有利性に陰りが生じ始めた。南北戦争が終わって半世紀が経過した頃，マサチューセッツ州のファールリヴァーやベッドフォードが新しい工業都市として台頭してきた。これらはボストンから80～85km南に位置する港湾都市であり，輸出入機能において有利性をもっていた。とりわけ石炭資源へのアクセスにおいてローウェルのような内陸部の都市にはない条件に恵まれていた。もっともローウェルも，1920年代になってメリマック川の河口から遡上する貨物船を町の中心部で迎えられるようになった。しかしもはや手遅れに等しかった。

3．初期工業化の役目を終え衰退に向かったローウェル

　1920年代のニューイングランドでは，繊維産業が全体的に南部へ移動する動きを示し始めていた。移動できるものはまだ可能性があったが，中には廃業に追い込まれるものも少なくなかった。南部には水力式による初期の繊維機械が動かせるような河川はなかった。しかしもはや時代は水力ではなく蒸気機関で動かす時代に変わっていた。加えて南部では安価な労働力が利用できるという点が魅力的であった。ニューイングランドを含む北部では，労働者によるストライキが経営者を悩ませていた。1912年にローウェルに隣接するローレンスで起こったストライキでは，南ヨーロッパや東ヨーロッパからの移民労働者が賃金の引き上げを求めて経営陣と対立した。この頃を境に企業経営者は新たな投資をローウェルで行なうことを控えるようになり，機械も旧式のまま十分な改善もないまま使用された。

　1916年，ローウェルで早くに創業したローウェル・マニュファクチャリング・カンパニーを買収して名前をビゲロー・カーペット・カンパニーとしていた会社がローウェルを去った。これがきっかけとなり，その後，大企業のローウェルから南部への移転や廃業が続いた。第一次世界大戦は，一時的にしろ，ローウェルの経済を持ちこたえさせた。しかし戦後になると景気は悪化し，1926年から1929年にかけて多くの企業がローウェルから姿を消し

ていった。その中にはサコ・ローウェルショップと名前を変えていたローウェル・マシンショップも含まれていた。世界恐慌がローウェルでは他地域よりも早く訪れ，1930年の人口10万人は10年前の11.2万人と比べると10%近い減少であった。繊維産業の労働人口も1930年の17,000人が1936年には8,000人にまで減少していた。第二次世界大戦のときは軍需景気で少しは救われた。しかし戦後はまた逆戻りで，1956年にブーツミルズが閉鎖され，130年の歴史を刻んだメリマック・マニュファクチャリング・カンパニーも，1985年に廃業の日を迎えた（Gross, 2000）。

　1970年代になるとローウェルの人口はさらに減少して91,000人となった。住民の12%は職に就いていなかった。すでに大企業はなく，残っているのは中小企業ばかりであった。ローウェルの都市インフラの大部分は100年以上経過しており，老朽化が著しく，放棄寸前といった状態であった。ローウェルの現状を変えるために古くなった建物を撤去して更新する都市開発が始められた。すでに戦前からこうした動きはあり，1939年に連邦政府の都市再開発基金を使ってギリシャ人街を更新する事業が実施された。1950年代後半にはリトルカナダが再開発の対象となった。ここに住んでいたカナダ人はフランス系で，1870年代から1880年代にかけてローウェルに移住してきていた（図9-9）。さらに1960年代に入ると，名門メリマック・マニュファクチャリング・カンパニーの工場と社宅一帯が撤去され，その後，跡地には倉庫や公営住宅が建てられた。ほかの地区でも撤去は続けられたが，古くなった住宅や施設への放火や犯罪は後を絶たず，ローウェルの評判は悪化する一方であった。

　第二次世界大戦後は自動車の時代となり，都市中心部へ買い物に来る消費者は減り，代わりに郊外の商業施設へ出かけるようになった。デパートや劇場は遠の昔に都心部から姿を消し，撤去された建物の跡地は駐車場になった。固定資産税を減らすために床面積を削減したり，外観をヴィクトリア朝の雰囲気から現代風へと変える建物も現れたりするようになった。こうした秩序のない都市の改造が進む一方で，ローウェルの歴史的建物や景観を前向きにとらえようとする動きも見られるようになった。1974年にローウェル・ヘリテージステートパークが設立されたのはその現れである（Marion, 2014）。

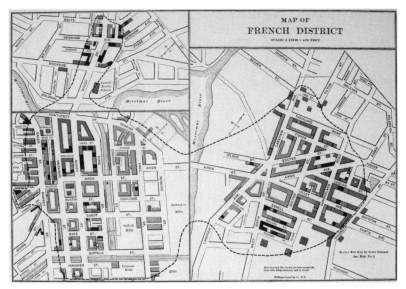

図9-9　ローウェルのフランス人地区
出典：pinterest のウェブ掲載資料（https://www.pinterest.jp/pin/477803841697621600/）を
もとに作成。

1978 年にはローウェル国立歴史公園が都市国立公園として整備された。中心となって動いたのはローウェルの市民，行政，上院議員などである。これにより，運河や多くの工場，都心部の商業施設の保存が実現した。

　さらに 1980 年代になると，それまで脱工業化で産業が落ち込んだマサチューセッツ州の経済が一時的に回復する兆しを示すようになった。「マサチューセッツの軌跡」と呼ばれ話題になった時代である。中国系のコンピュータ企業がオフィスを構えたり，カンボジアからの移民が移住したりしてブームを支えた。プエルトリコからの移民も流入して人口は一時的に増えたが，1990 年代になると「軌跡」も終わってしまった。こうしてアメリカにおける産業革命の基礎を築いたローウェルは先駆者としての役目を終えた。しかし，ポウタケット滝ではまるで何事もなかったかのように，昔と変わらずメリマック川が飛沫を上げながら流れ落ちている。

第10章

テネシー川, 庄川, 黒部川, 揖斐川の電源開発

第1節　アメリカ・テネシー川の多目的な総合開発

1．河川流量は多いが航行困難箇所もあるテネシー川

　TVA と聞けば，アメリカのフランクリン・ルーズベルト大統領が大恐慌時の雇用対策として行なったテネシー州での水力発電事業のことを思い浮かべる人も多いであろう。しかし，ルーズベルト大統領が TVA（Tennessee Valley Authority）の国家的事業を推し進める以前からテネシー川流域ではダムは建設されており，軍需用火薬や肥料に必要な硝酸塩が製造されていたことは，あまり知られていない。TVA は水力による発電以外に石炭，天然ガス，原子力でも電気をつくっている。2019 年現在，水力発電の割合は全体の 11％にすぎない。発電以外に船舶の航行，洪水対策，農業振興，工業誘致など多くの目標を掲げて今日まで行なわれてきた事業の成果は大きかった（Christine ほか，2007）。しかしその一方で，流域全体の環境保全などに対して厳しい見方をする意見もある。変わりゆく政治，社会，経済情勢のもとで地域開発事業がいかに計画・実行され，また評価されていくか，その推移を通して河川流域と人との関わりの変遷をたどることができる。

　まずテネシー川とはどんな川なのか知っておく必要がある。アメリカではよくミシシッピ川を境にという言い方がされるが，これは北アメリカ大陸の中央付近を南北方向に流れるミシシッピ川の本流を意味する。本流は土地の中では最も低いところ，すなわち底にあたるところを流れている。ここをめがけて周辺から支流が集まってくるため，ミシシッピ川本流の東側では西に向けて，西側では東に向けて，それぞれ流れが集まる。東側から集まる支流はアパラチア山脈，西側からの支流はロッキー山脈をそれぞれ源流とするものが多い。ちょうど傘を広げるように，ミシシッピ川は傘の軸にあたる本流と骨に相当する支流によりアメリカという広大な国土の中央部をカバーしている。ミシシッピ川流域が国土面積に占める割合は 41％にも達しており，航行可能であれば東西南北の方向に関係なく，国土のかなり広い範囲にわたって本流や支流の間を移動することができる。恵まれた河川網を自然が用意してくれている国といえよう。

図10-1　テネシー州とその周辺の地形と河川

出典：Elizon.com のウェブ掲載資料（https://www.ezilon.com/maps/united-states/tennessee-physical-maps.html）をもとに作成。

　さてテネシー川であるが，この川はアパラチア山脈を源流とするミシシッピ川支流群の中では最も南側を流れている（図10-1）。単独で本流に流れ込むのではなく，オハイオ川と合流したあとミシシッピ川に注ぎ込む。つまりテネシー川はオハイオ川の支流でもある。オハイオ川流域全体に占めるテネシー川流域の割合は20％である（松浦，1996）。ちなみにミシシッピ川流域全体で考えると，テネシー川の流域はその3％を占めるにすぎない。ところが，テネシー川から排出される流量はミシシッピ川全流量の20％にも上る。なぜこれほど多いかといえば，それはテネシー川流域に降る降水量が多いからである。

　オハイオ川からの排出量には及ばないが，アパラチア山脈の西側にあって多くの降水を受け止めるテネシー川は大量の水を排出している。テネシー川流域の年間平均降水量は 1,300mm くらいであり，500mm 程度しか降らないミシシッピ川西側の乾燥地域に比べるといかに多いかがわかる。ミシシッピ川には途中に放水箇所があるため，排出水のすべてが下流の末端部にまでくるわけではない。オハイオ川がミシシッピ本流に流れ込むカイロあたりでは，90％以上がオハイオ川からの排出である。つまりテネシー川を含むオハイオ川は，ミシシッピ川に対して最も大きく貢献している支流といえる（図10-

301

第 10 章　テネシー川，庄川，黒部川，揖斐川の電源開発

2)。

　テネシー川の総合開発が国家的観点から重視された根底には，この川がもつ潜在的可能性の大きさ，とりわけ流量の多さがあった。これだけ大きな可能性をもつ川であれば，TVA 計画が出てくるもっと以前から開発されていてもおかしくない。実際，TVA 計画が登場してくる 100 年以上もまえの1827 年に，連邦政府は開発構想を打ち上げていた。当時は東海岸のニューヨークからハドソン川を遡り，エリー湖へ向かうエリー運河（1825 年）が建設されていた時期である。鉄道や自動車といった交通手段はなく，移動や運搬はもっぱら水上交通に依存していた。とくに内陸部では河川交通が唯一の大量輸送手段であり，航行できそうな河川はすべて使われていた。テネシー川を含むオハイオ川流域でも河川舟運の可能性が追求されたのは当然であった。

　そのテネシー川において，陸軍工兵隊が舟運路の整備を進めるために調査

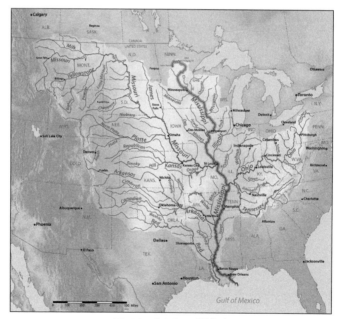

図10-2　ミシシッピ川水系
出典：Wikipedia のウェブ掲載資料（https://en.wikipedia.org/wiki/Mississippi_River#/media/
File:Mississippiriver-new-01.png）をもとに作成。

を実施した。その結果わかったのは，オハイオ川との合流地点から420kmほど上流へ遡ったマッスルショールズに急流箇所があるということであった。合流地点付近の傾斜が1.8万分の1，急流箇所の奥が1万分の1程度であるのに対し，マッスルショールズは1,000分の1という急傾斜であった。しかもそのあたりの水深はわずか0.92mときわめて浅く，とても船が航行できるようなところではなかった。全体としては豊かな水量を排出しながら，航行を妨げる地形条件がテネシー川から開発の手を遠ざけていた。

　地形条件のハンディキャップが，結果的にテネシー川流域をアメリカ東部において最も貧しい地域のひとつにしていた。地元ではボイリングポット（Boiling Pot）「煮え立つ鍋」と呼ばれた航行困難箇所を抱えたテネシー川では，上流部のチャタヌーガやノックスビルに向かって下流側から行こうとしても，水量の多い春先しか上っていくことができなかった。チャタヌーガは鉄道交通の要衝であり，ノックスビルはTVAの本部が置かれることになる都市である。

　TVA計画が構想される以前，流域には400万人ほどの人々が暮らしていた。住民の平均所得は全国平均の半分にも満たなかった。識字率も低く，一人あたりの発電量は全国平均の50％程度にとどまっていた。身近に豊かな川の流れがありながら，それを十分に利用することができず，質素な暮らしが続けられていた。住民の半分以上は農業に従事していたが，自作農はその半数にも満たなかった。電気が利用できる世帯は100軒中3軒くらいで，平均的なアメリカ国民の生活との間には大きな溝があった。地元からも要望のあるボイリングポットを解消するために，マッスルショールズの急流箇所を解消する構想案が毎年のように連邦議会に提出された（小林，1985）。解消法として考えられたのは，テネシー川に堰を設けて水深を深くし，合わせて発電も行なうというものであった。構想案はすぐには実現しなかったが，20世紀に入ってその端緒が見え始めるようになった。

2．水運＝発電複合改良計画から大統領主導のTVA事業へ

　テネシー川流域の開発計画は，当初，「水運＝発電複合改良計画」（Combined Navigation-and-Power Improvement）と呼ばれた。最初に実現したのが，1905

第10章　テネシー川，庄川，黒部川，揖斐川の電源開発

年から築造が始まり1913年に完成したヘールス・バーダムである（図10-3）。このダムは，チャタヌーガの下流53kmにあったナローズと呼ばれる狭窄部を解消する目的でつくられた。建設工事は陸軍工兵隊の監督のもとで民間のテネシー電力会社が行なった。ダム本体は連邦政府が保有し，電力会社は99年間にわたって発電できる特許をもつという仕組みであった。このヘールス・バーダムの建設をきっかけにマッスルショールズでも地元の官民による水力発電会社が設立された。設立の目的は，舟運路の整備，水力発電，電力を活用した硝酸塩の製造である。官民共同出資のかたちをとったのは，財政基盤を安定にするためである。1915年に連邦政府が制定した「河川及び港湾法」の定めにしたがい，マッスルショールズ水力発電会社が開発計画を策定した。舟運路の整備を担当する陸軍工兵隊との共同体制で事業を進めることにしたのは，その方が経済的に見て合理的と判断されたからである。

　こうして策定された開発計画は，その後の政治情勢変化にともない中身が変質していく。1914年に第一次世界大戦が勃発したからである。連邦政府は1916年に国防法（National Defence Act of 1916）を定め，軍需品の火薬製造に必要な硝酸塩の生産工場をマッスルショールズに設けることを決めた。

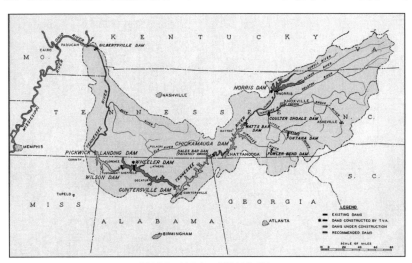

図10-3　テネシー川流域のダム
出典：Tennessee Virtual Archive のウェブ掲載資料（ https://teva.contentdm.oclc.org/digital/collection/p15138coll18/id/2192/）をもとに作成。

それまではリチから硝石を輸入していたが，ドイツの潜水艦の攻撃で輸送路が絶たれる可能性が生じた。そのため，国土の内陸部で電力の得やすい場所として，この地域を指定したのである。この事業を熱心に進めたのはマッスルショールズ水力発電会社であり，その意を受けてウィルソン大統領はマッスルショールズを工業地域に指定した。この段階に至り，マッスルショールズの開発計画に国防目的が新たに加えられた。硝酸塩はハーバー法による第1製造所とキナマイド法による第2製造所において実験的に生産されることになった。ダム建設は陸軍工兵隊が担い，マッスルショールズの下流部にウィルソンダムを，また上流部に別のダムを2つ建設することになった。

第一次世界大戦は1918年11月に終わった。しかし戦時中に計画された硝酸塩の製造は結局，行なわれず，ウィルソンダムも全体の35%が建設されたのみであった。戦時体制下であったために国が関与して開発事業に取り組むという姿勢に大きな反対はなかった。しかしもともと民間の自主性を重んずる国柄ゆえ，戦争終了とともに完成することなく終わったマッスルショールズ開発に対して，国の失政を問う動きが議会内で現れてきた。大戦後，政権を担当することになった共和党は未完成の事業を民間に売却することを決め，買い手を募った。これに手を挙げたのがヘンリー・フォードである。自動車の大量生産で財力を蓄えたフォードは，既存施設を購入したうえに，未完成のダムと新規ダムをともに完成させて100年間発電を行い，さらに窒素肥料も製造することを約束した。

こうしたフォードの野心に強く異を唱えたのが，ネブラスカ州の上院議員ジョージ・ノリスであった。ネブラスカ州はテネシー川流域とは関わりがなく，ミシシッピ川本流の西側に位置する。地元選出の議員でもないが，ノリスは天然資源を国民全体の幸福のために開発する事業は何よりも公正に行なわれねばならないという信念の持ち主であった（Schlesinger and Norris, 1972）。そのためには連邦政府が実施主体になるのが最もふさわしいと主張した。こうしたノリスの強い反対意見もあり，フォードへの売却提案は却下された。

ノリスは未完成のテネシー川流域事業の民間への売却を阻止したあとも，テネシー川の開発に関わる法案を繰り返し提出した。13年間に7度にわたっ

第10章　テネシー川，庄川，黒部川，揖斐川の電源開発

て提出するという熱心さであり，まさに執念に満ち溢れた行動であった。彼の提案は議会で否決されるか，あるいは議会は通過したもののクーリッジ大統領やフーバー大統領の拒否権にあって葬り去られてしまった。テネシー川流域の資源を公正な手段で開発し，安い窒素肥料の安定供給と電力の遠方への供給をともに進める事業に対して，共和党の大統領は理解を示さなかった。この間，1926年にウィルソンダムは連邦政府の手によって完成したが，その他の事業には何ら手が打たれないまま時間が過ぎた。

　ネブラスカ州選出の上院議員ジョージ・ノリスが7度にわたって提案し続けたテネシー川流域の開発計画は，1933年に第32代大統領としてフランクリン・ルーズベルトがニューディール政策を採用することで日の目を見ることになった。時代は1929年10月のニューヨーク・ウォール街の株の大暴落に端を発する世界大恐慌の真っ只中である。ニューディールは「新規まき直し」という意味であり，これまで国が経済活動に深く関わることなく民間主導で進めてきた自由主義政策を改め，恐慌克服のために国が経済活動に積極的に介入する政策へ方向転換したことを意味した。救済（Relief），回復（Recover），改革（Reform）の3Rに象徴される政策は，農業調整法，全国産業復興法，社会保険法など6つに集約される。その中のひとつとしてTVA法（Tennessee Valley Authority Act）が含まれていた。面積でいえばミシシッピ川流域全体の3%でしかないテネシー川流域を開発対象として選び，電源開発にとどまらず，洪水防止，植林，農業振興，工業振興など多様な事業を展開する政策が打ち出された。

　大統領就任間もない議会で行なった一般教書演説の中で，ルーズベルトはこれまでテネシー川流域の開発事業が長年にわたって放置されてきたことを遺憾に思うと述べ，歴代の共和党政権との違いを強調した（Morganほか，1974）。共和党の大統領によって無視されてきたこの開発事業は，実現したら複数の州に暮らす人々にさまざまな恩恵を与えるであろうと期待された。河川における電源開発事業というと，ダムの建設工事にともなう一時的な雇用機会の創出や，電力供給による産業振興や生活水準の向上が思い描かれやすい。大恐慌時代の失業対策として電力や道路などの公共事業が有効であることは，ジョン・メナード・ケインズの経済理論の教えるとことである。実

際にはケインズ理論が世に出る数年まえにニューディール政策は打ち出された
ため，先見の明があったというべきである。

　ルーズベルトは一般教書演説の中で，この事業はアメリカ合衆国における
開拓者精神への復帰にも結びつくと語った（Leuchtenburg, 2009）。テネシー
川の東側に連なるアパラチア山脈といえば，西部に向かって進む開拓者たち
を阻む大きな地形的障害であった。カンバーランドギャップの発見を契機に
西部への道が開かれ，実際に西に向かって進んでいった開拓者たちは入植先
で新たな産業を興し都市を築いた。テネシー川流域はそのような動きからは
取り残された存在であった。そこに光を当てれば，取り残された状態にある
開拓地の社会経済水準を引き上げることができる。テネシー川流域の総合開
発に対するルーズベルトの思いはそのように読み取れる。

　ここであらためて TVA という英語の略語に注目すると，それはテネシー
川渓谷の公社・公企業のことである。この公企業が大きな権限を有して事業
を実施する。大統領から任命された 3 人の理事が理事会を組織して権限を執
行し，毎年，大統領と議会に対して事業報告を行い，会計検査院の検査を受
ける。国の関与は絶大で，天与の資源を国民全体の幸福のために公正に開発
すべきというノリスの信念をそこに見ることができる。

　すでに第一次世界大戦以前からテネシー川流域事業に関わってきた陸軍
は，TVA 以後もダム，発電施設，送電線の建設に従事し，それらが完成し
た後は所有権，使用権，管理権を TVA に移譲することになった。国防との
関係でも，以前と同じような関わり方がみとめられる。再び戦時体制への
移行が濃厚であったこの時期，当初計画された硝酸肥料工場は火薬製造のた
めの燐酸工場へと転換された。軍事重視は，総発電量の 85％が軍需工場へ
送られたことからも明らかである。注目すべきはテネシー州のオークリッジ
で進められていた原子爆弾の研究と製造のために電力が利用されたことであ
る。TVA 事業は，戦時体制を支援する役割も果たしたのである。

3．洪水対策，電力料金抑制，軍需生産が目的のダム建設

　TVA による電力事業は単にテネシー川にダムを築いて電気を送ることに
目的があったわけではない。これまで民間の電力会社が公益性の高い電気を

消費者に高い価格で供給してきたことに対する疑問に答える意味があった。つまり，できるだけ公正な価格の電気を社会に供給するという公益性重視の哲学に根ざす事業であった。ノリスが再三にわたって提出した案を社会主義的だとして反故にした歴代の共和党大統領の姿勢は，このような哲学とは違っていた。TVA は発足後，すでにテネシー川流域で発電事業を行なっていた企業を買収し，自らの事業の一部として組み込んだ。TVA に太刀打ちできない企業は廃業に追い込まれた。1921 年の時点で全国の電力供給シェアの 94% を握っていた民間の電力会社優勢の体制を変える点に，TVA の役目があった。

TVA がダムを建設するとき，用地買収は避けられない。ダムの建設工事で雇用機会は生まれるが，退去を迫られて家から離れなければならない住民がいる点にも目を向けなければならない。ダム建設にともなう類似の問題は世界各地にある。テネシー川流域の開発では 15,000 世帯が家屋の強制退去を求められた。集落全体の移転や集団墓地の移転もあった。こうした上からの意向に対して快く思わない住民がいるのは当然で，TVA の事業を疑問視する人々も少なくなかった。これに対して TVA はコミュニティの中に好意的な態度を示す人々を見出し，そのような人々に新しい農業技術を伝えることで住民の心を開かせていった。輪作で肥沃土を維持したり肥料投入で農地の生産性を向上させたりするノウハウは，農民に受け入れられやすかった。農業にも就いていない多くの失業者の救済は，製造業や環境保全，福祉などの分野で雇用機会を用意することで実現された。1934 年までに TVA は 9,000 人以上の人々を雇用するようになった。

1941 年にアメリカは第二次世界大戦に事実上，参戦することになった。戦争遂行のために軍用機を大量に生産しなければならなくなり，アルミニウムの量産化が急がれた。アルミニウム精錬のために各地でダムの建設が進み，TVA はその動きの中心となった。ダム建設のピークは 1942 年初頭であったが，TVA は同時に 12 か所で水力発電を行なうという離れ業を行なった。電力はこれでも十分とはいえず，火力発電所も 1 か所設けた（図 10-4）。結局，TVA は発足から 11 年の間に 16 の水力発電ダムを建設した。とくに規模が大きかったのが 1944 年に完成したフォンタナダムで，堰堤の高さは 150m，

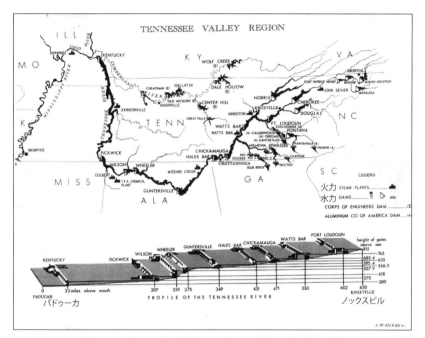

図10-4　テネシー川に建設されたダムの距離と標高（1944年）
出典：Anthropocene Curriculum のウェブ掲載資料（https://www.anthropocene-curriculum.org/contribution/
the-tennessee-valley-authority-goes-japan-a-rivers-way-into-the-anthropocene）をもとに作成。

建設当時は世界で4番目に高いダムであった。ダムの建設にともなって移転した戸数は1,311戸，1,017の墓も移転させられた。ダムの底に沈んだ集落はフォンタナ，ブッシュネルなど4つの町で，代わりにフォンタナビレッジというダム建設労働者を収容する町が生まれた。

　テネシー川の本流と支流に建設されたダムは，大きく2つのタイプに分けられる。ひとつは上流山間部に設けられた貯水ダム（支川ダム）であり，いまひとつは本流に建設された溢流ダム（本川ダム）である。貯水ダムは発電しながら水を流す放流管と溢れる水を流す余水吐を設備として備える。本流に設けられる溢流ダムは，川幅一面にゲートを設け，流量が少ないときは発電しながら放流する。洪水時は溢流堤の高さまでは貯水するが，水位がそれ以上になるとゲートを上げて放流が行なわれる。船が通行する本川ダムには，航行のための閘門が設けられている。テネシー川では第二次世界大戦後もダ

第10章　テネシー川，庄川，黒部川，揖斐川の電源開発

ムの建設が進められ，1950年代末の時点で28を数えるまでになった。このように短期間に多数のダムが建設された背景には，先述のようにアルミニウム精錬のために大量の電力が必要だったという事情がある。しかしそれとは別に，テネシー川と合流するオハイオ川，さらにオハイオ川が流入するミシシッピ川の水量調整や洪水対策という理由もあった点にも注目する必要がある。

　TVAが発足する20年以上もまえに最初のダム（ヘールス・バーダム）が完成した当時，テネシー川の開発目的は船の航行と発電にあった。ところがこのダムが完成した1913年とその前年の1912年にミシシッピ川流域で大規模な洪水が発生した。これを教訓に1917年に洪水防御法が制定され，洪水防御は連邦政府の責務とされるようになった。それ以降，洪水防御のために実施される事業では事業費の3分の1を連邦政府が負担し，残りを地方政府が負担することになった。テネシー川からの排出量がミシシッピ川の流量にいかに影響を与えているか，あらためて認識されることになった（図10-5）。

　ところがこの法律が制定された10年後の1927年にミシシッピ川で再度，大きな洪水が発生した。場所はオハイオ川がミシシッピ川に合流するカイロ下流の，「ミシシッピ川の沖積谷」（Alluvial Valley of the

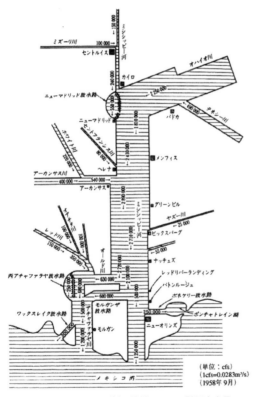

図10-5　ミシシッピ川下流域における計画高水量
出典：土木学会編，p.255による。

Mississippi）と呼ばれる一帯である。浸水面積は 6.7 万㎡で，氾濫原はほとんど湛水し，60 万人以上が被災した。このときの河川流量はアーカーソー付近で毎秒 74,000トンで，未曾有の流量であった。ただちに対策が考えられたが，そのもとになった調査によれば，「ミシシッピ川の沖積谷」付近の流量の 85％はオハイオ川に由来することが明らかになった。オハイオ川の支流でもあるテネシー川の合流地点での流量はオハイオ川の 4 分の 1 程度である。しかしそれでも最終的にミシシッピ川に与える負荷は大きく，これ以降，テネシー川には水量調整の役割が強く求められるようになった。

　以上で述べてきたように，テネシー川の総合開発事業は，民主党政権による TVA の発足以前から行なわれてきた歴史があった（小林，1994）。大恐慌時代の公共事業政策として知られることが多いが，第二次世界大戦への参戦をにらんで軍需物資を整えるために水力発電に力点が傾いていったという面もあった。同時に，これまで民間電力会社主導の高い電力料金を引き下げるために，国家主導での電力供給にも力を入れた。さらに全国的な大河川であるミシシッピ川の水害対策として，その支流であるテネシー川からの排出量を抑える役割も担わされた。これらに船舶航路の改善を含めれば，まさに多分野にわたる河川開発事業の金字塔あるいはモデルとして，TVA 事業は後世にまで記憶されることになった。

第 2 節　水力発電の地理学と庄川，黒部川の電源開発

1．近代から始まる水力発電と地理学からの接近

　鉄道，道路，橋脚など多くのインフラにはそれぞれ目的がある。ダムもまたインフラであるが，その目的はひとつとは限らない。むしろ多目的ダムという言葉があるように，複数の目的をもっている場合が少なくない。産業や生活のための貯水は当然として，洪水対策，水力発電，それに近年は「観光放水」などを演出して観光客を引き寄せているダムさえある。すべてのダムで発電が行なわれているわけではないが，せっかく貯めた水をただ流すだけではもったいない。発電はダムの建設目的の中では上位にくる。再生可能な

クリーンなエネルギー源として水力発電は優等生であり，誰も文句を言わないように思われる。

　ただし，ダム建設にともなう集落移転や環境・生態系の破壊など，まったく問題がないわけではない。「観光放水」で観光客を魅了する一方，大自然の中に巨大な人工構造物をつくって景観を損ねているといった厳しい見方もある。時代が変われば社会も変わり，人々の意識も変化していく。近代になって欧米式のダムが日本の山奥につくられていった頃と比べると，ダムの果たす役割や社会のダムに対する考え方も大きく変わった。

　近代の日本でダムが建設されていった頃，日本の地理学も欧米の研究を取り入れながら学問として発展していった。これは日本だけではないが，地理学は自然環境と人間活動の両面を扱っており，ダムのように自然状態の河川に土木構造物を組み付ける行いは，地理学にとって格好の研究対象である。ダムの完成によって周辺の自然環境がどのような影響を受けるか，下流の人々の暮らしや産業がいかに変化するかは，考えられる最も一般的な研究テーマである（森滝，2003）。それまで自然に流れていた川の水量や流れ方が変わり，河川環境も変化するであろう。自然にはたらきかけて変えた「自然」から再度，影響を受ける。この相互作用こそ，地理学が初期の頃，好んで研究対象としたテーマである（吉越，2001）。

　ダムによる流量調節で洪水は抑えられ，灌漑や上水道の普及で農業や生活の質は向上する。当初は電灯照明が主目的であった電気がやがて電力として使われるようになり，産業のあり方は大きく変化した。電気を供給する主体も小規模な局地的企業から，企業淘汰や企業再編を経て地域独占的な企業組織による供給へと変わっていった。地理学的関心からいえば，自然と人間との間の相互作用的な関係から，企業による電力利用と生産活動の地域的展開へと，研究関心の対象は変わっていった。

　第二次世界大戦以降は，国内で唯一調達できるエネルギー源としてダムによる発電事業に大きな期待が寄せられた。戦前では考えられなかったような大規模なダムが各地に建設され，戦災からの復興過程にあった産業や人々の生活をエネルギー面から支えた。ダムの建設地は上流部からさらにその先の最上流部へと進み，ダム本体の大きさや貯水面積は戦前とは比べ物にならな

いほど大きくなった。都市部で進む工業化や都市化に必要な電気エネルギーを遠隔の山奥から送り続け，空から降ってくる雨水を一滴残らず貯め続けた。

　その一方で，ダムの底に沈んだ集落を離れた人々は追われるように慣れない都市へと移住し，新しい生活に馴染むようにつとめた。むろんダム建設が山村集落の過疎化の原因のすべてではない。しかし，高度に経済が発展して豊かになった都市での暮らしを維持するために，電気エネルギーを供給する装置として広大な集水空間が必要とされた。そのために水底に沈んだ村やそこでの日々の暮らしがあったことは，記憶されるべき事実である。

　地理学は地域間の差異，とりわけ地域格差の問題を研究テーマとして取り上げてきた。一見するとそれは過疎・過密の地域問題や経済格差問題のように思われる。しかしそれはやや偏った見方であり，もっとほかの側面にも目を向ける必要がある。たとえば社会や文化の側面であり，また歴史や伝統にも深く関わる側面である。海外にはかつて発電を行なっていたダムを撤去する事例がある。それぞれ事情があってのことであるが，社会や経済の状況が時間とともに変わっていくのは自然であり，その結果として不要になったインフラを撤去するという選択肢は考えられる（Klingesmith, 2007）。狭い経済から，自然や生態など市場外の要素を取り込んだ広い経済へと，概念が変わってきていることを知る。場合によれば，過去の状況に立ち返る必要もある。

　図10-6は，アメリカとカナダの太平洋岸側における国境でもあるファン・デ・フカ海峡に流入するエルファ川を堰き止めていた2つのダムが撤去された事例を示したものである。ほぼ1世紀前にエルファ川に建設されたエルファダムとグラインズキャニオンダムが2011年と2014年にそれぞれ撤去された。ダム撤去の理由は，ダムがなかった100年前と同じように，サケがエルファ川を遡上できるようにするためである。高さ31m，63mのダムを建設したことにより，1900年当時は40万匹ものサケが遡上していたのが，わずか3,000匹にまで減少してしまった。ダムの撤去をめぐり，政治，生物，民俗などの観点から議論が重ねられてきた。辛抱強い議論の末に合意に至り，ダムは爆破され，サケが72kmのコースを遡上する道が取り戻された。

　かつて経済的合理性を説明の拠り所として，経済学や経済地理学が主流を歩んでいた時代があった。そこで前提とされていたのは，経済的市場と合理

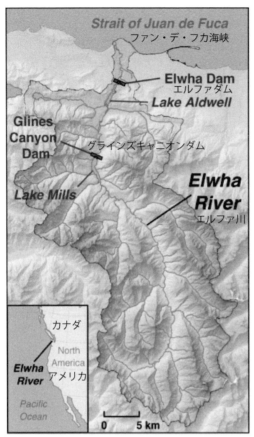

図10-6　エルファ川から撤去されたダム
出典：California Water Blog のウェブ掲載資料（https://translate.google.com/translate?hl=ja&sl=en&u=https://pitchstonewaters.com/the-elwhas-living-laboratory-lessons-from-the-worlds-largest-dam-removal-project/&prev=search&pto=aue）をもとに作成。

的判断をする経済人である。しかし，暗黙的に市場から排除されていた環境的要素が無視できなくなり，単純な経済的市場を前提とするだけでは解決しない問題が現れてきた。公害問題や景観破壊はその一例である。合理的判断をするという経済人も，その存在自体が怪しくなった。この世界には，最小費用や最大利益のみを基準として行動する人々だけが暮らしているのではないことに人々は気づき始めた。

　流れる川の水を堰き止めるダムは，近代初期においては新たな文明をもたらしてくれると信ずるに足りる存在であった。ダム建設のためには多少の犠牲はやむを得ないとも考えられた。ダムの規模が小さかった頃は，その影響は顕著ではなかった。しかしスケールメリットを追い求めてインフラが大規模化していく過程で現れるデメリットは，他の事例と似ている。巨大化する都市は水力発電だけでは支えきれなくなり，石炭火力や天然ガスによる発電，そして原子力発電へと供給源を広げていった。天然ガスは別として，他のエネルギー源から電力を得るとき，種々の問題が懸念されるのは周知のとおりである。

資源小国という前提から出発し，化石燃料を大量に輸入して大規模な発電装置で電力を確保するスタイルに慣らされてきた。しかし風力，太陽光などこれまでの前提にとらわれないエネルギー源が登場するようになり，風向きが変わってきた。小水力発電も各地で広まってきており，エネルギーをめぐる地域的多様性は大きくなる一方である。こうした現実を目の当たりにすると，学問としての地理学も柔軟な発想をもってその行方を追いかけていかなければならないことに気づく。

2．庄川の電源開発にみる上流域，下流域の意識の違い

　川の流れを止めることは，重力の法則にしたがって移動する水が本来もつ自然の動きに背く行為である。あえて流れを止めるのは，止めることによって流れる量や時期が調節でき，副産物として物体の落差エネルギーが得られるからである。しかしこうしたことができるようになったのは近代以降である。むろんそれ以前から簡単な堰を設けて用水路に水を誘導したり，溜池に水を導いて貯えたりすることは行なわれていた。

　しかし今日に続くような規模の大きな堰堤を築いて川の流れを押し止める人工物が設けられるようになったのは，近代になってからである。その結果，それまで川の流れを利用して船で人や物を運んでいたところでは，それができなくなった。山奥で伐採された木材をそのままの状態や筏に組んだ状態で流していたところでは，ダムの出現によりそれが不可能になった。その結果，川の利用形態をめぐって対立が起こった。近世的な川利用から近代的な川利用への移行期における利害対立である（小坂田，1992）。この問題は，ダムの堰を越えて木材を下流側へ送る仕組みや森林鉄道の敷設などの方法で解決が図られていく。最終的には道路網の整備が進み，船や筏から自動車へと流域周辺の移動手段が変わることで収まったように思われる。

　ダムの出現にともなう河川利用の形態変化と，それに起因する流域内の対立事例は各地にある。岐阜県北部に源流があり，富山県の西部を北流して富山湾に流れ込む庄川もそのような事例のひとつである。庄川で電源開発の構想が登場してきたのは大正初期のことで，1916年に浅野総一郎が水利使用許可を出願したことがきっかけである。浅野総一郎といえばすぐに浅野セメ

ントのことが思い起こされるほど「セメント王」としてのイメージが強い。セメント事業をはじめ各種の事業を手掛けて財を成した浅野財閥の創業者である。

その浅野がなぜ富山県西部を流れる庄川に関心を寄せたか，それは彼が富山県氷見郡藪田村（現在の富山県氷見市藪田）の出身であったことが大きい。庄川河口と浅野の生家は 10kmほどしか離れていない。上京して水飴屋や薪炭商を経験し，廃棄物同然のコークスやコールタールをセメント会社に売って利益を得，さらにそのセメント会社を払い下げで取得して以降，セメント業の道に入っていった。それを足掛かりに渋沢栄一から助言を得て電力や造船部門などへと関心を広げ，はては横浜と東京の間の臨海部を埋め立てて工業地帯にする事業へと活動の場を広げていった。

浅野総一郎が庄川と利賀川が合流する付近に電源開発を目的にダムをつくろうとしていたのは，横浜〜東京間で工業用地の埋立事業に取り組んでいた頃である。浅野はダムの設計をアメリカ人の技師に依頼したが，その結果からダムはもっと下流に建設した方がよいことがわかった。当初の予定地から 1.8km下流の東礪波郡東山見村小牧と同村湯谷の間に，高さ 79.2m，長さ 285.9m のコンクリート重力式のダムを建設することになった。併設される発電所からは最大出力 44,800kW の電力が供給される予定であった。ところがこの目論見は，その後大きく変わる。当時，浅野は故郷に近い庄川とは別に群馬県の吾妻川でも電源開発事業に取り組んでおり，自ら設立した関東水力電気がその事業に当たっていた。2つの事業を同時に進めるのは簡単ではなく，庄川のダム建設費 3,200 万円を確保するのに手間取った。そうこうしているうちに，関東大震災（1923 年 9 月）が起こり，財閥本体が大きなダメージを受けてしまった。庄川に建設が予定された小牧ダム・発電所の起工式は行なわれたが，本格着工は始まらなかった。

こうした状況変化に困惑の色を隠せなかったのが，電力購入を予定していた日本電力である。日本電力は浅野側と協議を重ね，浅野の持ち株の半分を譲り受けることで合意した。それ以降，庄川でのダム建設事業は日本電力の傍系会社・庄川水電の手によって進められることになった。本格着工が始まった 1925 年は，吾妻川で浅野が計画した佐久間発電所の建設が始まった年で

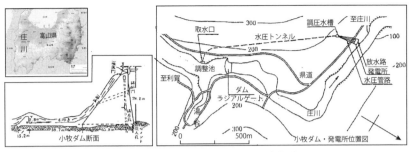

図10-7　富山県庄川に建設された庄川小牧ダム
出典：安達ほか，1988による。

もあった。こうして浅野総一郎が構想した電力開発事業は，建設主体は変化
したが，ともに動き始めた。庄川本流に初めて建設された小牧ダムは優美な
アーチ型を呈しており，当時は「東洋一大きなダム」として話題になった
（図10-7）。ダム建設に使用された91,800トンのセメントがすべて浅野セメント
であったことはいうまでもない。セメントなど大量の資材を運搬するために，
加越線青島駅から専用軌道が敷設された。この軌道はダム完成後は庄電軌道
として流木運搬用に使われた。「東洋一の大ダム」を見学する観光客を青島
駅から輸送する軌道としても活用された。

　小牧ダムの本体工事着工と同時に，ダム建設に反対する運動が起こった。
反対は用地買収，灌漑用水，魚道などに関するものであったが，何よりも大
きかったのは，これまでのように木材が自由に川を流せなくなることに対す
る反対である（安達ほか，1998）。その中心にあったのが，飛騨高山で木材を
取り扱ってきた飛州木材の平野増吉である。1925年10月に飛州木材が行政
裁判所に「堰堤工事禁止の仮処分」を申請してから最終決着に至る1933年
8月まで，実に8年間にわたって論争は続いた。論争だけでなく流血騒ぎも
起こり，対立の激しさを見せつけた。

　ダム本体の建設から身を引いていた浅野総一郎は，1926年に反対派急先
鋒の平野増吉と会う機会があった。2人の会談は物別れに終わったが，平野
が主張した「流木権」は裁判所も認め，種々の補償をもってこの問題に終止
符が打たれた。木材輸送のための道路を新設することも補償に含まれていた
が，建設費用の多さから「百万円道路」と呼ばれた。これが現在の国道156

号である。さらにダム湖に流入した木材をベルトコンベアで堤の上に引き上げて輸送し，ダムの下流側へ再び落とす装置を備えることになった。いささか原始的な方法ではあるが，「流木権」を認めたからには，それを保証する手段を講じなければならなかった。

　こうして庄川における小牧ダムの建設とそれにともなって生じた流木権との間の対立的課題はひとまず収められた。流木権は，山林業者が伐採した木材を河川を利用して下流地域に運送することが一般的な慣例とされてきたのを権利として認めたものである（平野，1952）。ただし現在の河川法は，水防やダム建設の必要から，政令（1級河川）または都道府県規則（2級河川）により，禁止，制限または許可制にできると定めている。規制の中身に違いはあるが，慣習や規則が河川利用の仕方を規制している点は近世も近代もそして現代も変わりはない。いつの時代も，人々の行動は制度的枠組みの中で行なわれている。

　このように，庄川の河川利用をめぐる対立は近代工業化推進のためのダム建設と，近世以前からの伝統的な流木業との間の利害衝突としてとらえることができる。しかしいまひとつ別の見方として，河川の上流側と下流側の間の対立，あるいは同じ流域にありながら異なる行政域相互間の対立としてとらえることもできる。平野増吉が携わった飛騨高山の木材業は，戦国末期に高山に城下町を築いた金森氏，さらに藩を廃して天領とした江戸幕府のもとで歴史的に経営されてきた。明治維新以降も木材を山地から輸送

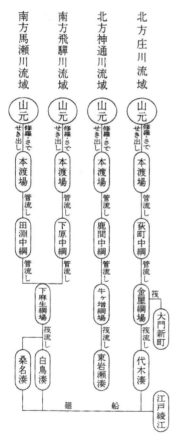

図10-8　江戸時代における飛騨地方からの木材輸送経路
出典：高山市制五十周年・金森公領国四百年記念行事推進協議会編，1988による。

する手段は河川利用しかなく，しかも天領・飛騨高山から岐阜県高山になった以降も分水嶺の関係上，高山の北側で産する木材は日本海に向けて流れる庄川や神通川を利用するほかなかった（図10-8）。山岳性の遠隔地ゆえ高山本線の開通は1934年と遅く，それまでは他県である富山県に河口をもつ川を使って木材を流すしか方法がなかった。同じ川に対する上流側と下流側の意識の違い，行政域が異なるがゆえの生活・文化の違いが，ダム建設という当時としては未来志向型開発をまえに，図らずも対立構造を生み出したように思われる。

3．黒部川峡谷に挑んだアルミ生産目的の電源開発

　富山県東部を南北に流れる黒部川は，富山湾に流入する手前で大きな扇状地，その名もずばり黒部川扇状地を形成している（籠瀬，1981）。地理の教科書にも典型的な扇状地として紹介されるほど有名であるが，同じ教科書に載っている三角州とどこがどう違うのか戸惑う生徒もいよう。三角州は平野があってその先に扇状に形成された地形として習う。扇状地は同じ三角形状でも，川が山地から平野へ出るところに形成されるから，三角州とは違う。つまり，三角州は河口近くに，扇状地は山地からの出口近くにそれぞれ形成されるのが一般的と理解する。しかるに黒部川扇状地は，山地から出たところがいきなり河口であるため，平野を形成する暇もなく，扇状地を形成してしまうのである。原因は，山地からの出口と海岸線までの距離が短いことである。それだけ山地が海側にはみ出しているということであり，海岸線に立って振り返るとすぐ後ろに切り立った山々の峰が目に入ってくるイメージが思い浮かぶ。

　実際，富山県の代表的な景観として，日本海の海岸線のすぐ背後に白銀の立山連峰が迫るように見えているというものがある。しかしそれにしても，黒部川扇状地のように，谷から出た川が扇状地を形成したら，そのすぐ先は海であったという事例は県内にはほかに見当たらない。小矢部川，庄川，神通川，常願寺川はいずれも扇状地を形成するが，その先には低地があり富山湾へと注ぎ込んでいる。黒部川に近い片貝川，早月川は黒部川と似た地形形成であるが，扇状地の広がりは小規模である。つまり富山湾の西・中央と東

では海岸線と背後の山地との関係に違いがある。砺波，射水，富山という平野はあるが，「黒部平野」は存在しない。こうした海岸近くの地形条件は都市の形成と関係しており，比較的大きな都市は富山，高岡，射水，南砺，氷見，砺波など県内の中央から西側にかけて多い。

　富山県東部のように，海岸線から山地までの距離が短い地形はそれほど珍しくない。しかし，黒部川のように海岸線の近くに扇状地を形成する河川は珍しい。この違いは山地側で大量の降水があり，降った雨水が激しく山地を削りながら土砂を勢いよく運んでいるか否かの違いである。大量の降水量と土砂供給の源になる山地の存在がポイントである。この点で，飛騨山脈が岐阜・長野両県側から富山県側へと連なり，年間3,500mmもの降水量のあるこの地域は，こうした自然条件を十分に満たしている。

　冬季の降雪はしばしば豪雪となり，厳しい気候条件のもとでこの地方の人々は生活してきた。深い谷が珍しくない富山県の河川流域の中でもとくに黒部川では，人を寄せ付けない峡谷が延々と伸びており，開発の手が届くのが遅かった。小矢部川，庄川，神通川など県の西や中央の河川の上流部には集落が存在する。ところが常願寺川になると上流部の集落は少なくなり，黒部川では上流部どころか中流部でも集落はわずかである。中流部の宇奈月温泉から上流の黒部峡谷は絶好の観光資源であり，秘境ツアーで多くの観光客を呼び込んでいる（図10-9）。

　さて，このように開発の動きが遅かった黒部川であるが，最初の開発は大正初期に持ち上がった。高橋譲吉によるアルミニウム精錬用の電力を黒部川から得るという構想がそのきっかけである。高橋譲吉とは，近代初期の日本において科学者，実業家として活躍した人物であり，自分の名前が薬品名として残るタカジアスターゼ，アドレナリンの発明者としても有名である（石原，2008）。アメリカで成功して巨万の財をなし三共製薬を創業した高橋は，富山県高岡市の出身であった。すでに功成り名を遂げていた高橋は，アメリカを拠点に日米の親善にも力を注いでいた。富山県出身の国際的な科学者，実業家がアルミニウム精錬用の電力を出身県の河川に求めたという，わかりやすい構図である。

　時代は第一次世界大戦が始まる数年前のことで，高橋はヨーロッパ留学を

終えてアメリカに滞在中の山崎甚五郎からアルミニウムの将来性について情報を得た。大戦開始とともに日本の工業もにわかに活気づき，電力需要の増加を見込んだ電力会社が水力発電の開発競争を始めようとしていた。高橋もその戦列に加わり，故郷で地の利のある神通川上流の宮原高原での

図10-9　黒部川を取り巻く山岳地とダムの位置
出典：国土交通省のウェブ掲載資料（http://www.hrr.mlit.go.jp/kurobe/jigyo/plan/04/pdf/k02.pdf）をもとに作成。

水利使用を申請した。彼の構想は，普通の日本人が考える範囲を大きく超えるものであった。当時，世界で最大のアルミニウム精錬・加工会社であったアルミナム・カンパニー・オブ・アメリカ（現在のアルコア社）と手を組み，南米ギアナからボーキサイトを日本に輸入してアルミニウムを精錬するというものであった。そのために10万kWの電力を準備する必要があった。

　こうして最初の申請は行なわれたが，神通川流域はほかにも多くの申請者がいたため許可されなかった。このため高橋は逓信省の発電水力調査技師であった山田胖を引き抜き，黒部川の現地調査を行なわせた。富山から見ても黒部川は地理的に遠く，川の両側が険峻で河岸に集落はなく道路も通っていない川にダムをつくろうとする者はいないように思われた。しかし予想を裏切るように，河口から35kmの猿飛から柳河原までは三井鉱山，柳河原から

第10章　テネシー川，庄川，黒部川，揖斐川の電源開発

桃源（現在の宇奈月）までは電気化学が水利権を出願していた。そこで山田は共願を避けるために上流の欅平から平の小屋に至る19km区間の水利使用を願い出た。しかし時代は進み，第一次世界大戦はすでに終了してアルミニウムの生産は世界的に過剰傾向を呈するようになっていた。アルミナム・カンパニー・オブ・アメリカ社は日米共同の事業から手を引き，日本側はひとまず東洋アルミナムを設立することにした。

　黒部川における水利使用権競争は政府による斡旋もあり，東洋アルミナムの開発事業は国家的見地からも好ましいという判断が1920年に下された。水利権が許可されたのは，猿飛から柳河原までの区間である。早速，翌年の1921年に東洋アルミナムは資材運搬用の鉄道として黒部鉄道を設立し，鉄道建設に取り掛かった。さらに翌年には黒部温泉会社を発足させ，草薙温泉の権利取得や宇奈月の土地買収などを行なった。黒部鉄道には資材運搬だけでなく宇奈月温泉まで湯治客を輸送して建設・維持費を確保するという狙いもあった。温泉施設を電源開発従事者の福利厚生施設として利用すれば，まさに一石二鳥，三鳥の計画であったといえる（富山近代史研究会，2014）。東洋アルミナムはその後，柳河原より上流部の水利使用権も認められたが，1922年に高橋譲吉がアメリカで亡くなったこともあり，アルミニウムの生産計画それ自体を断念した。

　東洋アルミナムの手を離れた黒部川の電源開発は，日本電力の手に引き継がれた。この間の成り行きは，庄川の小牧ダムの建設が浅野財閥の手から日本電力の手に移ったのとよく似ている。ともに富山県出身で日本やアメリカで知られるようになった実業家が故郷の河川で電源開発に取り組み，そのきっかけをつくった。日本電力は1927年に黒部川で最初となる柳河原発電所を完成させ，さらに1940年には黒部川第三発電所において発電を開始した。この第三発電所の建設では，165度の高熱地帯に隧道を掘削し，300名以上の犠牲者を出しながら，4年の歳月をかけて完成に漕ぎ着けた。人間の限界を示すその苦闘は吉村昭著の「高熱隧道」（吉村，1975）で劇的に紹介され，多くの人々に感動を与えた。戦後になるが，1961年から発電を始めた黒部川第四発電所の歴史的ともいえる工事もまた，1968年に「黒部の太陽」という2時間49分の映画となり，全国民に衝撃を与えた。発電所の愛称「黒

四」は日本人の心のよりどころになっている（吉津・大田・小野，2019）。

第3節　揖斐川の水力発電から始まった企業が歩んだ軌跡

1．電力利用の近代工業が生まれた揖斐川流域の地理的環境

　企業の名前はその企業がどのような製品やサービスを提供しているかを知らせる役割をもつ。ただし現代ではそのような役割は期待できず，名前を聞いてもほとんど製品やサービスが思い浮かばないような企業も多い。企業の知名度が上がれば，どのような企業か誰もが知るようになるため，わざわざ名前で製品やサービスを表す必要はなくなる。しかし少なくとも近代の日本では，企業名はできるだけ業種や業態が正しく伝わるように配慮して付けられた。そのような時代からすでに100年以上の歳月が流れた。この間，日本の経済や社会が大きく変化していくのにともない，それに応じて企業の活動も変わったため，企業が名前の変更を余儀なくされたとしてもおかしくない。ここで取り上げる企業の場合，電力（1912年）⇒電化（1918年）⇒電気（1921年）⇒電気工業（1940年）と目まぐるしく変化し，1982年には現社名に再度変化した。いずれも頭に付くのは「揖斐川」であり，現在はイビデンとして世界的に知られる企業にまで成長した（多賀，2001）。

　現社名から漢字の揖斐川は消えたが，イビ（揖斐）とデン（電気，電力）は堅持されている。スタートが電気ではなく電力であったことから，当初から電気を動力として活用することを想定していたことがわかる。日本の電気事業は明治期の電灯照明から始まり，やがて大正期に入って電力で機械を動かし製造業で産業を興す方向へと進んでいった。揖斐川電力の創業年次が1912年，まさしく明治45・大正元年であることは，日本の産業発展の動向とよく符合している。

　揖斐川は岐阜県の西部を北から南に向かって流れており，創業した揖斐川電力は揖斐川が形成した扇状地の上の大垣にある。上流部の山地は年間降水量が3,000mmにも達し，いくつかの支流が集まって一本となった揖斐川は大垣付近で土砂を堆積したあと，伊勢湾の河口部まで平野の中を流れる。揖斐

川電力が目をつけた揖斐川の豊かな水は，扇状地の末端付近では湧水となって地表に現れる（鈴木，2008）。大垣が昔から水の都といわれてきたのは，この豊富な湧き水ゆえである。市内には各所に湧水ポイントがあり，観光客の目を引いている。

　大垣は伊勢湾の河口から40kmも離れているが，標高は3〜6mでしかない。これほど標高が低いのは，縄文後期の海水準が高かった頃，伊勢湾の水がこのあたりまで入り込んでおり，海退とともに低平な陸地が形成されたからである。これは濃尾平野の形成と深く関わっており，大垣の西側に南北に連なる養老山脈が断層の境となりその東側すなわち大垣周辺は沈み込む動きを示してきた。地下構造が断層の境に向かって傾いているため，地下水は東から西へと流れる。これに北から流れてくる揖斐川の伏流水が加わり，大垣は水に浮かんだようなかたちで歴史を経てきた。

　養老山脈あるいは養老断層の南北の方向性は，揖斐川が流れる方向や交通路の方向に影響を与えた。古くから揖斐川は舟運が盛んで，揖斐川河口の桑名との間を人や荷物が行き来した。伊賀上野出身の松尾芭蕉は4回も大垣に立ち寄っており，奥の細道の結びの地である大垣から揖斐川を下り桑名へ向かった。南北方向の水路や街道は，中山道の宿場でもあった大垣と，同じく東海道の宿場であった桑名を結ぶ役割を果たした。

　こうして大垣は南へ向かう交通路をもっていたが，それ以外に東に向かう中山道，さらに南東へ向かう美濃街道の交通の要衝でもあった。中山道は古代の東山道とルートが似ており，美濃街道は戦国期に尾張の中心であった清須に最短距離で行けるルートであった。関ヶ原の戦いで当初，西軍が陣を敷き，その後，東軍が合戦の後方支援の拠点としたのも，大垣であった。江戸期には戸田藩の城下町として栄えたが，明治期になって岐阜県庁の誘致合戦に敗れたことが，その後の大垣の発展を遅らせた。岐阜県全域との位置関係でいえば，大垣はあまりに南西に偏りすぎている。こうした位置的条件はおくとしても，近代に入って変化した交通手段とりわけ鉄道の導入が，かつて盛んであった揖斐川舟運を衰退へと追いやった。鉄道は美濃路ではなく，県庁誘致に成功した岐阜（加納）を経て大垣に向かうルートを通り，大垣の交通結節点としての地位は低下した。

水の都というネーミングは都市のイメージとしては魅力的である。しかしその裏側には，ときとして溢れる水を制御することができず，水害に見舞われる危険性が潜んでいることを意味する（岩屋，2003）。基本的に伏流水の多い扇状地性の土地柄で，南側には伊勢湾まで低湿地が広がるという地勢条件がある。加えて，すでに述べたように，地下構造が大垣付近に水が集まりやすい性質をもっている。江戸初期に尾張藩の手によって実施された木曽川の左岸側すなわち尾張側の築堤事業の影響も無視できない。これは洪水時に木曽川の水が尾張側に溢れてこないように行なわれた，ある意味，差別的な治水事業である。右岸側すなわち美濃側では洪水の危険性が増すが，木曽川と揖斐川の間には長良川もあるため，リスクはさらに増す。結果は輪中地帯の出現であり，自らの手によって地域社会を守るより手はなかった。

　源流が互いに遠く離れている木曽三川が，河口付近で収斂するこのこと自体，この地域が地殻構造的に養老山脈を境として西へ傾いているという証拠である。いわば宿命ともいえる地形状況に手を加え，洪水が起きにくい地域に変えようとする試みは江戸期にも行なわれた。本書の第4章でも述べたように，薩

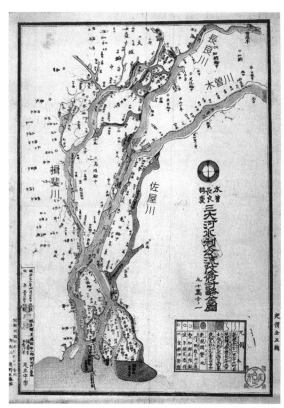

図10-10　デ・レーケによる明治期の木曽三川分流工事計画図
出典：国土交通省のウェブ掲載資料（http://www.hrr.mlit.go.jp/kurobe/jigyo/plan/04/pdf/k02.pdf）をもとに作成。

摩藩による宝暦の治水はよく知られているが，これで完全に危険が去ったわけではなかった。明治になってオランダから招いた土木技師のヨハニス・デ・レーケによってさらに治水事業は行なわれた。これが1900年から1905年にかけて実施された木曽三川の分流工事である（図10-10）。

　河川の付け替えや拡幅をともなう治水工事には農地の交換や減少が避けられない。一般論としては賛成でも個別の利害が絡むと不満も生ずる。しかし工事開始4年前の1896年の洪水被害はあまりにも大きく，不満を言えるような雰囲気ではなかった。こうした雰囲気が後押しして分流工事が行なわれた結果，工事前の10年間と後の10年間を比べると被害額は5分の1にまで減少した。近世に水害は繰り返されたが，近代に入るとその頻度が増した。その原因として河川上流地域で森林の伐採や土石の採取など無秩序な開発が進んだことが考えられる。木曽三川の河床の高さは木曽川，長良川，揖斐川の順である。一番低い揖斐川はそれだけリスクが大きく，その流域にある大垣は良い意味でもまた悪い意味でも川との関係が切り離せない。

2．水力利用の発電会社の設立と電力利用企業の進出

　明治維新から1890年代末まで，大垣にとって厳しい時代が続いた。旧大垣藩の士族の中には群馬県に国が設けた富岡製糸場に子弟を派遣し，大垣に紡績工場をつくろうとする者もいた。しかし明治初期の士族経営によくあったように，未熟な技術や経営レベルではうまくいきそうになく，ことごとく失敗に終わった。失敗の原因が経営能力の欠如にあることを悟り，外部の人材を引き入れて事業を興そうという機運が自然に沸き起こってきた。しかし無闇に人材を探すだけでは不十分で，どんな事業を興すかその対象を決めるのがまず先である。大垣の地勢を見回してみて，やはり目にとまるのは電源開発事業である。あれだけ大垣を悩ませてきた水害も木曽三川の分流工事でひとまず片が付いた。今度はその川の水を利用して電力を得て産業を興すのが方向性としては正しい。こうした機運は大垣に限らず，日露戦争（1904年）に刺激されて国内の各地で工業化をめざす動きが起こっていた。

　その日露戦争が終わった1905年9月，大垣の財界人は大垣出身で東京で活躍している戸田鋭之助，三原範治，鈴木利太らと面会する機会をもった（竹

内，2017）。その席で，揖斐川に発電所を設け電力を得て販売する事業計画を説明した。とくに異論はなく，鈴木利太が現地調査を行なうことになり，その結果をもとに 1906 年 2 月に揖斐川電力株式会社を設立することになった。資本金は 100 万円と決まった。こうして新会社は発足したが，実際にこの会社を運営していく人材となると，すぐには適任の人物が思い浮かばなかった。そこで再び東京で活躍する人材に目をつけ，経営者として大垣に招くことになった。当初は大垣出身の立川勇次郎と名古屋電燈の常務を務めたことのある福沢桃介の名が上がったが，大垣とゆかりの深い立川が選ばれた。立川は旧大垣藩士の次男で，そのときは川崎電気鉄道（現在の京浜急行電鉄）の経営に携わっていた。会社設立から経営者選びまで，すべて大垣関係者の間で決めるというスタイルが貫かれた。

　会社発足時の株主構成を見ると興味深い。全部で 503 名の株主のうち 1,000 株の筆頭株主は経営者の立川勇次郎とその知り合いの大塚永吉の 2 名であった。両名とも所在地は東京である。500 株から 400 株が 8 名おり，内訳は大阪 1 名，三重 3 名，東京 4 名であった。ここまでは地元大垣を含めて岐阜県在住の株主はいない。320 株の松原芳太郎は岐阜県在住で，以下，270 〜 200 株クラスに岐阜県在住者が名前を連ねた。このように大株主はすべて県外在住者であった。しかし 503 名の株主全体のうちの 434 名は県内在住者であり，86.3 ％を占めた。これを持ち株数で見ると，岐阜県在住者の株式総数は 43.3 ％であった。こうしたことから，多くの県内在住者が出せるだけの資金を持ち寄って電力会社をスタートさせたことがわかる。もっとも東京，大阪など県外在住者もほとんどが大垣と縁の深い株主であり，まさに地元民を中心として興された電力会社であったといえる。

　揖斐川電力が最初に設けた西横山発電所は，揖斐川支流の坂内川から取水し，縦軸水車を回転させて電気を得るというものであった。1913 年 11 月に起工式が行なわれ 2 年後の 1915 年 8 月に竣工，その翌年 6 月から発電所は稼働した。縦軸水車は地面に対して垂直方向に立つ軸が回転する水車であり，地面に平行な軸なら横軸水車である。当初，揖斐川電力はドイツ製の水車とアメリカ製の発電機を使用する予定であった。しかし，第一次世界大戦のためドイツから水車を輸入することが困難になったため，急遽，国産の電業社

製の水車を使用することになった。1910年創業の電業社は小型水車やポンプを製造する会社であり，1911年には芝浦製作所から大型水車部門を引き継いでいる。揖斐川電力が水車を購入したのは，この頃のことであった。発電機はアメリカのゼネラルモーターズ社が製造した縦軸回転界磁形の発電機であった。水車回転のために水の落差を得る方法は水路式で，坂内川から取水し揖斐川へ放水した。なお横山発電所は，1963年に下流部に横山ダムが建設されたため，47年間稼働したのち水没してその役目を終えた。

　揖斐川電力の本社があり，また電力の供給先と見込まれる企業のある大垣から見ると，西横山発電所はかなり遠くにあるように思われる。発電所までは35kmほどの距離であるが，当時は大きな電力を得るには落差は大きいほどよいと考えられていた。実際にはたとえ小さな落差でも発電は技術的に可能であった。なにぶんにも初めての試みゆえ，参照するものがなかったのかもしれない。遠くの発電所から電気を送るには長い送電線設備を整える必要がある。途中に大垣変電所と駒野変電所が設けられたが，その建設費用を捻出するのも容易ではなかった。

　揖斐川電力が電力の供給を開始した1916年の前年には摂津紡績が大垣に進出して工場を設けていた。電力供給開始と同じ年に田中カーバイドの大垣工場（1916年）が生まれ，さらに大垣毛織（1919年），中央毛織紡績（1921年）などの企業の大垣進出が続いた。1914年の後藤毛織大垣工場を含めて，大半が繊維関係の企業群であった。これらはいずれも揖斐川電力にとって重要な電力供給先である。水力発電による電力供給体制と，その電力を使って生産活動をめざす企業進出との間の見事なまでの対応がうかがえる。

　大垣で揖斐川電力が生まれた1906年から電力を供給し始めた1916年頃は，日本におけるエネルギー供給において電力の割合が急激に高まっていく時期であった。1906年の水力発電の全体に占める割合は9.4％にとどまっていたが，1916年には51.3％に上昇し，1929年には88.9％にも達した。ライバルの石炭は当時は輸送に難があり，十分には利用できなかった。石炭火力による発電と比べると，自然状態に近いかたちで利用できる水力の比較優位性は大きかった。

　各地で雨後の筍のように水力電源が開発の対象になっていったのは，日露

戦争から第一次世界大戦を経て，日本が工業発展の道を本格的に歩み始めたからである。工業化の起爆剤や動力源として，水力発電に対して大きな期待が寄せられた。そのような中にあって，出力 3,000kW の揖斐川電力の西横山発電所は規模が大きい方に属していた。当時はまだ 1,000kW にも満たない発電所が多かったからである。ただしその一方で，たとえば福沢桃介が関わった木曽川水系では揖斐川電力の水量や発電量の 5 〜 6 倍の発電所もあった。木曽川水系の発電所は主として関西地方に向けて電気を供給した。当時は，大都市に集まりつつあった工業群に対して距離の長さをいとわず電気を送るタイプと，局地的な工業地に電力を供給するタイプの 2 つのタイプがあった。大垣を拠点とする揖斐川電力は，後者のタイプに属していた。

3．電力から電化，電気，電気工業への社名変更と企業発展

　大垣とその周辺に進出してきた企業を相手に電力を供給し始めた揖斐川電力は，まもなく自ら電力を活用してカーバイドと合金鉄の生産に乗り出した。カーバイドは炭酸カルシウムの俗称であり，水と反応してアセチレンを生ずる。また高温で窒素と反応させるとカルシウムシアナミドになる。これらは有機化学工業の原料として多方面で利用されるが，とくに石灰窒素の原料として欠かせない。電力を自家消費して電気化学で有用な製品を生産するため，揖斐川電力は 1917 年に揖斐川電力工業を設立した。つまり電力供給開始の翌年に別会社を設けたわけであり，新事業の設立のため東横山発電所の建設に取り掛かった。新発電所はその名前からもわかるように，揖斐川本流を挟んで西横山発電所と反対側に設けられた。電力を得る方式は西横山発電所と同じ水路式であるが，有効落差は 95.7m と大きく，常時出力は西横山発電所の 1.8 倍の 5,300kW であった。揖斐川電力は，新会社を設立した翌年にこの会社を含む 3 社を吸収合併し，企業名を揖斐川電化株式会社に改めた。これが最初の企業名変更である。

　こうして業容を拡大した揖斐川電力改め揖斐川電化は動き出したが，1918 年 11 月に終わった第一次世界大戦の戦後不況にまともに突入した。想定通りにはことは運ばず，余剰電力を利用して行なうはずの兼業事業は苦境に陥った。そこで揖斐川電化は電気事業を主体とする事業に立ち返ることにし，

1921年に揖斐川電気株式会社に変更した。これが2度目の社名変更である。その後はカーバイドやカーボン事業が軌道に乗るようになり，電気化学事業は拡大に向かった。

電力から電化，電化から電気へと目まぐるしく社名は変わっていったが，これは大きくいえば日本の産業がその中身を変えていった軌跡に符合している。電気化学工業とは，電気反応を利用した電解工業と電気炉を活用する電熱工業とりわけカーバイド工業を中軸とする工業をいう。いずれも大量の電力を消費するため，原価構成に占めるエネルギー・コストのウエイトが大きい。これを軽減するため，自家水力発電で工場を稼働する試みが行なわれてきた。揖斐川電力が電化，電気へとギアチェンジしていったのは，電気化学工業分野が大きく発展していったからである。

図10-11は，1937年当時の大垣市内で操業していた大規模な工場のうち，市街地の北西側に分布していたものを示したものである。旧城下町の大垣の

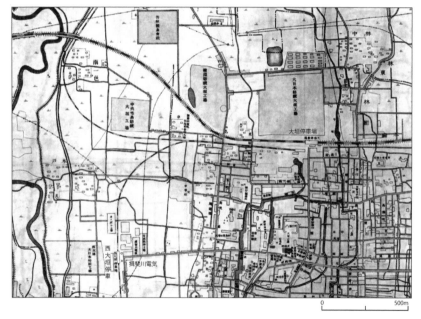

図10-11　大垣市内北西部の工場分布（1937年）
出典：「大垣こちずぶらり」のウェブ掲載資料（https://stroly.com/boards/956/）をもとに作成。

市街地は平坦な地形の上に形成されており，それを取り巻くように工場が進出・立地していた。市街地の北端に東海道本線の大垣駅（大垣停車場）があり，西端に養老線の西大垣駅（西大垣駅停車場）があった。当時の揖斐川電気は西大垣駅停車場のすぐ東側にあり，駅の西側にカーボン工場があったことが図からもわかる。大規模な紡績工場や製糸工場は東海道本線を間に挟むようなかたちで分布し，当時主力の工業製品であった繊維品の生産に取り組んでいた。こうした工場が使用する電気は，ここから北西へ30km以上も離れた揖斐川沿いの発電所から送られてきていた。

　1921年に揖斐川電化から揖斐川電気へ社名を変更して以降，同社のカーバイドとカーボンの生産量は拡大の一途をたどり，1938年には電気化学事業の収入が電気事業の収入を上回るようになった。こうなると電気化学が頭についた社名がふさわしいと思われるが，実際には1940年に揖斐川電気工業へと名前が変えられた。やはり化学よりも工業への思い入れの方が強かったのかもしれない。いずれにしても3度目の社名変更であり，時代とともに変わっていく自社の事業内容にふさわしい名前にしようという企業理念や社風のようなものが感じられる。この間，日本は世界的規模の恐慌に巻き込まれるようになった。電力需要は大きく落ち込んだため，過剰電力を抱えた電力企業の経営は悪化の一途をたどった。無益な競争は国益を損なうという議論が高まり，電力業界の国家統制が口に出されるようになった。

　国家統制は1938年の「電力管理法」の施行によって現実のものとなり，ついに電気事業は国家管理のもとで行なわれることになった。これにともない，民間の電気事業者は発送電施設や配電設備のすべてを国に現物出資しなければならなくなった。1937年の日中戦争の開始，1938年の国家総動員法の施行を経て，日本はいよいよ軍事国家体制へと転げ落ちていく。社名を変更していた揖斐川電気工業は5つの発電所を所有していたが，そのうち3分の2は自社の電気化学事業のために使用していた。このため，5つの発電所のうち3つは自家消費用に残し，ほかの2つを現物出資に回した。この結果，揖斐川電気工業は，1942年4月をもって電力供給事業を廃止し，電気化学工業を事業主体とする企業として歩んでいくことになる。

　戦時中，大垣は6回にわたってアメリカ軍の空襲を受けた。理由として揖

斐川電気工業，鐘淵紡績大垣工場，住友通信工業大垣製造所など主力工場が大垣にあったことが考えられる。なかでも 1945 年 7 月 29 日の空襲による被害が大きかった。中心市街地の大半は焼失され，商店街，娯楽街，住宅地はもとより北西部の工業地帯や公共施設の多くも罹災した。投弾 21,000 発，不発 698 個，罹災戸数 4,900 戸（当時戸数 11,300 戸），罹災人口約 30,000 人（当時全市人口 56,470 人），死者 50 人，重軽傷者 100 余人にのぼった。しかし 900 人もの命が失われた 7 月 9 日の岐阜空襲の教訓から市民は命を守ることに徹したため，人命の損失は最小限に抑えられた。

　さて，戦後の揖斐川電気工業の復興はというと，鉄，石炭，肥料の三重点産業を重視した国の政策もあり，カーバイド，化学肥料，合金鉄を取り扱う同社は幸先良いスタートを切った。カーバイドは石灰窒素の原料として増産され，揖斐川電気工業が復興する過程で大きな力となった。1950 年代後半から高度経済成長期に入ると，新たな用途として塩化ビニールの原料として注目されるようになる。揖斐川電気工業はカーバイドを原料とする有機合成化学分野への進出をめざしてメラミンの研究に着手し，1954 年 10 月から生産を開始した。1960 年から加工品としてメラミン化粧板の製造を開始し，建材事業へも進出していく。一方，カーボンについては，戦時中，探照灯の光源用カーボンを独占的に生産したが，戦後は軍需向用生産がなくなったため映画用カーボンの生産に傾注した。

　石油化学工業の発展はめざましく，塩化ビニールはカーバイドよりも安価なエチレンから生産されるようになった。それに石油ショックによる電気料金の高騰が追い討ちをかけたため，余剰電力による電気炉事業という優位性は失われた。電気化学事業の進展により，当時は使用電力の 70% 以上を買電に依存していたからである。取り組むべき新たな事業として成型品原料としてのメラミンの将来性が期待された。しかし，石油化学系のメラミンに対してコスト面で太刀打ちできなかった。窮状に陥った揖斐川電気工業は事業分野の絞り込みを行い，建材・カーボン分野で培った技術が活用できるプリント配線基板，電気炉技術を応用したセラミックファイバー，カーボン関連の特殊炭素製品の 3 部門に活動を絞り込むことにした。

　1974 年に最初のプリント配線基板の工場が立ち上がった。電機メーカー

からの受注を皮切りに，ゲーム用基板などを経てデジタル時計の基板生産で事業は大きく飛躍した。その後，パソコンや携帯電話などの基板生産によって事業はさらに拡大し，1996年には半導体のプラスチックパッケージ基板がアメリカ大手企業の目にとまり供給契約を結ぶまでになった。セラミックファイバーでは成型加工に力を注ぎ，自動車の触媒保持・排気系シール材として自動車関連市場への進出を図った。またディーゼル車の排ガスに含まれる煤をほぼ100％捕集する黒煙除去フィルターの開発にも成功し，2000年からフランスの自動車メーカーによって採用された。1982年の再度の社名変更でイビデン（IBIDEN）となったが，電（DEN）は残された（多賀，1983）。しかしその電は電気や電力よりもむしろ電子の電である。いまやIBIDENは電子関連の分野で絶大なネームバリューをもつ企業になったからである。

富山，松江，柳川に見る水環境と
都市構造の形成

第1節　神通川の湾曲流路の形成原因と流路変更後の整備

1. 神通川の流路変更と富山市の都市構造の変化

　都市の中を流れる川がいつの頃からこのような流路をとるようになったかについて考えることがある。それを知るにはその川が辿ってきた過去の長い歴史をひもとかねばならない。どこまで遡れるか史料には限りがあると思われるが、そのような史料から明らかになる川の来歴を知って驚くことは珍しくない。それほどまでに川というものは流れを変えながら時を刻んできた。つまり、いま目の前を何事もなかったかのように静かに流れている川は、歴史的時間の中でいえばつい最近そのようになったにすぎない。主として近代以降の河川土木技術の発展によって抑え込まれ、矯正された結果として現在の川の流れがある。しかしそれは、都市に生きる人々にとっての安全性、利便性、景観性、アメニティを総合的に判断したうえでの結果である。そこにその川が辿ってきた歴史のすべてを見出すのは難しいが、断片的な痕跡を垣間見ることはできる。

　富山県の県庁所在地である富山市に河口がある神通川は、岐阜県北部の飛騨山脈の奥地に源流をもつ長大河川である。富山市内では南側の郊外からほぼ直線で北へ流れており、右岸側に中心市街地が広がっている。しかし以前の神通川はいまとは異なり、西から流入する井田川との合流地点から東へ弧を描くように湾曲して流れていた（図11-1）。現在は松川という幅10mほどの小河川が富山城址の北を流れ、途中で東から流入するいたち川と一緒になって北陸本線の下をくぐり抜け、さらに北流して神通川に合流している。まさにこの川こそかつての神通川の流路であり、その変貌ぶりに驚きがかくせない。富山市民にこのことを尋ねたアンケートによると、72％の人が知らなかったと答えたという。地元民でも多くが知らない神通川の極端なまでの流路変更はいつ頃どのような経緯で行なわれたのであろうか。

　神通川の流路変更を行なうための工事は「馳越工事」と呼ばれている。やや聞き慣れない馳越とは、神通川の水位が9尺（約2.7m）以上になると堤防を越して別の水路へ流れ込む仕組みのことである。「はせこじ」「はせこう

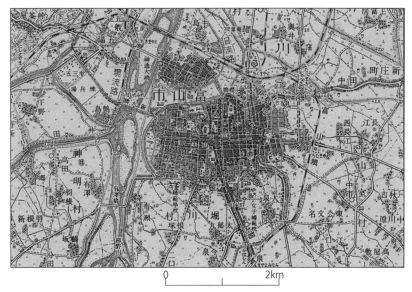

図11-1　富山市内を流れる神通川の現流路と旧流路（1930年）
出典：Wikipediaのウェブ掲載資料（https://ja.wikipedia.org/wiki/ファイル:昭和5年当時富山市周辺地図.jpg）
をもとに作成。

じ」と呼ぶこともあるが，他の河川にもある洗堰に似た構造である。南から
勢いよく流れてきた神通川の水がこのあたりでうまく東側へ曲がることがで
きず，正面の堤防を越えて溢れたり，場合によっては堤防を崩したりする恐
れがあった。実際，馳越工事をする以前は，神通川は市街地を冠水させる洪
水を幾度も繰り返していた。そこで着手されたのが，神通川の流路を南から
北に向けて直線化する工事である。1901年に明治政府のお雇い技師であっ
たオランダのヨハニス・デ・レーケが立案した神通川の分流計画が採用され
た。この工事案は，先に述べたように神通川の水位が9尺以上になったら越
流する場所を決め，そこからの越水を直線的に導く流路を設けるという内容
であった。つまり，堤防を越えるような神通川の大水が洪水のたびに自分で
流路を広げていくという奇抜なアイデアであった。

　デ・レーケ案にしたがって工事は行なわれ，1903年に完了した。このと
き想定された新しい神通川の水路をまたぐように橋が架けられた。ちなみに
神通川にはこれまで固定された橋が架けられていなかった。あったのは64

第11章　富山，松江，柳川に見る水環境と都市構造の形成

艘もの舟を鎖でつないでその上を渡っていくという舟橋であった（貴堂・坂森，2012）。この舟橋があったのは富山城址のすぐ西側で，現在でも舟橋北町，舟橋南町という地名に痕跡をとどめる。いまも舟橋南町に残る常夜燈はかつては北側にもあり，ここから望む立山連峰の景色を詠った歌や描いた絵が数多く残された（古川，2012）。実は，この舟橋を1883年に木製の神通橋に架けかえたため，それが原因で神通川の流れが悪化し，洪水による被害が大きくなった。このことが神通川の流路変更構想の端緒となるが，まずは現行の神通川の堤防を補強するための工事が1896年に実施された。デ・レーケ案による馳越工事は，この堤防補強工事を第1期工事とし，そのあとの第2期工事として行なわれた。

　さて，当初はわずか2mの幅で開削された直線状の水路は，大水のたびに神通川からの越水を受けてその幅を広げていった。そしてついに1914年8月の大洪水によって水路の水は溢れ，この水路が神通川の新たな流路になることを決定づけた。ただし，この洪水で失われたものも多かった。現在，北陸本線や北陸新幹線が神通川を横切るあたりは，かつては桜谷村と呼ばれ「桜谷八景」と謳われるほど風光明媚なところであった。その村の中を南北方向に馳越線の水路が開削されたため，この大洪水で桜谷村の住宅が16戸押し流された。古い神通川には水が流れないようになり，半ば意図したように馳越線の水路が神通川の新たな流路となった。桜谷村は東西に二分され，立ち退きを迫られた村人もいた。1992年に富山北大橋が架けられたとき，富山市民の中には，なぜこの橋が「桜谷大橋」でないのかいぶかる人もいたという。桜谷村の犠牲の上に今日の富山市があることを，せめて橋の名で後世に残せないものかという無念の思いからである。

　富山市民で歴史に詳しい人の中には，デ・レーケが立案して実現した馳越の水路にはじめて架けられた橋の名前が「神通大橋」であることに疑問を抱く人もいるという。なぜなら，当時，まだこの水路の幅はわずかであり，大橋という名前をつけるには違和感があったからである。当時は，神通川の川筋の拡幅工事が進行中であったため，こうした疑問がわいてくるのも当然であった。馳越をまたぐように建設されたこの大橋の幅は6mにすぎなかったが，長さは410mもあった。これだけ長い橋を架けるという意図の裏に，将来，

川と流域の地理学

ここが神通川の本流になるという思いがあったこともまた確かである。流路変更に関して試行錯誤もあったように思われるが，それにしても川のもつ自然のエネルギーを利用し，川自らに流れを変えさせるという発想には脱帽せざるを得ない。

２．旧神通川の湾曲流路の形成原因と河川跡地の市街地整備

　旧神通川では水が流れなくなり，廃川化された広大な土地が生まれた。場所は市中心部でかつて市街地を南北に二分していた帯状の湾曲地形である。時は大正末期で，1924年，富山市は念願かなって都市計画法の適用都市に指定された。事業計画が動き出した昭和はじめは世界的大恐慌の時代であり，事業は失業対策という目的をともないながら進められた（白井，2009）。城址公園の16倍に相当する32万坪（約105.6ha）の土地に，1935年に富山放送

図11-2　神通川の旧河道跡地が市街地化された様子
出典：全国史跡めぐりと地形地図のウェブ掲載資料（https://www.shiseki-chikei.com/ 幕末三百藩 - 城 - 陣屋 / 北陸甲信越地方の諸藩 / 富山藩 - 富山県 /）もとに作成。

局が建ち，翌年には電気ビル，昭和会館も建てられた。この年には廃川地で日満産業大博覧会が開かれ，55日間の開催期間中に91万人もの人が訪れた。廃川地には当然，地名はないため市民に懸賞募集をし，芝園町，千歳町，新櫻町など15の町名が決まった。かつて富山城址にあった富山県庁も1935年に廃川地に新設され，あたり一帯は文字通り県庁所在都市の象徴的地区へと変貌していった（図11-2）。

　こうして進められた廃川地を埋め立てるための土砂は，富岩運河の開削土砂で賄われた。この運河は富山湾に面する東岩瀬港と富山駅北の間5kmを結んでおり，その竣工年は1935年でまさしく神通川廃川地の埋め立てと連携して行なわれた（富山市郷土博物館，2016）。神通川とは並行しているが独立した運河であり，途中に設けられた2か所の閘門によって水位が調整される。流れがコントロールされているため船の通行がなめらかで，これまで不便であった富山湾口と市街地の間の物資の流出入が盛んになった。

　とくに，当時はばらばらに整備するのが一般的であった運河，区画整理，街路や公園の整備を同時に実施する画期的な実施計画は高く評価された。その結果，運河沿いには木材などを取り扱う物流施設や工場などが建ち並び，富山の工業活動の一部を担った。しかし戦後は，それまで安価であった電力料金の高騰や上流の水質悪化，住宅地建設などにより運河周辺の立地環境は低下した。富山県は一時，運河の埋め立てを考えたが1980年代に入って方針を変更し，運河を中心とした街づくりをめざすことになった。その成果が1997年に開園した富岩運河環水公園であり，民間事業者によるカフェ導入による公園利用の活性化や，観光客を乗せて運河を就航する遊覧船が話題を集めるようになった（嶺岸・平松，2016）。

　明治期から昭和前期にかけて実施された神通川の流路変更とそれに付随する都市改造は，たしかに大規模であった。前提になったのは，神通川が市街地中心部付近で極端なほど湾曲しながら流れていることであった。このような湾曲は神通川の流れだけでできたのであろうか。手掛かりとなるヒントは，現在も神通川と合流している井田川にある。地元の郷土史家によれば，井田川が1580年9月の洪水で神通川の川筋を乗り越えるように北東方向に流れたという。井田川の源流は飛騨地方にあり，上流部で降った大量の雨によっ

て井田川は下流部で氾濫を起こした。1580年は佐々成政が豊臣秀吉の命を受け，越後の上杉勢による越中攻略を阻止するため富山に入国した年である。富山城の北側に現れた新たな川筋を防御用に生かすことを思いついた成政は，富山城を堅固な浮城にするため城の北西の鴨島（ひょどりじま）から富山城下の入口にかけて巨岩（早瀬の石垣）を積み重ねた。さらに下流側でいたち川と合流する八田ノ瀬に巨木を積んで堰とした。つまり城を三方から川や水路によって防御しようとしたのである。

　これで神通川の湾曲は説明できるが，それは神通川ではなく洪水時に直流した井田川の所業であった。馳越前の神通川とこの湾曲とのつながり具合はやはり極端であり，さらに別の要因を考えなければならない。この点については，先に述べた郷土史家によれば，1584年9月に飛騨山脈の焼岳が噴火し，これによって激流となった神通川が自ら流路を変えたことが大きい。すなわち，それ以前は現在の富山市郊外のねむの木付近で北西に向けて流れていた神通川が，向きを変えて北に直進したのである。これにより井田川とは富山城西の早瀬の石垣付近で合流するようになった。その結果，井田川が先につくった湾曲に神通川が結びつき，馳越前の不可思議な流路となったのである。戦国期に起こった大規模な洪水によって井田川，神通川はともにその流路を大きく変えた。それを当時の為政者は城を守るために生かそうとした。それからおよそ300年の年月を経て，今度は現代の為政者が洪水を利用して真っ直ぐに変更した。時代が変われば川の役割も変わる。いずれにしても，下流部の都市を流れる川は，中流から上流にかけて広がる流域の水を集めて流れている。最後は都市の市街地の中を流れる川であっても，その流れの中に遠くの山地や農村を流れてきた水が含まれていることを改めて感ずる。

第2節　水環境に恵まれた水都・松江の城下町の歴史と構造

1．宍道湖畔に築かれた城下町・松江を取り巻く水環境

　水の都あるいは水都と呼ばれる都市は全国各地にある。島根県の県庁所在都市・松江もそのひとつである。すぐに思い浮かぶのは宍道湖の水と，湖畔

近くに築かれた松江城のお堀の水であろうか。これら以外に，宍道湖とその東にあるもうひとつの湖すなわち中海と，これら2つの湖をつなぐように流れる大橋川・剣先川もある。中海は安来市と鳥取県の境港市・米子市にも接するが，松江が外海とつながるのに欠かせない湖である。宍道湖は大橋川と中海を経由して日本海と通ずる以外に，佐陀川という江戸時代に開削された川によっても日本海とつながっている（高安・会田，1995）。さらにいえば，宍道湖へ西から流入する斐伊川は，かつては宍道湖とは反対側の出雲平野の方へ流れ日本海に通じていた。こうした湖や河川，堀などいくつかの水に関わる環境が，松江を水の都にしている。とりわけ重要なのは松江の地理的位置であり，宍道湖の東の端で大橋川・剣先川とつながっていることである（図11-3）。これらの川を東へ行くと中海に通ずるため，例えていえば，砂時計のくびれのような位置に松江はあるといえる。ボトルネックに例えることもできるが，人や物資が集まってくる狭窄部のような位置に松江はある。

　いまでこそ宍道湖北東端の松江にこの地域の拠点があるが，古代律令制の

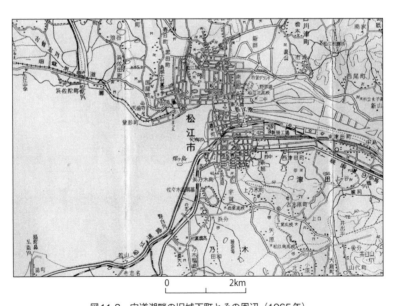

図11-3　宍道湖畔の旧城下町とその周辺（1965年）
出典：Livedoor のウェブ掲載資料（http://blog.livedoor.jp/junkoura/archives/52254769.html）をもとに作成。

時代にはここから5kmほど南東に位置する意宇平野に国府が置かれていた。733年に編集された『出雲風土記』には，このあたりにあった郡家，寺院，神社，自然，産物など当時の出雲の様子が詳細に記されている。国分寺，国分尼寺などの寺院も置かれ，政治，経済，文化の中心地であった。しかし平安時代中頃になると，律令制の根幹である班田制や租庸調などの租税体系は実態を失い，しだいに律令国家は衰退してゆく。その後，公家や寺社，武家の荘園や国衙領が広がるようになり，鎌倉期においても一帯は出雲府中と呼ばれた。1221年の承久の乱後に守護に任命された佐々木氏が守護所を神門郡塩冶郷に移して以降，拠点は数度にわたって移動した。尼子氏が戦国大名として山陰・山陽の11か国にまで勢力を伸した頃は，現在の安来市の月山富田城に拠点があった。しかし毛利氏がここを攻略し，代わって居城とした。

　1600年の関ヶ原の戦いのあと，徳川軍の勝利に軍功のあった堀尾忠氏は出雲・隠岐24万石を与えられて父吉晴とともに月山富田城に入った。しかし富田が地形的に見て近世城下町にふさわしい場所でないと判断し，松江に移城することにした。堀尾親子は城地の選定をめぐって意見が対立したが，忠氏が急死したため，吉晴は忠氏が生前に主張した亀田山に築城することを決めた（西島，2020）。亀田山こそ，のちに松江城が築かれる場所である。父を亡くした孫の忠晴はまだ幼く，祖父・吉晴が中心となって1607年から城普請に取り掛かり，1611年に完成させた。宍道湖に面する現在の松江市白潟町，末次町一帯は砂州の広がる湿地帯であった。その北側に築かれた城郭と城下町は，防御と都市機能を重視したものであった。亀田山の丘陵を削ってその土砂で湿地帯を埋め，堀割区画のある殿町，母衣町，中原町などを侍町とした。その周辺には町屋を置き，さらに城下町の縁辺部に寺社を配置した。道路にも防御のための工夫をこらし，鉤型路や袋小路，勢溜（軍勢の控え場所）などを設けた。内堀や外堀には40余りの橋も架けられた（松尾，2012）。

　成人した忠晴には跡継ぎがなく堀尾氏は断絶したため，若狭国小浜城主の京極忠高が入府した。しかしこれも1代3年の治世でしかなく，その後は徳川家康の子・結城秀康の三男・松平直政が1638年に信州松本から入府した。それ以降，明治維新まで徳川家の親藩として10代，230年にわたり出雲国

は治められた。松平家が藩主になったあと，松江藩では大雨や干ばつによる災害が続いた。参勤交代や幕府の命令による工事費の負担などの借金も加わり，藩財政は悪化をたどった。6代藩主の宗衍は小田切備中を登用して商業に力を注ぐ「延享の改革」を実施したが成功せず，藩主を17歳の息子・治郷に譲った。7代藩主となった治郷のもとで家老になった朝日丹波が，借金整理，公費節約，薬用人参などの産業振興，人員整理などに腕をふるった。「御立派の改革」と呼ばれる藩政改革によって財政は回復し，藩人口も増えて幕末期には豊かな藩として知られるようになった。

　明治維新後，松江藩は1871年7月に松江県となり，11月に広瀬藩，母里藩を合併して島根県となった。その後，鳥取県を合わせた範囲の島根県が誕生するなどしたが，1881年に鳥取県は分離し，現在の島根県域が確定した。この間，県庁は松江に置かれ，周辺一帯の政治・経済・文化の中心として1889年に市制が施行された。1890年8月には，ラフカディオ・ハーン（小泉八雲）が島根県尋常中学校の英語教師として赴任した（木村，1991）。彼が松江滞在中の1年3か月の間に見聞した近世城下町・松江の風情や島根半島の美しい自然などを『日本瞥見記』に著して広く世界に紹介したことはよく知られている。ハーンが住んだ武家屋敷は史跡小泉八雲旧居として保存されている。彼の功績は1951年に松江市が国際文化観光都市に指定された契機にもなった。その後も松江は1973年に伝統美観保存条例を制定したり，2007年に松江市景観条例を制定したりするなど，城下町を中心とする歴史景観の保存・維持につとめてきた。大名茶人としても知られた松江藩松平家7代藩主・松平治郷に因み，2019年には「松江市茶の湯条例」を制定するなど，茶の湯文化の隆盛にも力を入れている。

2．堀・水路を張り巡らせた城下町・松江の都市構造

　松江の城下町は宍道湖の北東端にあり，宍道湖から東に向けて流れ出る大橋川に面するようにその北側と南側に広がる。南側には大橋川と並行するように天神川も流れており，その橋の付近にも町は形成されている（図11-4）。先にも述べたように，松江はボトルネックのような位置にある。宍道湖の北側の湖岸と同じく南側の湖岸に沿って出雲へと続く街道が走っており，これ

らは松江で合流し東へは津田街道（山陰道）として米子方面へ向かう。さらに松江の城下から北東に向かう街道があり，これは美保関との間を連絡する。宍道湖の舟運と街道交通により，松江は城下町であると同時に商業・物流の拠点としての役割を果たしてきた。ただし近代になって鉄道が敷設されるようになると，松江駅は城下町の直近ではなく南側の大橋川右岸側に1908年に設けられた。左岸側では現在の一畑電鉄が松江北口（現在の松江しんじ湖温泉）まで出雲方面から延伸してくるが，それは1928年のことである。

　近世城下町の中心部からやや距離をおいた位置に鉄道駅が開設される事例は珍しくない。松江の場合は河川や湖がある種の障害となり，結果として古い城下町の町並みは近代交通の影響を直接受けることなく守られた。水都・松江は宍道湖とそれにつながる大橋川のほかに，城下町の内部に二重三重の堀を張り巡らせている。まず中堀であるが，これは亀田山の周囲と南側の三の丸を取り囲むように掘られた。宇賀山と赤山が地続きだったため，宇賀山を切り開き内堀と外堀を兼ねた幅20間〜38間（約36〜69m）もの幅の広い

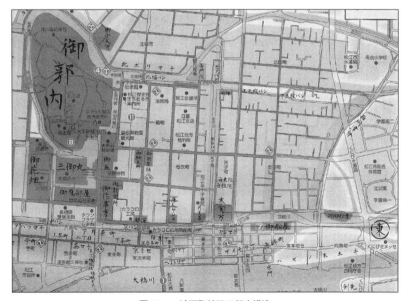

図11-4　城下町松江の都市構造

出典：アメブロのウェブ掲載資料（https://ameblo.jp/horippy19500724/entry-12433199723.html）をもとに作成。

第11章　富山，松江，柳川に見る水環境と都市構造の形成

堀となった。内堀の護岸の特徴として，亀田山の北側と西側を巡る堀は両岸の護岸が土羽（土手）であるのに対し，東側は石垣の護岸になっている点が挙げられる。これは松江城が南東方面からの敵の進入を想定して縄張りされているからである。城郭東側の二之丸下ノ段には米蔵があるため，物資を運搬する舟が接岸しやすいように配慮したためでもある。

　外堀は，内堀の西側，東側と南側をさらに大きく取り囲むように掘られた。西側の四十間堀と呼ばれる部分は，松江藩京極期（1634〜1637年）までは堀の幅が実際に四十間（約73m）あったことが名前の由来になっている。その後，松江藩松平期に新田開発などのために西岸の一部が埋められ，25〜30間（約45〜54m）に幅が狭められた。四十間堀川の水は農業用水としても広く使われた。南側の外堀・京橋川と東側の外堀・米子川は，武家地と町人地を分けるために掘られた。このうち京橋川は西側を四十間堀に接し，東側は宍道湖に抜けている。1689年に四十間堀が宍道湖とつながるまでは，この京橋川の東端だけが宍道湖と連絡する唯一の入口であった。京橋川の南側は職人町や商人町であったため，舟による物資流通の重要な川として機能してきた。京橋川は江戸時代の早い時期から両側を石垣で護岸され，舟着き場も設置されていた。

　堀川は江戸時代以降，松江城の防御施設であるとともに人々の生活に密着した川でもあった。1675年の規定では武家地も町人地も御堀内は夜間通行禁止であったが，荷物輸送船は24時間通行可能であった。このことから，堀川が人の通行路であるとともに物資の輸送路としても重視され，消費物資の大量供給が必要な都市には欠かせないものであったことがわかる（景山，2001）。堀尾期から町人地とされた外堀沿いには，堀川の水運を利用して商人や職人たちの店や蔵が建ち並ぶようになった。城下町に張り巡らされた堀川の水運により，いまに続く伝統産業が育まれた。堀川沿いには染物屋が軒を連ね，酒や醤油の醸造蔵なども堀川や大橋川の近くに多く建てられた。とくに京橋川の南側は町人町として栄え，1930年頃まで堀川の清水で染物の染料を洗い落とす風景や舟で物資を運ぶ風景が見られた。現在でも堀端には染物屋，醤油や酒の醸造蔵，米穀店，畳屋，石材店などがあり，営業が続けられている。

城下町では石橋町（松江城の北東の町人地）の井戸水など一部の井戸を除き，良質な水に恵まれなかった。このため，毎朝，大橋川を通って来た水売りが舟で堀川を往来し，賑わった。また近郊農村からは，城下町の下肥を舟で集めにやって来て，その代わりに野菜を置いて帰る風習が1930年頃まで見られた。水運の様子を物語る遺構として，物資の積み降ろしに使った灘と呼ばれる石段がある。灘は現在でも京橋川の筋違橋付近，松江城と三之丸（県庁）をつなぐ千鳥橋付近，朝日家老屋敷付近の堀川端に残っており，水運で栄えた当時の面影を垣間見ることができる。水運に恵まれた城下町・松江は，ときを重ねながらも，古い面影をいまに伝えながら今日に至っている（石井，2013）。

第3節　水郷・柳川城下町の形成と水路網・市街地構造

1. 筑後川・矢部川に挟まれた水郷・柳川城下町の形成

　福岡県柳川市にかつてあった柳川城を評して，「柳川3年，肥後3月，肥前・久留米は朝茶の子」という言葉がある。これは，柳川城を攻め落とすには3年かかるが，肥後の熊本城なら3か月で落ち，肥前の佐賀城や筑後の久留米城であれば雑作もなくすぐにでも落とせるという意味である。南を有明海に面し，西の筑後川と東の矢部川に挟まれた水郷地帯は，たしかにどこへ行くにも網の目状の水路を気にしなければならない（野田，2017）。干満差が大きいことでも知られる有明海では古くから干拓が行なわれ，魚のうろこのように多数の干拓地が海岸線まで広がっている。柳川の町を乗せる地層は表土から数m下まで極めて軟弱な含水比の高い有明粘土層である。筑後川と矢部川が形成した沖積地の標高は0〜5.6mで，高低差はほとんどない。沖積地を刻むように縦横に張り巡らされた水路（掘割）は，市民にとって命の水を得る貴重な源であり歴史的文化遺産でもある。

　柳川市内の水路は利水や治水だけでなく，水郷らしい風景や情緒を醸し出す役割も果たしてきた。薫り高い文化を築く源でもあった。水路の一部は観光用の川下りに利用されており，年間40万もの人々が観光目的で柳川を訪

れている。水路は農業，漁業，観光など多方面で重要な役割を果たしてきたが，その一方で，住民の生活様式や産業活動の変化により，生活排水や産業排水が主な原因の水質悪化が進んでいるのも事実である。生活様式の変化の中には，かつては水路に溜まったヘドロを浚渫して農業用の肥やしにしていたが，化学肥料の普及でやめてしまったというのも含まれる。水路に対する市民の関心が弱まれば，環境悪化が進むのは目に見えている。汚れた水路を救うために立ち上がった市職員や，住民参加による浄化活動は広く知られている（広松，1984）。他の都市にはない貴重な水路網といかに付き合っていくか，水郷都市・柳川の試行錯誤は現在も続いている。

　水郷地帯は世界各地にあるが，共通するのは水路なくしては生きていけないという事実である。これは水路が必ず必要という意味ではなく，水路を設けなければ農地や住宅地など人が利用できそうな土地が確保できないという意味である。海水面より標高の高い土地を確保するには，水路を設けて地面に降った雨水を落とさなければならない。なかには水路の底を浚渫してその土砂を地面に盛り上げて高さを確保する場合もある。そうしなければ地盤沈下で水を被る危険性が高まる。水郷地帯で生きていくということはそういうことであり，ある意味，宿命的環境のもとで人々の暮らしが営まれてきたといえる。むろん水上交通手段として便利な水路が肯定的に評価された時代もあった。しかし鉄道交通や自動車交通の時代になり，移動に差し障りのある水路を埋め立てようとする考えが持ち上がり，実際，そのようになった水郷地帯もある。

　さて，現在の柳川市の水路を考えるとき，その歴史的背景を抜きにして考えることはできない。柳川（柳河）の町づくりは，1500年頃，蒲池城主の蒲池治久が支城を築いたのがその始まりといわれる。蒲池城つまり本城は，支城である柳川城の1.8kmほど北にあった。その当時は柳河という字が使われたが，それよりまえの鎌倉時代には簗川あるいは簗河と書かれた。簗は魚を仕掛ける道具であり，簗漁が地名の由来と考えられる。また江戸時代の幕府への文書では柳川もしくは柳河が使われており，とくに区別することはなかった。

　蒲池氏はその孫の鑑盛（あきもり）の代になって大友氏の配下に入り，柳川を拠点とし

て筑後数郡を統率する旗頭として活躍した。鑑盛は手狭になった蒲池城を引き払い，拡張した柳川城を本城とした。その後，大友氏が島津氏に敗れたため，その間隙を縫って肥前の龍造寺氏が筑後に勢力を伸した。このとき，蒲池鑑盛の子の鎮並は，大友氏から龍造寺氏へ鞍替えして戦乱を生き延びた。その後，龍造寺氏から離反の疑いをかけられ柳川城を包囲されたにもかかわらず，300日の間持ちこたえた。「柳川3年，肥後3月，……」は，ここから来ている。この件は和議を結んで収拾されたが，翌年，龍造寺氏の謀略によって鎮並は殺害されてしまった。

　柳川城は龍造寺氏の手に落ちたが，1587年の豊臣秀吉による九州平定にさいして立花宗茂が功績を上げたため，恩賞として柳川城を貰い受けた。文禄・慶長の役で朝鮮に出兵した宗茂は留守中の柳川に指示を出し，城の改修を進めさせた。秀吉の死後，宗茂は関ヶ原の戦いでは西軍についたため敗北し，領地を没収された。代わって三河10万石の岡崎藩主の田中吉政が，同じ関ヶ原の戦いで石田三成を捕らえた功績により，筑後・柳川32万5,000石に加増され藩主として入国した。吉政は築城術に精通しており，積極的な城郭整備に着手した。これにより，新池，本丸，五層八つ棟造りの天守閣が生まれた。

　田中吉政の手腕は城の外でも発揮された。奈良時代の条里制の掘割を市街地の掘割に改変した結果，網の目のような掘割に満々と水をたたえる水郷が生まれた（図11-5）。吉政は，久留米城や福島城の修造，柳川・久留米街道（田中道）や柳川・福島・黒木を結ぶ黒木街道（矢部街道）の新設など多くの業績を残した（坂本，2007）。田中吉政とその子忠政は2代にわたって筑後藩のために功績を残したが跡継ぎに恵まれず，最後は城を明け渡した。

　その結果というべきか，かつて柳川城の城主であった立花宗茂が再び柳川に舞い戻ってきた。宗茂は一時は浪人の身であったが，大坂の陣で徳川秀忠の参謀を務めて手柄を立てた。このため，1620年に奥州棚倉より旧領地に再封され，筑後・柳川12万石の城主に返り咲いた。関ヶ原の戦いに西軍として参戦し一度改易されてから旧領に復帰を果たした唯一の大名となった。宗茂とその後の歴代藩主は外郭曲輪の改良・整備を行なった。幕末の13代藩主・立花鑑寛まで，柳川藩は城下町として246年間続いた。明治維新以降、

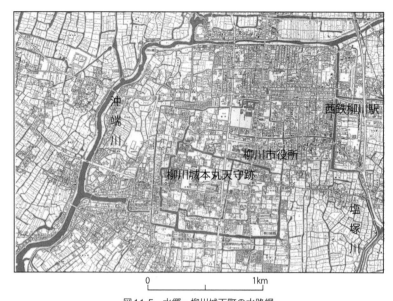

図11-5　水郷・柳川城下町の水路網
出典：西日本新聞のウェブ掲載資料（https://www.nishinippon.co.jp/image/212883/）をもとに作成。

柳川城は柳川県庁舎などとして使用されたが，1873年の失火により天守閣を含む城は全焼した。その後，城跡は学校（市立柳城中学・私立柳川高校）となり，石垣は干拓地の堤防に利用された。このため現在では柳川高校の一角にわずかな石垣を残すのみとなった。

2．柳川の水郷環境と城下町の水路網・市街地構造

　近世城下町の空間構造を考える場合，城郭がまずあり，それを中心として武家地，町人地，寺社地がどのように配置されているかに関心が向かう。実際にはそれらを取り巻くように農村地域が広がっており，城下町で求められる農作物を栽培して生計を立てている農民たちがいる。しかし農村地域が具体的にどのような状況であったか，関心がもたれることは少ない。資料としても村絵図が若干残っているくらいで，城下町絵図のように詳細に描かれた図面はない。一面が水郷地帯の上に形成されてきた柳川でも，城下町を取り巻くように農村部が広がっていた（中野，2004）。ただし，農村部も城下町も

ともに水路に囲まれており，ほかの一般的な城下町の地域構造とは異なる点が少なくなかった。一般的な城下町では防衛目的から城郭を人工的な堀で取り囲むことが多い。しかし柳川の場合はそのようなことをしなくても最初から堀はあり，それを利用すればよかった。ただし厳密にいえば，その堀も城下町が築かれるよりかなりまえの時代に，水郷地帯に入植した人々が開削したものである。農地や居住の場を確保するには土砂を掘り上げて土地を高くしなければならなかった。

　ひとくちに水郷地帯といっても，そこには川や用水，堀，池，雨水など様々なかたちで水が存在している。これらの水の一部は重力の法則にしたがって地中に染み込み地下水となって地中を流れる。地下水は有明海に向かって流れ，それを補うように地表から水が地中にさらに染み込む。様々なかたちをして地表に見えている水は，地下水を涵養しているのである。柳川を含む有明海北部沿岸一帯は，有明海の潮汐作用によって形成された海成沖積地によってできている。有明粘土層と呼ばれるこの沖積地に含まれる水が，先に述べた地下水である。地表水と地下水と海水はつながっており，それらのバランスの上に水郷は存在する。陸側からは主に矢部川の水が，海側からは有明海の海水が水郷地帯に流入し，この微妙なバランスを維持する。

　柳川の城下町に対して北東方向から流入する矢部川の水は松原堰で取水され，さらに岩神堰で城下へ向かうものと塩塚川となって流れ下るものに二分される。その先に設けられた二ッ川堰で二ッ川へ向かうものと沖端川に向かうものに分けられる。二ッ川が城下町に流入する水の源であり，沖端川のさらに下流側の磯鳥堰で取水された太田川は北側のクリークと西側の干拓地に水を供給する。現在の市街地に相当する旧城下町の中を流れている水は二ッ川から引き入れたものであり，町中を一巡した水は市街地の南側に広がる干拓地に向けて流れていく。干拓地の先は有明海であり，最後は海に向かって流れ出る。市街地の北を流れる太田川は筑後川とつながっているため，矢部川の水の一部は筑後川の水と合流するといえる。太田川から市街地西側の干拓地に向けて流れた水も，最後は筑後川の水と合流する。こうしたやや複雑な水の流れが水郷地帯を形成しており，その中心部に柳川の城下町が浮かぶようにして存在する。

柳川の城下町としての構造をとらえる場合，武士団が住んでいた御家中，その北東の主に町人が住んだ柳河町，それに御家中の西側の町人地の沖端町の３つから成り立っていたと考えると理解しやすい。御家中の中心には内堀に囲まれた柳川城の本丸・二の丸があり，それを重臣たちの屋敷のある三の丸が取り囲んでいた。さらにこれらは一回り大きな外堀によって囲まれていた。内堀と外堀はおおむね正方形であったが，内堀地区は外堀地区の南西寄りにあった。つまり，武家屋敷は三の丸の東側と北側に多かった。要所には通行人を改める門が配置されており，屋敷の前の通りは小路と呼ばれた。

　御家中の北東の柳河町は基本的に町人地であったが，武士，足軽，扶持人も住んでいた（図11-6）。町人の家は通りに沿って連なっており，その裏手に武士・足軽などの住まいがあった。町人地は町単位で呼ばれ，武士・足軽などの住むところは小路と呼ばれた。柳河町は北の出入口である出橋門と東の出入口の瀬高門を結ぶ通りを軸に成り立っていた。この通りは４本の通りをつないでＷの字を描くようなかたちをしており，城下町に特有な枡形の通り

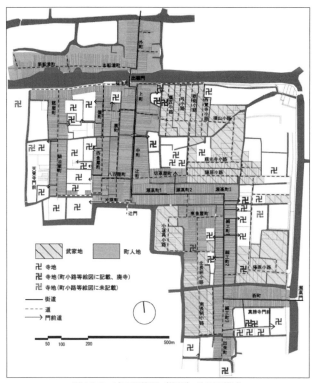

図11-6　城下町柳河（柳川）地区の構成
www.hues.kyushu-u.ac.jp のウェブ掲載資料（http://www.hues.kyushu-u.ac.jp/education/student/pdf/2008/2HE07008S.pdf）をもとに作成。

である。北の出橋門を渡って上町，辻町を行くと本町辻に突き当たる。ここを東に折れて瀬高町を通っていくと，再び曲がり角がある。ここを曲がって南へ下り細工町を通っていった先に3つ目の曲がり角がある。ここから新町を東へ抜けると，そこが瀬高門である。寺社地は通りに面しておらず，町人地の奥に連なるようにして設けられていた。

北の出橋門と東の瀬高門が柳河町と農村部を結ぶ連絡路の出入口である。これに対し，有明海方面との連絡を取る役割を果たすのが沖端町である。名のごとく，城下町の南西の端にあって沖すなわち海側へ出入りするための町である。沖端町は，堀と沖端川の引き込みを挟んで大きく北町と南町に分かれている。このため沖端両町とも呼ばれる。沖端は柳河藩の重要な港のひとつであり，有明海を介して領外との間で取引をしたり，漁業をしたりするための拠点として位置づけられた。沖端町には藩の御船木屋もあった。町は堀に沿って細長く形成されたが，しだいに農村部へ向けて広がっていった。

現在の柳川市の総面積に占める水面面積の割合は約12%である。水路の幅は3〜20mで，深さは1.5〜3mであり，これは城下町時代の半分程度である。水路の長さを単純に合計すると470kmにもなる。日常生活においてどれほど水路が身近な存在かは，任意の住宅地から水路までの平均距離を計算すれば算出できる。決められた公式を使って計算すると60mという結果が得られた。つまり100歩も歩かないうちに，目の前に水路があるといった状況である。水路の幅が10m以上のものに限ると130mほど歩けば水路に出会う。住宅は道路に面して建て，住宅の裏側に水路がくるようにするのが，柳川で守られてきた居住スタイルである。柳川観光の名物・川下りは，川とともにあり水郷の中で文化を育んできた人々の暮らしぶりを，裏側から拝見しながらの舟旅である（三池，1976）。

第12章

ビルバオ, タンパ, ブリスベンの川と橋の歴史

第1節　スペイン・ビルバオのネルビオン川に架かる運搬橋

1．ネルビオン川に架かる世界遺産ビスカヤ橋の歴史

　山地を流れる小さな川がいくつか集まって中くらいの大きさの川になり，ついには大きな川となって海に注ぐ。その川幅の広さに応じて両側に平地が生まれ，人はその上に住み生活のためになにがしかの産業を興した。川幅が狭ければ橋も容易に架けられるため，産業も両岸にまたがるように広げられる。しかし川幅が広くなると簡単には橋が架けられないため，両岸の経済的つながりは弱くなる。むろん時代が進んで架橋技術が発達すればこの問題も解決され，両岸のつながりは増していくであろう。ところがそのように事柄が簡単に進まない場合がある。川幅が広い下流部や河口近くで船を使った産業が行なわれているところでは，たとえ橋が架けられても，その橋が船の航行を妨げる場合がある。船が小さかった時代なら問題にならなかったが，時代とともに船型が大きくなり解決を迫られるようになった。

　橋を架け両岸の行き来をしやすくして産業を一層振興しようという願いと，これまで通り船を川の上に走らせて産業を発展させたいという願いとの間の対立である。この悩ましい問題を解決するために奇抜な架橋技術が適用された事例のひとつとして，スペイン・ビルバオのネルビオン川に架かるビスカヤ橋を挙げることができる。まずネルビオン川であるが，この川はスペインのバスク地方を流れる川で，中世の頃はビスカヤ伯領とカスティーリャ王国を地理的に分ける役割をはたした。スペインからの分離独立運動で知られるバスク州を流れる川でもあり，その河口に位置するのがビルバオである（図12-1）。ビルバオはバスク州を構成する3つの県のうちのひとつであるビスカヤ県の県庁所在地でもある。要するに，スペインの中にあって強力な自治権をもつバスク州を流れる川の河口近くに，道路交通と河川交通の対立を解決する珍しい橋が架けられた（渡部，2004）。

　時代は19世紀も末の1893年で，建築家のアルベルト・パラシオが設計した。彼の師匠は1889年にエッフェル塔を完成させたアレクサンドル・ギュスターブ・エッフェルである。それゆえ，ビルバオのビスカヤ橋はエッフェル塔の

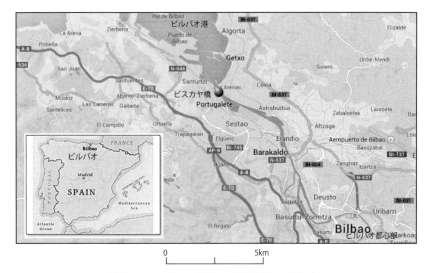

図12-1　ネルビオン川に沿って形成されたビルバオ

出典：European Breakdown Cover のウェブ掲載資料（https://www.eurobreakdown.com/driving_in_europe/bilbao_port.aspx）をもとに作成。

4年後につくられたことになる。当時，ビルバオはビスケー湾からネルビオン川を遡った一帯とくに左岸側に工業を展開させていた。主な工業は製鉄業で，これはビルバオの背後に豊富な鉄鉱石産地があったことが大きい。鉄鋼業生産のおかげでビルバオはスペインはもとよりヨーロッパの中でも経済的に豊かな都市といわれた。ビスカヤ橋はネルビオン川の河口に近い左岸のポルトゥガレテと右岸のゲチョを結ぶ運搬橋として建設された。運搬橋という名前はあまり聞き慣れないが，両岸に建てた塔と塔の間にゴンドラが吊り下げられており，そこに人や自動車を載せて運ぶという仕組みである。川幅は164m，水面から45mの高さを自動車6台，人間なら300人まで載せられるゴンドラが2分間で移動する。ちなみにこのゴンドラは公共交通扱いのため有料で，8分間隔で24時間運転されている。また橋の最上部は歩いて渡れるようになっているため，ビルバオの都市景観を眺めることもできる。

　1893年といえば日本では明治26年であり，日清戦争の前年にあたる。そのような時代にこのように大掛かりな渡河用のゴンドラが建設できたことに驚くが，それはすでに製鉄業を中心に産業が発展し，土木建築の分野でも高

い技術があったことを物語る。もちろん前提として，ビスケー湾から 15km 上流にビルバオの都市中心部があり，そこまでの河川沿いとくに左岸側に工業地域が広がっていたという事実がある。そのような工業地域へ原料や製品を水上交通で運搬するには，ネルビオン川の船による航行が不可欠であった。ビルバオの背後で産出する高品質な鉄鉱石は地元で利用する以外にイギリスに向けて輸出された。イギリスからは石炭が輸入され，ビルバオの製鉄業を盛り上げた。製鉄業などの工業地帯がネルビオン川の左岸に偏っていたのは，下流部では川幅が広いため右岸側とは十分に連携できなかったからである。こうした両岸の特徴は現在も変わっておらず，左岸は労働者が多く住む地域，右岸は経営者層が多いという社会・経済的な違いがある。

　19 世紀末期は第二次産業革命が真っ盛りの時代で，ビルバオもスペインを代表する都市として発展を続けていた。しかしまだ自動車は登場しておらず，たとえ自動車があったとしても急な坂を上ることはできなかったであろう。つまり，その後に建設されていく螺旋状の道路と橋を結びつけて川や海の水面から高いところを通っていくような橋は建設できなかった。逆にいえば，しばらくすればこうした構造の橋も実現したため，ビスカヤ橋のような運搬橋は建設されなかったかもしれない。事実，ビスカヤ橋と同じ構造の運搬橋はビルバオ以外でも建設されたが，やがて使われなくなった。なかにはフランス・ルーアンのように 1889 年に完成した運搬橋が 1940 年に解体されたという例もある。1893 年から 1913 年までの 20 年間に世界中で建設された運搬橋は 13 あるが，現在も使用されているのは 7 に限られる。2006 年にビスカヤ橋が世界遺産に登録されたのは，すでに解体された運搬橋も含めてこの種の橋の中では建設時期が最も古かったからである（北條，2012）。

　さて，このビスカヤ橋を通り過ぎてビルバオの中心市街地へ向かう途中，高速道路の高架橋はあるが，通常の橋は見当たらない。8km ほど行くとようやく 2 番目のエウスカルドゥナ橋が見えてくる。ここまで来れば，大型の船がさらに川を上っていくことはないということであろう。逆にいえば，そこまでは工業や物流目的の船が航行する可能性があるということである。しかし，現在のビルバオにそのような雰囲気はまったく感じられない。いつから様子が変わったのであろうか。ビルバオでは 1980 年代以降，それまで隆盛

を誇った製鉄業，造船業，海運業が急激に衰退の兆候を見せるようになった。こうした姿は，スペインあるいは西ヨーロッパ全体に共通している。それまでの右肩上がりの経済は行き詰まりを示し，方向転換の時代に入ろうとしていた。ヨーロッパに代わって登場してきたアジア諸国の工業発展に押され，製鉄業や造船業は国際的競争力を失っていった。

　ネルビオン川に架けられたビスカヤ橋とパリのエッフェル塔はどこか似たところがある。ビスカヤ橋の設計者がエッフェル塔の設計者の弟子だったという点もあるが，産業革命を象徴する鉄鋼を惜しげもなく使って頑強な構造物に仕立て上げた点に類似性が感じられる。これまで不可能であった川を渡る大掛かりなゴンドラと天まで届かんばかりの巨大な鉄の塔。石を組み合わせることでしか実現できなかった都市の構造物が，硬い鋼の鉄鋼をつなぎ合わせればできるようになった。これこそ近代という時代を生み出した科学や学問の勝利であり，鉄塔や鉄の橋の出現で勝利は実証された。すでに近代は終わったが，ビスカヤ橋やエッフェル塔は時代の証人としてなお現役で生き続けている。

２．芸術・文化を新資源として創造都市をめざすビルバオ

　イベリア半島にあるスペイン，ポルトガルは，光と影のコントラストが明瞭な国といわれる。南ヨーロッパはヨーロッパの中では緯度が比較的低く，冬の長い北欧諸国などと比べると，たしかに太陽の光が眩しく感じられる。暑さを避けて石造りの建物の裏に回れば，暗さや影が一層際立つということであろうか。「地理上の発見」といわれた時代，航海技術を頼りに真っ先に大海に漕ぎ出したのはスペインでありポルトガルであった。一時はこれら２つの国で世界を二分するとまでいわれた時代があった。しかし，その後，後を追うように現れたオランダ，フランス，イギリス，とくにイギリスの植民地戦略に道を譲るかたちで，国際的な覇権争いの舞台から姿を消していった。いまは欧州連合（EU）の中でやや周縁に位置づけられているが，かつて世界の海でその名を轟かせた栄光の面影は各所に残されている。華やかだった時代と衰微した時代の対照性が光と影に投影されているのかもしれない。

　かつてスペイン帝国が南アメリカから中央アメリカにかけて植民地をもっ

ていた頃，国王は絶対的権力を行使して植民地経営を行なった。きわめて中央集権的な方法による支配であり，植民地に権限をもたせることなく，すべてマドリードで意思決定が下された。しかし本国のスペインでは民族，言語，文化に多様性があり，地域的差異は消えることなく堅持された。時折話題に登るバスク地方の民族独立運動などが，そのことを物語る。ビルバオはバスク地方の有力都市であり，産業の近代化を早くから推し進め成功を収めてきた（図12-2）。しかし世界的な脱工業化の流れには勝てず，次世代産業の振興に方針を転換し，取り組みを進めてきた。芸術や文化を資源に国際的に情報発信する試みがいつしか注目を浴びるようになった。古い産業を脱ぎ捨て，不確かではあるが新しい産業を生み出そうとする創造都市形成の先頭ランナーと見られるようになった（村戸，2007）。

ビルバオの方針転換を不退転のものとしたのが，1983年8月のネルビオン川の大洪水であった。このときの24時間雨量は1㎡あたり600ℓで，市街

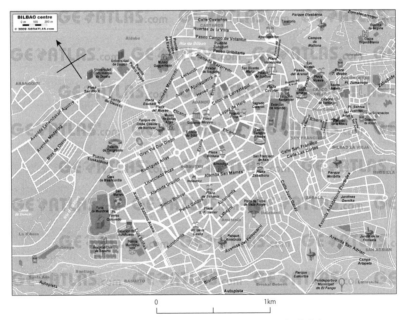

図12-2　ネルビオン川左岸側に形成されたビルバオ都心部
出典：DEKON Global-Destinations-DEKON Group のウェブ掲載資料（https://global.dekongroup.com/en/BILBAO-CITY-MAP.html）をもとに作成。

地は深さ5mもの水に浸かり，交通・通信網はすべて不能になった。死者も30名を超え，ビルバオを含むビスカヤ県全体が打ちのめされた。こうした経緯をふまえ，都市の再生・復興をめざして立ち上がったビルバオは，産業構造の変革と災害復興をともに進めるため抜本的改革を強力に推し進める決意を明らかにした。バスク州政府とビスカヤ県は，ビルバオを中心とする大都市圏の戦略的プランの基本方針として，開放，多様，統合，現代，創造，社会，文化の以上7つをキーワードに掲げた。こうした理念をもとに，全部で8つの基本主題を提示した。

　基本主題の中でとくに注目されるのは，①近代工業地域におけるサービス産業都市の形成，②移動性とアクセス性の確保，③都市空間の再生，④文化的な中心性の創出である。このうち①と④は，製鉄業に特化した工業中心の産業構造を大きく変革し，文化やサービスを経済発展の原動力とするというものである。これを象徴する事業として，たとえばエウスカルドゥナ造船所の跡地に1992年に開館したエウスカルドゥナ国際会議場・コンサートホールを挙げることができる。開館初年度は481件のイベントが開催され，そのうち192件が芸術的な催し，40件が大規模会議で稼働率は86%であった。なおエウスカルドゥナ造船所は1900年の設立以来，船舶，蒸気機関車，路面電車，運送用自動車を生産してきたが，アジア勢力の台頭で業績不振となり，1987年に閉鎖に追い込まれた。

　しかしこれにもまして象徴的な事業は，1997年10月に開館したグッゲンハイム美術館である（Poulakidas, 2004）。そのきっかけは，1991年2月にバスク州政府がグッゲンハイム財団に対しビルバオ市の再開発への参加を要請したことであった。開館後5年間に515万人以上の観客が美術館を訪れた。年平均では100万人で，1997～2000年の当初計画である年間50万人を大きく上回った。海外からの観客は1998年の30%から2002年には60%へと高まり，国際的に名の知られる美術館になった。なおグッゲンハイム財団は，現代美術を支援する目的でソロモン・ロバート・グッゲンハイムが1937年に設立したもので，1959年にニューヨークに最初の美術館を設けた。ビルバオ以外にも複数個所に類似の美術施設を設けている。

　②と③は，ネルビオン川沿いの古い港湾施設の解体とビルバオ港の拡張，

新ビルバオ空港の開港，高速道路網，ビルバオ地下鉄網，中心市街地アバンドイバラ地区の再開発など盛り沢山である。新空港はバレンシア州の建築家サンティアゴ・カルトラーバの設計で，翼を広げたようなユニークなデザインで2000年に完成した。2002年に開通したアルザンダの3本のトンネルにより高速道路網は一層便利になった。1995年に一部が開通した地下鉄はビルバオ大都市圏の100万人の利用を想定しており，駅舎とガラス張りのアプローチのデザインはノーマン・フォスター（イギリスの建築家）に委嘱された。市街地の移動手段としてLRTも建設された。川沿いの交通量と環境汚染を削減するために最もふさわしい交通機関として構想されたものである。

　再開発対象のアバンドイバラ地区（34.9ha）は，かつて港湾施設やコンテナ用の鉄道駅，造船所が立地していた場所である。重要なランドマークになったグッゲンハイム美術館とエウスカルドゥナ国際会議場・コンサートホールの間にあり，ネルビオン川に面している。31階建ての市庁舎をはじめ，レジャー，ビジネス，文化，住宅地，緑地が予定されているが，これまでネルビオン川で二分されてきた市街地の空間統合を根底として整備が進められる。以上のように盛りだくさんの都市再生事業は，国の公共事業・経済省とその関係機関，バスク州の行政機関が対等の立場で設立したビルバオ・リア2000によって進められた。グローバルな視点をもった行政機構の枠組みを超えた先駆的企業体質がこの実行組織の特徴であり，自治意識の強いバスク人の気風が根底を流れている。

第2節　アメリカ・フロリダ州タンパのリバーウォーク

1．植民地時代から現在に至るまでのタンパの歴史

　アメリカ南部にある南北に長いフロリダ半島の西海岸の真ん中あたりにタンパという都市がある（図12-3）。タンパ湾の奥部に位置する商工業や観光，あるいは保養地としても知られる都市で，隣接するセントピーターズバーグ，クリアウォーターとともに人口275万人の全米で19番目に大きな大都市圏を形成している。タンパという地名は先住民の言葉で「火の棒」に由来

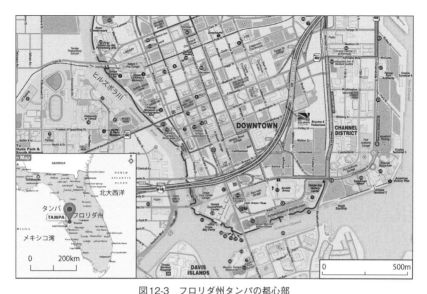

図12-3　フロリダ州タンパの都心部
出典：Discover Downtown Tampa のウェブ掲載資料（http://www.discoverintown.com/default.
aspx?redirect=/interactiveMap/interactiveMap.aspx%3Fnp%3D5%26nc%3D20%26do%3D2%26dr%
3D2）をもとに作成。

するという説がある。この地域では雷が発生することが多く，その光景から
「火の棒」という名がついたものと思われる。その先住民とヨーロッパ人が
最初に出会ったのは，16世紀初頭にスペイン人が植民地を求めてやってき
たときである。ただし，このあたりではスペイン人が欲しがった金が産出せ
ず，先住民の武力の備えが予想外だったのでスペイン人は植民地をつくらず
に去っていった。しかしスペイン人が持ち込んだ病気に抵抗力のない先住民
は冒され，人口は減少してついには無人の地域になってしまった。

　そのようにして200年ほどが経過し，今度はフレンチ・インディアン戦争
でフランスを打ち負かしたイギリス人が1763年の条約でフロリダを手に入
れ，この地域にやってきた。現在はタンパ湾と呼ばれるところをヒルズボラ
湾と名づけた。ヒルズボラは，当時，イギリスのアメリカ植民地担当の国務
長官であったヒルズボラ卿に由来する。ヒルズボラは湾の名前だけでなく，
そこに流入する川や流域の名前としても使われた。

　フロリダを領土として手に入れたイギリスは，スペインと同様，メキシコ

湾に面するフロリダ半島の西海岸側にはあまり関心を示さなかった。メキシコ湾よりはるかに大きな大西洋に面したフロリダ半島の東海岸側をより重視した。東海岸にはスペインがフロリダにやってきて最初に砦を築いたセントオーガスティンもある。戦略的に見てより重要だと考えられたのである。その後，アメリカ独立戦争の結果，1783年のパリ条約でフロリダは再びスペインの領土となるが，西海岸はこれまで通り関心の対象とはならなかった。この間，ヒルズボラ川の河口近くでは先住民やキューバ人がボラ漁のために季節的に生活する集落を築いた。

　1700年代中頃，東から迫ってくるアメリカ人から逃れるため，ジョージアあたりに住んでいた先住民がフロリダ方面に移動してきた。途中でこれも逃れてきた奴隷と合流し，セミノールと呼ばれるグループをつくった。1812年にイギリス・アイルランド連合軍との戦い（第2次アメリカ独立戦争）に勝利したアンドリュー・ジャクソン（のちの第7代アメリカ大統領）は，セミノールのグループとの間で最初の戦いを行なっている。そして1821年にアメリカはスペインからフロリダを購入し，タンパ湾の東側で奴隷避難民が住んでいた集落を破壊した。1823年にセミノールとの間で条約を結ぶが，その内容はフロリダ半島の内陸部に保護区を設け，住む場所を限定するというものであった。アメリカは条約を実効化するため，砦や貿易の拠点をつぎつぎに設けていった。

　そのような砦のひとつとしてブルック砦を築いた。その場所こそ，現在のタンパ都心部のコンベンションセンターが建っているところである。当時，ここには北米産の大きなクリの木が生えていたが，それはかつてこの地域に住んでいた先住民が大きな丘を築いたところでもある。ブルックとはこの砦の最初の司令官の名前に因むが，彼は昔からあった丘を取り払って木造の砦を建設させた。しかし，そこに昔からあったカシの木は日影を得るために残させた。1824年1月に砦は完成し，1831年には郵便局も開設された。こうしてタンパは防衛拠点として出発したが，入植が活発に行なわれることはなかった。

　1861年1月，フロリダ州はアメリカ連合国（アメリカ南部諸州の連合国家）に参加するためアメリカから離脱した。その後の20年間，タンパとその周

川と流域の地理学

辺は南北戦争の戦場のひとつとして混乱状態に陥った。戦争の集結とともに
ブルック砦はその役割を終えた。1880年代に入ると大きな変化が待ってい
た。最初の鉄道が北方からやって来たことと，タバコ産業とリン鉱石を原料
とする産業が発展したことである（Rajtar, 2007）。化学肥料の原料にもなる
リン鉱石が，1880年にタンパ南東部のボーンバレーで発見された。それ以降，
鉄道や船によって各地へ出荷されるようになった。こうした産業から生まれ
る仕事を求めてキューバ人，スペイン人，イタリア人が押し寄せてきた。そ
の結果，タンパ湾北側のイーバーシティとその北のノースタンパが一緒にな
り，1887年にタンパが生まれた。人口は1880年の800人から1900年には
15,000人へと急増し，フロリダ州で規模の大きな都市のひとつになった。

　タンパにやって来た鉄道は，リン鉱石やメキシコ湾でとれた漁獲物を北部
へ輸送する一方，タンパへ多くの製品を運んできた。品物だけでなく旅行者
も一緒にタンパに運び入れ，タンパを観光地にしていった。その立役者が鉄
道事業を進めたヘンリー・ブランドリー・プラントで，彼は鉄道をタンパの
西側まで延長し，古い湾岸部の近くでニュータウンを開発した。そればかり
か観光客用のホテルも建設し，今日に続くタンパ観光の基礎を築いた。現在
の都心部からヒルズボラ川を渡ったすぐ一角につくられた豪華なホテルは，
いくつかのミナレットをもっている。当時としては他に追随を許さないほど
の規模を誇った。プラントはホテル事業を営む傍らヨーロッパ各地を回って
芸術品を購入し，それをホテルに展示して観光客を広い範囲から集める工夫
をした。

　1920年代，30年代は，フロリダの土地ブームとその後の不況によって特
徴づけられる。この頃はまだ市の面積は49㎢と狭かったが1950年代に周辺
の地区と合併して広くなり，人口順位も1950年の全米85位から1960年に
は48位にまで上昇した。しかし1970年代はタバコ産業の衰退もあり，都心
部の空洞化が進んだ。高速道路の建設が人口と産業の郊外化を誘引し，歴史
のあるイーバーシティとウェストタンパは活気を失っていった。1960年代
末から1970年代にかけて，人種差別問題，地域合併の失敗，人口の減少な
どタンパにとって大きな試練の時代となった。それに引き換え郊外では人口
が順調に増加し，対照的な動きが続いた。こうしたタンパの都市問題はほか

の都市にも共通する一般的課題であった。何もせず放置すれば，モータリゼーションで都市のスプロール的拡大が続き，中心部は魅力のない空間として空洞化が一層強まることは目に見えていた。

2．時間をかけて整備されたタンパ都心部のリバーウォーク

　都市の中を流れる川は，かつては水上交通を支える存在として重視された。工業化も物資の積み降ろしに便利な河川沿いから始まる事例が多く，工業空間の一部として河川は取り込まれた。ところが交通手段は鉄道や自動車へと移行し，工業化が都市経済を牽引する時代も終わった。船や工場は川岸から姿を消し，代わりにサービス業が入居するビル群が現れてきた。職住分離が進んだため，川沿いの都心部の夜間人口は減少した。しかしこの間も川の水は変わることなく流れ，河岸沿いの土地利用変化を見つめてきた。郊外化は進むが，その一方で都心部を高層住宅化して居住空間として利用する動きが現れた。ジェントリフィケーションを進める上で水辺空間を利用しない手はない。それがウォーターフロントの整備事業に結びつき，多くの都市で都心回帰の切り札として使われるようになった。ここで取り上げるフロリダ州のタンパもそのような事例のひとつといえる。ただしこの都市の場合，河川沿いの整備事業は1960年代から続けられており，その意味では先見の明があったといえる。

　タバコ産業やリン鉱石産業の衰退でタンパの中心市街地は停滞傾向から抜け出ることができず，21世紀を迎えた。2003年から2011年まで2期にわたって市長を務めたパメラ・ドロシー・イオリオはタンパでは2人目の女性市長で，衰退傾向の都心部の再生計画を政策として掲げ取り組んだ。彼女はアメリカン大学を卒業したあと南フロリダ大学の大学院を修了し26歳でヒルズボラカウンティの議員になった。44歳で市長に就任し，都心部の活性化，市内交通の整備，放置地区の経済活性化，麻薬の不法取引の撲滅など数多くの事業に手腕を発揮した。彼女は作家でもあり，2009年にヒルズボラ川の近くに開設された歴史センターにはとくに思い入れが大きかった。夜間人口の少ない都心部で人が住むように多くの住宅を備えた高層ビルを建てることも，彼女の政策に含まれていた。2006年のアラゴン・オン・ベイショア，

2007年のチャネルサイド，スカイポイント，2009年のエレメントなど，数多くのビル群が建てられた。

　イオリオが取り組んだヒルズボラ川河岸の整備事業は，実は彼女がまだ16歳の頃すなわち1975年に当時の市長であったビル・ポーが提唱したのがその始まりであった。ポー市長はカーティス・ヒクソン・パークの近くで植樹を行い，川沿いの整備を誓った。タンパ湾のパフォーミング・アートセンターが1987年に完成したとき，ウォーターフロントのリバーウォークが設けられた。1990年にコンベンションセンターがオープンしたときもまた，川沿いにリバーウォークが併設された。コンベンションセンターは，かつてタンパにあったブルック砦のまさにその跡地の上に建設された。ブルック砦は，アメリカ軍がセミノールを相手に戦いを繰り広げた記念すべき場所である。2000年にコンベンションセンターに隣接して27階建てのマリオット・ウォーターサイドが建設されたさいにも，リバーウォークが設けられた。これら以外に，1990年代から2000年代にかけて建設されていったコタンチョービー・フォート・ブルック・パーク，USFパーク，マクディル・パークについてもまったく同じである。

　こうしてこれまで連続的に設けられてきたヒルズボラ川沿いのリバーウォークは，さらにその充実をめざして整備していくことが打ち出された。それが2003年に就任したイオリオ市長の政策であり，民間セクター，NPOのリバーウォーク友の会，それに行政が協同で推進していくように計画が練られた。イオリオ市長は，タンパの都心部にはいくつかの集客施設がすでにあるにもかかわらず，互いに連携していないという印象を以前から抱いていた。施設間の相互連携を深めるには，ヒルズボラ川の河岸沿いに人々が集まるような仕掛けをしなければならない。ポー市長の頃から手掛けられてきたリバーウォークを活性化させる仕組みが必要であった。イオリオ市長は自らリバーウォーク活性化の先頭に立ち，リーダーシップを発揮しながら事業に取り組んだ（Iorio, 2011）。

　2011年に生まれたカーティス・ヒクソン・ウォーターフロント・パークが，まさに活性化の起爆剤としての役割を担うように期待された公園である。2012年に連邦政府から経済振興交通助成金として1,090万㌦を受けることが

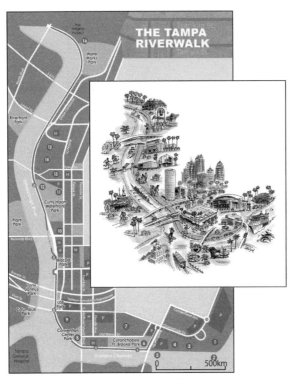

できた。これまで下流側にとどまっていたリバーウォークを上流側のタンパハイツまで延長する事業が2016年に完了した。ポー市長から数えて6人の市長の在任期間中，すなわち40年の月日をかけてヒルズボラ川沿いのリバーウォークは建設・整備が続けられてきた。これほど長い年月をかけて河川沿いのウォーターフロントが整備されてきた事例は珍しい。植民地時代からの歴史が積み重なった都市発祥地のまさ

図12-4　タンパ都心部のヒルズボラ川沿いのリバーウォーク
出典：Tampa Riverwalk のウェブ掲載資料（https://thetampariverwalk.com/visit/paverlocations/），Map illustration, City maps, cartoon maps, travel maps のウェブ掲載資料（https://www.garyhovland.com/maps?lightbox=dataItem-jj6fmqek）をもとに作成。

にその場所に，タンパを象徴する魅力的な河川公園が生まれた（図12-4）。

第3節　オーストラリア・ブリスベンの橋の建設と観光利用

1．洪水に悩まされてきたブリスベン川に架かる橋

　オーストラリアのキャピタルシティすなわち州都は，いずれも海から近い位置にある。これは，この国が基本的にイギリスから連れてこられた囚人たちによって建設されていくさい，上陸地点がそのまま拠点になったことと関

係がある。ただし海からの距離は都市ごとに違いがあり，シドニー，メルボルン，ホバートは港湾都市といってよい。アデレードは港から10kmほど内陸にあり，パースは外港であるフリマントルから15kmほど離れた位置にある。ブリスベンも海からの距離はパースとほぼ同じくらいであるが，実感としてはもっと内陸部にあるように思われる。それは，この都市が蛇行の多いブリスベン川を遡った地点にあり，中心市街地もこの蛇行河川によって分断されているからである。むろん現在では15ほどの橋が架けられているため，南北交通の滞りはかつてほどではない。しかし心理的障壁としてこの蛇行河川の存在は大きい。とりわけ過去に幾度も氾濫を繰り返してきた歴史があるだけに，ブリスベンにとってこの川との付き合い方には工夫が求められる（Cook, 2019）。

　オーストラリアにおける都市発展の順序でいえば，ブリスベンは早い方ではない。すでにシドニーで植民地経営を指揮していたトーマス・ブリスベン総督の命を受け，ジョン・オクスリーが囚人たちをともなって新たな開拓地を求めてたどり着いた先がブリスベンであった。この囚人たちはシドーでの評判がよくなく，いわば追い出されるようなかたちで未知の土地へ連れてこられた。1823年の12月，当時はモートンベイと呼ばれた現在のブリスベンに着いた男45人，女2人による開拓が，新たな歴史の始まりである。総督の名前をとってブリスベンと名づけられた新天地を囚人だけで開拓することの是非がイギリス本国で問われるようになり，やがて自由民による入植が始まった。これには国際市場における羊毛の値上がりが背景にあり，イギリス以外にドイツなどからも牧場経営をめざす人々がブリスベンにやってきた。

　以後，ブリスベンの町は都市へと発展していくが，地理的条件である河川が地域を分断しているという状況はそのままであった。むろん，まだ鉄道交通や自動車交通のない時代であり，海洋からブリスベン川を上ってくる船による輸送は都市や地域の発展にとって欠かせないものであった。つまり水上交通の支障にならない構造で橋を架けることが，この都市に課せられた命題でもあった。橋が架けられるまで，ブリスベン川の両岸はフェリーで結ばれていた。徒歩交通主体の時代であれば，フェリーでの連絡もある意味ではいたしかたない。しかし馬車交通やのちには自動車交通が登場してくると，フェ

リーでは限界がある。

　ブリスベンで最初の橋が当時のビジネス街に近い北岸とその対岸の間に架けられたのは，優先順位が最も高かったからである。1861 年，クイーンズランド州議会はクイーンズランド銀行らかの融資をあてに建設に取り掛かり，1864 年に完成させた。この橋は当初はブリスベン・ブリッジと呼ばれたが，のちに付け替えられたときはヴィクトリア・ブリッジと呼ばれるようになる。完成翌年から有料で利用が始まったが，橋は木造の仮設橋でいずれは鋼鉄製の橋に替える予定であった。しかし 1866 年にクイーンズランド銀行が倒産したため，建設継続の目処が立たず事業は中断してしまった。海洋性の木食い虫に侵された仮設橋の腐食を止めることができず，2 年後，橋は崩れ落ちた。

　橋崩落の 3 年後，イギリスのペト・ブラッセイ・アンド・コーポレーションが建設工事を引き継ぎ，1874 年に鋼鉄製の橋を完成させた。橋利用の料金収入で建設費を償還するという議会のもくろみは収入不足で達成されず，結局，橋は植民地政府の手に渡った。川を航行する船の通行の邪魔にならないように，橋の中央部が回転する構造になっていた。ところがこの橋は，1893 年 2 月の大洪水によって一部が流出するという被害を受けた。この洪水が「暗黒の 2 月の大洪水」とも呼ばれるようになったのは，2 月中に 3 度にもわたってサイクロンに襲われ，ブリスベンの住宅地の 3 分の 1 が浸水被害を受けたからである。この年は 6 月にも洪水があり，年間を通して 35 名の生命が失われた。

　洪水被害で損なわれた箇所を修理し，ヴィクトリア・ブリッジは 1897 年から再び利用できるようになった。しかし，長年，使われてきたこの橋も老朽化のために新しい橋と交代する時期を迎え，1969 年に付け替えられることになる。すでに 1943 年当時，通行量の増加に耐えきれず橋が崩壊する事例が各地で報告されていた。これを受けて，付け替えられるヴィクトリア・ブリッジも路面電車の重量に耐えられるように設計され，これまでより強固な鋼鉄で建設されることになった。橋が付け替えられたあとも，しばらくの間は古い橋も利用された。その後，古い橋は撤去されたが，橋脚を支える土台だけは記念に遺された。ブリスベンで最初に架けられた橋として記憶に残

すという意味合いもあった。

　中心市街地を流れるひとつの川に 15 もの橋が架かっている都市は多くない。ブリスベンはそのような都市の代表であり，夜間にライトアップされる多くの橋はブリスベンの観光名所になっている（図 12-5）。ブリスベン川の一番下流側に架かっているのはサー・レオ・ヒールシャー・ブリッジ（1,670 m）で，名前は地元ブリスベンの有力実業家に因んでいる。完成は 2010 年 5 月で比較的新しい現代的スタイルの橋である。実はこの橋は以前はゲートウェイ・ブリッジと呼ばれていた。1986 年 1 月の竣工以来，多くの市民に親しまれてきた。しかし増大する交通量に対処できず，2 列並行型の新しい橋が以前の橋と並ぶように建設された。橋の名前が変更されたのはそのためである。囚人をともないながら，1823 年にオクスリーがブリスベン川を遡ってきたとき，入植地の玄関口と考えたと思われるまさにその入口付近に架かる橋として，ゲートウェイ・ブリッジという名前はふさわしかった。ブリス

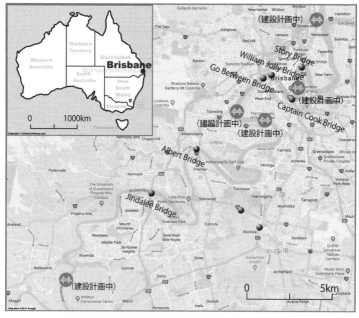

図12-5　ブリスベン川に架かる橋（建設計画中を含む）
出典 TOTAL Property Group のウェブ掲載資料（https://www.totalpropertygroup.com.au/five-new-bridges-underpin-new-lord-mayor-schrinners-vision-for-brisbane/）をもとに作成。

ベンのテレビ局チャンネル・ナインの調査によれば，この歴史的な橋の名前を変えることに97％の人が反対したという。至極当然の反応と思われる。

2．橋の頂上まで登られるストーリー・ブリッジの歴史

　ひとつの川の両側に市街地が広がり，それらを結びつけるために橋を架け続けてきた。それがオーストラリア・クイーンズランド州の州都ブリスベンの歴史である。必要性に応じて順次，建設されてきたが，これだけ橋の数が多くなると，橋は単に川を渡るためだけでなく，別のことに生かすことはできないものかと考えられるようになる。川のもつ交通障害を克服する手段として設けられた橋に，さらに何か別の役割を果たさせようとする，いささか欲張りな要望のようにも思われる。ただしこうした要望は都市の中の橋に限られたことではない。たとえば，鉄道駅や高層のオフィスビルなどの空間を本来とは違う飲食サービスや眺望のために提供する場合がある。都市の中の公共的な建物や構造物には，本来の機能のほかに美的，景観的要素が暗黙的に求められている。古来，川に架けられる橋が物理的強度以外にスタイルやデザインにも気を配りながら建設されてきたのは，そのような側面があるからである。

　現在，ブリスベンには全部で15の橋が架かっている。そのうち鉄道専用の橋は3，自動車専用が1で，ほかは共用の橋である。すなわち，自動車・歩行者・自転車共用が4，自動車・歩行者共用と歩行者・自転車共用がそれぞれ3，残るひとつは歩行者・自転車・バス共用の橋である。これだけ橋が多いと，橋の多さをブリスベンの特色として掲げ，観光やイベントなどに利用しようという考えがもたげてくる。実際，1997年からその名も Bridge to Bay というマラソンが始まり，国内外から5,000人以上が参加して開催されてきた。現在は Bridge to Brisbane という名称に変更され，北東郊外をゴールとしていたコースはブリスベン川南岸をゴール地点とするコースに変えられた。参加者が45,000人（2009年）を超えたこともあり，ランナーは3つの橋を渡ってゴールをめざす。近年，正式なマラソンコースのほかに5kmコースと10kmコースを設けたことが参加者の増加につながった。

　橋をめぐりながらのマラソンに加えて，ブリスベンの橋が旅行者の心を

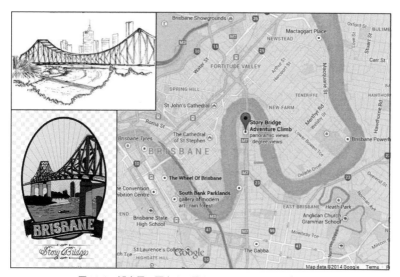

図12-6　観光用に頂上まで登られるストーリー・ブリッジ
World Easy Guides　のウェブ掲載資料（http://www.worldeasyguides.com/australia/brisbane/story-bridge/story-bridge-on-map-of-brisbane/　をもとに作成。

引きつけているのが，ストーリー・ブリッジの橋の上からの眺めである（図12-6）。ただしこれは，単に橋を渡る途中に風景を眺めるのではなく，橋本体の頂上に登って見るという一種の観光体験である（Gregory, 2007）。80mの高さに登るために，クライミングスーツ，ラジオヘッドセット，ハーネス，帽子，全天候用ジャケットなど登山装備一式を身につける。そのうえでガイドからストーリー・ブリッジの建設や安全性について説明を聞き，登り始める。天候に恵まれれば，東の方角にはモートンベイ諸島が見え，また西方にはブリスベン・フォレストパークとマウントクーサが目に飛び込んでくる。さらに北に目をやればグラスハウスマウンテンの景色が眺められ，南には世界遺産に指定されているラミントン国立公園が眺められる。夜間に登ることもでき，ブリスベンの色とりどりの夜景を堪能することができる。

　たくさんあるブリスベンの橋の中でストーリー・ブリッジが観光体験用に選ばれたのは，特別な理由があったものと推察される。通常，橋を建設するさいに，将来，観光客が橋の頂上に登って景色を楽しむことを想定することはないであろう。保守点検のための歩行ルートは設けてあるが，あくまで業

務用であり観光用ではない。そうしたいわば常識を覆すように，本来の目的とは異なる仕方で観光サービスに供することについてはいろいろな意見があると思われる。テーマパークのジェットコースターのように刺激的ではあるが，あくまで遊具施設の域を出ないエンターテイメントが多い中で，橋梁という実際の都市の中で機能している土木構造物を全身で体感することで，これまで味わったことのないような刺激を得る。ある意味では工場見学のような産業観光にも似ているが，橋の多いブリスベンならではの観光サービスといえる。

　ストーリー・ブリッジ・アドベンチャークライムには，いまひとつ別の意義があるように思われる。それは，この橋が建設された経緯にある。1864年に最初の橋として建設されたブリスベン・ブリッジ（のちのヴィクトリア・ブリッジ）はその後，付け替えられながら利用されてきた。しかし20世紀に入って，ヴィクトリア・ブリッジの交通混雑は悪化する一方で，これを緩和するために新たな橋が必要になった。その建設構想を練っていたのが，クイーンズランド大学のロジャー・ホーケン教授であった。ホーケンの架橋構想では，ヴィクトリア・ブリッジの上流側と下流側にそれぞれ新しい橋を架けることになっていた。最初に完成したのが上流側のウィリアム・ジョリー・ブリッジである。建設は1928年から始まり1932年に完了した。2本の橋脚が川の中にあってアーチ型の橋を支えており，国内では最初のアールデコ様式のレインボーブリッジであった。

　一方，ヴィクトリア・ブリッジの下流側では，ニューファーム地区の近くに運搬橋を設けることが計画された。運搬橋とは，ビルバオのビスカヤ橋のところでも記したように，川の両岸に大きな鋼鉄製の構造物を設け，その間を自動車や人を載せたゴンドラが移動するようにした橋のことである。しかしブリスベンではその建設資金が集まらず，計画は中止になった。こうした情勢を受けて，1926年にブリスベン市役所に設けられたクロス・リバー・コミッションが，都心部から見てすぐ対岸にあたるカンガルー・ポイントとの間に橋を架ける案を決めた。折しも世界恐慌の時代であり，架橋建設は公共事業の一環として実施されることになった。橋のデザインはジョン・ブラッドフォードに依頼した。ブラッドフォードといえばシドニーのハーバー・ブ

リッジをデザインしたことで有名であるが，ハーバー・ブリッジは1932年に完成したので，ほとんど同じ時期に2つの橋のデザインを引き受けたことになる（Moy, 2005）。実際，これら2つの橋はデザインが非常に似ており，事情を知らない人は混同するかもしれない。

　シドニーのハーバー・ブリッジとブリスベンのストーリー・ブリッジのデザインが似ているのは，実はこれらの橋が1930年に完成したモントリオールのジャック・カルティエ・ブリッジをモデルにしているからである。セントローレンス川に架かるこの橋は，当初はハーバー・ブリッジと呼ばれた。しかし4年後にカナダへ最初に訪れたフランス人の探検家の名前に変更された。当初の名前のハーバー・ブリッジはシドニーでも使われており，デザインだけでなく名前もモデルとされた。ところが驚くべきことに，モントリオールのジャック・カルティエ・ブリッジ自体がケベックシティのケベック・ブリッジからインスピレーションを受けてデザインされたことが明らかになっている。セントローレンス川に架かるケベック・ブリッジは建設に30年を要し88名の犠牲者をだして1919年に竣工している。ケベックから始まりモントリオール，シドニーを経てブリスベンに至る橋梁デザインの普及の旅は興味深い。

　さて，ブリスベンのストーリー・ブリッジはブラッドフォードのデザインにしたがい，1935年4月に建設会社のエヴァンス・ディーキン＝ホーニブルックが建設を担当することに決まった。契約成立の翌月に建設工事は始まり，昼夜兼行で工事は進められた。ブリスベン郊外のロックレアで製造された構造物が現場へ運ばれた。鋼鉄製の部材を固定するために125万個のリベットが使われたという。工事中，3名の犠牲者がでたが，1939年10月，双方の岸から伸ばしていった橋桁の隙間が閉じられ，橋は完成した。この橋は完成するまで，ジュビリー・ブリッジと呼ばれていた。1910年から1936年までイギリス国王であったジョージ5世に敬意を表してそう呼ばれた。しかし1936年に国王は死去した。完成した橋の名前は変更されることになり，ストーリー・ブリッジと呼ばれることになった。ストーリーは，アイルランドから子供の頃にブリスベンに移住し市役所の職員を務めて最後はクイーンズランド大学の学長になったジョン・ダグラス・ストーリーに因む。

引用文献一覧

愛知・豊川用水振興協会編（2005）：『愛知用水二期事業工事誌〈水路編〉』水資源機構愛知用水総合事業部（東郷町（愛知県））

愛知用水公団ほか（1968）：『愛知用水史』愛知用水公団ほか（名古屋）

浅井治海（1999）：『昔話でつづるライン川の旅．マインツからケルンまで』近代文芸社（茅野）

安達　實・髭本裕昌・北浦　勝（1998）：「庄川小牧ダム建設と流木問題」『土木史研究』第18号　pp.561-568.

吾孫子豊（2017）：『ラインの伝説．ヨーロッパの父なる河，騎士と古城の綺譚集成』八坂書房（東京）

天野暢保（1990）：『安城ケ原の歴史』安城市農業協同組合（安城）

安城市歴史博物館編（2006）：「企画展「三河地震．直下型地震の恐怖．」」『博物館ニュース（安城市歴史博物館）』安城市歴史博物館

安藤万寿男（1988）：『輪中―その形成と推移』大明堂（東京）

池森　寛（1991）：「技術史／産業史．朝倉の重連水車」『金属』第61巻　第6号　pp.58-65.

伊佐九三四郎（2012）：『大河紀行　荒川―秩父山地から東京湾まで』白山書房（八王子）

石井　遥（2013）：『松江城と城下町の謎にせまる．城と城下の移り変わり』ハーベスト出版（松江）

石原藤夫（2008）：『発明特許の日本史．礎石を置いた高橋是清と高峰讓吉の人生』栄光出版社(東京)

石水照雄（1976）：『計量地理学概説』古今書院（東京）

市川孝正（1996）：『日本農村工業史研究．桐生・足利織物業の分析』文眞堂（東京）

市川清之（1982）：「明治10年代における水車紡績の展開（上）―水車紡績史1」『社会科学論集』（名古屋経済大学社会科学研究会）第33号　pp.57-130.

伊藤安男（2010）：『洪水と人間―その相剋の歴史』古今書院（東京）

稲垣喜代志（2000）：『山崎延吉伝―伝記・山崎延吉』大空社（東京）

稲坂良弘（2011）：『香と日本人（角川文庫）』角川書店（東京）

井上光由（2019）：「須坂製糸業の発展と水車動力」『須高』第88号　pp.8-17.

今井清一（2003）：『人文地理学概論〈上巻〉改訂増補版』晃洋書房（京都）

今津健治（1997）：「藤原式水車のことども」『南総郷土文化研究会誌』第15号.

岩屋隆夫（2003）：「2002年7月の大垣水害の特徴と問題点」『にほんのかわ』第99・100号　pp.96-102.

牛嶋　正（2007）：『宝暦治水―歴史を動かした治水プロジェクト』風媒社（名古屋）

海津正倫（2012）：『沖積低地の地形環境学』古今書院（東京）

浦和市立郷土博物館編（2000）：『見沼―その歴史と文化 改訂版』さきたま出版会（浦和）

江渕武彦（1994）：『筑後川の農業水利―水利集団の法社会学』九州大学出版会（福岡）

王　小慶（2003）：『仰韶(ヤンシャオ)文化の研究―黄河中流域の関中地区を中心に』雄山閣（東京）

大川裕子（2015）：『中国古代の水利と地域開発』汲古書院（東京）

大川裕子（2016）：「汝南・鴻隙陂の興廃をめぐって―漢代江淮流域の水利と開発」『日本秦漢史研究』第16号　pp.29-53.

大橋智美・和泉貴士・小田宏信・斎藤　功（2003）：「製糸都市須坂における歴史的景観の保全」『地域調査報告』　第25号　pp.47-70.

大室幹雄（2003）：『志賀重昂『日本風景論』精読（岩波現代文庫）』岩波書店（東京）

岡崎正孝（2000）：『カナート　イランの地下水路』論創社（東京）

岡田正太郎（1933）：「安城の農業と農會」『帝国農会時報』第68号　pp.30-32.

小坂田和美（1992）：『庄川流木争議.富山・岐阜両県の庄川水系における水利権問題を中心に』小坂田和美（美濃加茂）

小野有五（1997）：『アルプス・花と氷河の散歩道』東京書籍（東京）

貝塚爽平（1977）：『日本の平野と海岸』岩波書店（東京）

景山一彦（2001）：「地域からの報告／身近な水辺　身近な水辺「松江堀川」」『河川』第57巻　第8号　pp.61-64.

籠瀬良明（1981）：『黒部川扇状地』大明堂（東京）

柏原市歴史資料館編（2004）：『大和川―その永遠の流れ　大和川付け替え300周年記念』柏原市歴史資料館（柏原）

加藤雅彦（2006）：『ハプスブルグ帝国』河出書房新社（東京）

河合克己（2019）：「愛知用水開削前の知多半島における農業灌漑：小規模な開析谷を堰き止めた溜池による農業灌漑のありさま」『地理学報告（愛知教育大学地理学会）』第121号　pp.17-29.

川名俊次（1954）：「天竜東三河特定地域総合開発計画概要」『国土開発』第3巻　第11号　pp.32-33,38.

岸上興一郎（2005）：『海港場横浜の民俗文化』岩田書院（東京）

木曽川学研究協議会編（2009）：『木曽川流域の自然と歴史―木曽川学論集』木曽川学研究協議会（各務原）

木曽川文化研究会編（2004）：『木曽川は語る―川と人の関係史』風媒社（名古屋）

喜多村俊夫（1957）：『高梁川流域における農業水利調査（水利制度資料）』農業水利問題研究会（東京）

貴堂　巌・坂森幹浩（2012）：「神通川船橋の工学的考察」『土木史研究，講演集』第32号　pp.307-318.

絹田幸恵（1992）：『荒川放水路物語　新版』新草出版（東京）

木村東吉（1991）：「松江時代の小泉八雲」『国文学：解釈と鑑賞』第56巻　第11号　pp.58-65.

久野重明（2001）：「「日本のデンマーク」と安城共同農場」『経済論集（愛知大学経済学会）』第157号　pp.137-165.

熊倉一見（1989）：「水車と杉並木が生んだ線香づくり―今市の線香産業」『地理』第34巻　第9号　pp.82-87.

熊倉和歌子（2019）：『中世エジプトの土地制度とナイル灌漑』東京大学出版会（東京）

栗原朋信（1953）：『黄河文明』福村書店（東京）

黒須　茂（2015）：『近世武蔵の農業経営と河川改修』さきたま出版会（さいたま）

桑田　優（1997）：「近世における西摂灘目地方の水車業の展開」『神戸国際大学経済経営論集』第17巻　第2号　pp.33-56.

桑原　徹（1968）：「濃尾盆地と傾動地塊運動」『第四紀研究』第7巻　第4号　pp.235-247.

小泉龍人（2013）：「都市論再考―古代西アジアの都市化議論を検証する―」『ラーフィダーン』第19巻　pp.83-116.

香月徳男（1976）：『朝倉の水車 改訂版』民俗建築研究所（東京）

古賀邦雄（2009）：「ダムの書誌あれこれ（70）牧尾ダムと愛知用水（上）」『ダム日本』第779号　pp.59-68.

孤牛会編（1972）：『ひとすじの流れ―評伝・都築弥厚・石川喜平』安城文化協会（安城）

小島　亮（2007）：『中欧史エッセンツィア（中部大学ブックシリーズ Acta〈9〉）』風媒社（名古屋）

小茄子川歩（2016）：『インダス文明の社会構造と都市の原理』同成社（東京）

小林健一（1985）：「マッスル・ショ-ルズ問題―TVA前史―とその経済的背景」『北海学園大学経済論集』第33巻　第1号　pp.11-41.

小林健一（1994）：『TVA実験的地域政策の軌跡：ニューディル期から現代まで』御茶の水書房（東京）

近藤英夫（1998）：「インド亜大陸の基層文化を成す.潅漑システムのなかったインダス川と文明」『季刊河川レビュー』第102号　pp.24-31.

近藤文男・野場嘉輝・達　志保（2017）：「明治企業人が支えた枝下用水の農業土木技術と経営」『水土の知：農業農村工学誌』第86巻　第9号　pp.797-800.

斎藤叶吉（1965）：「足利機業圏の地域形成」『新地理』第13巻　第1号　pp.40-54.

坂本正行（2007）：「田中吉政公の治世と水郷柳川」『ふるさとの自然と歴史』第318号

櫻井　孝（2019）：「悲運の発明家 臥雲辰致（第1回）名誉は手にしたけれど」『発明』第116巻　第1号　pp.5-11.

佐竹靖彦（2006）：『中国古代の田制と邑制』岩波書店（東京）

澤口　宏（2000）：『利根川東遷―人によって作られた利根川の謎を探る（上毛文庫〈43〉）』上毛新聞社（前橋）

枝下用水三〇年史編集委員会編（2015）：『枝下用水史』風媒社（名古屋）

柴　宜弘（2005）：『ユーゴスラヴィア現代史（岩波新書）』岩波書店（東京）

嶋津隆文（2018）：『近藤寿市郎伝.豊川用水と東三河百年を構想した男』公職研（東京）

ジョルジュ・デュビー監修（1991）：『ラルース　世界歴史地図』ぎょうせい（東京）

白井芳樹（2009）：『都市 富山の礎を築く―河川・橋梁・都市計画にかけた土木技術者の足跡』技報堂出版（東京）

市立市川歴史博物館ほか編（1999）：『木下街道展―江戸と利根川を結ぶ道』市立市川歴史博物館（市川）

新行紀一（2003）：『定本矢作川―母なる川―その悠久の歴史と文化』郷土出版社（名古屋）

神野新田研究会編（2007）：『神野新田120年の物語』神野新田研究会（豊橋）

末尾至行（1999）：『中近東の水車・風車（関西大学東西学術研究所研究叢刊〈12〉）』関西大学出版部（吹田)

杉江久雄（2010）：『アメリカさん市長奮闘.森信藏伝』新葉館出版（大阪）

杉本精宏（2009）：『尾張藩社会と木曽川』清文堂出版（大阪）

杉本憲司（1986）：『中国古代を掘る.城郭都市の発展 (中公新書)』中央公論社（東京）

鈴木　治（2008）：「水循環レポート 都市の水面を訪ねて（23）水都大垣・誇るべき天与の噴井」『水循環：貯留と浸透』第70号　pp.43-49.

須藤定久・内藤一樹（2000）：「東濃の陶磁器産業と原料資源」『地質ニュース』第553号　pp.33-41.

関　雄二（2010）：『アンデスの考古学（世界の考古学〈1〉）改訂版』同成社（東京）

多賀潤一郎(1983)：「わが社の新しい進路.変身の軌跡—イビデン株式会社」『経営レポート』第20号　pp.4-10.

多賀潤一郎（2001）：『いびでん物語—天と地と人と』中部経済新聞社（名古屋）

高崎哲郎（2009）：『水の匠・水の司—"紀州流"治水・利水の祖 井澤弥惣兵衛』鹿島出版会（東京）

高橋哲郎（2010）：『水の思想 土の理想.世紀の大事業 愛知用水』鹿島出版会（東京）

高橋伸拓（2009）：「飛騨幕領における御用木の運材と川下稼-南方を中心に」『国文学研究資料館紀要アーカイブズ研究編』第40号　pp.67-82.

高橋康昭（2009）：『東欧，ハンガリー平原，ボヘミアを行く』考古堂書店（新潟）

高橋　裕（2012）：『川と国土の危機.水害と社会（岩波新書）』岩波書店（東京）

高部淑子（2019）：「「津々浦々商法記」にみる物流と尾州廻船」『知多半島の歴史と現在』第23号　pp.101-123.

高安克己・会田智宏（1995）：「人工河川・佐陀川から宍道湖に遡上する日本海水」『日本海水学会誌』第49巻　第3号　pp.161-170.

高山茂美（2013）：『河川地形　復刻』共立出版（東京）

高山市制五十周年・金森公領国四百年記念行事推進協議会編（1966）：『飛騨　金森史』金森公顕彰会（高山）

竹内治彦（2017）：「明治・大正期の岐阜県大垣市の産業発展にみる特殊性と一般性」『大垣経済大学論集』第50巻　第2号　pp.1-22.

田子昭治（1997）：『郷土の偉人製糸王越寿三郎の生涯.製糸事業と電気事業の沿革』田子昭治（須坂）

立松和平（2007）：『大洪水の記憶—木曽三川とともに生きた人々（サンガ新書）』サンガ（仙台）

田中憲一（1996）：『運河で旅するヨーロッパ』晶文社（東京）

田中慎吾編著（1988）：『六甲山の地理—その自然と暮らし』神戸新聞総合出版センター（神戸）

田中長徳（1988）：『ウィーン古都物語』グラフィック社（東京）

玉城　肇（1955）：『三河地方における産業発達史概説』愛知大学中部地方産業研究所報告　第1号　p.190.

千葉県立関宿城博物館編（2013）:『川が結ぶ―東北地方と江戸を結んだ利根川水運:平成25年度千葉県立関宿城博物館企画展示図録』千葉県立関宿城博物館（野田）

辻本芳郎（1958）:「関東西北部山麓における機業の生産構造（その2）」『新地理』第6巻第4号　pp.221-245.

筒井栄太郎（1969）:『手弁当人生―愛知用水と久野庄太郎』黎明書房（名古屋）

東海化石研究会編（1997）:『東海の自然をたずねて（日曜の地学〈24〉）』築地書館（東京）

道明由衣（2016）:「木材の流通を支えた空間の歴史的変遷」『法政大学大学院デザイン工学研究科紀要』第5巻　pp.1-8.

徳梅昌行（1999）:「島が世界と出会うとき 淡路島の線香づくりから見る世界」『人権教育』第9号　pp.65-67.

戸谷宥貴・樋口輝久・馬場俊介（2015）:「高梁川東西用水における酒津樋門と各用水路の設計経緯」『土木史研究，講演集』第35号　pp.229-236.

土本学会編（1991）:『新体系土木工学74－堤防の設計と施行』技報堂（東京）

富山近代史研究会（2014）:『歴史と観光―富山近代史の視座』山川出版社（東京）

富山市郷土博物館編（2016）:『富山市の都市計画―神通川と岩瀬運河:富山市郷土博物館特別展』富山市郷土博物館（富山）

豊川用水研究会編（1975）:『豊川用水史』水資源開発公団中部支社ほか（名古屋）

豊橋市自然史博物館編（2007）:『豊川の自然』豊橋市自然史博物館（豊橋）

永江雅和（2016）:「日本の復興と農業に対する世銀融資」『歴史と経済』第58巻　第3号　pp.19-27.

長尾　武（2019）:「『大和川付け替え反対訴状添付絵図』に見る旧大和川水系と付け替え反対理由」『歴史都市防災論集』第13号　pp.229-236.

中川　徹（1991）:「我が国における水車使用の現況」『ターボ機械』第19巻　第2号　pp.97-101.

中野　等（2004）:「近世城下町の地図.筑後柳川を中心に」『Museum Kyushu: 文明のクロスロード』第78号

中屋俊満（2015）:「木津用水の歴史とその役割について」『水土の知：農業農村工学会誌』第83巻　第7号　pp.571-574.

西岡久雄（1993）:『立地論 増補版』大明堂（東京）

西川幸治（1968）:「都市構成に関する史的考察」京都大学学術情報リポジトリ所収

西島太郎（2020）:『松江・城下町ものがたり』戎光祥出版（東京）

西村幸夫（1994）:「町並みまちづくり最前線-1-長野県須坂市―製糸の町から蔵造りのまちづくりへ」『地理』第39巻　第9号　pp.96-100.

西村隆治（2014）:『灘の蔵元三百年.国酒・日本酒の謎に迫る』径書房（東京）

野沢秀樹（1988）:『ヴィダル・ド・ラ・ブラーシュ研究』地人書房（京都）

野田英作（2017）:『川の自然文化誌.矢部・星野川流域を歩く』櫂歌書房（福岡）

野田市郷土博物館編（2010）:『利根運河三十六景―運河をめぐる，ひと・もの・こと』野田市郷土博物館（野田）

波多野寿勝（1997）:「野々垣源兵衛の木曽川筏支配をめぐって」『岐阜県歴史資料館報』

第20号　pp.13-33.

林　　上（2015）：「木材貿易の動向と港湾における木材取扱地区の変化：名古屋港の場合」
　　　『港湾経済　日本港湾経済学会年報』第54号　pp.13-25.

原山明彦・神谷　功（2002）：「矢作川水系における農業水利の発展」『農業土木学会誌』
　　　第70巻　第6号　pp.487-490.

春山成子（1994）：『モンスーンアジアデルタの地形と農地防災』文化書房博文社（東京）

平野昌繁（1972）：「平衡形の理論」『地理学評論』第45巻　第10号　pp.703-715.

平野増吉（1956）：「電力開発と流木権―庄川問題にふれて」『月刊林材』第11巻　第12号
　　　pp.2-6.

廣瀬裕一・松森堅治・嶺田拓也（2009）：「揚水水車に対する非農業者の選好性評価の構造
　　　化.倉敷市祐安地区の農業用水路を事例に」『農村計画学会誌』第27号　pp.305-310.

広松　伝（1984）：「水辺再生と住民参加.柳川市における河川浄化計画と伝統的文化都市
　　　整備」『都市計画』第134号　pp.62-65.

藤田佳久（2005）：『生きている霞堤.豊川の伝統的治水システム』あるむ（名古屋）

藤原繁（1989）：「六甲山住吉水系の水車・水車杜氏の一考察；酒造精米水車の歴史地理的
　　　スケッチ」『兵庫地理』第34号　pp.22-27.

太原　浩（2002）：「豊川総合用水事業の完了と豊川用水二期事業のこれから」『農業土木
　　　学会誌』第70巻　第6号　pp.499-502.

古川知明（2012）：「近世後期船橋向い諸町と神通川」『北陸都市史学会誌』第18号
　　　pp.1-9.

碧南市教育委員会編（2010）：『服部長七物語―人造石を発明した土木の神様　碧南出身の
　　　人物伝』碧南市教育委員会（碧南）

紅山雪夫（2004）：『ライン川を巡る旅』実業之日本社（東京）

北條哲男（2012）：「世界の土木遺産　スペインの世界遺産「ビスカヤ橋」：現在も活躍す
　　　る世界最古の運搬橋」『土木技術：社会と土木を結ぶ総合雑誌』第67巻　第10号
　　　pp.53-56.

星　斌夫（1971）：『大運河.中国の漕運』近藤出版社（東京）

保屋野初子（2003）：『川とヨーロッパ―河川再自然化という思想』築地書館（東京）

堀尾作人・陣内秀信（2017）：「産業革命前における水力産業都市・桐生の形成」『日本建
　　　築学会計画系論文集』第82巻　pp.1839-1846.

前田清志（1992）：『日本の水車と文化』玉川大学出版部（町田）

前田　徹（1996）：『都市国家の誕生（世界史リブレット〈1〉）』山川出版社（東京）

町田祐一（2013）：「昭和初期における製糸女工求人連絡について：須坂町職業紹介所史料
　　　を中心に」『信濃（第3次）』第65巻　第8号　pp.651-671.

松井貞雄（1961）：「水車ガラ紡地域の形成過程と水利紛争について」『愛知学芸大学研究
　　　報告.社会科学』第10号　pp.47-64.

松浦茂樹（1996）：「アメリカTVAのダム事業における歴史と現状」『水利科学』第40巻
　　　第5号　pp.52-82.

松浦茂樹（2016）：『利根川近現代史.附　戦国末期から近世初期にかけての利根川東遷』古

今書院（東京）

松尾　寿（2012）:『城下町松江の誕生と町のしくみ—近世大名堀尾氏の描いた都市デザイン』松江市教育委員会（松江）

松原義継（1995）:「美濃の堤防は，尾張御囲堤より3尺低かるべしの世評は，信憑性があるのか」『名古屋地理』第8号　pp.1-3.

松本　健（1990）:『古代メソポタミア文明の謎（光文社文庫.グラフィティ・歴史謎事典〈13〉）』光文社（東京）

馬渕浩一（2002）:「近代技術と日本のあゆみ(11)博覧会による技術の振興・第一回内国勧業博覧会の成果　臥雲辰致発明のガラ紡機」『あさひ銀総研レポート』第11巻　第2号　pp.27-30.

三池賢一（1976）:「柳川（城下町をたずねて‐16‐)」『月刊文化財』第149巻　pp.39-48.

水谷英志（2014）:『薩摩義士という軛.宝暦治水顕彰運動の虚実』ブイツーソリューション（名古屋）

翠川恒雄・土方英二・羽田野義勝（2005）:「生まれ変わる愛知用水」『農業土木学会誌』第73巻　第2号　pp.91-94.

嶺岸さゆり・平松玲治（2016）:「民間事業者によるカフェ導入までの経緯と公園の利用活性化について：富岩運河環水公園を事例に」『公園管理研究・公園管理運営研究所報告』第9号　pp.54-63.

宮下一男（1993）:『臥雲辰致—ガラ紡機100年の足跡をたずねて』郷土出版社（松本）

宮田親平（2001）:『トラムのある街』光人社（東京）

村戸靖男（2007）:「海外レポート　リバプール，ビルバオの都市戦略」『都市政策』第126号　pp.45-54.

室田　武（1985）:「水車利用の経済性評価の試み：岐阜県瑞浪市の事例研究　を中として」『一橋大学研究年報，経済学研究』第26号　pp.197-240.

明治用水史誌編纂委員会編（1984）:『明治用水』明治用水土地改良区（安城）

森　清児（2005）:『ナイルは流れる』新風舎（東京）

森滝健一郎（1963）:「愛知用水と愛知用水地域.愛知県西加茂郡三好町の事例を中心に」『地理学評論』第36巻　第2号　pp.110-128.

森滝健一郎（2003）:『河川水利秩序と水資源開発.「近い水」対「遠い水」』大明堂（東京）

矢倉和紀（1993）:「近現代の灘酒造業の発展—白鶴酒造を中心にして—」『社会学雑誌　神戸大学』第10号　pp.154-174.

安田喜憲（2019）:『水の恵みと生命文明』第三文明社（東京）

安村俊史（2020）:『大和川の歴史—土地に刻まれた記憶』清文堂出版（大阪）

山沢孝至（2017）:『ローマ帝政の歴史 1 ユリアヌス登場』〈西洋古典叢書〉全3巻　京都大学学術出版会（京都）

山野明男（2006）:『日本の干拓地』農林統計協会（東京）

山之内克子（2019）:『物語オーストリアの歴史—中欧「いにしえの大国」の千年（中公新書）』中央公論新社（東京）

吉越昭久（2001）:『人間活動と環境変化』古今書院（東京）

吉津洋一・大田　弘・小野俊雄（2019）：「インフラ整備70年：戦後の代表的な100プロジェクト　社運を賭けて人跡未踏の秘境黒部に築造した水力発電ダム：黒部川第四発電所」『土木技術社会と土木を結ぶ総合雑誌』第74巻　第6号　pp.57-64,68.

吉村　昭（1975）：『高熱隧道』新潮社（東京）

若村国夫・篠原　徹（1984）：「岡山県の揚水用水車―その分布と構造について」『岡山理科大学紀要 B. 人文・社会科学』第20号B　pp.159-183.

渡部哲郎（2004）：『バスクとバスク人（平凡社新書）』平凡社（東京）

Anderson, F. (2000): *Crucible of War: The Seven Years' War and the Fate of Empire in British North America, 17541-766,* Vintage Books, New York.

Bagnall, R. S. (1996): *Egypt in Late Antiquity,* Princeton University Press, Princeton, New Jersey.

Beloch, K. J. (1899): Die bevölkerung Galliens zur Zeit Caesars, *Rheinisches Museum für Philologie,* Vol. 54, pp.414-445.

Bernhard, M. (2008): *Blood and Steel. The Rise of the Krupps,* Read Books, Redditch, England.

Bryce, G. (2000): *The Remarkable History of the Hudson's Bay Company: Including That of the French Traders of North-Western Canada and of the North-West, XY, and Astor Fur Companies,* HardPress,Lenox, Massachusetts.

Childe, V. G.(1950): The Urban Revolution. *The Town Planning Review,* Vol. 21, No.1, pp.3 〜 17.

Christaller, W. (1933): *Die zentralen Orte in Süddeutschland : eine ökonomisch-geographische Untersuchung über die Gesetzmäßigkeit der Verbreitung und Entwicklung der Siedlungen mit städtischen Funktionen.* Gustav Fischer, Jena. 江沢譲爾訳（1971）：『都市の立地と発展』大明堂（東京）

Christine, M. et al. (2007): *The Tennessee Valley Authority: Design and Persuasion,* Princeton Architectural Press, New York.

Cook, M. (2019): *A River with a City Problem: A History of Brisbane Floods,* University of Queensland Press, St Lucia, Queensland.

de Navarro, J. M. (1925): Prehistoric Routes between Northern Europe and Italy Defined by the Amber Trade, *The Geographical Journal,* Vol.66, No.6, pp.481-503.

Franconi, T.V.(2014): The Economic Development of the Rhine River Basin in the Roman Period 30 BC-AD406, Submitted for the degree of Doctor of Philosophy in Archaeology. University of Oxford.

Gregory, H. (2007): *Brisbane Then and Now,* Winfield, South Australia.

Gross, L. (2000): *The Course of Industrial Decline: The Boott Cotton Mills of Lowell, Massachusetts, 1835-1955 (The Johns Hopkins Studies in the History of Technology)* Johns Hopkins University Press, Baltimore, Maryland.

Harvey, D. (1985): *The Urbanization of Capital: Studies in the History and Theory of Capitalist Urbanization,* Blackwell Publishers, Oxford. 水岡不二雄監訳（1991）：『都市の資本論－都市空間形成の歴史と理論－』青木書店（東京）

Harvey, D. (1989): *The Condition of Postmodernity: An Enquiry into the Origins of Cultural Change,* Basil Blackwell, Oxford. 吉原直樹監訳（1999）:『ポストモダニティの条件』青木書店（東京）

Hayter, R. and Patchell, J. (2011): *Economic Geography: An Institutional Approach,* Oxford University Press, Oxford.

Huggett, R. J. (1970): *Fundamentals of Geomorphology,* Routledge, London.

Hunter, D. (2009): *Half Moon: Henry Hudson and the Voyage That Redrew the Map of the New World,* Bloomsbury Press, New York.

Iorio, P. (2007): *Straightforward Ways to Live & Lead,* McG Books, New York.

Jackson, J. C. (2007): *Children of the Fur Trade: Forgotten Metis of the Pacific Northwest,* Oregon State University Press, Corvallis, Oregon.

Klingesmith, D. (2007): *One Valley and a Thousand: Dams, Nationalism, and Development,* Oxford University Press, Oxford.

Lee, D. (2006): *Lumber Kings and Shantymen: Logging, Lumber and Timber in the Ottawa Valley,* James Lorimer & Co, Ottawa.

Legget, R. (1975): *Ottawa Waterway, Gateway to a Continent,* University of Toronto Press, Toronto.

Leuchtenburg, W. E. (2009): *Franklin D. Roosevelt and the New Deal: 1932-1940,* Harper Torchbooks, New York.

Marion, P. (2014): *Mill Power: The Origin and Impact of Lowell National Historical Park,* Rowman & Littlefield Publishers, New York.

Morgan, A. E., McCraw, T. K. and Davidson, D. (1974): *The Making of the TVA,* Prometheus Books, New York.

Moy, M. (2005): *Story Bridge: Idea to Icon,* Alpha Orion Press, Brisbane.

Postgate, N. (1994): *Early Mesopotamia: Society and Economy at the Dawn of History,* Routledge, London.

Poulakidas, G. (2004): *The Guggenheim Museum Bilbao: Transforming a City,* Childrens Press, Danbury Connecticut.

Rajtar, S. (2007): *A Guide to Historic Tampa (History & Guide),* The History Press, Cheltenham, Gloucestershire.

Richardson, K. (2020): *Ceský Krumlov, Czech Republic: History for Tourism,* Sonittec Ltd, Luislip, London.

Richthofen, F. von (1877): *China; Ergebnisse eigener Reisen und darauf gegründeter Studien,* D. Reimer, Berlin. 望月勝海・佐藤晴生訳（1942）:『支那Ⅰ—支那と中央アジア（東亜研究叢書第 14 巻）』岩波書店（東京）

Rosenberg, C. M. (2011): *The Life and Times of Francis Cabot Lowell, 1775-1817,* Lexington Books, Washington DC.

Satchell, A. E. M. (2017): Navigable waterways and the economy of England and Wales 1600-1835, Working Paper.

Schlesinger, A. M. and Norris, G. W. (1972): *Fighting Liberal: The Autobiography of George W. Norris,* University of Nebraska Press, Lincoln, Nebraska.

Semple, E. C. (1911): *Influences of Geographic Environment: On the Basis of Ratzel's System of Anthropo-Geography,* Henry Holt, New York. 金崎肇 訳 (1979): 『環境と人間 ― ラッツェルの人類地理学の体系に基づく』古今書院 (東京)

Short, J. R. (1984): *An Introduction to Urban Geography.* Routledge and Kegan Paul, London.

Skempton, A. W. (1957): Canal and river navigations before 1750. In History of Technology (ed. C. Singer et al.) 3, pp.438-450. Oxford University Press, Oxford.

Soldon, N. C. (1998): *John Wilkinson (1728-1808): English Ironmaster and Inventor (Studies in British History),* Edwin Mellen Press, New York.

Thompson, G. S. (1895): *Up to Date or the Life of a Lumberman,* Peterborough, Ontario.

Thünen, J. H. von, (1826): *Der isolierte Staat in Beziehung auf Landwirtschaft und Nationalökonomie,* Gustav Fisher, Jena. 近藤康男訳 (1974): 『近藤康男著作集:第1巻・チウネン孤立国の研究;チウネン孤立国』農村漁村文化協会 (東京)

Trinder, B. (2002): *The Industrial Revolution in Shropshire,* The History Press, Cheltenham, Gloucestershire.

Trinder, B. (2017): *A History of Shropshire,* Phillimore & Co Ltd, London.

Weber, A. (1909): *Über den Standort der Industrien, Reine Theorie des Standorts,* Erster Teil, Tubingen. 江沢譲爾監修・日本産業構造研究所訳 (1966): 『工業立地論』大明堂 (東京)

Weible, R. (1991): *The Continuing Revolution: A History of Lowell,* Lowell Historical Society, Massachusetts.

Wrigley, E. A. (2016): *The Path to Sustained Growth: England's Transition from an Organic Economy to an Industrial Revolution,* Cambridge University Press, Cambridge.

図表一覧

■ 人名・事項 索引 ■

■ 地名・施設名 索引 ■

川と流域の地理学

【著者略歴】

林　上（はやし・のぼる）

1947年　岐阜県生まれ。

名古屋大学大学院文学研究科史学地理学専攻、博士課程修了、文学博士。

名古屋大学名誉教授、中部大学名誉教授。

〈主著〉

『中心地理論研究』、『都市の空間システムと立地』『都市地域構造の形成と変化』、『経済発展と都市構造の再編』『カナダ経済の発展と地域』『近代都市の交通と地域発展』（以上、大明堂）

『都市経済地理学』『現代都市地域論』『現代カナダの都市地域構造』『都市サービス地域論』『都市交通地域論』『社会経済地域論』『現代経済地域論』『現代社会の経済地理学』『現代都市地理学』『都市と経済の地理学』『都市サービス空間の地理学』（以上、原書房）

『名古屋圏の都市地理学』『都市と港湾の地理学』『名古屋圏の都市を読み解く』『ゲートウェイの地理学』（以上、風媒社）

〈編著〉

『東海地方の情報と社会』（共編）（名古屋大学出版会）、『高度情報化の進展と地域社会』（大明堂）、『現代都市地域の構造再編』（原書房）、『飛騨高山：地域の産業・社会・文化の歴史を読み解く』（風媒社）

装幀・澤口　環

川と流域の地理学

2021年10月8日　第1刷発行

（定価はカバーに表示してあります）

著　者　　林　　上

発行者　　山口　章

発行所　名古屋市中区大須1丁目16-29　　風媒社
振替 00880-5-5616 電話 052-218-7808
http://www.fubaisha.com/

乱丁本・落丁本はお取り替えいたします。　　＊印刷・製本／モリモト印刷
ISBN978-4-8331-4153-6